Selon l'importance touristique des localités, nous donnons :
– les principaux faits de l'histoire locale;
– une description des « Principales curiosités »;
– une description des « Autres curiosités »;
– sous le titre « Excursion », un choix de promenades proches ou lointaines au départ des principaux centres.

Avec ce guide, voici les publications MICHELIN qu'il vous faut :

408
Carte à 1/400 000
PAYS-BAS

210, 211, 212
Cartes détaillées à
1/200 000

« BENELUX »
Guide Rouge annuel
(Hôtels et restaurants)

PRINCIPALES CURIOSITÉS

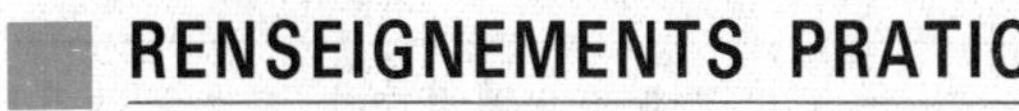

RENSEIGNEMENTS PRATIQUES

Quelques adresses

Avant le départ, consulter l'Office National Néerlandais du Tourisme :
- 75008 **Paris** - 31-33, av. des Champs-Élysées, ☎ (0)1 - 225 41 25 (fermé samedi).
- 1000 **Bruxelles** - Rue Ravenstein 68, ☎ (0)2-512 44 09.
- 8023 **Zurich** - Talstrasse 70 ☎ (0)1-211 94 82.

Pour voyager par le train, on peut s'adresser en Belgique aux :
- **Chemins de fer Néerlandais** : boulevard de l'Impératrice 66, 1000 Bruxelles, ☎ (0)2-512 83 45.

Aux Pays-Bas, les Offices de Tourisme, les Syndicats d'Initiative sont signalés par ℹ ou par VVV (Vereniging voor Vreemdelingen Verkeer). Auprès de ceux-ci on peut obtenir des réservations d'hôtels pour tout le pays.

A quelle époque visiter les Pays-Bas?

Tout au long de l'année, on peut visiter les musées. Cependant, chaque saison offre ses caractéristiques.

Printemps. — Les champs de fleurs entre Haarlem et Leyde et dans les environs d'Alkmaar, en particulier, prennent des couleurs magnifiques *(de mi-avril à fin mai)*, tandis que les feuillages des arbres mettent une note verdoyante le long des canaux qui traversent les villes. Le printemps est pour les oiseaux l'époque de la couvaison et ils sont donc nombreux sur les terres. La région de la Betuwe, au moment où les vergers sont en fleurs *(de mi-avril à fin mai)*, ne manque pas non plus d'attraits, de même que les champs de colza des provinces de Frise, Groningue, Overijssel et du Flevoland *(de mi-mai à début juin)*.

Été. — Les vacanciers envahissent les immenses plages de la mer du Nord, les îles des Wadden et les régions de villégiature comme la Drenthe et le Limbourg méridional, où il est alors très difficile de trouver à se loger. Lacs et canaux fourmillent de voiliers. La bruyère en fleurs colorie dunes et landes.

Automne. — Les forêts comme celles de Veluwe se parent de splendides feuillages roux.

Hiver. — Si la neige est assez fréquente, rares sont par contre de nos jours les périodes où le froid est assez rigoureux pour permettre le patinage sur les canaux, les lacs et les étangs gelés. Mais tous se retrouvent alors sur la glace et surtout les enfants à qui on octroye à cet effet quelques jours de congé.

Formalités et douanes

Les indications données ci-dessous ne concernent que les touristes français. Pour traverser la Belgique, consulter le guide Vert Michelin Belgique-Luxembourg.

Pièces nécessaires. — Il faut :
- pour chaque touriste de plus de 16 ans séjournant moins de trois mois : carte nationale d'identité de moins de 10 ans ou passeport (même périmé, mais depuis moins de cinq ans).
- pour le conducteur d'une voiture de tourisme : permis de conduire français à trois volets ou permis international; pour la voiture : carte verte, délivrée par la compagnie d'assurance et plaque réglementaire de nationalité.
- pour les chiens et les chats : certificat de vaccination antirabique de plus de 30 jours.
- pour un bateau : aucun document n'est exigé pour un bateau d'usage touristique. Si l'arrivée se fait par voie d'eau, se présenter au poste de douane du port le plus proche (de même à l'issue du séjour).
- pour la caravane : aucune formalité n'est exigée.

Bureaux de douane. — Sur les grands itinéraires d'accès, ils sont généralement ouverts jour et nuit.

Monnaie. — Pour connaître les dernières dispositions régissant l'acquisition de devises étrangères, s'adresser à une banque.

Assistance. — Le Touring Club de France et diverses compagnies d'assurances proposent des assurances internationales fournissant des garanties spéciales d'assistance en pays étranger, en particulier en cas d'accident.

Horaires et jours fériés

Comme les autres pays du Benelux, les Pays-Bas ont adopté une heure d'été qui est observée en principe pendant la même période qu'en France.

Horaires. — Les heures moyennes d'ouverture sont les suivantes :
- Banques : de 9 h à 16 h; fermé samedi et dimanche. Certains grands magasins disposent d'un bureau de change ouvert le samedi matin.
- Bureaux de poste : de 9 h à 17 h (ou 18 h); fermé samedi (sauf le matin dans les grandes villes) et dimanche.
- Magasins : de 9 h à 18 h (ou plus tôt le sam.); fermé dimanche et souvent lundi matin.

Jours fériés. — Ce sont les : 1er janvier, lundi de Pâques, **30 avril** (Jour de la reine, fête nationale), Ascension, lundi de Pentecôte, **5 mai** (fête de la Libération, tous les cinq ans : 1985), 25 et **26 décembre**.

La célébration d'une fête locale, par exemple le carnaval dans le Sud *(p. 11)*, peut avoir pour conséquence la fermeture de certains services publics.

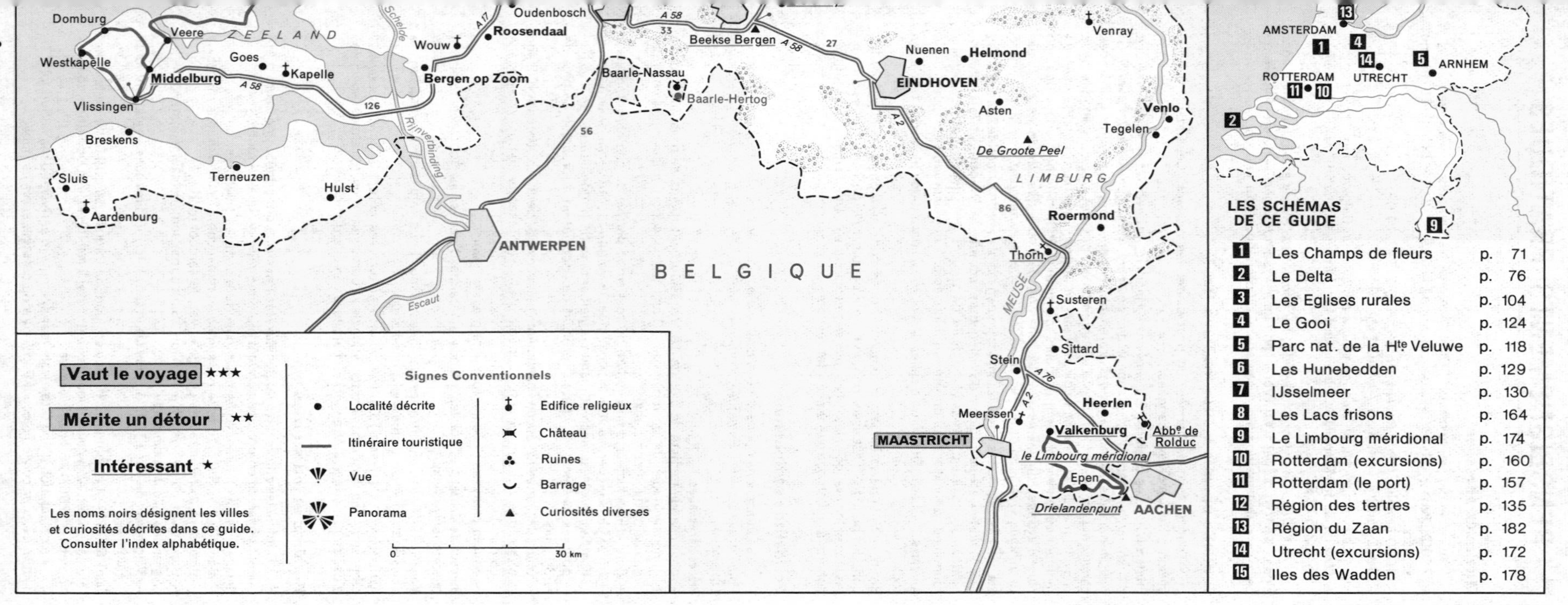
Domburg
Veere
ZEELAND
Westkapelle
Goes
Kapelle
Middelburg
A 58
Vlissingen
Breskens
Sluis
Aardenburg
Terneuzen
Hulst
Schelde
Wouw
A 17
Roosendaal
Bergen op Zoom
126
Rijnverbinding
Oudenbosch
A 58
33
Beekse Bergen
A 58
27
Baarle-Nassau
Baarle-Hertog
56
ANTWERPEN
Escaut
BELGIQUE
Nuenen
Helmond
EINDHOVEN
A 2
Asten
De Groote Peel
Venray
Venlo
Tegelen
LIMBURG
86
Roermond
Thorn
MEUSE
Susteren
Sittard
Stein
A 76
A 2
Heerlen
Meerssen
Valkenburg
Abbe de Rolduc
MAASTRICHT
le Limbourg méridional
Epen
Drielandenpunt
AACHEN
Vaut le voyage ★★★
Mérite un détour ★★
Intéressant ★
Les noms noirs désignent les villes et curiosités décrites dans ce guide. Consulter l'index alphabétique.
Signes Conventionnels
Localité décrite
Itinéraire touristique
Vue
Panorama
Edifice religieux
Château
Ruines
Barrage
Curiosités diverses
0
30 km
AMSTERDAM
ROTTERDAM
UTRECHT
ARNHEM
LES SCHÉMAS DE CE GUIDE
1 Les Champs de fleurs p. 71
2 Le Delta p. 76
3 Les Eglises rurales p. 104
4 Le Gooi p. 124
5 Parc nat. de la Hte Veluwe p. 118
6 Les Hunebedden p. 129
7 IJsselmeer p. 130
8 Les Lacs frisons p. 164
9 Le Limbourg méridional p. 174
10 Rotterdam (excursions) p. 160
11 Rotterdam (le port) p. 157
12 Région des tertres p. 135
13 Région du Zaan p. 182
14 Utrecht (excursions) p. 172
15 Iles des Wadden p. 178

ALLEMAGNE
OVERIJSSEL
GELDERLAND
Flevoland
UTRECHT
ZUID - HOLLAND
NOORD - BRABANT
LE DELTA
Bergen aan Zee
Bergen
Alkmaar
Egmond aan Zee
Egmond-Binnen
Graft
De Rijp
Hoorn
Edam
Volendam
Marken
Monnickendam
Broek in Waterland
Région du Zaan
Wijk aan Zee
IJmuiden
Parc national De Kennemerduinen
Zandvoort
HAARLEM
les Champs de fleurs
Keukenhof
Noordwijk aan Zee
Katwijk aan Zee
Wassenaar
LEIDEN
DEN HAAG ('s -GRAVENHAGE)
AMSTERDAM
Amsterdam
Aalsmeer
Muiden
Almere-Haven
Lelystad
Flevohof
Elburg
Kampen
ZWOLLE
Vecht
Harderwijk
Bunschoten
le Gooi
Étangs de Loosdrecht
HILVERSUM
Amersfoort
APELDOORN
Deventer
IJssel
Holten
Markelo
Delden
Hengelo
Oldenzaal
Denekamp
Ootmarsum
ENSCHEDE
Zutphen
Vorden
Groenlo
Winterswijk
Doesburg
Doetinchem
's -Heerenberg
Musée nat. Kröller-Müller
Parc national Veluwezoom
Parc national de la Haute Veluwe
Musée néerlandais de plein air
ARNHEM
Woerden
Zeist
UTRECHT
Doorn
Amerongen
Rhenen
Wijk bij Duurstede
Rijnkanaal
Zoetermeer
Étangs de Reeuwijk
Oudewater
Gouda
DELFT
Naaldwijk
Hoek van Holland
Europoort
Schoonhoven
Culemborg
Leerdam
Tiel
ROTTERDAM
Maassluis
Oostvoorne
Brielle
Schiedam
Lek
Moulins de Kinderdijk
Bge du Haringvliet
Hellevoetsluis
Gorinchem
Woudrichem
Zaltbommel
MEUSE
Doornenburg
NIJMEGEN
Berg en Dal
RHIN
DORDRECHT
Parc national du Biesbosch
Scharendijke
Brouwershaven
Renesse
Zierikzee
Pont de Zélande
Willemstad
Raamsdonksveer
Heusden
Drunen
De Efteling
's-HERTOGENBOSCH
BREDA
TILBURG
Overloon
LEEUWARDEN
GRONINGEN
15
12
3
8
6
7
A 1
A 2
A 4
A 6
A 7
A 12
A 13
A 15
A 16
A 27
A 28
A 35
A 50
A 52
N 6
N 35
N 65

Quelques prix

Été 1983, on pouvait échanger 100 FF contre environ 39 florins ou « gulden » (Fl.).

Essence ordinaire (le litre)	1,56
— super (le litre)	1,60
Huile pour moteur (le litre)	8,70
Garage (une nuit)	8
Affranchissement :	
— lettre { pays d'Europe de l'Ouest	0,70
— lettre { autres pays	0,90
— carte postale	0,65
Café	2
Tasse de thé	2
Demi de bière	2
Cigarettes (25 cigarettes)	3,50
Paquet de tabac pour pipe (50 g)	3,10
Cigarillos (boîte de 20)	7,70
Journal français	1,75
Cinéma (prix moyen)	11
Théâtre (prix moyen)	17,50
Communication téléphonique urbaine en cabine	0,25
Tram, autobus, métro (Amsterdam) : « Strippenkaart »	4,50
Course en taxi (tarif urbain)	3,40 + 2,05 par km
Camping : la nuit { une personne	4,50
Camping : la nuit { voiture, caravane ou tente	4

Pour le prix des chambres et des repas, consulter le guide Michelin Benelux de l'année.

Le service de 15 %, la T.V.A. (B.T.W.) et, dans certaines localités, la taxe touristique (toeristenbelasting) sont généralement compris dans l'addition. Il est d'usage de récompenser le garçon pour les menus services.

Hébergement

Hôtels et restaurants. — *Pour choisir un hôtel ou un restaurant, consulter le guide Rouge Michelin Benelux de l'année.* Le petit déjeuner est généralement inclus dans le prix de la chambre. Il est indispensable de réserver sa chambre, notamment pendant les week-ends et dans les villes très touristiques. On peut effectuer cette réservation en contactant le Centre National de Réservations (N.R.C.), B.P. 3387, 1001 AD Amsterdam, ☎ 20 211 211 ou par l'intermédiaire d'un VVV et payer la chambre à celui-ci même, moyennant une légère commission.

Dans de nombreuses villes, il est possible de loger chez l'habitant, en s'adressant au préalable au VVV.

Camping. — Le pays possède plus de 700 terrains aménagés répartis en cinq catégories. Un prospectus comprenant une carte de localisation de terrains sélectionnés est distribué par les VVV.

Le caravaning est largement pratiqué. Les Néerlandais possèdent plus de 400 000 caravanes, soit 29 caravanes pour 1 000 habitants.

Le camping sauvage est interdit.

A l'entrée d'un terrain de camping il faut présenter une pièce d'identité.

Location. — Le mieux est de s'adresser à l'Office de Tourisme local.

Auberges de jeunesse. — S'adresser à Stichting Nederlandse Jeugdherberg Centrale, Prof. Tulpplein 4, 1018 GX, Amsterdam, ☎ (0)20-26 44 33.

Hôtels pour jeunes. — De fin juin à fin août, de grandes villes comme Alkmaar, Amsterdam, Arnhem, Breda, Groningue, Nijmegen, Roosendaal, Rotterdam, Zwolle, offrent aux jeunes des gîtes bon marché, mais d'un confort réduit. Certains sont appelés « sleep-in ».

Un dépliant diffusé par l'Office Néerlandais du Tourisme donne plusieurs adresses dans le pays.

Tarifs et heures de visite

Dans ce guide, les indications concernant les conditions de visite (tarifs, horaires, jours ou périodes de fermeture) s'appliquent à des touristes voyageant isolément et ne bénéficiant pas de réduction. Pour les **groupes** constitués, il est généralement possible d'obtenir des conditions particulières concernant les horaires ou les tarifs avec un accord préalable.

Dans certains monuments ou musées — en particulier lorsque la visite est accompagnée — il arrive que les visiteurs ne soient plus admis une demi-heure avant la fermeture.

Les **églises** ne se visitent pas pendant les offices.

Les mentions concernant les tarifs et heures de visite ont été abrégées.

Exemple : *Visite : 1er juil.-30 sept. 9 h-12 h et 14 h-17 h (10 h-17 h dim. et j. fériés); le reste de l'année 9 h-12 h et 14 h-16 h. Fermé merc. ap.-midi, 1er janv., 25 déc.; 2,50 fl.*

C'est-à-dire : La visite peut s'effectuer du 1er juillet au 30 septembre de 9 h à 12 h et de 14 h à 17 h (de 10 h à 17 h les dimanches et jours fériés); le reste de l'année, tous les jours de 9 h à 12 h et de 14 h à 16 h.

Le monument est fermé tous les mercredis après-midi, le 1er janvier et le 25 décembre. Le prix d'entrée est de 2,50 florins.

Circulation automobile

Autoroutes. – Le pays possède 1 750 km d'autoroutes (autosnelweg), toujours gratuites. Il existe aussi de nombreuses routes réservées aux véhicules automobiles (autoweg, *panonceau ci-contre*), mais pourvues de croisements, contrairement aux autoroutes.

Vitesse limite. – Elle est de 100 km/h sur autoroute et « autoweg », de 80 km/h sur les autres routes et de 50 km/h dans les agglomérations.

Accidents et dépannages. – Le port de la ceinture de sécurité est obligatoire en tous lieux. En cas d'accident ou de panne, on peut se faire aider par le service des **patrouilles routières** (Wegenwacht), sur les routes principales et secondaires *(nuit et jour)* ou à Amsterdam *(17 h - 24 h; week-end : 7 h - 24 h; pour les étrangers : nuit et jour)*.

Les possesseurs d'un livret Touring Assistance du Touring Club de France *(p. 7)* ou du Carnet Touring Assistance du Touring Club de Belgique peuvent être dépannés gratuitement par le Wegenwacht.

Sur la plupart des autoroutes, on trouve des **postes d'appel** téléphonique S.O.S. Il existe aussi des cabines téléphoniques de l'A.N.W.B. *(ci-dessous)* : ☏ (0)70-26 44 26 *(nuit et jour)*.

Dépassement et priorité. – Les tramways ne peuvent être dépassés qu'à droite, sauf si l'espace disponible est insuffisant. Ils sont généralement prioritaires.

Il faut faire attention aux cyclistes qui dépassent souvent par la droite. Enfin, les règles de priorité à droite doivent être respectées à leur égard.

Itinéraires touristiques. – L'A.N.W.B. a jalonné trente-six itinéraires touristiques pour automobiles. Balisés de panneaux hexagonaux, ces itinéraires (« routes » en néerlandais) parcourent les régions les plus pittoresques du pays, reliant les principaux centres d'intérêt en un circuit de 80 à 150 km.

Un dépliant où sont reproduits le trajet et les principales curiosités jalonnant la route est en vente au siège de l'**A.N.W.B.** (Koninklijke Nederlandsche Toeristenbond, c'est-à-dire Royal Touring Club des Pays-Bas, Wassenaarseweg 220, Postbus 93200, 2509 BA Den Haag) ou dans les bureaux de cette association existant dans la plupart des autres villes du pays. *Prix : 2,50 fl.*

D'autres itinéraires touristiques sont dus à des initiatives locales.

Courses automobiles et de motos. – Le Grand Prix des Pays-Bas formule 1 disputé à Zandvoort *(p. 117)* est la plus fameuse compétition automobile se déroulant dans le pays.

A Assen a lieu le Grand Prix de Hollande pour la moto *(p. 63)*.

Le cross-country pour moto connaît une grande vogue et l'on peut aussi assister à des courses sur glace dans des patinoires artificielles.

Bicyclettes

On compte près de 10,5 millions de bicyclettes aux Pays-Bas (soit 2 bicyclettes pour 3 habitants) ainsi que 1,2 million de cyclomoteurs. Les routes et les rues sont donc très fréquentées par les cyclistes, en particulier aux heures de pointe.

Pistes cyclables. – Le pays est remarquablement équipé en pistes cyclables (10 000 km environ), ce qui facilite la circulation, tant des automobilistes pouvant rouler bien souvent sur des voies qui leur sont réservées, que des cyclistes.

Signalisation. – Il existe différents panneaux, dont la connaissance peut être utile à l'automobiliste comme au cycliste :

- panneau circulaire bleu avec vélo dessiné en blanc : piste obligatoire pour cyclistes et cyclomotoristes. En principe, elle double une voie pour automobilistes.
- panneau rectangulaire indiquant **« Fietspad »** ou **« Rijwielpad »** : piste cyclable facultative, interdite aux cyclomoteurs.
- panneau indiquant **« Fietsers oversteken »** : passage ou traversée de cyclistes et cyclomotoristes. Danger pour ces derniers qui doivent faire attention aux voitures et pour les automobilistes qui risquent d'être surpris en voyant déboucher des cycles provenant d'une piste cyclable sur une chaussée où ceux-ci n'avaient pas accès auparavant.

Location. – Un bureau de location de bicyclettes se trouve dans la plupart des grandes **gares** (plus de 80 gares). Il est signalé par un panneau carré bleu et blanc. *Prix 1,75 fl. par heure ou 5,75 fl. par jour.*

Dans les villes, outre de nombreux magasins spécialisés dans la location, certains ateliers de réparation proposent des vélos à louer (fietsverhuur). *Prix : 6 fl. par jour.*

Les bicyclettes sont rarement pourvues de dérailleurs. Beaucoup sont munies de système de freinage traditionnel par rétropédalage : c'est en appuyant sur les pédales dans le sens contraire à la marche qu'on arrête le mouvement de la roue arrière. Ce système, efficace, mais sans nuances, peut surprendre les étrangers inexpérimentés.

Itinéraires. – Une association (Stichting Fiets, Europaplein 2, 1078 GZ Amsterdam ☏ (020)44 09 44) publie une quinzaine de brochures comprenant chacune onze itinéraires pour cyclistes, d'environ 30 km. Ces ouvrages sont disponibles dans les VVV, à l'A.N.W.B. et dans certaines librairies. *Prix : 6,60 et 8,80 fl.*

Pour sa part, l'A.N.W.B. a jalonné une vingtaine d'itinéraires de 15 à 60 km, pour bicyclettes (fietsen) et cyclomoteurs (bromfietsen) ou pour bicyclettes seules. Les circuits sont signalés soit par des pancartes rectangulaires bleues où figurent, en blanc, un panneau hexagonal du type de ceux qui sont utilisés pour les automobilistes *(ci-dessus)* et une bicyclette, soit par des panneaux blancs hexagonaux où les mentions figurent en rouge. Pour chaque itinéraire, un dépliant est disponible.

Des circuits d'environ 20 km sont organisés en saison pour les touristes à bicyclette, en compagnie d'un guide. *S'adresser à Ena's Bike Tours (P. O. Box 2807, 2601 CV Delft) ou au VVV local.*

Manifestations. – De nombreuses courses cyclistes dont la Journée cycliste nationale *(1er samedi de mai)* ont lieu chaque année. Il existe aussi des regroupements plus modestes comme le Circuit des onze villes de Frise, au départ de Bolsward *(lundi de Pentecôte)* ou les Quatre Jours de Nimègue (Fietsvierdaagse) *(fin juil.-début août)*.

Navigation de plaisance, pêche

Les Néerlandais possèdent plus de 300 000 bateaux de plaisance, soit 1 bateau environ pour 47 habitants. On compte quelque 600 ports de plaisance.

L'eau couvre presque 1/6ᵉ du pays *(voir p. 12)* et les lacs, étangs, canaux, rivières, fleuves et larges estuaires offrent de multiples possibilités. La Frise avec ses nombreux lacs *(p. 163)* est particulièrement privilégiée.

C'est aussi l'un des charmes de la navigation aux Pays-Bas que de pouvoir parfois atteindre en bateau le centre même des villes traversées par des canaux.

Fédération des Sports Nautiques : Koninklijk Nederlands Watersport Verbond, Van Eeghenstraat 94, Postbus 53 034, 1007 RA Amsterdam, ☎ (020) 64 26 11.

Accès. — Presque tous les plans d'eau sont accessibles aux bateaux. Cependant, il existe certaines restrictions. Les bateaux dont le mât ne s'abaisse pas ne peuvent emprunter que les voies navigables munies de ponts mobiles, dont certaines n'ouvrent qu'à des heures précises. Ceux dont le tirant d'eau est important ne peuvent pas accéder à certaines zones des lacs. Pour utiliser les bateaux à moteur « rapides » (vitesse supérieure à 16 km/h), il faut se munir d'une autorisation. Enfin, la vitesse est limitée sur la plupart des plans d'eau; la navigation à moteur y est parfois interdite.

Un dépliant sur les sports nautiques édité annuellement et distribué en outre dans les Offices de Tourisme donne de nombreux renseignements sur la navigation.

Des cartes nautiques sont éditées par l'A.N.W.B. ou par l'Office de l'Hydrographie des Pays-Bas *(Badhuisweg 169-171, 2597 JN 's-Gravenhage).*

Location. — Des bateaux à moteur ou des voiliers peuvent être loués. Pour une longue période de location, consulter le dépliant sur les sports nautiques ou s'adresser à l'A.N.W.B.

Écoles de voile. — D'innombrables écoles de voile fonctionnent dans le pays, une quarantaine étant situées dans la province de Frise. Leurs adresses figurent dans une brochure disponible dans tous les bureaux de l'A.N.W.B. Cette brochure donne également les adresses des écoles où on peut s'initier à la pratique de la **planche à voile** qui connaît une vogue croissante aux Pays-Bas.

Calendrier nautique. — Partout dans le pays se déroulent l'été différentes manifestations nautiques. Les plus spectaculaires sont les **skûtsjesilen**, régates de skûtsjes sur les lacs frisons *(p. 163).* Parmi les autres festivités, citons la semaine du Delta en juin, la Grande Semaine de Sneek *(p. 163)* et la journée nationale de surf.

Ski nautique. — Il est lié à la navigation de plaisance, mais soumis à une réglementation plus stricte : il n'est autorisé que dans certains secteurs. En outre, il est parfois nécessaire de demander l'autorisation aux autorités locales.

Pêche. — Pour obtenir une **carte de pêche** (viskaart), s'adresser à partir de mi-avril à un bureau de poste. Il existe trois catégories de permis de pêche. Le plus simple *(6 fl.)* permet de pêcher sur les eaux du domaine public (grands canaux et rivières), avec une canne à pêche ordinaire (sauf du 16 mars au 31 mai), sur l'IJsselmeer et les eaux intérieures, sur les rivières (du 1ᵉʳ avril au 31 mai).

Sur les eaux « littorales » (grands estuaires, Waddenzee), la pêche est libre, à condition qu'on n'utilise pas plus de deux cannes à pêche ordinaires; il n'existe pas de période de fermeture sauf sur une petite partie du Hollands Diep. En mer, la pêche est libre.

Association des Fédérations de Pêche : Nederlandse Vereniging van Sportvissersfederaties, Van Persijnstraat 25, 3811 LS Amersfoort.

Sentiers

La **marche à pied**, bien organisée aux Pays-Bas, est l'objet de nombreux regroupements annuels, comme par exemple les Marches de Quatre Jours qui ont lieu à Apeldoorn *(mi-juil.)* et à Nimègue *(3ᵉ semaine juil.)* ou le Circuit des onze villes de Frise, au départ de Leeuwarden *(5 jours, entre mi-mai et début juin).*

La plupart des bois appartenant à l'État sont gérés par le **Staatsbosbeheer** dont l'emblème *(ci-contre)* est facilement reconnaissable. Aménagés pour les touristes, ils sont généralement équipés de pistes cyclables, de terrains de pique-nique, et de sentiers. Des **circuits pédestres** sont proposés, avec, au point de départ, un panneau indiquant la couleur de leur balisage et le temps nécessaire pour le parcours. Tous ces renseignements sont indiqués dans des dépliants verts (trente-sept) intitulés Voetspoor que l'A.N.W.B. édite pour le Staatsbosbeheer.

Autres sports

Les terrains de golf, de vol à voile et les hippodromes figurent sur les cartes Michelin nᵒˢ **210**, **211** et **212**. Sur les agrandissements de la carte Michelin nᵒ **408** qui concernent les régions d'Amsterdam et de Rotterdam, sont mentionnés de nombreux aménagements sportifs et touristiques : golfs, stades, piscines, baignades, ports de plaisance, pistes cyclables, réserves naturelles, zones de promenade.

Voir aussi Sports traditionnels, p. 37.

Spectacles

Les Pays-Bas possèdent des **casinos** (Scheveningen, Valkenburg, Zandvoort) où le jeu est autorisé. Ils sont ouverts toute l'année. Un dépliant spécial, disponible dans les Offices de Tourisme, donne des renseignements précis sur leur fonctionnement.

Au **cinéma**, les films étrangers sont projetés en version originale avec sous-titres en néerlandais.

Amsterdam notamment héberge de célèbres compagnies de danse, d'opéra et un orchestre remarquable *(p. 45).*

En été, le Festival de Hollande permet d'assister à des manifestations variées *(p. 11).*

PRINCIPALES MANIFESTATIONS TOURISTIQUES

DATES ET LIEU		NATURE DE LA MANIFESTATION
En février ou mars pendant le Carême	**Breda**	**Carnaval★**.
	Bergen op Zoom	Carnaval.
	Eindhoven	Carnaval.
	Venlo	Carnaval.
	Bois-le-Duc	Carnaval.
	Maastricht	**Carnaval★**.
	Sittard	Carnaval.
De fin mars à mi-mai . . .	**Keukenhof**	**Exposition florale nationale★★★** *(p. 72)*.
1er avril (samedi précédent si le 1er est un dim.)	**Brielle**	Fête historique *(p. 70)*.
De mi-avril à mi-sept. ou fin sept., vend.	**Alkmaar**	**Marché au fromage★★** *(p. 40)*.
3e sam. d'avril . .	**Haarlem-Noordwijk**	Grand corso fleuri *(p. 71)*.
De début mai à mi-sept., jeudi	**La Haye**	Marché d'antiquités *(p. 108)*.
Fin mai-début juillet	**Amsterdam**	**Festival de Hollande★** (concerts, opéras, ballets, théâtre). Pour réserver, s'adresser à Holland Festival, Willemsparkweg 52, 1071 HJ Amsterdam, ☏ (020) 72 22 45, aux grandes agences à l'étranger, ou aux bureaux de la compagnie d'aviation KLM.
	La Haye	
	Utrecht	
	Rotterdam	
De mi-juin à fin août, merc. . .	**Hoorn**	Marché folklorique *(9 h - 17 h) (p. 126)*.
De fin juin à fin août, jeudi .	**Schagen**	Marché de Frise-Occidentale *(p. 121)*.
Juin ou juil. (2 semaines) .	**Lacs frisons**	Régates ou skûtsjesilen *(p. 163)*.
Juil.	**La Haye**	North Sea Jazz Festival.
Dernier sam. de juil.	**Exloo**	Festival d'artisanat ancien *(p. 129)*.
Juil.-août, le soir	**Maastricht**	Concerts de carillons à l'hôtel de ville *(p. 143)*.
De début juil. à fin août, jeudi.	**Barneveld** *(1)*	Marché de Veluwe ancienne.
Juil.-août, sam. ap.-midi .	**Kinderdijk**	Journées des moulins *(p. 161)*.
Fin juil.-début août, merc. soir	**Markelo**	Noce paysanne *(20 h) (p. 80)*.
Fin août	**Breda**	Taptoe, musique militaire *(p. 67)*.
Fin août-début sept.	**Utrecht**	Festival de musique ancienne *(p. 167)*.
1er sam. de sept.	**Aalsmeer-Amsterdam**	Corso fleuri *(environ 9 h 30 - 16 h) (p. 71)*.
1er dim. de sept.	**Zundert** *(1)*	Corso fleuri.
2e sam. de sept.	**Tiel**	Corso de la cueillette des fruits *(14 h) (p. 165)*.
3e mardi de sept.	**La Haye**	Défilé du carrosse d'or *(p. 107)*.
3 oct. (lundi suivant si le 3 est un dim.)	**Leyde**	Leidens Ontzet, défilé historique *(p. 136)*.
De mi-oct. à début nov.	**Delft**	Foire d'antiquités *(p. 75)*.
3e sam. avant 5 déc. . .	**Amsterdam**	Entrée officielle de saint Nicolas, Prins Hendrikkade *(p. 37)*.
Du 1er dim. d'Avent à l'Épiphanie	**Denekamp**	Sonnerie des Midwinterhorens, trompes d'hiver *(p. 93)*.

(1) Pour les localités non citées dans le guide, nous renvoyons à la carte Michelin **408**

D'autres manifestations, de type sportif, sont citées p. 10 et 37. D'autre part, les Offices de Tourisme diffusent un dépliant annuel où figure une liste plus complète.

QUELQUES LIVRES

Pays-Bas, par I. et J.-C. LAMBERT *(Paris, Seuil, Coll. Petite Planète)*.

Les Pays-Bas *(Paris, Larousse, Coll. Monde et Voyages)*.

La Hollande aujourd'hui, par J. HUREAU *(Paris, Éd. J. A.)*.

Les Pays-Bas, par M. BRAURE *(Paris, P.U.F., Coll. Nous partons pour...)*.

Géographie des pays du Benelux, par R. SEVRIN *(Paris, P.U.F., coll. Que Sais-je?)*.

Histoire des Pays-Bas, par M. BRAURE *(Paris, P.U.F., coll. Que Sais-je?)*.

Spinoza, par P. MOREAU *(Paris, Seuil, coll. Écrivains de toujours)*.

Collection Les Classiques de l'Art *(Paris, Flammarion) :* Tout l'œuvre peint de Jérôme Bosch, Van Gogh, Frans Hals, Mondrian, Rembrandt, Vermeer de Delft.

La peinture hollandaise, par P. CLAUDEL *(Paris, Gallimard, coll. Idées/Arts)*.

Aux éditions Knorr & Hirth (Ahrbeck/Hannover), plusieurs monographies :
Rijksmuseum Amsterdam; La Haye; Rembrandt.

INTRODUCTION AU VOYAGE

PHYSIONOMIE DU PAYS

Le territoire des Pays-Bas (Nederland), comprenant d'immenses plans d'eau tels que l'IJsselmeer et le Waddenzee, s'étend sur 41 160 km^2 dont 33 898 de terres émergées.

Il est habité par 14 339 389 Néerlandais *(voir aussi p. 16)*. La densité, de 422 h. au km^2, est une des plus fortes densités nationales du monde (France : 97,7 h. au km^2).

La plus grande distance d'une extrémité à l'autre du pays est de 310 km : de l'île de Rottum, au Nord de la province de Groningue, au Sud du Limbourg.

Hollande et Pays-Bas. – L'usage a consacré en français le nom de **Hollande** pour désigner l'ensemble des Pays-Bas. En effet, cette ancienne province – séparée depuis 1840 en Hollande-Septentrionale et Hollande-Méridionale – supplanta au 17e s., grâce à sa prospérité économique et à son rôle politique prédominant, les autres régions de la République des Provinces-Unies. Napoléon Ier entérina la primauté de la Hollande en créant en 1810 l'éphémère royaume de Hollande.

En fait, dès la fin du Moyen Age, on appelle **Lage Landen** ou **Nederlanden** (Pays-Bas) les plaines s'étendant de la Frise à la Flandre. En 1581 naissaient les Verenigde Provinciën der Nederlanden (Provinces-Unies des Pays-Bas). En 1815, c'est encore ce terme qui prévaut lorsque Guillaume Ier prend la tête du royaume comprenant une partie de la Belgique. Le nom est resté inchangé – Nederland – malgré la sécession de la Belgique en 1830, et la reine Beatrix porte le titre de « Koningin der Nederlanden » (reine des Pays-Bas).

Actuellement, les Pays-Bas comprennent 11 provinces, le polder du Flevoland n'étant rattaché à aucune province.

Les Pays-Bas forment, avec les Antilles néerlandaises *(p. 23)*, le royaume des Pays-Bas.

LE CLIMAT

Le ciel nuageux à travers lequel filtrent de timides rayons de soleil, les horizons brumeux dont les peintres du 17e s., les Ruysdael ou Van Goyen ont su traduire la beauté, sont un des traits du paysage.

Le climat, océanique, est humide et frais. Il tombe 750 mm de pluie en moyenne par an, répartis sur plus de 200 jours. La température est assez fraîche en été sans être très rigoureuse en hiver. Les hivers sont plus doux qu'autrefois et, s'il arrive, certaines années, qu'il gèle suffisamment pour que lacs et canaux soient couverts d'une couche de glace, ce n'est que durant de courtes périodes. Les scènes de patinages qui rassemblent sur les tableaux d'Avercamp (17e s.) toute la population d'un village et, à Den Helder, en 1795, la prise, par les hussards de Pichegru, de la flotte hollandaise bloquée par les glaces témoignent d'un climat bien différent.

Le vent, qui vient de l'Ouest, est souvent fort, et c'est pour s'en protéger que les fermes s'entourent de rideaux de peupliers.

UN « PAYS BAS »

Le pays porte bien son nom (land = pays, neder = bas). Près du tiers de sa superficie totale, résultat d'une opiniâtre lutte contre les eaux *(p. 14)* se trouve au-dessous du niveau de la mer : sans la protection des digues et des dunes au moment des plus fortes marées ou des crues des rivières, plus de la moitié du pays se retrouverait sous l'eau. Le point le plus bas du pays atteint – 6,50 m à Alexanderpolder, près de Rotterdam.

Cependant, il faut noter une différence très nette entre l'Ouest et l'Est. La moitié Ouest du pays est une plaine située au-dessous de 5 m d'altitude. C'est la partie du pays la plus peuplée *(p. 16)*.

Par contre, à l'Est, les collines de la Veluwe atteignent 100 m d'altitude (106 m au Zijpenberg au Nord-Est d'Arnhem), et, dans le Limbourg, le point culminant du pays, **Drielandenpunt,** à la jonction des frontières allemande et belge, s'élève à 321 m.

Les Pays-Bas représentent une zone déprimée de l'écorce terrestre qui a été comblée par des alluvions du Rhin et de la Meuse, par les moraines de grands glaciers scandinaves, par le sable transporté par le vent à l'époque quaternaire.

Le niveau de la mer aux Pays-Bas est appelé N.A.P. (Normaal Amsterdams Peil).

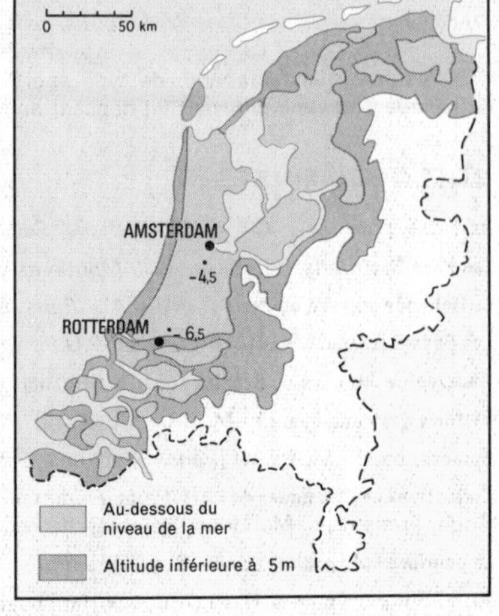

Le pays des eaux. – Les terres émergées ne représentent que les 5/6e du pays.

En effet, une partie du pays est couverte par de grands fleuves dont les estuaires forment un immense delta *(p. 77)*. Par ailleurs, l'IJsselmeer, grand lac d'eau douce qui a remplacé la mer intérieure du Zuiderzee, couvre encore à lui seul 120 000 ha et les étangs, petits lacs, canaux et ruisseaux abondent dans le pays, surtout en Frise (dont le drapeau porte des feuilles de nénuphar).

Le pourcentage de terres émergées varie suivant les régions. Il s'accentue fortement d'Ouest en Est, car il est lié avec l'altitude. En effet, sur les parties relativement hautes, à l'Est du pays, les eaux ne séjournent pas; elles ont par contre tendance à s'accumuler dans les plaines et surtout dans les polders *(p. 14)*.

SOL ET PAYSAGES

Dans la province de Groningue

Le sol se présentant, dans son ensemble, en dehors de quelques régions de collines, comme une immense plaine et se composant de matériaux assez peu variés, les paysages naturels ne sont pas d'une grande diversité.

Par ailleurs, les terres de polder *(voir p. 14)*, marquées, elles, par l'intervention déterminante de l'homme, peuvent paraître aussi assez monotones. Cependant, elles contribuent à donner au pays son originalité et constituent, par leur lumière, par leurs couleurs, par leur atmosphère paisible, un univers qui n'est pas exempt de poésie.

De vastes zones sablonneuses. – Le **sable** occupe 43 % du sol. Il s'étend principalement au Sud et à l'Est du pays, notamment dans trois régions : la **Campine** (Kempen), zone du Brabant-Septentrional qui prolonge la Campine belge, la **Veluwe**, le Nord de l'Overijssel et la Drenthe. Des landes de bruyères, de genêts, d'ajoncs, ainsi que des forêts (environs de Breda, pinèdes de Veluwe) couvrent les étendues non défrichées.

Les collines de l'Utrechtse Heuvelrug *(p. 42)* ou de Veluwe, composées de cailloux ou de blocs erratiques, sont les **moraines** de glaciers scandinaves qui recouvraient le Nord du pays au quaternaire. Elles ont détourné vers l'Ouest le cours des grands fleuves (Meuse, Rhin).

Il subsiste çà et là quelques **marécages** (De Peel, Biesbosch) ou des lacs, très nombreux dans le Sud de la Frise *(p. 163)*. Ils n'ont pas été asséchés et transformés en polders comme ceux de Hollande en raison de leur fond sablonneux, peu fertile.

Des dunes. – Sur les côtes, le sable a formé des cordons littoraux. Les **dunes** côtières sont d'une importance capitale : elles protègent les plaines contre les hautes marées. Pour cette raison, elles sont l'objet d'une attentive surveillance de l'État. Des oyats y ont été plantés pour les stabiliser. Dans certains secteurs, pour éviter d'endommager la végétation protectrice et empêcher l'érosion, leur accès est interdit au public.

Lorsque le cordon de dunes est insuffisant, il est doublé par des digues. Par ailleurs, les dunes jouent le rôle de château d'eau en absorbant les eaux de pluie qui alimentent les nappes phréatiques.

En contrebas des dunes ou des digues s'étendent les vastes plages des stations balnéaires desservies par des escaliers.

Les îles des Wadden, en arrière desquelles s'étend le Waddenzee *(p. 14)* constituent en fait un cordon littoral particulièrement important.

Des terres d'alluvion. – Les **argiles marines** couvrent 28 % du sol, dans le Delta, dans les golfes marins qui subsistent ou dans ceux qui ont été repris à la mer, tel le Lauwerszee, le Middelzee (qui arrosait Leeuwarden), en partie transformés en polders.

Les **argiles fluviales** (10 % du sol) s'étendent dans la région des fleuves au centre du pays, ainsi que dans la vallée de la Meuse, au Sud de Venlo.

Des tourbières. – Il existe aux Pays-Bas deux sortes de tourbières. Dans les lagunes, des tourbières se sont créées sur un fond d'argile marine. La tourbe, utilisée comme combustible, a été exploitée : il s'est alors formé des lacs, qui, par la suite, ont été asséchés.

Dans le « haut pays », la tourbe s'est développée dans les zones marécageuses. Elle a aussi été exploitée, puis le sol a été consacré à l'agriculture : c'est ce qu'on appelle les « colonies de tourbière » (veenkoloniën). Elles sont très courantes dans la province de Groningue et dans la Drenthe *(p. 63)*.

Un plateau calcaire. – Le Sud du Limbourg constitue une exception aussi bien dans la géologie que dans le paysage des Pays-Bas.

Son sol, calcaire, couvert de loess, est le même que celui de la Hesbaye en Belgique tandis qu'à l'extrême Sud apparaissent quelques rochers, derniers affleurements du massif ancien ardennais belge.

Le gisement houiller limbourgeois, désaffecté, prolonge celui de la Campine belge.

LA LUTTE CONTRE LES EAUX

L'histoire du pays raconte la lutte continuelle de l'homme contre les éléments, contre les crues des fleuves, contre la mer et ses tempêtes.

C'est vers le 5e s. avant Jésus-Christ que se forment les premières dunes, au Sud d'Haarlem. La ligne de dunes allant de l'Escaut à l'Eems apparaît vers l'an 1000 après Jésus-Christ. Rompu en divers points par les tempêtes, ce cordon littoral constitua les îles des Wadden *(p. 177)*, tandis que la mer envahissait les tourbières basses qui devinrent le **Waddenzee.**

Premières étapes; les tertres et les digues. – Premiers occupants des régions côtières dès 500 avant Jésus-Christ, les **Frisons** furent les précurseurs de la lutte contre la mer. Pour se protéger des hautes eaux ils construisirent des **tertres** *(p. 135)*.

Ils édifièrent aussi les premières digues, à partir de l'an 1200. A l'intérieur des digues, entre Leeuwarden et Sneek, ils asséchèrent quelques parcelles de terrain, aménageant déjà des sortes de polders.

Le 13e s. vit 35 grandes inondations, créant au Nord le Dollard, le **Lauwerszee,** et au centre, en 1287, le **Zuiderzee,** actuel IJsselmeer *(p. 129)*, et réunissant en grandes unités des lacs et des tourbières, comme dans le lac de Haarlem *(p. 113)* ou dans les lacs frisons.

Grâce aux moulins à vent : les premiers polders. – A partir du 14e s., les marécages furent assainis, les lacs asséchés, à l'aide de **moulins à vent** *(p. 36)*.

Au 15e s., en Zélande, où les fleuves avaient découpé des îles et des presqu'îles, les rives s'éboulant à marée basse et le manque de moyens de protection aboutirent à la catastrophe de la **Ste-Elisabeth** *(p. 77)*. Ceci détermina l'accroissement des moulins à vent dans les plaines menacées. Ainsi, en Hollande-Septentrionale, de petits **polders** apparurent, à Schagen, en 1456, à Alkmaar, en 1564. **Andries Vierlingh** (1507-1579) fait preuve d'une grande compétence dans l'édification des digues des régions côtières.

Création d'un polder. – Un polder est un territoire conquis sur la mer, sur un lac ou un sol marécageux. Il est entouré de digues et son niveau d'eau est réglé artificiellement par pompage. Depuis l'origine jusqu'à nos jours, la création des polders est soumise aux mêmes étapes, en dépit de l'évolution des techniques (par exemple : les pompes à vapeur, puis à moteur diesel ou électrique ont remplacé les moulins).

Dans les tourbières, le long des rivières et le long de la côte, on trouve des polders simples, ceinturés d'une seule digue. Leurs eaux excédentaires sont directement rejetées dans la mer ou dans la rivière. Lorsque le polder s'étend au-dessus du niveau de la mer, il suffit à marée basse d'ouvrir les écluses pour que l'eau soit évacuée dans les canaux de dérivation puis dans la mer. Sinon, le pompage est nécessaire.

Pour assécher un lac, on crée un type de polder plus complexe. Autour du lac est construite une digue dite de ceinture. Celle-ci est entourée d'un canal que bordent les digues de ceinture des polders voisins. Le polder est sillonné de petits canaux reliés entre eux par des canaux collecteurs. Dès que le niveau d'eau souhaité est dépassé, la pompe (jadis le moulin) refoule l'eau des canaux collecteurs vers le canal périphérique et tout un réseau de lacs ou de canaux, servant de réservoir temporaire. L'eau est ensuite déversée dans les rivières et dans la mer soit naturellement, soit par pompage. Autrefois, lorsque le lac à assécher était profond, il fallait installer plusieurs moulins en chaîne pour refouler l'eau à l'extérieur du polder.

17e s. : une succession de polders. – Au 17e s., un nom s'attache à l'œuvre d'assèchement des pays de l'intérieur, celui de **Jan Adriaensz. Leeghwater** *(p. 41)* dont le nom signifie « vide l'eau ».

Sous sa direction et avec l'aide de 40 moulins, furent menés à bien les travaux de récupération du lac de **Beemster,** au Nord d'Amsterdam (1612).

Cette opération, couronnée de succès, encouragea les Hollandais à poursuivre leur œuvre. Ils créèrent les polders de **Purmer** en 1622 et de **Wormer** en 1626.

Dès 1631, Alkmaar entreprit l'assèchement du lac de **Schermer** sur les plans de Leeghwater, à l'aide de 50 moulins. Il fut terminé en 1635.

Leeghwater projeta aussi l'assèchement du lac de Haarlem, opération qui ne fut menée à bien qu'au 19e s.

En 1667, Henri Stevin *(p. 130),* proposa d'assécher le Zuiderzee afin d' « expulser la violence et le poison de la mer du Nord ». Le projet n'aboutit qu'au 20e s.

Au 18e s. se créent des communautés autonomes d'intérêt hydraulique ou **« waterschappen »,** ayant à leur charge l'entretien et la construction des digues, canaux et écluses. Complétées depuis 1798 par le **Waterstaat,** ministère de l'Eau et des Ponts et Chaussées, elles subsistent de nos jours.

Peu avant 1800, on commence à utiliser pour le pompage la machine à vapeur. Elle a l'avantage de pouvoir refouler l'eau par-dessus de hautes digues, remplaçant donc plusieurs moulins en chaîne, et de ne pas être tributaire du vent.

Les grands travaux du 19e et du 20e s. – La période la plus spectaculaire de la reconquête des eaux commença en 1848 avec l'assèchement du **lac de Haarlem** *(p. 113),* achevé en 1852, grâce à trois énormes stations de pompage dont celle de Cruquius, maintenant aménagée en musée *(p. 116).*

Puis, peu après les graves inondations de 1916, ce fut le tour du Zuiderzee lui-même, transformé en lac, l'**IJsselmeer** *(p. 129),* par la construction de la grande digue nommée **Afsluitdijk,** achevée en 1932.

Plusieurs polders ont été créés progressivement sur le pourtour de ce lac. Le dernier polder en projet est le Markerwaard.

Il faut citer, en outre, d'autres polders, d'importance moindre, reconquis aux 19e et 20e s. : le Prins Alexanderpolder (1872) près de Rotterdam, le polder du Lauwersmeer *(p. 104).*

La plus récente catastrophe fut celle de la nuit du 31 janvier au 1er février 1953, due à un vent violent soufflant vers les terres par une très haute marée; elle fit 1 865 morts et dévasta 260 000 ha de terres *(p. 77).*

Aussi, à la suite de ce désastre, les ingénieurs, encouragés par la réussite de la fermeture du Zuiderzee, cherchèrent à protéger les îles de Hollande-Méridionale et de Zélande : le **plan Delta** *(p. 77),* commencé en 1954, devrait être mené à bien en 1986.

Le niveau d'eau des canaux qui sillonnent les polders est constamment contrôlé et réglé *(voir p. 14).* Il en est de même pour la plupart des cours d'eau du pays que digues et écluses ont transformés en véritables canaux.

Du 13e s. à nos jours, environ 7 050 km^2 de terre ont été enlevés à la mer dont 4 000 km^2 grâce à des digues côtières, 1 650 km^2 par la création de l'IJsselmeer et 1 400 km^2 par divers moyens. Ces chiffres ne comprennent pas les territoires qui, submergés dans des opérations militaires, ont dû être reconquis eux aussi par la suite (par exemple l'île de Walcheren).

LA PROTECTION DE LA NATURE

Dans ce pays de grande densité de population, de forte activité industrielle, le domaine réservé à la nature prend une importance particulière.

Certains groupements jouent un rôle très actif dans la sauvegarde de la nature. C'est le cas de l'Association pour la Conservation de la Nature, Vereniging tot Behoud van Natuurmonumenten, importante organisation privée qui se charge d'acquérir des terrains et de les entretenir. Elle en possède 150, couvrant 46 000 ha. Bois ou landes, dunes ou marais, ils présentent des paysages d'une grande variété. Ils sont signalés **« Natuurmonumenten »** et leur accès, généralement autorisé, est soumis à une réglementation très stricte.

Quant aux bois appartenant à l'État, ils sont gérés par le Staatsbosbeheer, sorte d'Office des Forêts, et souvent aménagés pour les loisirs *(voir p. 10).*

Les oiseaux

Les Pays-Bas sont, grâce à leurs innombrables étangs et marécages, à leurs immenses côtes bordées de dunes, une terre d'élection de nombreuses espèces d'oiseaux migrateurs ou sédentaires.

Le **vanneau huppé,** petit oiseau rond, d'une trentaine de centimètres de long, couvert d'un plumage un peu mordoré, peuple les prairies, surtout en Frise. Il est un peu considéré comme l'oiseau national. Ses œufs sont très appréciés *(p. 32).*

Sur les côtes, la **sterne,** le **goéland** et la **mouette** sont légion, surtout la mouette rieuse *(illustration p. 87)* qui va nicher souvent à l'intérieur des terres; on voit aussi des colonies d'**huîtriers pie,** petit échassier noir et blanc.

Autre échassier, le **héron cendré** se rencontre au bord des canaux. La **spatule** *(illustration p. 181)* est plus rare, de même que la **cigogne blanche** dont on pratique l'élevage pour éviter sa disparition.

Enfin toutes sortes de **canards** peuplent canaux, étangs et marécages : le canard sauvage ou colvert et le tadorne au plumage multicolore sont peut-être les plus répandus dans le pays.

Pour protéger certaines espèces d'oiseaux, une multitude de **réserves naturelles** ont été aménagées, près du littoral comme à l'intérieur du pays.

Ces espaces de nature intègre facilitent la nidification des oiseaux, leur recherche de nourriture, en même temps que l'étude ornithologique, en particulier celle qui concerne les migrateurs.

La plupart des réserves sont accessibles au public. Leur accès est cependant rigoureusement réglementé et certaines sont interdites partiellement pendant la période de couvaison, qui se produit chez la majorité des espèces entre avril et août.

VIE ÉCONOMIQUE

En 1981, sur 1 000 Néerlandais, 363 étaient des « actifs » : 20 travaillaient dans l'agriculture ou la pêche, 112 dans l'industrie, 231 dans le secteur tertiaire.

Malgré l'évolution considérable de l'agriculture et de l'industrie c'est le secteur tertiaire qui connaît maintenant le plus grand développement.

LA POPULATION

Un développement rapide. – La population *(voir p. 12)* a presque triplé de 1900 (5 104 137 h.) à nos jours.

Entre 1945 et le début des années soixante beaucoup de Néerlandais ont gagné l'Australie, le Canada, la Nouvelle-Zélande, l'Afrique du Sud et les États-Unis. Depuis 1965, on assiste à l'arrivée massive de travailleurs venus des régions méditerranéennes. D'abord composée de chefs de famille, cette population immigrée s'est constituée à partir de 1970, de familles entières. Dans les années 1974, 1975 et 1980, le mouvement d'émigration en provenance de Surinam fut important.

En partie grâce au niveau remarquable de la santé publique aux Pays-Bas, le taux de mortalité (8,2 ‰) est l'un des plus faibles du monde. Cependant, la natalité jadis très forte a beaucoup diminué. Ainsi l'accroissement démographique est-il de nos jours en régression : 3,8‰. La population a tendance au vieillissement : début 1982 les personnes de plus de 65 ans représentaient 11,8 % de la population.

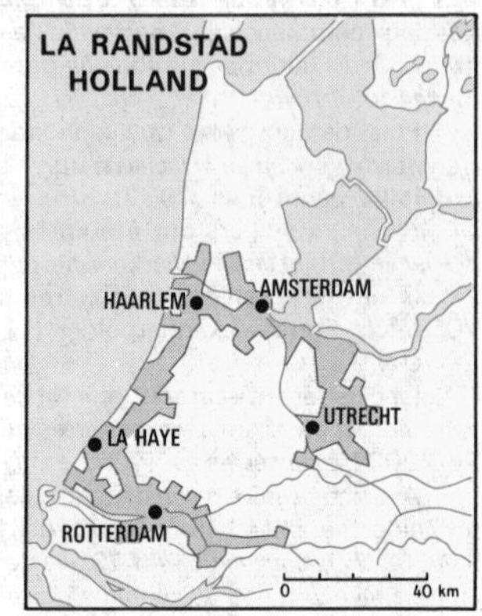

Une répartition inégale. – Les provinces du Nord et de l'Est sont les moins peuplées. Dans les deux provinces de Hollande se groupe 40 % de la population et se trouve la plus grande densité (865 h. au km² en Hollande-Septentrionale et 1 077 h. au km² en Hollande-Méridionale). Dans ces provinces et dans celle d'Utrecht s'étend la **Randstad Holland,** vaste conurbation en forme de croissant comprenant les quatre principales villes du pays, Amsterdam, Rotterdam, la Haye et Utrecht. En outre, sur tout le territoire, la population se concentre dans les villes. Plus du quart des habitants vivent dans 17 villes de plus de 100 000 habitants. Les villes d'importance moyenne sont aussi en plein essor.

TRANSPORTS ET COMMUNICATIONS

Voies de communications. – Desservis par de grands fleuves qui sont autant de voies de communication en liaison avec le reste de l'Europe, favorisé par leur large façade maritime, les Pays-Bas sont le théâtre d'un intense trafic fluvial et maritime.

On compte au total 4 339 km de voies navigables (3 487 km de canaux), dont près de la moitié sont accessibles aux bateaux de plus de 1 000 t.

La flotte marchande des Pays-Bas comprend 550 unités d'une capacité de 3 millions de tonnes.

L'importance des voies d'eau est par ailleurs un obstacle au développement des communications routières et ferroviaires, obstacle que les Néerlandais ont su vaincre patiemment : en bâtissant ponts et tunnels au prix d'énormes travaux, ils ont pu couvrir le pays d'un dense réseau de routes (52 567 km) et de voies ferrées (2 876 km).

Le transport aérien est bien développé avec la compagnie nationale KLM. L'aéroport de Schiphol, près d'Amsterdam, est le plus fréquenté du pays, suivi par celui de Zestienhoven, à Rotterdam.

Les grands ports. – L'essor des transports maritimes est lié à celui des deux grands ports, Amsterdam et Rotterdam. Le Zuiderzee était jadis le siège des principaux ports dont l'activité dépendait, au Moyen Age de la hanse *(p. 129)*, ou, au 17ᵉ s., de la compagnie des Indes *(p. 22)*. Par la suite, le trafic fluvial et le commerce maritime se sont développés sur la côte Ouest ou à proximité.

Amsterdam, qui détrôna Anvers au 17ᵉ s., joua alors en Europe un rôle de tout premier plan. Par le creusement du Noordzeekanaal la reliant à la mer du Nord (1876), elle a acquis un nouveau débouché vers l'Ouest et reste un port prospère, en relation avec le Rhin par l'Amsterdam-Rijnkanaal. IJmuiden lui sert d'avant-port sur le Noordzeekanaal.

Rotterdam, qui bénéficie d'une situation privilégiée au débouché de deux grands fleuves européens, s'est affirmé comme le plus grand port du monde. Le trafic du pétrole tient une large place dans ses activités et a entraîné la naissance de nombreuses industries annexes *(détails p. 158)*. Les autres ports de commerce sont : Delfzijl, Terneuzen, Dordrecht, Flessingue, Vlaardingen, près de Rotterdam.

LA PÊCHE

Cette activité qui a joué pendant des siècles un rôle de premier plan dans l'économie du pays est en nette régression depuis 1930; elle n'emploie plus maintenant que 4 000 personnes. Dans l'IJsselmeer on pêche l'anguille et la sandre et, dans la mer du Nord, la morue, la sole, le maquereau, le carrelet, le hareng, etc. Les modalités régissant la pêche de la plupart des poissons de mer sont très strictes.

Les principaux ports de pêche sont Den Helder, IJmuiden, Scheveningen et Stellendam sur la mer du Nord ainsi qu'Urk, sur l'IJsselmeer.

Les produits de la pêche sont en grande partie exportés, cependant, certaines espèces faisant défaut, le pays doit importer du poisson.

Yerseke est le centre principal de l'**ostréiculture** et de la **mytiliculture,** qui est aussi pratiquée dans le Waddenzee. La décision de faire du barrage de l'Escaut oriental un barrage mobile à vannes *(p. 78)* préservera ces deux activités.

AGRICULTURE – ÉLEVAGE

Ces activités dont les résultats progressent régulièrement ne représentent cependant qu'une part faible du revenu national : 4,5 % en 1978.

Agriculture. – Grâce à un niveau technique élevé et à de grandes disponibilités en capitaux, les Néerlandais pratiquent une agriculture intensive, dont les rendements figurent parmi les meilleurs du monde. Pour la formation des agriculteurs et éleveurs, l'État entretient une école supérieure renommée à Wageningen. Les méthodes sont particulièrement modernes et scientifiquement étudiées, surtout dans les nouveaux polders.

Les herbages couvrent presque les 2/3 de la surface agricole; le reste est occupé par des cultures (en partie florales). Les surfaces des exploitations ont tendance à augmenter en raison de la mécanisation croissante du travail, par contre, malgré la création de polders, la superficie agricole générale est en diminution, du fait de l'urbanisation notamment.

Labours. – Ils sont très répandus, surtout sur les sols sablonneux à l'Est du pays comme sur ceux de l'Est de la province de Groningue, défrichés progressivement depuis le début du siècle. On en trouve aussi dans les zones alluviales du Limbourg et dans la région des grands fleuves.

Les **céréales** et les betteraves sucrières sont cultivées partout, mais principalement en Zélande, dans la province de Groningue et dans les nouveaux polders où les rendements sont très hauts. Les **cultures industrielles** (lin, colza, houblon) y sont aussi très courantes.

Destinée à la consommation humaine et à l'alimentation animale, la **pomme de terre** occupe une place importante dans les cultures au Nord et à l'Ouest du pays.

Le Limbourg est connu pour ses cultures d'**asperges,** aux environs de Venlo.

En Hollande-Septentrionale croissent des pommes de terre de primeur.

Horticulture. – Tiel centralise les fruits des vergers de la riche Betuwe.

Cultivées en plein champ, les **plantes à bulbe** comme les tulipes, les jacinthes *(détails p. 71)* ont pour lieu de prédilection les polders, reconquis sur un sol alluvial généralement très fertile. Cette culture, qui a fait la célébrité de la région au Sud de Haarlem, se pratique aussi dans d'autres zones : aux environs d'Alkmaar, de Den Helder, et dans le polder du Nord-Est. En 1979, 116 000 t de bulbes ont été exportés. Les fleurs destinées à être coupées sont cultivées en serre. C'est la spécialité des environs d'Aalsmeer.

Dans le Westland, les habitants se sont consacrés à la culture maraîchère en serre : salades, tomates, concombres sont en partie exportés. Cette culture est aussi très répandue dans la région de Venlo, autour de Grubbenvorst (fleurs, tomates, cornichons).

Élevage. – Des terres fertiles alliées à une irrigation poussée ont favorisé cette activité traditionnelle.

Les **bovins** (5,2 millions de têtes en 1982) sont nombreux dans les polders, surtout ceux des provinces de Hollande et de Frise. Connue dans le monde entier comme excellente laitière (en moyenne 4 815 kg de lait par an), le **vache de race frisonne** pie-noire, à la robe distribuée en larges plaques noires et blanches, et aux pattes blanches, est obtenue par de sévères sélections. L'alliance d'une race de qualité, d'un pâturage extrêmement riche et d'une alimentation rationnelle du bétail, permet d'obtenir un rendement remarquable (12,5 millions de tonnes de lait en 1982).

En outre, le beurre, le fromage *(p. 32)*, sont des productions réputées, exportées à l'étranger, le Néerlandais consommant plus de margarine que de beurre.

Le produit des herbages est complété dans l'alimentation du bétail par des produits de cultures maraîchères et des aliments industriels (tourteau). Ce complément permet d'augmenter la densité du bétail à l'hectare.

Dans l'élevage, il faut mentionner aussi les **porcs** (10,21 millions en 1982), dans le Brabant-Septentrional et la **volaille** (87,07 millions de poules en 1982), dans la Gueldre dont le grand centre d'élevage est Barneveld. Le Néerlandais consomme beaucoup d'œufs, en particulier au petit déjeuner, néanmoins la production est en partie exportée en Allemagne.

INDUSTRIE

Les principales zones industrielles du pays sont la Randstad Holland *(p. 16)*, la Twente, le Brabant-Septentrional et le Limbourg. Il existe également quelques centres isolés comme Nimègue, Arnhem ou Breda. En raison de la rareté des ressources locales, l'industrie doit souvent utiliser des matières importées. L'exportation des produits transformés, par contre, est une des principales ressources de revenus du pays.

Après la Deuxième Guerre mondiale, le développement industriel a compensé la perte des ressources de l'Indonésie devenue indépendante.

Exploitation du sous-sol. – Plusieurs gisements de **pétrole** sont exploités : à l'Est de la Haye, à l'Est de Rotterdam et près de Schoonebeek *(p. 88)*. La production de pétrole (plus d'un million de tonnes par an) couvre 7 % des besoins du pays.

Rotterdam est le grand centre d'importation du pétrole qui une fois traité dans des raffineries de l'Europoort à Rotterdam, d'Amsterdam, de Flessingue est en grande partie exporté de nouveau. A Rotterdam, la raffinerie Shell est l'une des plus grandes du monde (20 millions de tonnes traitées par an). Le total de pétrole brut traité représentait 40 millions de tonnes en 1982.

Cette industrie a entraîné le développement de la pétrochimie *(p. 20)*.

On a découvert en 1959 d'importants gisements de **gaz naturel,** près de Groningue, aux environs de Slochteren *(p. 103)*. Le gaz est extrait également depuis 1970 dans la mer du Nord (stations NAM, Placid et Pennzoil etc.) où les réserves exploitables sont évaluées à 134 milliards de m^3. L'ensemble de la production a atteint en 1982, 70 milliards de m^3.

Plus de la moitié du gaz naturel exploité est exporté, notamment au moyen de gazoducs dont le pays possède plus de 10 000 km.

La prospection du gaz naturel et du pétrole est permanente depuis 1961, en particulier dans la mer du Nord, à partir de plates-formes mobiles.

Production d'électricité. – Elle est assurée par de nombreuses **centrales thermiques** alimentées au gaz, au fuel ou au charbon et par la **centrale nucléaire** de Borssele, à l'Est de Flessingue. A Dodewaard, à l'Ouest de Nimègue, près du Waal, se trouve une centrale nucléaire expérimentale.

Une usine d'enrichissement de l'uranium fonctionne depuis 1971 à Almelo.

Enfin, un centre de recherche énergétique a été installé en 1955, sur les dunes de la mer du Nord, à Petten, dans la province de Hollande-Septentrionale, et abrite un service de l'Euratom. Il y est prévu également la construction d'une éolienne géante.

Sel gemme. – Les Pays-Bas sont un important pays producteur de sel dont les gisements se trouvent au Nord d'Hengelo et à l'Est de Winschoten.

Sidérurgie. – Elle est localisée depuis 1924 à Velsen, près d'IJmuiden, au débouché du canal de la mer du Nord. Dépendante de l'importation (minerai de fer, charbon), la production de fonte et d'acier a tendance à diminuer. On a produit 5 millions de t d'acier en 1981.

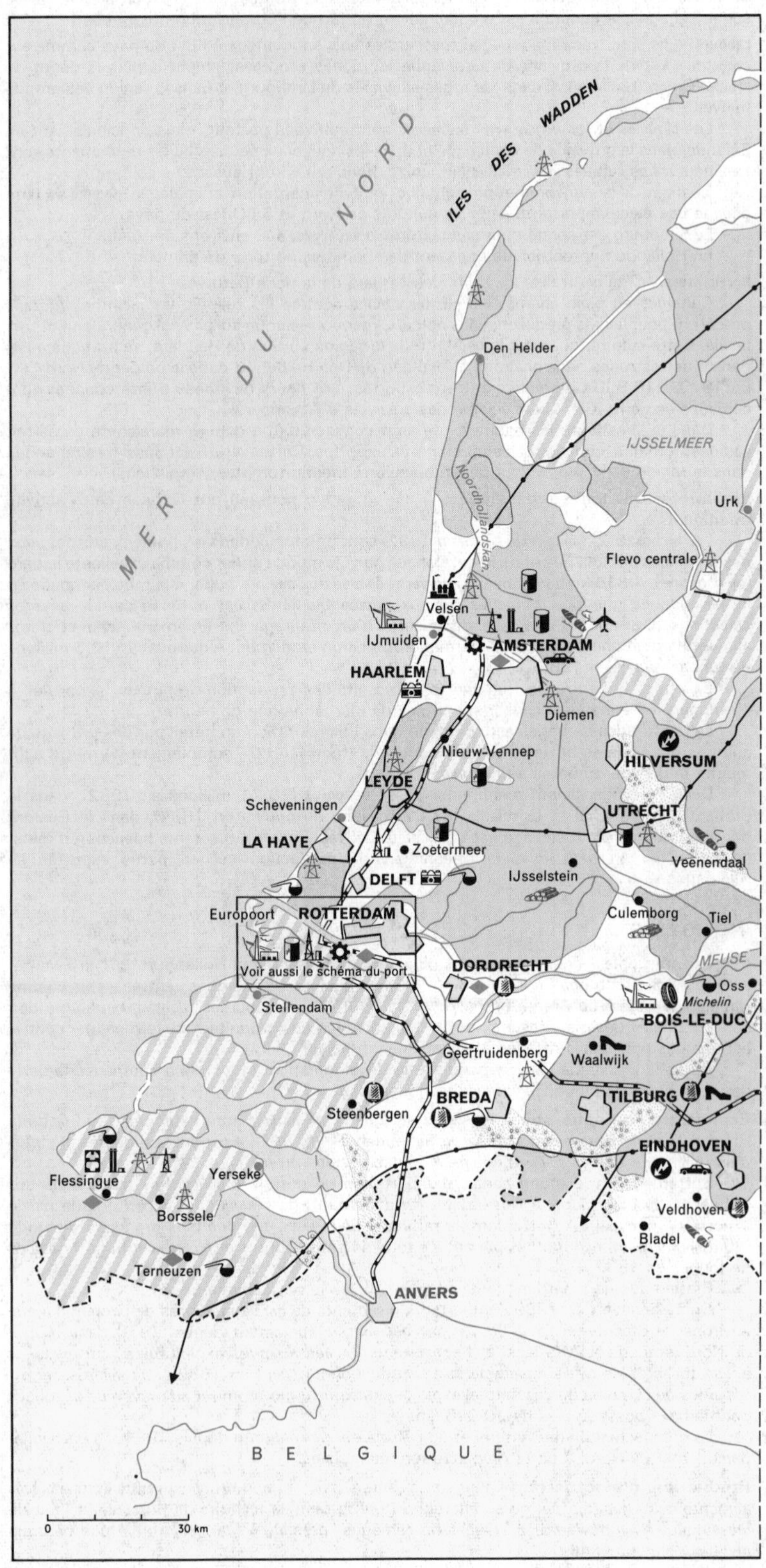

Métallurgie des métaux non ferreux. – L'aluminium est produit à Delfzijl et à Flessingue. Le **zinc** fait aussi l'objet d'une importante industrie, à Budel-Dorplein, au Sud d'Eindhoven.

A Arnhem, une entreprise est spécialisée dans le laminage de métaux rares (titane, zirconium, tantale). Plusieurs usines fabriquant des demi-produits d'aluminium, de cuivre et de plomb sont dispersées dans le pays.

Métallurgie de transformation. – La **construction navale** est spécialisée dans les navires de tonnage moyen et les unités de pointe. D'importants chantiers se trouvent à Schiedam, à Flessingue, à Amsterdam.

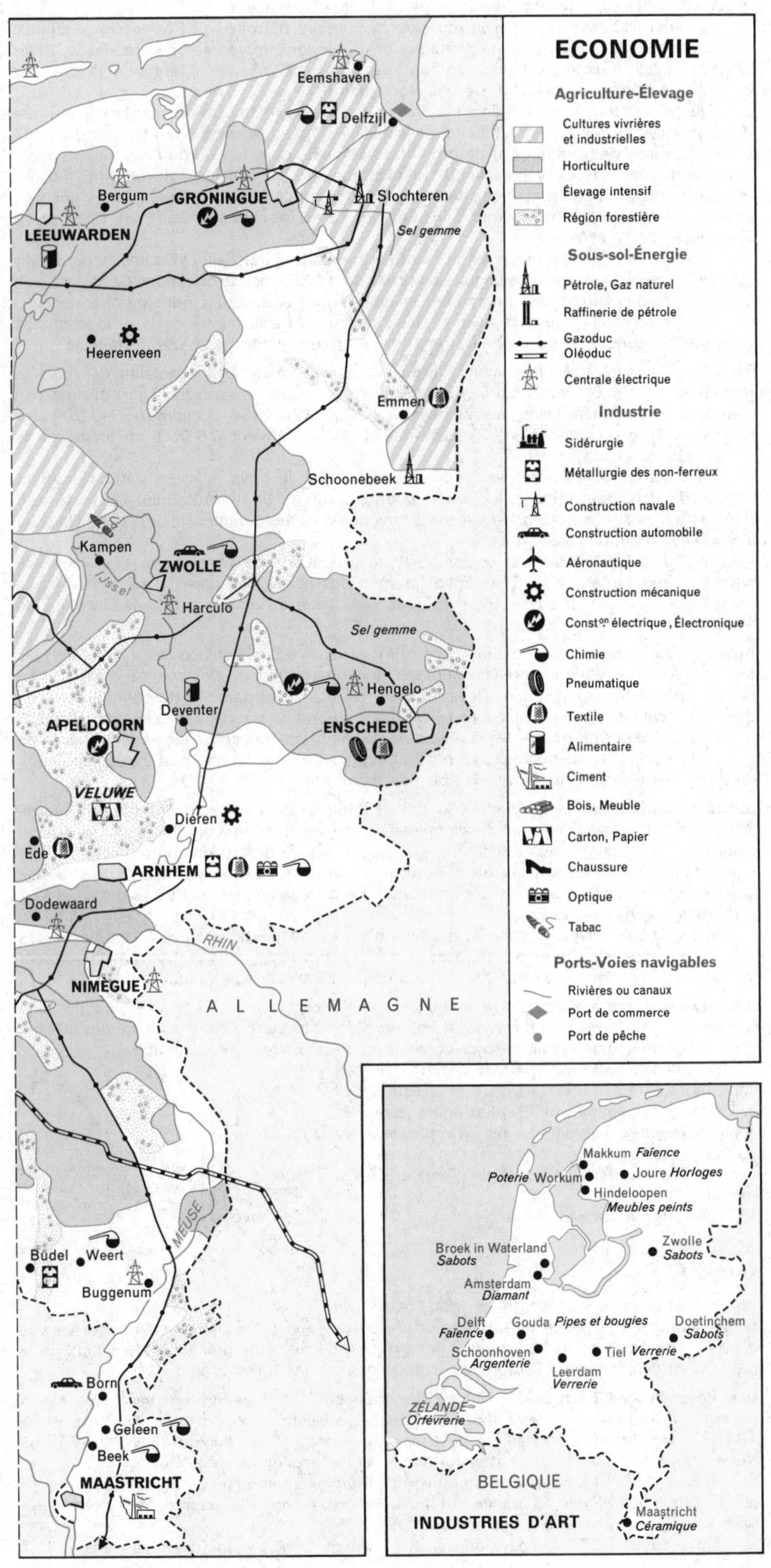

L'**industrie automobile** est implantée à Eindhoven (Daf Trucks) et dans le Limbourg, à Born (Volvo). Des usines de montage d'automobile fonctionnent à Amsterdam et à Zwolle. L'**industrie aéronautique** est située en particulier à Amsterdam (Fokker). Il existe une trentaine de manufactures de bicyclettes, notamment à Heerenveen et Dieren.

Enfin, dans tout le pays, et en particulier à Amsterdam et Rotterdam, sont fabriquées diverses machines.

Eindhoven, siège de la société Philips *(p. 86)* est à l'origine d'une industrie de précision largement exportatrice qui s'est développée dans des domaines variés : **électronique,** informatique, nucléaire, verre, plastiques, produits chimiques, machines.

Industries chimiques. – Ce secteur en pleine expansion depuis la fin de la Deuxième Guerre mondiale voit la plus grande partie de sa production exportée : 18,6 % des exportations néerlandaises proviennent de l'industrie chimique.

La **pétrochimie** s'est installée surtout près des bassins pétroliers de Rotterdam où chaque raffinerie est doublée d'une unité chimique et où se sont implantées de grandes sociétés internationales comme I.C.I. Le gisement de gaz de Groningue a entraîné la création d'industries chimiques (Hengelo, Delfzijl, Rotterdam).

Plusieurs grands noms dominent la chimie. Le groupe Akzo (comprenant Enka) fabrique des plastiques et des fibres textiles *(ci-dessous).* DSM dont le siège est à Heerlen possède plusieurs usines de plastiques et de produits chimiques, dans le Sud du Limbourg (Geleen, Beek, Rotterdam, Hoek van Holland, Zwolle). Le groupe Unilever (Rotterdam, Gouda, Maarssen) fabrique principalement des lessives, des produits alimentaires. Citons encore : Dow, à Terneuzen, Esso Chemie à Rozenburg, Gist Brocades à Delft, et Hoechst, à Flessingue, Breda et Weert.

L'industrie du pneumatique est présente à Bois-le-Duc (Michelin) et à Enschede. Il faut signaler en outre l'industrie des engrais artificiels dont UKF, société du groupe DSM, est l'une des plus grandes entreprises du monde (Geleen, Pernis, IJmuiden), l'industrie pharmaceutique (Organon, sous-groupe de Akzo à Oss), dont plus de la moitié de la production est exportée, la fabrique de soude de Delfzijl, l'usine de dérivés du sel d'Akzo à Hengelo.

Textile. – L'industrie textile s'est implantée dans le courant du 19ᵉ s. et a connu dès lors une grande prospérité. Elle subit depuis vingt ans une sévère concurrence de la part des pays en voie de développement et des autres pays de la C.E.E. En 1968, on comptait 90 000 employés dans ce secteur, en 1982, ils n'étaient plus qu'environ 26 000. La moitié de la production est exportée.

Bien que cette industrie soit répandue dans tout le pays, elle est particulièrement concentrée dans deux régions; la Twente pour le coton *(p. 91)* et le Brabant-Septentrional, dont les principaux centres se trouvent aux environs de Tilburg (pour la laine) et dans la zone d'Eindhoven-Helmond (pour le coton).

Les Pays-Bas ont surtout une importante production de fibres et textiles artificiels (viscose, rayonne, etc.). La firme Enka fabrique des fils et des tissus dans tout le pays (Arnhem, Emmen, Breda, Ede, Steenbergen). Une usine de textiles artificiels (Du Pont de Nemours) est implantée à Dordrecht.

Industries alimentaires. – Si l'industrie fromagère née à Edam et Gouda est l'une des plus réputées *(p. 85 et 99),* nombreuses sont les industries traditionnelles comme la fabrication de lait concentré (Leeuwarden, Deventer), de bière (Amsterdam, Rotterdam, Breda), de genièvre (Schiedam), de curaçao (Nieuw-Vennep, au Sud de Haarlem et Schiedam), de pain d'épices (Deventer), de sucre (Brabant-Septentrional). Les industries de transformation de produits coloniaux sont encore prospères : fabrication de cacao et chocolat (région du Zaan), de margarine (Rotterdam), de quinine (Amsterdam), etc.

Industries diverses. – L'industrie du ciment (Maastricht, IJmuiden, Rozenburg, près de Rotterdam, et Bois-le-Duc) s'est développée (3,3 millions de tonnes en 1981) en liaison avec l'industrie de la construction (logement, grands travaux de protection contre l'eau).

Il faut signaler encore les meubles (Culemborg, IJsselstein, au Sud d'Utrecht), les chaussures (province du Brabant-Septentrional), les cigares (Bladel, au Sud-Ouest d'Eindhoven) et cigarettes (Amsterdam).

Enfin, le haut niveau technique du pays n'a pas fait obstacle au développement des industries de précision comme la fabrication des instruments d'optique (Delft, Arnhem) pour laquelle les Pays-Bas ont acquis depuis longtemps une excellente réputation.

Industries d'art. – Loin d'être anéanties par la concurrence des industries de haut rendement, les industries d'art ou traditionnelles subsistent, dans tout le pays; elles connaissent même un regain de vigueur, dans les secteurs les plus touristiques.

Avec la fabrication de la **faïence,** qui conserve son importance à Delft, à Makkum, celle des **sabots** (Broek in Waterland, Doetinchem, Zwolle) figure parmi les activités les plus célèbres, et s'inspire le plus souvent de motifs traditionnels.

Le diamant reste l'industrie de prestige d'Amsterdam.

Voir aussi la carte p. 19.

COMMERCE

Le commerce représente environ 50 % du revenu national. En raison de la situation du pays, il est particulièrement orienté vers le transit, entre l'Europe et l'outre-mer : importation de matières premières dont plus de la moitié sont distribuées en Europe, exportation de produits transformés.

Les Pays-Bas et l'Europe. – De surface modeste, les Pays-Bas ont senti très tôt la nécessité d'ouvrir leur frontière pour élargir leurs possibilités économiques. Ainsi est né, en 1948, le **Benelux,** union douanière de trois pays voisins – la BElgique, les Pays-Bas ou NEderland et le LUXembourg – transformée en union économique en 1960.

Puis, en 1957, les trois pays ont adhéré au Marché commun ou C.E.E., en même temps que l'Allemagne fédérale, la France et l'Italie. Plus de la moitié du commerce extérieur des Pays-Bas se fait avec les pays de la C.E.E.

Enfin, depuis 1971, les pays du Benelux forment un bloc monétaire à parité fixe.

QUELQUES FAITS HISTORIQUES

Avant J.-C.

Préhistoire

30 000 Premières traces d'occupation humaine dans l'Est du pays.

4500 Dans le Limbourg arrive un peuple d'agriculteurs dont la poterie appartient à la culture de la céramique rubanée.

3000-2000 En Drenthe, civilisation des hunebedden *(p. 128)*.

2200 Au Nord des grands fleuves, un peuple de nomades s'installe, qui fabrique des poteries au décor de corde.

2000 Civilisation des poteries campaniformes, en Drenthe notamment. Les régions alluviales du delta commencent à être habitées.

1900 Age du bronze. Les morts sont enterrés dans des tumulus.

800 A l'Est, des peuples incinèrent leurs morts qu'ils enterrent dans des champs d'urnes.

750-400 Premier âge du fer : période de Hallstatt.

500 Premiers **tertres** en Frise et dans la région de Groningue *(p. 135)*.

450 Au Sud des grands fleuves, deuxième âge du fer : période de la Tène.

300 Arrivée de Germains et de Celtes au Sud du Rhin.

Romains, Barbares

57-51 Au Sud du Rhin, **César** défait les tribus celtes (Ménapiens, Eburons), faisant partie de la « Gaule Belgique ».

12 Les **Bataves** sont mentionnés, le long des grands fleuves.

Après J.-C.

69-70 Révolte des Bataves contre les Romains *(p. 147)*.

3e s. Les **Francs**, groupe de tribus germaniques, apparaissent le long du Rhin. Ce sont, avec les **Saxons** et les **Frisons**, les principaux peuples occupant le pays à l'époque.

Fin 3e s. Les régions au Sud du Rhin font partie de la province romaine de Germanie Seconde (capitale Cologne).

4e s. Lutte entre les Romains et les Francs Saliens.

382 Saint Servais transfère son évêché de Tongres à Maastricht, marquant le début de la christianisation dans le pays.

Début 6e s. Sous Clovis (465-511), le royaume mérovingien s'étend du Nord de la Gaule au Rhin.

561 Division du royaume mérovingien en Neustrie (Ouest de l'Escaut) et Austrasie (Est de l'Escaut : actuels Pays-Bas).

Fin 7e s. **Willibrord** tente d'évangéliser la Frise *(p. 167)*.

800 **Charlemagne** empereur. Son immense empire, centré à Aix-la-Chapelle, s'étend sur tout le pays.

834 Premières incursions des **Vikings**, à Dorestad *(p. 44)*.

843 **Traité de Verdun**. Partage de l'empire carolingien en trois parties : une germanique, une française et une centrale, allant de la mer du Nord à la Méditerranée, et comprenant les actuels Pays-Bas. Plus tard, tronquée au Sud, cette zone médiane deviendra la **Lotharingie.**

879-882 Grande invasion normande : les Vikings prenant pour base Utrecht font des incursions dans les régions voisines.

925 La Lotharingie est rattachée à l'Allemagne par Henri Ier l'Oiseleur.

959 La Lotharingie se sépare en Haute-Lotharingie (Lorraine) et Basse-Lotharingie ou Lothier couvrant à peu près le pays actuel.

Formation des comtés et des duchés

10e s. Sous l'évêque Balderik (918-976), l'évêché d'**Utrecht** s'agrandit.

Début 11e s. Formation du duché de **Brabant**, par Lambert, comte de Louvain.

11e s. Naissance du comté de **Gueldre**.

Fin 11e s. Extension du comté de **Hollande**, aux dépens du comté de Flandre (en Zélande) et de l'évêché d'Utrecht (à l'Est).

Début 13e s. Le comté de Gueldre s'agrandit du comté de Zutphen et de la Veluwe.

Fin 13e s. **Floris V**, comte de Hollande, conquiert la Frise-Occidentale.

1323 La Hollande prend la Zélande à la Flandre.

1350 Début de la lutte entre les **Hoeken** (soutenus par Marguerite de Bavière) et les **Cabillauds** (avec son fils Guillaume V).

La domination bourguignonne

Fin 14e s. Le duché de Bourgogne s'étend vers le Nord : **Philippe le Hardi** acquiert le Limbourg et des droits sur le Brabant.

1428 Philippe le Bon prend les comtés de Hollande et de Zélande à **Jacqueline de Bavière** *(p. 96)*.

1473 **Charles le Téméraire** acquiert la Gueldre. Tout le pays sauf la Frise est désormais aux mains des Bourguignons.

Les Habsbourg

1477 Mort de Charles le Téméraire. Sa fille, Marie de Bourgogne, épouse Maximilien d'Autriche, un Habsbourg.

1494 Philippe le Beau, leur fils, règne sur les Pays-Bas.

1515 Charles Ier d'Espagne, fils de Philippe le Beau, hérite des Pays-Bas. En 1519, il devient empereur d'Allemagne sous le nom de **Charles Quint.**
Il agrandit les Pays-Bas : en 1523, il annexe la **Frise**; en 1527, il reçoit l'évêché d'Utrecht; en 1528, il prend l'Overijssel et, en 1536, s'empare de Groningue et de la Drenthe.

1543 Le duc de **Gueldre** abandonne son duché à Charles Quint, qui possède ainsi presque toute l'Europe.

1548 Charles Quint groupe les 17 provinces des Pays-Bas et la Franche-Comté en « cercle de Bourgogne » indépendant.

Les Pays-Bas espagnols

1555 Charles Quint laisse les Pays-Bas à son fils Philippe II, bientôt roi d'Espagne.

1566 **Compromis de Breda** *(p. 67)*. Les « Gueux » protestent contre l'Inquisition. **Révolte des iconoclastes** *(p. 67)*.

1568 **Guillaume le Taciturne** *(p. 73)* prend les armes : c'est le début de la guerre de Quatre-Vingts ans.

1er avril 1572 **Prise de Brielle** par les Gueux de mer *(p. 70)*, premier succès de la lutte contre les Espagnols.

1579 **Union d'Utrecht** *(p. 167)* : alliance des provinces protestantes.

La République des Provinces-Unies

1581 Création de la **République des Provinces-Unies**, fédération de sept provinces, indépendante du régime espagnol.

1584 Assassinat de Guillaume le Taciturne à Delft.

1585 Maurice d'Orange succède à son frère Guillaume, comme stathouder de Hollande et de Zélande.

1596 Arrivée de Cornelis de Houtman à Java *(p. 98)*.

1602 Fondation de la **Compagnie des Indes orientales** *(p. 23)*.

1609 **Trève de 12 ans** avec l'Espagne.

1618 **Synode de Dordrecht** *(p. 83)*. Réprobation des remontrants.

1619 Fondation de Batavia *(p. 126)* aux Indes néerlandaises.

1621 Fondation de la Compagnie des Indes occidentales.

1624-1654 Occupation du Nord-Est du Brésil.

1625 L'établissement hollandais de Manhattan est nommé Nieuw Amsterdam (la Nouvelle-Amsterdam). La ville sera rebaptisée New York par les Anglais.

1634 Occupation de Curaçao, aux Antilles, par la Compagnie des Indes occidentales.

1648 Traités de Westphalie mettant fin à la guerre de Trente Ans, dite aussi de Quatre-Vingts ans : au **traité de Münster**, Philippe IV d'Espagne reconnaît l'indépendance des Provinces-Unies.

1651 Les Anglais promulguent l'Acte de Navigation, néfaste pour le commerce hollandais. Toutes les marchandises partant de l'Angleterre ou y entrant doivent être chargées sur des navires anglais.

1652 Jan van Riebeeck *(p. 165)* fonde la colonie du Cap.

1652-1654 **Première guerre avec l'Angleterre**, dirigée par l'amiral Tromp *(p. 70)*.

1653-1672 **Johan de Witt**, « grand pensionnaire », dirige l'État avec talent *(p. 83)*.

1658-1795 Occupation de Ceylan.

1665-1667 **Deuxième guerre avec l'Angleterre** où se distingue l'amiral De Ruyter *(p. 147)*. Au traité de Breda, la Nouvelle-Amsterdam est échangée aux Anglais contre la Guyane hollandaise (actuel Surinam).

1667-1668 Guerre de Dévolution menée par Louis XIV. Traité d'Aix-la-Chapelle.

1672 **Guillaume III**, stathouder de Hollande et Zélande.

1672-1678 Guerre de Louis XIV contre les Provinces-Unies. **Paix de Nimègue** *(p. 147)*.

1689 Guillaume III devient roi d'Angleterre.

1701-1713 Guerre de Succession d'Espagne : alliance de plusieurs pays dont les Provinces-Unies, contre Louis XIV. **Traité d'Utrecht** *(p. 167)*.

1702 Le stathouder Guillaume III meurt sans héritier. Le titre de prince d'Orange revient au stathouder de Frise Johan Willem Friso.

1747 **Guillaume IV**, fils de ce dernier, est le premier stathouder héréditaire des Provinces-Unies.

1751-1795 **Guillaume V**, fils du précédent, stathouder.

Domination française

1795 Conquête du pays par une armée révolutionnaire française menée par Pichegru.

Les Français font des Provinces-Unies la **République batave**. En 1801, le pays est divisé en huit départements.

1806 Le roi **Louis Bonaparte** est à la tête du **royaume de Hollande**, ayant pour capitale Amsterdam.

1810 Louis Bonaparte abdique. Le pays est rattaché par Napoléon à l'**empire français.**

Union avec la Belgique

Déc. 1813 Guillaume d'Orange, fils de Guillaume V, dernier stathouder des Provinces-Unies, devient souverain.

1815 Bataille de Waterloo. Au congrès de Vienne, Guillaume d'Orange est reconnu roi des Pays-Bas (comprenant la Belgique), sous le nom de **Guillaume Ier**. Il devient en outre grand-duc de Luxembourg.

1828 Occupation de la partie Ouest de la Nouvelle-Guinée.

1830 Révolution en Belgique. La Belgique devient indépendante.

Un royaume indépendant

1831 Partage du Limbourg et du Brabant avec la Belgique. Guillaume Ier ne ratifie le traité qu'en 1839.

1890-1948 Règne de la **reine Wilhelmine.**

mai 1940 Invasion du pays par l'armée allemande. Départ de la reine à Londres.

5 mai 1945 Capitulation de l'armée allemande *(p. 63)*. Retour de la reine.

1948 Abdication de la reine Wilhelmine en faveur de sa fille **Juliana**, née en 1909.

Déc. 1949 Indépendance des Indes néerlandaises qui deviennent la République d'**Indonésie.**

1954 Autonomie de la Guyane néerlandaise ou Surinam et de l'archipel des Antilles néerlandaises.

1960 Entrée en vigueur de l'union économique du **Benelux** *(p. 20)*.

1966 Mariage de la princesse Beatrix (née en 1938) avec le prince Claus von Amsberg.

Nov. 1975 Indépendance de la Guyane néerlandaise devenue République du **Surinam.**

30 avril 1980 La reine Juliana abdique en faveur de sa fille **Beatrix.**

L'EXPANSION OUTRE-MER

Au milieu du 16e s., les commerçants d'Amsterdam se procurent à Anvers les marchandises rapportées des Indes par les navires portugais. L'embouchure de l'Escaut étant bientôt fermée par les Gueux, les commerçants se rendent à partir de 1580 à Lisbonne. C'est l'année où Philippe II d'Espagne envahit le Portugal. En 1585, il met l'embargo sur le commerce hollandais en Espagne et au Portugal.

Les négociants hollandais, contraints de se charger eux-mêmes des expéditions, vont se heurter aux Espagnols, aux Portugais et surtout aux Anglais, concurrents redoutables sur les marchés d'outre-mer.

Sur la route des épices. – C'est en cherchant un accès à l'Inde par le Nord de l'Europe que **Willem Barents** découvre le Spitzberg, en 1596 *(p. 180)*. La même année, **Cornelis de Houtman** *(p. 98)* débarque à **Java.**

Pour coordonner les entreprises commerciales qui se multiplient, Johan van Oldenbarnevelt fonde en 1602 la **Compagnie des Indes orientales** *(p. 45)*. Cette institution qui obtient le monopole de la navigation et du commerce à l'Est du cap de Bonne Espérance se maintient jusqu'en 1798.

En 1619, la fondation de **Batavia** par **Jan Pieterszoon Coen** *(p. 126)* marque le début de la colonisation de Java. **Malacca** est prise aux Portugais en 1641. L'année suivante Tasman découvre la **Tasmanie** et la **Nouvelle-Zélande** puis l'Australie (1644) mais n'y séjourne pas. En 1652, **Jan Anthonisz van Riebeeck** *(p. 165)* fonde la colonie du **Cap.** Enfin, **Ceylan** est occupé à partir de 1658.

L'Amérique. – Parallèlement le commerce hollandais se tourne vers le Nouveau-Monde.

En 1609 a lieu l'expédition d'**Hudson** *(p. 56)*. Dès 1613, la côte de la **Guyane** est occupée par des marchands. **Willem Schouten** *(p. 126)* découvre le cap Horn en 1616.

Créée en 1621, la **Compagnie des Indes occidentales** ou W.I.C. couvre à la fois l'Afrique et l'Amérique.

Au **Brésil, Jean Maurice de Nassau** (1604-1679) est nommé gouverneur (1636-1644). Protecteur des arts et des sciences, il s'entoure d'une équipe de savants, de peintres et de dessinateurs qui rassemblent une abondante documentation sur le pays.

Un établissement nommé **Nieuw Amsterdam** (la Nouvelle-Amsterdam) est fondé vers 1625 sur la côte d'Amérique du Nord. **Peter Stuyvesant** *(p. 69)* en devient bientôt le gouverneur. Aux Antilles, la Compagnie des Indes fonde la colonie de **Curaçao** (1634).

Nombre de ces conquêtes ne furent que passagères. Cependant, les Hollandais réussirent à s'implanter durablement à Java, en Guyane et aux Antilles : les **Antilles néerlandaises** (cap. Willemstad) appartiennent encore au royaume des Pays-Bas.

LES RELIGIONS

Le proverbe protestant qui dit : « Un Hollandais, un théologien; deux Hollandais, une Église; trois Hollandais, un schisme » s'est vérifié au cours des siècles. L'intérêt des Néerlandais pour la doctrine et la théologie, associé à un certain goût de la tolérance, explique la prolifération, dans le pays, de nombreuses formes de croyances et de groupements les plus divers.

Un courant mystique. – Au 14e s., les écrits mystiques du Flamand **Ruysbroek l'admirable** sont à l'origine d'un mouvement spirituel, la **Devotio Moderna** qui se développe, grâce au théologien **Geert Groote,** au sein de l'ordre des **Frères de la Vie commune** *(p. 79)*.

La Réforme. – La doctrine luthérienne, née en 1517 et condamnée par la diète de Worms en 1521, se répand très vite aux Pays-Bas.

Dès 1530 apparaît le mouvement des **anabaptistes.** Quelques exaltés se joignent à **Jean de Leyde** et forment à Münster, en Allemagne, une communauté d'un type un peu révolutionnaire *(p. 136)*. En Frise, **Menno Simonsz** *(p. 66)*, prêtre catholique, fonde en 1536 la secte anabaptiste des **« doopsgezinden »** (mennonites) qui va rassembler les fidèles restés dans le pays. Les anabaptistes n'échappent pas aux persécutions pendant près d'un siècle.

Cependant, c'est le **calvinisme** qui va prendre le dessus aux Pays-Bas. Cette doctrine se transmet dans le pays par l'intermédiaire de la France à partir de 1550.

Aux 16e et 17e s., les réfugiés protestants venus de Belgique et de France constituent les **Églises wallonnes,** de langue française *(p. 108)*.

Très tôt, les convictions religieuses des calvinistes deviennent le symbole de la lutte contre les Espagnols catholiques. Peu après le compromis de Breda *(p. 67)* éclate la révolte des iconoclastes, en 1566.

Un catholicisme clandestin. – Après la lutte pour l'indépendance, le fanatisme calviniste s'accentue. La Hollande et la Zélande considérant la religion calviniste comme officielle interdisent en 1579 *(p. 167)* les autres religions en particulier le catholicisme dont les fidèles se voient contraints de pratiquer leur culte dans des **églises clandestines** jusqu'en 1798. Mais, à l'inverse des remontrants *(ci-dessous)* ou des anabaptistes, les catholiques ne sont nullement persécutés.

Du 17e s. à nos jours. – Le synode de Dordrecht de 1618-1619 donne une cohésion nouvelle à l'Église réformée des Pays-Bas. Toutefois, l'unité ne se fait qu'en excluant les contradicteurs que sont les arminiens ou **remontrants** *(p. 83)*. Ces derniers sont l'objet de persécutions pendant plusieurs années, ainsi qu'en témoigne l'arrestation d'Oldenbarnevelt *(p. 42)*.

Vers la fin du 17e s. naît le mouvement des **labadistes** *(p. 95)*.

Persécutés en France, les jansénistes viennent se réfugier à Utrecht où ils contribuent à la formation d'une église catholique indépendante, l'**église des Vieux-Catholiques** *(p. 167)*.

Au début du 18e s. est créée la secte des **Frères moraves** *(p. 172)*.

A l'heure actuelle les **protestants** des Pays-Bas appartiennent soit à l'Église réformée des Pays-Bas (Nederlands Hervormde Kerk) qui date du synode de 1619 et compte près de 3 millions de membres, soit au groupe des Églises réformées des Pays-Bas (Gereformeerde Kerken in Nederland), fondé en 1892 et qui rassemble environ 800 000 membres.

Les **catholiques,** nombreux dans le Sud du pays, représentaient 40 % de la population en 1971.

L'ART

Les Pays-Bas ont apporté à la civilisation occidentale, dans le domaine des arts, une contribution de premier ordre.

Sans doute, la sculpture, faute de matériaux jusqu'au 20e s. tout au moins, et la musique occupent-elles une place relativement modeste dans le patrimoine artistique néerlandais. Mais l'architecture, à certaines époques fort remarquable, et surtout la peinture font des Pays-Bas un lieu de pèlerinage et d'inspiration.

L'art roman

Il se manifeste dans plusieurs régions éloignées les unes des autres.

Art rhénan-mosan. – Cet art, qui se développe dans la vallée de la Meuse et en particulier à Maastricht, qui appartenait au diocèse de Liège, s'apparente beaucoup à celui de la vallée du Rhin, d'où son nom.

Architecture. – Ville importante dès l'époque romaine, puis ville de pèlerinage – on y vénère les reliques de saint Servais mort en 384 – Maastricht est dotée de magnifiques édifices comme la cathédrale St-Servais et l'église Notre-Dame.

L'art mosan à ses débuts emprunte beaucoup à l'**architecture carolingienne.** En dehors de la chapelle St-Nicolas à Nimègue, dont la forme imite celle de la basilique octogonale de Charlemagne dans la cathédrale d'Aix-la-Chapelle, les églises carolingiennes possédaient généralement deux chœurs, un imposant avant-corps occidental, une chapelle dite de l'empereur, située à l'étage, sur le côté Ouest. A l'intérieur, le plafond en bois était plat, les piliers carrés.

Vers l'an 1000, est entreprise la construction de **saint Servais,** avec un avant-corps occidental à deux tours massives ornées de bandes lombardes. L'**église Notre-Dame,** de la même époque, possède aussi un avant-corps important, flanqué, lui, de tourelles circulaires. L'église Ste-Amelberga, à **Susteren,** construite dans la deuxième moitié du 11e s., est encore très sobre.

Au 12e s., l'architecture mosane s'adoucit, le décor s'accentue. La sculpture fait son apparition, dans les chapiteaux, les bas-reliefs et les portails. C'est l'époque où l'on transforme l'église St-Servais, l'église Notre-Dame de Maastricht dont le chœur, vu de la nef, est l'une des plus belles réalisations romanes du pays. L'église abbatiale de **Rolduc,** à Kerkrade, montre, par son plan d'origine, tréflé, une influence rhénane.

Du 13e s., l'église Notre-Dame de **Roermond,** bien que restaurée, conserve les caractéristiques du style rhénan-mosan.

Les cryptes de ces édifices sont souvent très belles.

Orfèvrerie. – Comme dans le reste du diocèse de Liège, en Belgique, l'art mosan a produit des chefs-d'œuvre d'orfèvrerie. Ainsi, conservée dans l'église St-Servais à Maastricht, la **châsse** du saint, en cuivre doré, richement ornée d'émaux, de cabochons et sur les faces de laquelle figurent des personnages : le Christ, saint Servais, les apôtres.

(D'après photo Stichting Schatkamer St.-Servaas)

Châsse de saint Servais
Église St-Servais, Maastricht

Il faut signaler également un beau Christ mosan en bronze, du 11e s. appartenant au musée Het Catherijneconvent d'Utrecht.

Autres régions. – Il était naturel qu'**Utrecht,** importante cité épiscopale au Moyen Age, s'ornât d'édifices religieux dès l'époque romane. Cependant, hormis l'église St-Pierre, bon exemple du style local (1148), il ne reste que peu de vestiges du bel ensemble roman conçu par l'évêque Bernulphe.

Parmi les édifices construits dans le diocèse d'Utrecht, la Grande église de **Deventer** conserve les vestiges d'un double transept et d'un avant-corps occidental (vers 1040), qui l'apparentent aux églises mosanes.

A **Oldenzaal,** la grande basilique St-Plechelmus, plus tardive (début du 12e s.), possède, elle, une nef voûtée d'arêtes soutenue par de robustes piliers.

Utrecht conserve dans ses musées des objets d'**orfèvrerie** témoins de la prospérité de ses évêques dès l'époque romane : ostensoirs, pyxides, châsses, croix processionnelles et aussi évangéliaires à reliure ciselée.

A partir du milieu du 12e s., le style roman s'est manifesté d'une manière caractéristique en **Frise** et dans la **province de Groningue** dans les églises de villages dont les murs extérieurs s'animent d'un **décor de brique** *(p. 104 et 135)* et dont l'intérieur renferme souvent des vestiges de fresques.

L'art gothique

L'art gothique n'apparaît aux Pays-Bas qu'au 14e s. et surtout au 15e s., sous la domination bourguignonne. De très nombreux édifices religieux, ainsi que quelques hôtels de ville datent de cette période.

Églises. – Le Brabant-Septentrional, province dont la majorité des habitants sont catholiques, possède la plupart des grandes églises et **cathédrales** du pays. Ces édifices sont construits dans le **style gothique brabançon,** commun à de nombreux édifices de Belgique et proche du gothique flamboyant : à l'extérieur, multiplicité des gâbles ajourés et des flèches à crochet, hautes baies, nombreux arcs-boutants, haut clocher-porche à l'Ouest; à l'intérieur, nef centrale élancée à voûtes d'ogives s'appuyant sur des colonnes rondes aux chapiteaux ornés de choux frisés, et triforium.

La Grande église de **Breda** est un exemple caractéristique du gothique brabançon *(illustration p. 68)* de même que la cathédrale St-Jean à **Bois-le-Duc,** qui commencée au 14e s., est une des plus belles et des plus vastes réalisations dans le pays. Contrairement aux autres édifices, les voûtes de cette dernière ne s'appuient pas sur des colonnes mais sur des faisceaux de colonnettes dépourvues de chapiteaux.

Le style gothique brabançon influence la construction de bien d'autres églises du pays. En Hollande, la voûte de pierre est rare et l'église est couverte d'un plafond de bois, plat ou en berceau. Seule fait exception la Grande église de Dordrecht. A Leyde, les églises St-Pierre et St-Pancrace, à Alkmaar, l'église St-Laurent, à Amsterdam, la Nieuwe Kerk, à Gouda, l'église St-Jean, à Haarlem, l'église St-Bavon sont de belles constructions gothiques.

La cathédrale d'Utrecht n'a malheureusement pas survécu à l'ouragan de 1672. Il en subsiste cependant un harmonieux clocher, la **Domtoren,** dont on retrouve la silhouette dans bien des clochers du pays, comme à Amersfoort.

Dans le diocèse, l'église St-Nicolas de Kampen est aussi intéressante.

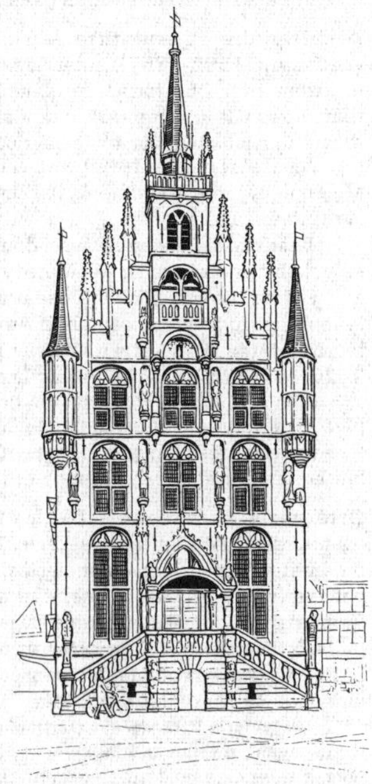

Gouda. — Hôtel de ville

Hôtels de ville. — Deux hôtels de ville de style gothique flamboyant sont particulièrement remarquables. Celui de **Gouda** ne manque pas de charme avec sa façade d'où jaillissent une multitude de pinacles et de flèches. Plus somptueux, celui de **Middelburg,** construit par des architectes belges, est influencé par l'hôtel de ville de Bruxelles.

Sculpture. — Moins riche qu'en Belgique, le mobilier des églises comprend cependant d'intéressantes sculptures en bois au 15e s. et au début du 16e s.

Les groupes d'**Adriaen van Wesel** (fin du 15e s.), exposés au Rijksmuseum à Amsterdam *(p. 54)* sont ciselés avec un sens remarquable de la composition et une grande puissance d'expression.

Les **retables brabançons** sont des triptyques de style flamboyant, avec une partie centrale, en bois, sculptée sur plusieurs registres de scènes très animées où se remarquent des détails burlesques et flanquée de volets peints (retables de la cathédrale St-Jean à Bois-le-Duc, de l'église Notre-Dame à Roermond).

Des **stalles,** souvent sculptées de motifs satiriques, s'admirent dans plusieurs églises du pays comme l'église St-Martin de Bolsward ou la Grande église de Breda.

Renaissance

La Renaissance touche tardivement les Pays-Bas.

Architecture. — Elle ne manifeste cette influence qu'à partir du milieu du 16e s. Ce style, importé par des artistes italiens comme **Thomas Vincidor de Bologne,** auteur du château de Breda (à partir de 1536), est adopté ensuite par les architectes locaux.

En fait, les éléments Renaissance sont utilisés sans modification profonde de l'architecture et le plan traditionnel est souvent conservé. C'est surtout dans les détails que se manifestent les nouveaux apports : tympans des fenêtres en forme de coquille, lucarnes surchargées de pinacles et d'arcatures, tourelles octogonales, balustrades couronnant la façade.

Hans Vredeman de Vries (1527-vers 1603), grand adepte d'une décoration Renaissance appliquée sur l'architecture, reste peu dans son pays.

Lieven de Key *(p. 114)* travaille beaucoup à Haarlem, sa ville natale. L'ancienne Halle aux viandes (1603) est son œuvre la plus achevée.

Hendrick de Keyser (1565-1621) est à la fois sculpteur et architecte. Il a réalisé, notamment, à Amsterdam, plusieurs églises (Zuiderkerk, Westerkerk), des hôtels particuliers (maison Bartolotti) et, à Hoorn, le Poids public. Son style annonce déjà le baroque : plus monumentaux, plus lourds, les édifices deviennent sévères et imposants.

La Renaissance marque particulièrement la **Frise** où le goût pour le décor géométrique, pour le détail gai et pittoresque, déjà apparent dans les églises romanes, se retrouve dans maintes constructions.

Les hôtels de ville (Franeker, Bolsward), les palais de justice (chancellerie de Leeuwarden), les portes fortifiées (porte d'eau de Sneek, *illustration p. 163),* tout reçoit l'empreinte du nouveau style.

L'Est et le Sud du pays se tiennent un peu à l'écart de ces influences, cependant, le Poids public de Nimègue est une belle illustration de la Renaissance.

Sculpture. — Les **mausolées** dans le style de la Renaissance italienne se multiplient.

Thomas Vincidor de Bologne exécute le tombeau d'Englebert II de Nassau à Breda : les quatre figures d'angle romaines, les contrastes de couleur des matériaux traduisent un apport nouveau.

Hendrick de Keyser perpétue ce style au début du 17e s., avec le tombeau du Taciturne à Delft. On lui doit aussi la sobre statue d'Erasme à Rotterdam.

En **Frise,** le style Renaissance s'exprime dans le travail du bois. Les **chaires,** finement décorées, s'ornent de panneaux symboliques découpés et rapportés (Église St-Martin de Bolsward, Grande église de Dokkum).

Les remarquables stalles (17e s.) de la Grande église de Dordrecht s'inspirent aussi de la Renaissance.

Enfin, les magnifiques vitraux de l'église St-Jean de Gouda tiennent une place de choix dans l'art de la Renaissance.

Le Siècle d'Or : 17e s.

A partir du milieu du siècle, c'en est fini de la grâce et de la légèreté du style Renaissance. Le style dit baroque qui règne dans l'architecture, d'une sobriété exceptionnelle en comparaison avec d'autres pays, est parfois qualifié de « classique ».

Architecture et sculpture. – L'un des plus célèbres architectes du Siècle d'Or est **Jacob van Campen** (1595-1657), auteur de l'**hôtel de ville d'Amsterdam** (1648) qui devient par la suite un palais royal. En forme de quadrilatère, c'est, avec ses lignes un peu sévères, à peine tempérées par la légère saillie de l'avant-corps, des frontons sculptés et du campanile, une œuvre majestueuse qui influença beaucoup l'architecture dans tout le pays.

Pieter Post (1608-1669), à qui l'on doit, à la Haye, le palais royal ou Huis ten Bosch et le Mauritshuis, construit d'après les plans de Van Campen, et à Maastricht, l'hôtel de ville, suit cette tendance.

Jacob Romans construit aussi dans le même genre le palais Het Loo à Apeldoorn (1685), en collaboration avec Daniel Marot *(ci-dessous).*

Cet art bien significatif d'une prospérité certaine se retrouve dans les **palais** qui s'élèvent le long des principaux canaux d'Amsterdam *(illustration p. 50).* Un des modèles les plus représentatifs de ce style solennel est la Trippenhuis construite par **Juste Vingboons** (vers 1620-1698) qui travailla beaucoup avec son frère Philippe.

Bien des **églises** protestantes de cette époque sont construites sur un plan central, et parfois surmontées d'une coupole (Nouvelle église luthérienne d'Amsterdam, 1671).

Le sculpteur anversois **Artus Quellin le Vieux** (1609-1668) décore, dans un style nettement baroque, les frontons et l'intérieur de l'hôtel de ville d'Amsterdam.

Orfèvrerie, céramique. – Dès le 16e s., mais surtout au 17e s., les communes, les guildes, les bourgeois se font fabriquer pour leurs banquets et leurs réunions de magnifiques objets d'argent, finement gravés et ciselés, dont la plupart des musées possèdent une collection : hanaps (vases à boire en métal, à pied), gobelets, grands plats, aiguières, **nautiles** (vases formés d'un coquillage monté sur pied d'orfèvrerie), colliers de cérémonie *(illustration p. 149).* Les plus célèbres orfèvres sont les frères **Van Vianen.**

Les églises protestantes possèdent aussi leurs gobelets d'argent qu'on remplit de vin lors de la célébration de la Cène.

L'**argenterie frisonne** est particulièrement remarquable. Les belles **coupes à brandevin** de forme ovale, munies de deux anses, au décor très chargé, contenaient de l'eau-de-vie qu'on puisait avec une cuillère en argent ciselé.

Le 17e s. est aussi une période capitale pour la céramique *(p. 73)* et surtout les carreaux de faïence *(illustration p. 119).*

18e-19e s.

Daniel Marot (vers 1663-1752), venu de France, bâtisseur à la Haye de demeures patriciennes (Lange Voorhout 34, 1736) perpétue les tendances du Siècle d'Or. Cependant il permet au style rococo de faire une timide apparition dans les sculptures des façades (frontons des porches, statues), dans les grilles et les impostes qui, au-dessus des portes, constituent généralement une élégante décoration.

Au 19e s., l'architecture tombe en décadence. **P. J. H. Cuypers** (1827-1921) introduit une certaine forme de néo-gothique dans de nombreux monuments (Rijksmuseum, gare centrale d'Amsterdam) et pratique des restaurations hardies d'édifices médiévaux.

20e s.

Ce siècle voit le renouvellement de l'architecture aux Pays-Bas, tandis que se manifeste un engouement pour la sculpture.

Architecture. – Dès la fin du 19e s., **Berlage** (1856-1934) en édifiant la Bourse d'Amsterdam se fait le précurseur d'un mouvement architectural où l'importance est donnée aux matériaux et à l'utilisation de l'espace pour une fonction déterminée. **De Bazel** (1869-1923) applique les mêmes formules (Algemene Bank Nederland, dans la Vijzelstraat à Amsterdam).

L'**école d'Amsterdam** (vers 1912-1923), en réaction contre Berlage, s'oriente vers une architecture moins austère *(p. 47)* et **Michel de Klerk, Peter Kramer** et **J. M. van der Mey** sont des artisans éclairés de la rénovation de la ville.

A la même époque, le **mouvement De Stijl** *(p. 42)* est fondé par **Mondrian, Théo van Doesburg** (1883-1931), et **J. J. P. Oud** (1890-1963). Des architectes comme **G. Rietveld** y puisent leurs théories : leurs constructions en béton forment un ensemble d'espaces cubiques superposés ou juxtaposés (maison Schröder à Utrecht, 1924); il s'intéresse aussi au mobilier et conçoit des fauteuils de lignes très originales.

Un peu en marge de ces mouvements, **Dudok,** influencé par l'Américain Wright, est surtout connu comme auteur de l'hôtel de ville d'Hilversum *(p. 124).* Il a réalisé aussi le théâtre d'Utrecht.

Après 1950, lors de la reconstruction de **Rotterdam,** les urbanistes manifestent une volonté de s'adapter aux aspirations humaines : le Lijnbaan (1952-1954), par **J. B. Bakema** (1914-1981) est la première zone piétonne d'Europe.

La tendance actuelle est d'intégrer l'architecture à la nature en donnant un rôle primordial aux ouvertures ainsi qu'à la présence de jardins et de pièces d'eau.

Sculpture. – Dans la plupart des villes des Pays-Bas les allées piétonnes et les parcs sont agrémentés de compositions en bronze, en céramique, en béton, en plastique, et les façades modernes aux lignes géométriques sont rehaussées de mosaïques, d'éléments colorés, de dentelles de bronze.

Souvent figuratives, les sculptures représentent des personnages (Bartje à Assen, *illustration p. 64),* des animaux *(illustration p. 155).*

Mari Andriessen (1897-1979), l'un des plus remarquables sculpteurs actuels, est l'auteur du Dokker près de la synagogue portugaise à Amsterdam, du monument du Volkspark à Enschede, ainsi que de la statue de la reine Wilhelmine, se trouvant dans le Wilhelminapark d'Utrecht.

PEINTURE

A ses débuts très apparentée à la peinture flamande, puis quelque temps marquée par l'Italie, la peinture hollandaise connaît son âge d'or au 17e s., avec l'émancipation du pays : dès lors son épanouissement va de pair avec celui de la société bourgeoise qu'elle représente.

Primitifs. — Parmi les plus grands, un peintre fantastique se distingue dès le 15e s., à Bois-le-Duc, **Jérôme Bosch** *(p. 121)*. Sa peinture, originale pour son pays et pour son époque, reste mystérieuse et objet de bien des interprétations. Encore médiéval par sa représentation d'un monde hanté par le pêché, Jérôme Bosch annonce cependant, par son réalisme, la peinture du 17e s., et, par son imagination, le surréalisme.

Les autres artistes sont plus proches des primitifs flamands, ainsi **Gérard de St-Jean** *(p. 136)* peintre délicat et serein de l'Adoration des Mages du Rijksmuseum où s'admire à l'arrière-plan, un paysage savamment composé, **Cornelis Engebrechtsz.** *(p. 136)*, auteur de scènes mouvementées aux nombreux personnages, et coloriste remarquable dont on peut voir des œuvres au musée de Lakenhal à Leyde, enfin, **Jan Mostaert** *(p. 114)*.

Renaissance. — **Jan van Scorel** *(p. 167)*, élève de **Jacob Cornelisz. van Oostsanen** (vers 1470-1533), introduit, à son retour de Rome, en 1524, la Renaissance dans les Pays-Bas du Nord. C'est le premier de ces peintres romanistes influencés par l'art italien. Des portraits d'une grande sensibilité (Portrait d'un Jeune garçon, musée Boymans-van Beuningen à Rotterdam), des peintures religieuses un peu maniéristes sont à mettre à son actif. Il a pour élève **Maarten van Heemskerck** *(p. 114)*, auteur également de portraits raffinés et de scènes religieuses.

Lucas de Leyde *(p. 136)*, élève de Cornelis Engebrechtsz., est lui aussi marqué par la Renaissance. On lui doit notamment de vastes compositions équilibrées comme le Jugement dernier au musée De Lakenhal, à Leyde et l'Adoration du Veau d'Or, au Rijksmuseum d'Amsterdam (vers 1525).

Pieter Aertsen (vers 1509-1575), n'est aucunement touché par l'influence romaniste. Cet artiste d'Amsterdam, qui séjourna un temps à Anvers, peint des scènes rustiques ou d'intérieur avec un certain raffinement et agrémente le décor de natures mortes.

Antoon Mor acquiert la célébrité sous le nom espagnol d'**Antonio Moro** *(p. 167)*, en devenant le peintre officiel de Charles Quint puis de Philippe II; il travaille ensuite à la cour d'Angleterre et meurt à Anvers.

Le Siècle d'Or. — Dominé par les grandes figures de Rembrandt, Frans Hals, Vermeer, Jacob van Ruysdael, le 17e s. comprend également une pléthore de peintres aux talents très divers.

Alors que les Flamands s'adonnent encore beaucoup à la peinture religieuse, une grande partie de la production hollandaise est destinée à orner les intérieurs des bourgeois aisés, aussi les sujets sont-ils d'une nature plus profane et d'une grande variété. Ils constituent en même temps de remarquables témoignages sur la vie quotidienne de l'époque.

Les tableaux corporatifs. — Les gardes civiques, les syndics, les chirurgiens, les régents d'hospice voulant faire immortaliser leurs traits, le tableau corporatif connaît une très grande vogue.

Bartholomeus van der Helst *(p. 114)*, outre des portraits de bourgeois ou de membres de la maison d'Orange, réalise de nombreux portraits collectifs, sévères et classiques. Moins conformiste, **Frans Hals** *(p. 114)* a l'aisance du génie. La plupart de ses grands tableaux corporatifs se trouvent au musée Frans Hals, à Haarlem où il vécut. Il a peint aussi de saisissants portraits pleins de vie (Le joyeux buveur, Rijksmuseum d'Amsterdam).

Rembrandt et ses élèves. — **Rembrandt** *(p. 137)*, peint également des tableaux de corporation, dont la fameuse Leçon d'Anatomie du Professeur Tulp qui se trouve au Mauritshuis à la Haye, mais le plus célèbre exemple est la Ronde de Nuit, conservée au Rijksmuseum d'Amsterdam. Ce musée présente par ailleurs une collection excellente d'œuvres du maître, notamment de scènes bibliques, portraits et autoportraits, où la lumière vient illuminer des personnages graves, surgissant d'une pénombre mystérieuse.

Rembrandt eut de nombreux élèves : **Gérard Dou** *(p. 137)*, peintre de scènes de genre en clair-obscur; **Ferdinand Bol** *(p. 83)*, l'un des plus proches du maître, par sa manière; **Nicolas Maes** *(p. 83)*, qui use de coloris chauds pour peindre de calmes scènes d'intérieur; **Samuel van Hoogstraten** *(p. 83)*; **Aert van Gelder** *(p. 83)*; **Carel Fabritius** (1622-1654), qui, mort jeune, est le plus doué de tous; **Philips Koninck** *(p. 137)*, surtout paysagiste.

Les paysagistes. — Si Rembrandt dessina et grava d'admirables paysages, il en peignit peu. De nombreux artistes par contre, se spécialisèrent dans ce genre. Au début du 17e s., **Hercules Seghers** (1589/90-1638), **Salomon van Ruysdael** *(p. 114)* sont des peintres de la nature, de même que **Van Goyen** *(p. 137)*. De larges horizons, des rivières paisibles, des nuages tamisant la clarté du soleil, des silhouettes d'arbres, d'églises, de moulins garnissent leurs compositions lumineuses et sereines. Le plus grand des paysagistes de l'époque, **Jacob van Ruysdael** ou **Ruisdael** *(p. 114)*, neveu de Salomon, dépeint des sites un peu romantiques.

Meindert Hobbema *(p. 114)* est le peintre de grands arbres au feuillage d'un vert vif où joue la lumière. **Cornelis van Poelenburgh** *(p. 167)* affectionne les paysages italianisants au soleil couchant.

(D'après photo Kröller-Müller Stichting)

Le vieux chêne, par Van Goyen, Musée national Kröller-Müller

Parfois les paysages ne sont que prétexte à introduire des personnages, chez **Albert Cuyp** *(p. 83)*, des bergers avec leurs troupeaux chez **Nicolas Berchem** *(p. 114)*, des vaches et chevaux chez **Paulus Potter** *(p. 89)*, des chevaux (avec leurs cavaliers) chez **Philips Wouwerman** *(p. 114)*.

Hendrick Avercamp *(p. 131)* tient une place à part : il fait revivre, avec un art proche de la miniature et des couleurs raffinées, le monde pittoresque des patineurs. **Aert van der Neer** (1603/1604-1677) peint aussi des scènes hivernales et des rivières au clair de lune.

Willem van de Velde le Vieux et surtout son fils **Willem van de Velde le Jeune** *(p. 137)* qui finissent leur vie à la cour d'Angleterre, sont de remarquables peintres de marines de même que **Ludolf Backhuisen** (1631-1708), **Jan van de Cappelle** (1626-1679) et le Gantois **Jan Porcellis** (1584-1632).

Pieter Saenredam (1597-1665) et **Emmanuel de Witte** (vers 1617-1692) dont les œuvres, très appréciées de leur temps, représentent des intérieurs d'églises d'une composition très étudiée, **Job** (1630-1693) et **Gerrit** (1638-1698) **Berckheyde** sont connus comme peintres d'architecture.

Scènes de genre. — Outre certains élèves de Rembrandt, de nombreux peintres se spécialisent dans les scènes d'intérieur. **Gérard Terborch** *(p. 186)*, **Frans van Mieris** *(p. 137)*, **Gabriel Metsu** *(p. 137)* recréent, d'un pinceau délicat, des atmosphères intimes. **Pieter de Hooch** *(p. 73)* remarquable coloriste, et virtuose des effets de perspective, dépeint les occupations quotidiennes des bourgeois aisés.

Vermeer *(p. 73)*, peintre longtemps négligé, est considéré de nos jours comme l'un des plus grands. Il a surtout représenté des scènes d'intérieur, réalistes et cependant empreintes d'une étonnante poésie, simples en apparence mais révélatrice d'une recherche subtile de couleurs, de composition, d'effets de lumière.

Les scènes paysannes, plus populaires et animées, sont la spécialité d'**Adriaen van Ostade** *(p. 114)*, peintre de la vie rustique influencé par le Flamand Adriaen Brouwer, et de son élève **Jan Steen** *(p. 137)* dont la gaîté et l'humour laissent transparaître une certaine intention moralisatrice.

A Utrecht *(p. 167)*, où s'est répandue dès le 16e s. l'influence italianisante, **Abraham Bloemaert** perpétue cette tendance. L'un de ses élèves, **Hendrick Terbrugghen**, introduit le caravagisme dans le pays, de même que **Gérard van Honthorst** : le contraste entre l'ombre et la lumière, les personnages populaires, représentés à mi-corps, les scènes de musique caractérisent leur œuvre. Élève de Frans Hals, **Judith Leyster** *(p. 114)*, épouse du peintre Jan Molenaer, est aussi marquée par la peinture caravagesque.

Natures mortes. — La tradition de la peinture de nature morte d'origine flamande (Fyt, Snyders) est reprise à Haarlem par **Pieter Claesz** et **Willem Claesz Heda** *(p. 114)*. Leur sujet de prédilection est la table couverte des reliefs d'un repas et de verres et récipients où vient jouer la lumière. Moins chargées que celles des Flamands, plus monochromes, leurs compositions obéissent à une géométrie savante.

Les œuvres de **Willem Kalff** (1619-1693), d'**Abraham van Beyeren** (1620/1621-1690) et de **Jan Davidsz. de Heem** *(p. 167)* sont plus colorées et plus baroques.

Dessins et gravures. — Fort appréciés dans les cabinets de collectionneurs, d'innombrables dessins et gravures, notamment des eaux-fortes, ont été réalisées par les peintres du 17e s. Rembrandt lui-même a excellé dans ce genre.

Du 18e au 20e s. — Le 18e s. est une période de déclin. On peut distinguer cependant **Cornelis Troost** (1697-1750), peintre amstellodamois qui, inspiré par le théâtre, évoque Watteau ou l'Anglais Hogarth. **Jacob Wit** (1695-1754) est connu pour ses grisailles (en néerlandais : witjes) qui décorent nombre de maisons bourgeoises. Mort jeune, Wouter Joannes van **Troostwijk** (1782-1810) est le peintre d'Amsterdam.

Au 19e s., avec l'**école de la Haye** dirigée par **Jozef Israëls** (1824-1911) se produit un renouveau artistique *(p. 106)*. La nature, les plages, les dunes, la vie des pêcheurs fournissent d'innombrables sujets de peinture aux artistes de cette école.

Séjournant surtout en France, J. B. **Jongkind** (1819-1891) partisan de l'impressionnisme, s'attache à rendre dans ses tableaux la lumière et une certaine atmosphère, de même que **George Hendrick Breitner** (1857-1923), connu aussi comme peintre de cavaliers et du vieil Amsterdam.

Isaac Israëls (1865-1934), fils de Jozef, est l'auteur de vues de plages et de nombreux portraits.

A la fin du 19e s. **Vincent van Gogh** *(p. 54)* exécute d'abord une peinture sombre qui, sous l'influence de l'impressionnisme qu'il découvre à Paris, s'illumine et se colore. A partir de 1886, il travaille principalement en France, à Paris et, en Provence, dans la région d'Arles, mais on admire de lui des chefs-d'œuvre au musée Kröller-Müller ou au musée Van Gogh d'Amsterdam.

Jan Theodoor Toorop dit **Jan Toorop** (1858-1928), né à Java, d'abord impressionniste, se tourne après 1890 vers le symbolisme, mouvement dans lequel il tient une place importante en Europe de même que **Johan Thorn Prikker** (1868-1932). Plus tard, Toorop traverse une période pointilliste et divisionniste et s'intéresse aussi à l'Art nouveau dont le style lui inspire de nombreuses affiches.

Mondrian *(p. 42)* est un des plus grands novateurs de son époque. Animateur du mouvement De Stijl et de la revue porte-parole du mouvement, avec **Théo van Doesburg** et **J. J. P. Oud**, il a contribué à la naissance de l'art constructiviste.

Jan Sluyters (1881-1957), **Charley Toorop** (1891-1955), fille de Jan, **Hendrik Chabot** (1894-1949) sont des artistes expressionnistes.

Kees van Dongen connaît la célébrité à Paris *(p. 157)*.

Les théoriciens du **Réalisme magique** ou néo-réalisme **Raoul Hynckes** (né en 1893), **Pyke Koch** (né en 1901), **Carel Willink** (1900-1983), ont, par leur art quasi-photographique et teinté de surréalisme ou de fantastique, influencé beaucoup de jeunes artistes.

Les poétiques scènes de rue, un peu médiévales, d'**Anton Pieck** (né en 1895) illustrent bien des livres d'enfants.

Fondé par un groupe international où figurent notamment un Danois, Asger Jorn, un Belge, Corneille et deux Néerlandais, **Karel Appel** (né en 1921) et **Constant** (né en 1920), connu aussi pour son plan d'une ville futuriste (New-Babylon), le mouvement **Cobra** (1948-1951), contraction de Copenhague, Bruxelles, Amsterdam, est une sorte d'expressionnisme bannissant toute forme d'art figuratif.

A chaque époque appartient un style qui se répand dans tout le pays; cependant, certaines productions locales sont intéressantes pour leur originalité.

L'époque gothique tardive a produit des coffres en chêne sculpté, des crédences, sortes de petits buffets à tablettes, des dressoirs, ornés d'arcs brisés et de motifs en « plis de serviette ».

A partir de 1550, la Renaissance italienne inspire quelques crédences à panneaux sculptés de médaillons, de grotesques. Les lourdes tables de style flamand (bolpoottafels), à pieds tournés s'élargissant en « vases », font leur apparition. D'abord pourvues de traverses rectangulaires, ces tables se caractérisent par la suite par leur entretoise en forme de H puis, à partir de 1650, présentant deux fourches.

De gracieux tabourets à dossiers très ouvragés, aux pieds divergents, appartiennent à la Renaissance.

Le lustre hollandais, en cuivre à volutes (kaarsenkroon) fait partie de l'intérieur du 17e s.; il est aussi fréquent dans les églises.

(D'après photo Rijksmuseum, Amsterdam)

Armoire Renaissance

Armoires du Siècle d'Or. – Les plus belles productions hollandaises de la fin du 16e s. et du Siècle d'Or sont les armoires à linge.

L'**armoire Renaissance hollandaise** (Hollandse kast) est peut-être un des types les plus courants. Elle présente les ornements les plus variés : mufles de lions, cariatides, frises de rinceaux et de grotesques, panneaux plats remplacés plus tard par des reliefs géométriques. Elle a une large plinthe, quatre portes (celles du bas généralement divisées en deux panneaux), et une lourde corniche décorée d'une frise de végétaux. Ses montants sont formés de pilastres cannelés, et, par la suite de colonnes : elle est alors nommée aussi « armoire à colonnes » (kolommenkast).

Dès la deuxième partie du 17e s., on fabrique aussi, en bois de plusieurs essences, de magnifiques et imposantes **armoires « à coussins »** (kussenkast) nommées ainsi en raison de la forme ventrue de leurs vantaux, généralement plaqués d'ébène. L'armoire est posée sur d'énormes pieds-boules. Sur la corniche était souvent placée une collection de cinq vases de Delft dont certains pansus.

Plus large que haute, à quatre ou cinq portes, l'**armoire zélandaise** (Zeeuwse kast), basse, possède peu de reliefs, mais son décor Renaissance qui rappelle celui de l'armoire hollandaise, est très finement travaillé.

(D'après photo Gemeente-Archief, Middelburg)

Armoire zélandaise

Les **armoires frisonnes** présentent deux portes. Les panneaux sont rehaussés d'un décor gravé, entre des montants formés de colonnes engagées comme les armoires dites « à colonnes ». La corniche est très épaisse et garnie d'une frise au fin décor gravé.

Dans la **Gueldre**, l'armoire montre deux grandes portes à panneaux en relief et des montants cannelés, des incrustations de bois précieux, et une corniche en saillie simplement décorée de godrons (motif en forme d'œuf allongé).

L'**armoire d'Utrecht**, qui est fabriquée en fait dans la province de Hollande, s'apparente à celle de Gueldre : les vantaux sont surmontés d'un arc au contour rehaussé d'incrustations d'ébène.

En ville comme à la campagne, on dormait généralement à l'époque dans des lits clos dont les panneaux de bois s'harmonisaient avec le style de la pièce.

(D'après photo Rijksmuseum, Amsterdam)

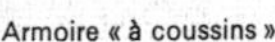

Armoire « à coussins »

(D'après photo Fries Museum, Leeuwarden)

Armoire frisonne

Marqueterie et incrustations. – A partir du 17e s. et surtout au 18e s., se répand le goût pour la marqueterie et surtout les incrustations d'ébène, d'écaille de métal et d'ivoire qui se manifeste, comme en Flandre, dans les écritoires et les « cabinets » aux nombreux tiroirs destinés à loger des collections d'objets précieux.

Le « sterrekabinet » est incrusté de motifs d'ivoire ou de marqueterie représentant des étoiles (« sterren ») enfermées dans des cercles ou des ovales.

Armoires des 18e et 19e s. – Le style Louis XV importé par les Huguenots français après la révocation de l'Édit de Nantes (1685) est très en vogue au 18e s., mais interprété avec une certaine liberté. L'**armoire du 18e s.**, à deux portes, est pourvue d'une base à tiroirs présentant à partir du milieu du siècle un renflement caractéristique (buikkabinet). Elle est surmontée d'une corniche ondulée.

On continue aussi à apprécier les incrustations et les marqueteries.

Enfin, l'influence anglaise, due à d'intenses relations commerciales avec l'Angleterre, est aussi assez importante.

A la fin du 18e s., le mobilier se ressent du style Louis XVI, plus austère, qui est reproduit avec une grande fidélité.

Au 19e s., l'influence du style Empire se fait sentir sous la domination napoléonienne, grâce à la présence dans le pays du roi Louis Bonaparte et de la reine Hortense, très attachés à la mode parisienne.

(D'après photo Rijksmuseum, Amsterdam)

Armoire du 18e s.

Meubles peints. – Plusieurs localités du Nord du pays ont pour spécialité au 18e s. la fabrication de meubles peints. Ce sont surtout d'anciens ports du Zuiderzee dont les pêcheurs pendant les mois d'oisiveté travaillent et peignent le bois selon les méthodes observées au cours de leurs voyages dans la Baltique ou en Orient.

Ces meubles ont des contours particulièrement découpés; le bois est couvert de peintures très chargées, d'un style plutôt populaire et naïf. Dans les ports du Zuiderzee (Hindeloopen, Enkhuizen), dans la région du Zaan, dans les îles des Wadden, la peinture revêt : armoires *(illustration p. 90)*, tables escamotables, lits clos accompagnés de leur escabeau, berceaux, sièges, cartables d'écolier en bois, etc. Les principaux musées où l'on peut admirer ce décor sont le musée du Zuiderzee à Enkhuizen, le musée d'Hindeloopen et le musée de plein air d'Arnhem.

Horloges et pendules. – Après la découverte en 1656 du principe du balancier par Christiaan Huygens, l'**horloge** se rencontre dans tous les intérieurs cossus. Sa longue gaine est assez décorée et surmontée d'une tête rectangulaire à corniche cintrée. Le cadran est souvent peint d'une représentation astrale au-dessous de laquelle se meuvent des personnages ou des navires sur la mer. Amsterdam est un grand centre de fabrication d'horloges au 18e s. Cependant, les pendules de style Louis XV ou cartels sont alors très appréciées.

Dans les provinces de Frise, Groningue, Drenthe, les **pendules** nommées stoeltjesklokken sont agrémentées d'un décor ajouré fantaisiste apparenté à celui des meubles peints *(ci-dessus)* et possèdent un mécanisme particulier, installé sur une petite console. Les pendules de la région du Zaan sont d'un genre plus précieux.

Plusieurs musées possèdent de belles collections d'horloges et de pendules : le musée d'Orfèvrerie et d'Horlogerie à Schoonhoven, et le musée des Horloges à la Redoute zanoise, en particulier.

De nombreux musées néerlandais possèdent une section d'arts décoratifs où des pièces nommées « stijlkamers » rassemblent le mobilier appartenant à un style, une époque, ou une région. D'autre part, les **« maisons de poupée »** qu'on peut voir dans certains musées permettent de se faire une idée des intérieurs bourgeois de la Hollande au Siècle d'Or, dont elles sont la reproduction minutieuse.

LANGUES ET LITTÉRATURE

Langue officielle d'environ 20 millions d'hommes, aux Pays-Bas, dans leurs possessions d'outre-mer (Antilles), au Surinam et dans une partie de la Belgique, le néerlandais appartient, avec le frison et l'allemand, à la branche linguistique germanique occidentale.

Dès le 13e s., cette langue est utilisée, en Flandre et dans le Brabant, par des écrivains de talent. Au 16e s., **Érasme** *(p. 153)*, puis, au Siècle d'Or (17e s.), le théologien **Jansénius** (1585-1638), le juriste **Grotius** *(p. 73)*, enfin **Spinoza** *(p. 106)*, écrivent en latin. Mais la littérature néerlandaise brille avec le poète **P. C. Hooft** *(p. 125)* et le poète et tragédien **Joost van den Vondel** (1587-1679).

En déclin au 18e s., elle renaît au siècle suivant. Eduard Douwes Dekker, connu sous le pseudonyme de **Multatuli** (1820-1887), est le romancier renommé de Max Havelaar (1860) où il s'oppose aux excès du colonialisme dans les Indes néerlandaises. Après lui, citons quelques noms, parmi les plus connus : **Louis Couperus** (1863-1923), auteur du roman Vieilles gens et choses qui passent, l'historien **Johan Huizinga** (1872-1945) (l'Automne du Moyen Age), les romanciers **Simon Vestdijk** *(p. 118)*, **Gérard Reve** (né en 1923) (les Soirs, 1947), Simon **Carmiggelt**, né en 1913.

Dans la province de **Frise**, le frison est resté vivace. Les lettres frisonnes ont aussi leurs adeptes. L'utilisation de la langue frisonne dans la littérature remonte à l'époque de **Gysbert Japicx** *(p. 66)*, poète du 17e s. au langage brillant et imagé.

Dans le **Limbourg**, autour de Maastricht, la population parle un dialecte particulier, dernier reste peut-être de l'ancienne langue des Francs.

LA MUSIQUE

La musique a toujours tenu dans la vie des Néerlandais une place très importante, qu'elle soit exécutée dans les demeures, dans les églises ou même dans la rue.

Les peintres caravagesques d'Utrecht et d'autres artistes du 17ᵉ s. ont su témoigner de cet attachement.

Les musiciens. – Le plus célèbre musicien est **J. P. Sweelinck** (1562-1621), organiste de la Vieille église d'Amsterdam, compositeur, précurseur de Jean-Sébastien Bach. A la même époque l'homme d'État et poète **Constantijn Huygens** (1596-1687) s'intéresse à la composition musicale.

Au 19ᵉ s. **Johannes Verhulst** (1816-1891) est compositeur et chef d'orchestre, et **Richard Hol** (1825-1904), chef d'orchestre, pianiste et auteur de cantates, de symphonies.

L'élève de ce dernier, **Johan Wagenaar** (1862-1941), organiste, compositeur original, a lui-même pour élève **Willem Pijper** (1894-1947), compositeur connu également pour ses essais sur la musique.

Actuellement, les Pays-Bas possèdent avec les orchestres du Concertgebouw d'Amsterdam et de la Résidence de la Haye, deux des plus grands ensembles du monde.

Le premier chef du Concertgebouworkest fut **Willem Mengelberg** (1871-1951), qui s'intéressa beaucoup aux compositeurs de son temps comme Mahler.

Le Festival de Hollande *(p. 11)* donne lieu à d'importantes manifestations musicales.

Les orgues. – Né à Byzance, importé dans l'Ouest de l'Europe au 9ᵉ s., l'orgue occupe dès le 12ᵉ s. une grande place dans la liturgie catholique. L'instrument est fabriqué par les moines. Bientôt répandu chez les particuliers, l'orgue est épargné par la fureur iconoclaste au 16ᵉ s.

Cependant, la musique d'orgue est d'abord méprisée par la religion calviniste. Ce n'est qu'au milieu du 17ᵉ s. qu'elle se répand dans les églises protestantes.

De nombreux instruments ont été construits à cette époque et au siècle suivant. Au 18ᵉ s., les fils du célèbre facteur d'orgues allemand Arp **Schnitger,** installés à Groningue, perfectionnent l'instrument aux Pays-Bas et construisent le grand orgue de **Zwolle.** Le grand orgue de St-Bavon à **Haarlem** (18ᵉ s.), construit par **Christian Müller** figure parmi les plus célèbres du pays.

La plupart des buffets d'orgue datant de l'époque baroque sont de somptueuses réalisations. Les tuyaux, groupés d'une manière très étudiée, sont couronnés de statues et de sculptures.

Quelques concerts d'orgue sont indiqués au texte des localités.

L'orgue de Barbarie. – Aux Pays-Bas, les rues retentissent souvent d'une musique allègre et familière, celle des orgues de Barbarie ou celle des carillons. Alors que l'orgue de Barbarie a pratiquement disparu dans les autres pays d'Europe, de nombreuses villes conservent un instrument au nom pittoresque, à la face sculptée et peinte, qui se fait entendre le samedi dans les rues commerçantes, ainsi que les jours de fête.

Orgue de Barbarie

L'orgue de rue, qui apparaît au 18ᵉ s., inventé par un Italien, est un **orgue à cylindre.** Un cylindre, mû à l'aide d'une manivelle, agit sur un clavier qui laisse passer de l'air dans des tuyaux. Monté sur roue, l'orgue se répand partout en Europe au 19ᵉ s.

En 1892, Gavioli construit le premier **orgue à livret** (pierement) qui prend la place de l'orgue à cylindre. La manivelle actionne un livret en carton dont les perforations déclenchent un mécanisme. L'utilisation du livret, permettant de développer le répertoire à l'infini, jointe à celle d'un système pneumatique, contribue à l'amélioration donc à la diffusion de l'appareil.

Un fabricant d'orgues de Barbarie, **Carl Frei,** s'installe à Breda en 1920. Cependant, la plupart des instruments sont importés de l'étranger, de Belgique (Mortier), de France (Gasparini et Limonaire Frères).

A la fin du 19ᵉ s., l'orgue de danse, somptueux instrument sculpté et de grande dimension, se multiplie. Au début du 20ᵉ s., les orgues de foire produisent une musique puissante destinée à dominer le brouhaha. Enfin, après 1945, se développe l'orgue de danse électronique, véritable orchestre animé par toutes sortes d'instruments.

A Utrecht, le musée national « de l'horloge musicale à l'orgue de Barbarie » présente une intéressante série d'orgues de Barbarie.

Les carillons. – On ne compte pas les églises ou les hôtels de ville qui possèdent un carillon aux Pays-Bas.

Le carillon, dont l'existence remonte probablement au 15ᵉ s., en Belgique, est mu, comme l'orgue, à l'aide d'un cylindre, entraîné à l'origine par le mouvement d'une horloge.

Au 17ᵉ s., les fameux fondeurs de cloche, d'origine lorraine, **François** et **Pierre Hemony,** jouent un rôle primordial dans leur développement aux Pays-Bas. On conserve d'eux, parmi tant d'autres, les carillons de la tour Notre-Dame à Amersfoort, de la Martinitoren à Groningue, de la Domtoren à Utrecht.

Un peu en déclin aux 18ᵉ et 19ᵉ s., la musique de carillon connaît de nos jours un véritable renouveau.

En 1941, un fondeur de cloches d'Heiligerlee (province de Groningue), a inventé un **système électromagnétique,** remplaçant le cylindre. Celui-ci est en usage dans plusieurs villes.

Depuis 1953 il existe une École néerlandaise de carillonneurs à Amersfoort.

Enfin, Asten possède un intéressant musée du Carillon *(p. 87).*

Au texte des localités et p. 11, nous signalons quelques concerts de carillon.

LA TABLE

Un petit déjeuner alléchant. – Le petit déjeuner (ontbijt, prononcer ontbèit) aux Pays-Bas n'a rien à envier à celui d'Outre-Manche : dans la plupart des hôtels, le café, le thé, le chocolat, est servi avec un œuf à la coque, de fines tranches de fromage, de jambon, parfois du salami, du pâté et toujours des **« tartines »** (boterhammen) de différentes sortes (pain de seigle, pain de mie, pain aux raisins, pain d'épices), du beurre, de la confiture.

Un déjeuner rapide. – Pour le déjeuner, le Hollandais se contente bien souvent d'un repas « froid » (sans plat cuisiné) ou très léger et d'un café. C'est l'heure du sandwich qui se présente sous forme d'un petit pain moelleux ou **broodje.** On aime aussi l'**uitsmijter** qui consiste en des tranches de pain de mie beurrées, surmontées de jambon (ham) ou de rosbif et de deux œufs au plat, assortis d'un cornichon doux. Quant au **koffietafel,** mentionné sur bien des menus, c'est en quelque sorte un petit déjeuner pris en guise de déjeuner, avec du café (koffie, d'où ce nom) ou du thé.

Un dîner copieux. – Le principal repas a lieu le soir, entre 18h et 19 h. Il est assez abondant. Le potage est apprécié et notamment, en hiver, la traditionnelle soupe aux pois verts, **erwtensoep,** qui doit être assez épaisse pour qu'une cuillère s'y dresse sans appui...

Les huîtres et moules de Zélande (Yerseke) sont servies dans quelques restaurants.

L'**anguille fumée** (gerookte paling) et le **hareng** saur (bokking) ou le hareng (haring) mariné dans du vinaigre sont dégustés en hors-d'œuvre. Dans les rues des anciens ports du Zuiderzee, on en vend aussi sur de petits pains. Le hareng nouveau, **maatje** (ou groene haring ou nieuwe haring) se mange en mai-juin, cru et parfumé d'oignons hachés. Lui aussi est vendu (à Amsterdam) par des marchands ambulants : on le consomme alors en le tenant par la queue et en renversant la tête en arrière. Le premier tonneau de hareng est offert chaque année à la reine qui sacrifie à la coutume.

Du 15 mars au 10 avril (une semaine plus tard en Frise), les **œufs de vanneau** (kievietseieren) *(p. 15)*, servis en gelée sur un lit de cresson avec des radis roses constituent un hors-d'œuvre de choix.

Les asperges du Limbourg (Venlo) sont aussi très appréciées comme hors-d'œuvre, en saison (mai-juin). Les champignons du Limbourg sont consommés frits, ou avec des escargots. Asperges et champignons conservent leur nom français aux Pays-Bas.

Le plat de résistance – viande, volaille ou poisson – est accompagné de légumes, arrosé d'une sauce généreuse, et servi avec une salade. Les **légumes** sont variés : pommes de terre, choux-fleurs, haricots verts (snijbonen) coupés en longues lamelles, carottes, petits pois. Les cultures en serre permettent de servir des légumes frais toute l'année. La salade (laitue, tomate, concombres, etc...) est généralement servie avec de la mayonnaise. Comme en Grande-Bretagne, il arrive que certaines viandes soient présentées avec de la compote de pommes ou de rhubarbe.

Le poisson est un mets rare, et peu varié : au menu figure généralement la **sole** (tong) frite, parfois le carrelet (schol) ou le turbot (tarbot).

Quelques plats familiaux figurent rarement au menu des restaurants : le **boerenkool,** purée de pommes de terre et de choux vert, souvent servie avec des saucisses (worst); le **hutspot,** sorte de pot-au-feu avec viande hachée (ou côte de bœuf), pommes de terre, carottes, navets, oignons, dont l'origine remonte à 1573 *(p. 136)*.

Le **jambon** (ham) et les **saucisses** (worsten) de Veluwe sont réputés.

Cuisine indonésienne. – Dans la plupart des villes, il est possible de satisfaire un penchant à l'exotisme en allant manger dans un restaurant indonésien, nommé souvent « chinees-indisch restaurant ».

Le plat le plus réputé est le **rijsttafel.** C'est en fait un repas complet dont la base est une assiette de riz agrémentée d'une dizaine (au minimum) de plats : viandes, poissons, légumes, fruits (bananes, ananas), relevés de sauces pimentées et parfumées, parfois sucrées, et noix de coco en poudre, à parsemer.

Le **nasi goreng** est à base de riz frit accompagné de nombreux ingrédients.

Fromages. – Rarement servi à la fin des repas, le fromage est par contre l'élément principal du petit déjeuner et des repas « froids ». Crémeux lorsqu'ils sont frais (jonge), ils deviennent ensuite, lorsqu'ils sont murs (oude), secs et piquants : **fromage de Gouda** *(p. 99)*, cylindrique et plat, **fromage d'Edam** *(p. 85)*, en forme de boule, dont la croûte jaune se revêt à l'exportation d'une enveloppe rouge. Ce sont les deux fromages qu'on retrouve au marché d'Alkmaar. Le **fromage de Leyde** (Leidse kaas), renferme des graines de cumin dont la saveur en fait un bon fromage pour l'apéritif. Celui de **Frise** (Friese kaas) est parfumé aux clous de girofle.

Desserts. – Les Hollandais sont très friands de glaces et de pâtisseries, abondamment surmontées de crème fouettée (slagroom).

Les **« vlaaien »** sont de délicieuses tartes aux fruits limbourgeoises (Weert, Venlo).

On confectionne dans tout le pays de petits beignets nommés **« poffertjes »,** des sablés nommés **« spritsen ».**

En Frise, le **« suikerbrood »** est un savoureux petit pain au sucre.

Enfin, au nombre des confiseries, figurent les **« kletskoppen »,** gâteaux ronds croquants aux amandes (Gouda, Leyde); les **« Haagse hopjes »,** caramels au café, spécialité de la Haye, et les **« Zeeuwse babbelaars »,** caramels durs au beurre salé, fabriqués en Zélande.

Boissons. – Le **café** (koffie) est la boisson préférée, accompagnée de lait. Le café noir fait au percolateur est nommé « espresso ». La bière est aussi très appréciée.

L'apéritif le plus courant est le sherry (nom anglais du xérès espagnol), mais il existe des spécialités locales comme l'**advocaat,** cordial onctueux à base d'alcool et d'œufs, ou le **genièvre** (jenever) dont le petit verre (borrel) se boit surtout avant les repas.

Les liqueurs telles que le kummel, à base de cumin, l'anisette, la liqueur d'abricot et surtout le **curaçao,** à base d'alcool et d'écorces d'oranges amères, ont acquis une bonne réputation.

✿ ***Étoile de bonne table...***

Gourmets : reportez-vous au guide Rouge Michelin Benelux de l'année.

TRADITIONS ET FOLKLORE

LES COSTUMES

La variété des costumes aux Pays-Bas était jadis remarquable.

En dehors de Marken et de Volendam où, en saison, toute la population revêt le costume traditionnel pour la plus grande joie des touristes, le costume n'est porté régulièrement de nos jours que dans de rares localités et surtout par les femmes.

Cependant, par leur variété, par leur originalité, par leur assemblage un tant soit peu rituel de couleurs et de motifs, les costumes et les coiffes encore portés aux Pays-Bas sont d'un intérêt exceptionnel.

Le costume féminin. – Malgré sa variété, il observe certaines constantes. Il est composé d'une jupe, d'un tablier et d'une casaque fermée devant, à manches souvent courtes. Par-dessus la casaque, certaines femmes portent un plastron raide comme à Bunschoten-Spakenburg, ou un fichu comme à Staphorst.

Le costume porté le dimanche est toujours plus raffiné que celui des autres jours. Le dimanche de la Pentecôte est particulièrement honoré : les femmes se parent généralement, ce jour-là, de leurs plus beaux atours.

Les coiffes. – Si la jeune fille en sabots, portant la coiffe à ailerons typique de Volendam, symbolise bien souvent pour les étrangers le folklore hollandais, il existe à travers tout le pays des modèles de coiffes très variés.

Les coiffes portées dans l'île de Zuid-Beveland, en particulier le jour du marché hebdomadaire à Goes *(p. 96)*, sont les plus spectaculaires.

Beaucoup de coiffes ont la particularité de comporter des ornements en or : elles dissimulent un serre-tête terminé par des boucles (Scheveningen), par des têtes d'animaux (Urk) ou par d'amusantes sortes d'antennes en forme de spirale dressées au-dessus du front (Walcheren, Axel, Arnemuiden). Des épingles à tête dorée ou terminées par une perle sont parfois piquées dans la coiffe au-dessus des oreilles.

Le magnifique ouvrage de dentelle que représentent ces coiffes est admirable.

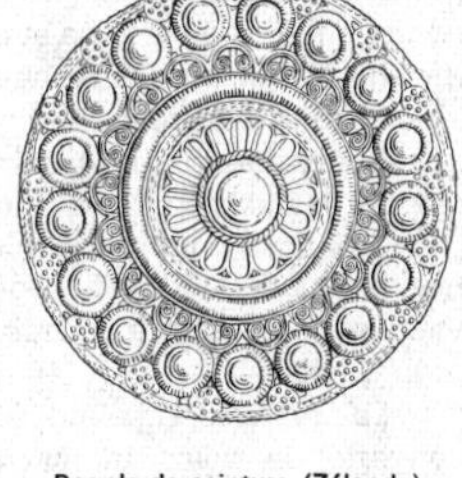

Boucle de ceinture (Zélande)

Le costume masculin. – Il ne survit que dans quelques ports, comme Urk, Volendam et en Zélande, dans le Zuid-Beveland.

De nos jours presque toujours noir, alors qu'il était autrefois de couleurs plutôt vives, il est constitué d'une veste souvent croisée et d'un pantalon large ou bouffant (Zuiderzee). La chemise, rarement visible, est faite dans un coton de couleurs très vives, rayé ou à carreaux. Son col droit se ferme par deux boutons en or. Ce sont les seuls ornements du costume, excepté en Zélande (Zuid-Beveland), où deux belles boucles en argent ciselé maintiennent le pantalon.

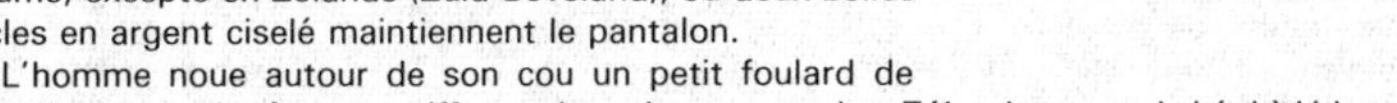

L'homme noue autour de son cou un petit foulard de coton. Il porte sur la tête une coiffure noire : chapeau rond en Zélande, sorte de képi à Urk, ou simple casquette. Il marche souvent en sabots.

Les tissus. – Les casaques, les fichus des femmes et aussi les chemises que les hommes portent sous leur veste noire sont confectionnés dans des tissus traditionnels de couleurs vives, à rayures, à carreaux ou à fleurs. Dans ce dernier cas, il s'agit le plus souvent d'**indienne.** A partir du début du 17e s., la Compagnie des Indes orientales importe d'Orient d'énormes quantités d'indienne. Ce tissu, dont le nom néerlandais « sits » dérive du mot indien « chint », qui signifie bigarré, est un coton décoré d'un modèle coloré appliqué à la main au moyen d'une technique spéciale. Très appréciée tant pour sa souplesse et sa légèreté que pour ses coloris et ses dessins, cette étoffe fait bientôt fureur aux Pays-Bas. On en décore les intérieurs (dessus-de-lit, rideaux, tentures murales), et on en confectionne des vêtements de toutes sortes. Les femmes d'Hindeloopen en font même leur manteau traditionnel nommé « wentke » et d'autres femmes remplacent volontiers leur casaque unie par une casaque en « sits » aux couleurs chatoyantes.

A partir de la fin du 17e s., on fabrique dans le Twente des indiennes imprimées par un procédé mécanique.

Costume de Volendam

Où voir des costumes? – Les principaux centres où les costumes sont portés tous les jours par la population, hommes, femmes et enfants, sont **Volendam** et **Marken,** mais la coutume est moins respectée l'hiver que l'été. A **Staphorst** et dans le village contigu de **Rouveen,** femmes et jeunes filles revêtent quotidiennement un costume très original de même que quelques habitantes de **Bunschoten** et **Spakenburg.**

Dans les îles zélandaises de **Walcheren** et de **Zuid-Beveland,** de nombreuses femmes demeurent encore fidèles à leur costume et à leur coiffe à tel point qu'en 1975, on les a vues se révolter contre l'obligation de porter le casque en roulant à mobylette.

Il faut citer encore **Scheveningen, Urk** et quelques localités de l'Overijssel (Rijssen, Bathmen, Dalfsen, Den Ham, Raalte).

Dans quelques cités, les femmes revêtent surtout l'habit traditionnel à l'occasion de l'office religieux dominical ou du marché hebdomadaire. Parfois aussi les festivals, les « marchés folkloriques » *(p. 11)* offrent la possibilité de rencontrer des Néerlandais parés de leurs costumes régionaux.

Les costumes sont décrits dans le guide, au texte des localités. Plusieurs musées permettront d'en observer les détails.

LES FERMES

Les belles fermes qui se disséminent dans la campagne font partie du paysage familier du pays. C'est dans les régions de polders qu'elles sont les plus importantes. Cependant, bien souvent, on ne distingue que leur toit gigantesque derrière les digues ou le rideau d'arbres destiné à les protéger d'un vent parfois redoutable. La plupart des modèles de fermes ont été reconstitués au musée néerlandais de plein air d'Arnhem.

Les fermes frisonnes. – Surprenantes, en raison de l'extrême importance de leur toiture, elles sont répandues en Frise ou sur les territoires qui lui appartenaient jadis (Nord de la province de Hollande-Septentrionale) et dans la province de Groningue.

Ferme frisonne pyramidale

Ferme pyramidale. – Très fréquente dans le Nord de la province de Hollande-Septentrionale (au-delà du canal de la mer du Nord) où elle est nommée « stolp », elle se trouve aussi dans le Sud de la Frise, sous le nom de « stelp ». Son immense toiture à quatre pans, pyramidale, évoque, par sa forme, celle d'une meule de foin. A l'intérieur sont groupées sous le même toit le logis, l'étable, la grange. Sur l'un des pans du toit, le chaume fait place à des tuiles qui dessinent un motif décoratif nommé « miroir ». Parfois, dans les fermes cossues, la façade est rehaussée d'un fronton de brique richement orné.

Ferme « à cou ». – Dénommée en réalité « kop-hals-rompboerderij », ferme à tête-cou-tronc, elle se rencontre au Nord de la Frise et un peu dans la province de Groningue.

Elle est composée d'une maison d'habitation ou tête, reliée par une partie plus étroite, le cou, à un grand bâtiment ou tronc. Ce dernier comprend l'étable pour les vaches, l'écurie (rare de nos jours) et la grange.

La maison d'habitation est couverte de tuiles tandis que la grange possède traditionnellement une toiture de roseaux. Elle est souvent bâtie sur un tertre *(p. 135)*.

Ferme frisonne « à cou »

Au sommet de la toiture des bâtiments utilitaires se dresse un **« uilebord »**, panneau en bois triangulaire, percé de trous qui donnaient passage au hibou (uil) vivant dans le foin. Il est souvent orné d'un motif en bois découpé représentant deux cygnes.

Ferme « mixte ». – On trouve aussi en Frise comme dans la province de Groningue un type de ferme un peu mélangé (kop-romp-type) : un toit en tuiles couvre le logis comme dans la ferme « à cou », mais, comme dans la ferme pyramidale, quelques pièces restent incorporées à la grange, sous l'énorme toit de roseaux.

La maison est parfois aussi réunie à la grange par une série de décrochements caractéristiques de la ferme d'Oldambt.

Ferme d'Oldambt. – Née dans la région d'Oldambt, à l'Est de la province de Groningue, elle est très courante dans toute la province. La jonction avec la grange s'effectue par élargissement progressif, à angle droit, de la maison. Parfois aussi ce modèle se combine avec le type « tête-cou-tronc ».

Ferme frisonne « mixte »

Le logis, haut et large, est souvent précédé d'une porte d'honneur, encadrée de moulures en stuc, qui lui donne une allure assez solennelle. Il existe aussi une entrée latérale. Un étage aux fenêtres basses sert de grenier. La maison d'habitation, couverte de tuiles, se distingue de la grange, généralement couverte de roseaux.

En raison de la richesse des récoltes dans la province, la ferme de Groningue possède souvent deux ou même trois granges accolées, non séparées intérieurement.

Les fermes-halles. – C'est le type le plus répandu aux Pays-Bas et particulièrement dans les provinces de Drenthe, Overijssel, Gueldre et Utrecht. On en trouve en outre en Hollande-Méridionale et dans le Gooi (Hollande-Septentrionale).

A l'intérieur, la charpente est soutenue par deux rangées de poutres qui délimitent, de même que dans les églises-halles, une large nef centrale et deux bas-côtés plus étroits.

Ferme de Twente. – Dans la Twente (Overijssel) et à l'Est de la Gueldre, vers Winterswijk, les murs, jadis en torchis, de nos jours en brique, conservent parfois des colombages en damier. Le toit est large, à deux pentes, avec un pignon de bois.

Ferme « los hoes ». – On la trouve encore, mais de plus en plus rarement en Twente. A l'origine, toutes les fermes-halles se rattachaient à ce type.

« Los hoes » signifie maison ouverte : à l'intérieur, il n'y avait à l'origine aucune cloison. Les fermiers, le bétail se partageaient le même espace, le foin étant entassé sur des planches à mi-hauteur. Le feu était ouvert, à même le sol.

La maison des parents, nommée eendskamer, forme parfois un petit bâtiment indépendant accolé à la façade.

Une ferme « los hoes » a été reconstituée au musée national de la Twente à Enschede.

Ferme de Drenthe

Ferme de Drenthe. – Elle a une forme allongée. De nos jours, elle est encore très souvent couverte de chaume. La même toiture, à quatre pans, couvre deux parties distinctes : le logis aux hautes fenêtres et la grange-étable où les charrettes pénétraient à l'arrière par une porte cochère dont l'ouverture formait une échancrure dans le toit de chaume.

A partir du 18e s., dans certaines fermes du Sud-Ouest de la Drenthe et du Nord de l'Overijssel, pour augmenter la surface de la grange, la porte cochère à l'arrière a été remplacée par des portes latérales. Ainsi en est-il à Wanneperveen *(p. 95)* où cependant, les maisons étant trop serrées, on n'a pu placer des portes qu'aux angles.

Ferme en forme de T

Ferme en forme de T. – Dans la Gueldre, et notamment la région de l'Achterhoek, dans la région de l'IJssel (province d'Overijssel), dans les provinces d'Utrecht et de Hollande-Méridionale, dans le Gooi (Hollande-Septentrionale), la maison est disposée transversalement à la grange, d'où son nom de « T-huis », c'est-à-dire : maison en forme de T. C'est la prospérité qui fit apparaître ce type de ferme sur les bords fertiles des rivières. Le fermier voulant agrandir son habitation de deux salons : « pronkkamer » et « royale opkamer », donnant sur la rue, il place sur ces deux pièces une toiture formant un véritable transept. L'entrée charretière de la ferme s'ouvre à l'arrière.

Dans la Veluwe (Gueldre), les fermes sont complétées d'une remise à foin isolée et d'une bergerie. Dans le Gooi, le foin était jadis entassé à l'arrière de la ferme, les portes étant latérales; par la suite, au 19e s., on l'engrangea également dans un bâtiment extérieur.

Dans les provinces d'Utrecht et de Hollande-Méridionale (vers Woerden), les fermes fromagères abritent, au sous-sol du logis, une laiterie et une fromagerie.

Au type des fermes-halles appartiennent aussi les fermes de Staphorst *(p. 165)*, de Giethoorn *(p. 95)*, celles du Lopikerwaard (province d'Utrecht), et, dans la province de Hollande-Méridionale, celles du Krimpenerwaard et de l'Alblasserwaard *(p. 161)* qui présentent la particularité de posséder des pièces d'habitation au sol surélevé, en raison des risques d'inondation.

Les fermes transversales. – Ces fermes dont le côté le plus long sert de façade, sont composées de pièces juxtaposées, les pièces d'habitation étant situées perpendiculairement à l'aire de travail. Elles se rencontrent dans le Limbourg et dans la partie Est du Brabant-Septentrional.

(D'après photo Off. Nat. Néerl. du Tourisme, Paris)

Ferme du Sud du Limbourg

Limbourg. – Les fermes se distinguent de nos jours par leur disposition fermée unique aux Pays-Bas : les bâtiments forment souvent un carré autour d'une cour qui n'est reliée à l'extérieur que par une grande porte cochère. Près de celle-ci est située la maison d'habitation. Cette disposition s'est constituée progressivement : à l'origine, il existait seulement une grange perpendiculairement à la maison.

Dans le Sud du Limbourg, une partie des bâtiments présente souvent des murs à **pans de bois** ressortant sur un crépi blanc.

Ferme brabançonne. – Elle présente sur la rue une très longue façade où s'alignent des portes, d'où son nom de « ferme à longue façade ».

Sa longue toiture est couverte en partie de tuiles, en partie de chaume.

Assez petite, cette ferme est souvent d'une capacité insuffisante. Elle est donc souvent complétée d'une grange de style flamand, comportant des parois en bois et un toit de chaume, échancré à l'emplacement de la porte.

Fermes zélandaises. – Elles sont constituées de bâtiments isolés dont la grange en bois est l'édifice le plus typique, avec ses parois goudronnées et ses portes et fenêtres soulignées d'un encadrement de peinture blanche.

Ferme du Brabant

LES MOULINS

Haut perchés sur les vieux remparts des villes ou sur les digues des polders ou des rivières, ou bien dressés à l'entrée des villages ou le long des cours d'eau, les nombreux moulins à vent (environ 950) que possèdent encore les Pays-Bas contribuent à donner son aspect caractéristique au paysage.

Le plus célèbre ensemble de moulins est celui de Kinderdijk.

Le langage des moulins. — Les ailes tournent dans le sens inverse des aiguilles d'une montre. A l'arrêt, leur position est significative : le moulin parle et porte son message au loin :

- deux ailes à la verticale (+) : repos, mais le moulin est prêt à travailler
- deux ailes en diagonale (X) : long repos, s'il s'agit d'un moulin de polder
- aile supérieure juste à droite de la verticale (✛) : joie
- aile supérieure juste à gauche de la verticale (✛) : deuil

A l'occasion d'un mariage, les ailes du moulin sont abondamment décorées de guirlandes et de motifs symboliques.

Pendant la dernière guerre, le moulin envoyait des signaux aux aviateurs alliés et maintenait le moral de la population.

Asten. — Moulin à pivot

La décoration des moulins. — Beaucoup de moulins en bois sont peints en vert, avec des encadrements blancs. Au croisement des ailes est généralement peint au motif étoilé jaune, rouge, ou bien bleu et blanc. Au-dessous, sur un panneau sculpté figurent souvent le nom du moulin et sa date de construction.

Principaux types de moulins. — Il existe deux sortes de moulins, les moulins de polder et les moulins industriels.

Le **moulin de polder** sert, ou a servi, à pomper l'eau *(p. 14)*. On n'en trouve pas dans l'Est du pays, où l'altitude, quoique faible, assure le drainage des eaux.

Les **moulins industriels** — environ 500 — font la mouture du blé, extraient l'huile, décortiquent le riz et le poivre, scient le bois, etc. Quelques-uns sont encore en usage.

L'ancêtre : le moulin à pivot. — A l'origine, on ne connaît aux Pays-Bas que le moulin à eau et le moulin à traction animale. Semblables à ceux de Perse ou d'Arabie, où ils sont utilisés pour moudre le grain, les premiers moulins à vent apparaissent au milieu du 13e s. (leur existence est attestée en 1274). Contrairement aux moulins orientaux, construits en pierre, ceux-ci sont en bois. Nommés standerdmolen ou standaardmolen, ce sont des moulins « à arbre » dont le corps tourne avec les ailes autour d'un axe vertical constitué par un tronc d'arbre. A l'intérieur les meules se meuvent lorsque les ailes entrent en action. A l'extérieur, du côté opposé aux ailes, une poutre reliée à l'arbre et manœuvrée par une roue permet de faire pivoter le moulin sur lui-même d'où le nom qu'on lui donne parfois : **moulin à pivot.** L'escalier d'accès, fixé au corps du moulin, est entraîné également par ce mouvement. Peu de moulins de ce type subsistent dans le pays.

(D'après photo Jos. P. Faure, Amsterdam)

Hellouw (Gueldre). — Wipmolen

Premiers moulins de polder. — Le premier moulin à vent utilisé pour l'assèchement, vers 1350, est le moulin à pivot *(ci-dessus)*. Aménagé à cet effet, l'arbre central étant remplacé par un pilier creux où pivote l'axe des ailes, il devient le **« wipmolen »** dont le premier exemplaire connu date de 1513. La partie supérieure est réduite, mais la base, plus grande, permet l'installation d'une roue à godets pour faire circuler l'eau, cependant celle-ci reste la plupart du temps à l'extérieur et la base sert d'habitation, surtout en Hollande-Méridionale.

Plus facile à orienter est le **moulin à manche** (kokermolen) où l'arbre est remplacé par un manche creux autour duquel pivote la tête du moulin portant les ailes.

Une variante miniature du wipmolen est le **spinnekop** ou spinbol qui fait penser à une araignée (spin). Il est courant en Frise. En Hollande-Septentrionale, le **« weidemolentje »** est encore plus petit.

En Frise et Overijssel, le **« tjasker »,** très rare, est un système primitif où les ailes sont directement fixées à l'appareil de remontée d'eau.

Moulins à calotte tournante. — Le **« bovenkruier »,** en Hollande-Méridionale, est un grand moulin surmonté d'une petite calotte, qui, seule, peut pivoter. Si la roue qui permet de mouvoir la calotte et les ailes se trouve à l'extérieur, le moulin appartient au type **« buitenkruier ».** C'est le cas le plus courant. Mais en Hollande-Septentrionale, on trouve également le **« binnenkruier »,** qui diffère par sa roue placée à l'intérieur, ce qui lui donne une silhouette plus massive.

Le moulin à calotte tournante est toujours construit en bois, souvent couvert de **chaume** et octogonal. Dans ce cas, le socle est en brique. Parfois aussi, sa charpente est couverte de **brique** et présente une forme **tronconique** *(illustration p. 161)*.

Amstelveen
Moulin de polder, octogonal

Moulins industriels. – Au 16ᵉ s., le moulin à vent est adapté aux besoins industriels.

En 1582, le premier moulin à huile fonctionne à Alkmaar. En 1592, Cornelis Corneliszoon, d'Uitgeest (Hollande-Septentrionale), construit le premier **moulin à scier.** Perfectionné, il devient le **moulin paltrok** dont la base est mobile *(p. 183).*

Puis on fait des **moulins à émonder,** pour décortiquer les grains (orge, puis riz à la suite des voyages en Orient) : le premier est construit en 1639 à Koog aan de Zaan.

Les **moulins à papier** (nés vers 1600) se développèrent en 1673 lorsque des industriels français se replièrent dans la région du Zaan. Jusqu'au 19ᵉ s., on en trouvait la plus grande concentration dans la **région du Zaan,** spécialisée dans la fabrication du papier et du sciage de bois pour la construction des navires. Là se développèrent la plupart des différents moulins. Ainsi il existait des moulins de râpage, pour le tabac à priser; des moulins à chanvre, pour la corde; des moulins à tan, pour le cuir; des moulins à épices, pour la moutarde en particulier; des moulins à fouler, pour travailler les tissus.

La plupart, comprenant un atelier, étaient des moulins très hauts, à balustrade.

(D'après photo Off. Nat. Néerl. du Tourisme, Paris)

La Redoute zanoise.
Moulin industriel

Moulins élevés. – Les moulins industriels qui, souvent construits en ville, devaient s'élever pour profiter du vent, possèdent plusieurs étages. Les ailes sont manœuvrées à partir d'une plate-forme circulaire nommée stelling ou balie, et placée à mi-hauteur. C'est le « stellingmolen », **moulin à balustrade** ou à passerelle.

Lorsqu'il est construit sur un rempart (wal), on l'appelle « walmolen » ou **moulin de rempart.** L'habitation du meunier et le grenier sont généralement situés sous la balustrade.

D'autres moulins élevés sont entourés d'un remblai (bergmolen ou beltmolen), ce qui facilite la manœuvre, et évite la construction d'une balustrade.

Le moulin à balustrade est généralement en brique et tronconique, mais, dans la province de Groningue, il est édifié sur une base octogonale en brique et, dans le Zaan, sur un atelier en bois.

Quelques proverbes ayant trait aux moulins :

Hij heeft een klap van de molen gehad : il a reçu un coup de moulin (il est un peu fou).

Hij loopt met molentjes : il marche avec des petits moulins (il est un peu simplet).

Dat is koren op zijn molen : c'est du grain pour son moulin (cela apporte de l'eau à son moulin).

Rotterdam (Kromme Zandweg)
Moulin à balustrade

QUELQUES COUTUMES

La St-Nicolas. – Précédant Noël dont le rôle reste essentiellement religieux, la St-Nicolas revêt un caractère particulièrement important, surtout pour les enfants à qui le saint est censé apporter des cadeaux. Venu d'Espagne, par bateau, **saint Nicolas** (Sinterklaas) débarque à Amsterdam où il fait son entrée officielle *(p. 11).* Monté sur un cheval blanc, il est vêtu en évêque, et toujours accompagné d'un ou plusieurs diables noirs ou **Zwarte Piet** (Pierre le Noir) qui, armés de verges, doivent châtier les enfants désagréables.

Dans les maisons, le jet de petits gâteaux nommés **« pepernoten »** signale le passage de Zwarte Piet venu vérifier si les enfants ont été sages pendant l'année.

La veille de la St-Nicolas, le 5 décembre, on se réunit en famille et les chaussures sont placées près de la cheminée où les cadeaux seront distribués pendant la nuit. Les adultes ont pour coutume de se remettre de petits poèmes pleins d'humour ainsi que des cadeaux anonymes.

C'est aussi l'occasion de manger de nombreuses spécialités comme du **borstplaat,** bonbons fondants, des **speculaas** (spéculos), galettes à la cassonade, des **taai-taai,** biscuits à l'anis, moulés en forme de personnages variés, des **vrijer,** également à l'anis, et aussi des initiales en amande (boterletters) ou en chocolat (chocoladeletters).

Sports traditionnels. – Quelques sports, particulièrement anciens ou originaux, relèvent des traditions régionales.

Très apprécié dans le **Limbourg** surtout, le **tir** à l'arc, à l'arquebuse, est une activité ancestrale qui vient des temps troublés où les bourgeois s'armaient dans les villes. Un rassemblement annuel donne l'occasion d'admirer les défilés de tireurs (schutters) vêtus de leurs rutilants uniformes traditionnels *(1ᵉʳ dim. de juil.).*

En **Frise,** outre les **« kaatsen »,** jeu de balle pratiqué avec six joueurs répartis dans deux camps *(mai-sept. dans les villages; matchs importants en août),* et les **« skûtsjesilen »,** sortes de régates *(p. 163),* on conserve la tradition du **saut à la perche** ou polsstokspringen (en frison ljeppen), jadis pratiqué surtout par les chercheurs d'œufs d'oiseaux qui franchissaient les canaux en s'élevant à l'aide d'une très longue perche *(championnat annuel en août à Winsum, 10 km au Sud-Ouest de Leeuwarden).*

En Zélande, à Middelburg, revivent les **« ringrijderijen »** *(p. 145),* sortes de tournois où le cavalier, lancé sur un cheval au galop, doit piquer sa lance dans un anneau.

Le **patinage** en plein air n'est plus pratiqué régulièrement comme jadis, le climat étant devenu plus clément. C'était autrefois, ainsi qu'en témoignent les tableaux des maîtres du 17ᵉ s. comme Hendrick Avercamp, aussi bien une distraction qu'un moyen de circulation et même de transport, de nombreux types de traîneaux étant utilisés. On s'adonnait aussi beaucoup sur la glace au **« kolfspel ».** Ce jeu, pratiqué à l'aide d'une crosse (kolf) et d'une balle, aurait été transmis à l'Écosse et serait l'ancêtre du golf.

LÉGENDE

Curiosités

★★★ Vaut le voyage
★★ Mérite un détour
★ Intéressant

Itinéraire décrit, point de départ et sens de la visite
sur la route — en ville

Château - Ruines
Chapelle - Calvaire
Panorama - Vue
Phare - Moulin
Barrage - Usine
Fort - Carrière
Curiosités diverses

Église - Bâtiment (avec entrée principale)
Remparts - Tour
Porte de ville
Fontaine
Statue - Petit bâtiment
Jardin, parc, bois
B Lettre identifiant une curiosité

Autres symboles

Autoroute (ou assimilée)
Route à chaussées séparées
Grand axe de circulation
Voie bordée d'arbres
Voie en escalier
Voie piétonne
Impraticable ou en construction
Sentier
12 Kilométrage
△ 109 Altitude
Plan détaillé - Plan simplifié
A B Coordonnées de carroyage dans les plans de villes
③ Numéro de sortie de ville identique sur les plans et les cartes MICHELIN

Bâtiment public
Hôpital
Marché couvert
Cimetière
Hippodrome - Golf
Piscine de plein air, couverte
Patinoire - Table d'orientation
15 Pont mobile - Bac pour autos (charge maximum en tonnes)
Stade - Château d'eau
Trolleybus, tramway
Gare
Aéroport - Station de métro
Transport par bateau :
Voitures et passagers
Passagers seulement
Bureau principal de poste restante
Télégraphe, Téléphone
Information touristique (VVV)
Parc de stationnement

Dans les guides MICHELIN, sur les plans de villes et les cartes, le Nord est toujours en haut.
Les voies commerçantes sont imprimées en couleur dans les listes de rues.

Abréviations

G	Gendarmerie	P	Maison provinciale	E	Route européenne
H	Hôtel de ville	POL.	Police	A	Autoroute
J	Palais de Justice	T	Théâtre	N	Route nationale
M	Musée	U	Université	P	Chef-lieu de province

Participez à notre effort permanent de mise à jour.
Adressez-nous vos remarques et vos suggestions.

Cartes et Guides Michelin
46, avenue de Breteuil
75341 Paris Cedex 07

VILLES CURIOSITÉS RÉGIONS TOURISTIQUES

Classées dans l'ordre alphabétique

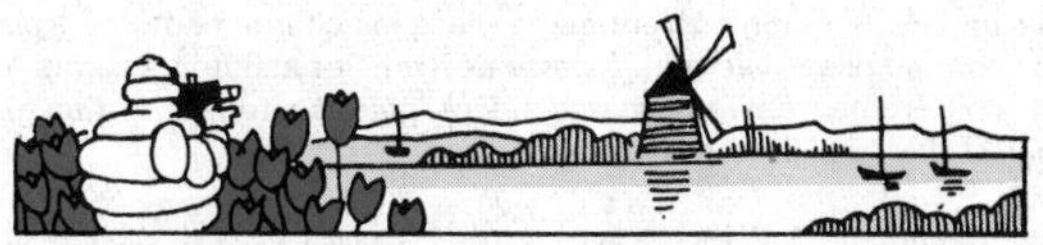

AALSMEER ★ Noord-Holland

Cartes Michelin n° 408 - pli 10 et 211 - pli 3 – 20 398 h.

En lisière du Haarlemmermeer *(p. 113)*, lac asséché sillonné de canaux et d'un grand étang nommé Westeinder Plassen, Aalsmeer est un centre de culture de fleurs de serre. La ville est surtout connue pour son marché aux enchères où se fournissent la plupart des fleuristes du pays et, grâce à la proximité de l'aéroport de Schiphol, bon nombre à l'étranger. Environ 80 % de la vente est exportée.

Plus de 2 milliards de fleurs coupées ont été vendues à Aalsmeer en 1981, parmi lesquelles 175 millions d'œillets et 845 millions de roses, auxquelles viennent s'ajouter 114 millions de plantes en pot.

Le corso fleuri qui se déroule d'Aalsmeer à Amsterdam est réputé *(p. 11)*.

■ CURIOSITÉS *visite : 3/4 h*

Vente de fleurs aux enchères★★ (Bloemenveiling). – *Visite : 7 h 30 - 11 h; fermé sam. et dim.; 1,50 fl. Il est conseillé d'arriver le plus tôt possible.*

Elle se déroule dans un grand bâtiment orné d'une tulipe, siège de l'Association de Vente de fleurs aux enchères d'Aalsmeer, la **V.B.A.**, dont le domaine s'étend sur 42 ha.

A l'intérieur, des **passerelles** permettent d'observer le mouvement du marché et la vente aux enchères.

Une partie du hall est réservée à l'arrivage (qui a lieu la veille ou tôt le matin) avec, d'une part, les fleurs coupées, de l'autre les plantes en pot; une autre partie, à la distribution. Plus loin s'effectuent l'emballage et l'expédition par camions.

Au centre du hall, deux amphithéâtres réservés, l'un aux fleurs coupées, l'autre aux plantes en pot, accueillent les acheteurs au détail, installés sur des gradins face à des cadrans reliés à un ordinateur. Un chariot portant un lot de fleurs est conduit au pied de chaque cadran. Sur le cadran, un nombre indique l'unité de monnaie *(en haut)*, le numéro du chariot *(tout en bas)* et la quantité de lots de fleurs qu'il contient *(à gauche)*. Le premier acheteur qui, grâce à un bouton placé devant lui, arrête l'aiguille se déplaçant sur le cadran de 100 à 0, obtient le marché et fixe ainsi le prix. Son numéro s'inscrit alors sur le cadran *(au-dessus du numéro du chariot)* ainsi que le nombre de lots achetés *(à droite)*.

Westeinder Plassen. – Ce vaste étang, est, à la belle saison, l'un des centres de sports nautiques les plus fréquentés des environs d'Amsterdam. La route qui le contourne par Kudelstaart offre de beaux **points de vue**.

ALKMAAR ★ Noord-Holland

Cartes Michelin n°s 408 - pli 10 et 211 - pli 3 – 77 761 h.

Ville historique, Alkmaar doit sa réputation actuelle à son pittoresque marché au fromage hebdomadaire.

A l'intérieur de ses fossés d'enceinte, empruntés en partie par le Noordhollandskanaal, la ville ancienne a conservé à peu près intact son plan du 17e s. et de nombreuses vieilles façades. Les anciennes fortifications ont été transformées en jardin.

Alkmaar est de nos jours le centre principal des régions agricoles de la péninsule de Hollande-Septentrionale.

UN PEU D'HISTOIRE

Alkmaar fut fondée au 10e s. au milieu de marais et de lacs. Son nom signifierait selon les uns « tout lac », selon les autres « lac des alk », du nom d'oiseaux, sortes de pingouins, ayant vécu sur les marais.

Un siège héroïque. – Pendant la guerre de 80 ans, commencée en 1568, Alkmaar fut attaquée en août 1573 par 16 000 Espagnols commandés par Frédéric de Tolède, fils du duc d'Albe. Une abondante pluie d'automne, inondant le pays environnant, contraignit les assaillants à se retirer, le 8 octobre, après sept semaines de siège. Alkmaar fut ainsi la première ville à ne pas succomber devant les Espagnols : « C'est à Alkmaar que commence la victoire », dit-on depuis des siècles à ceux qui ont connu de longues difficultés.

Promenades en bateau. – *Circuit sur les canaux d'Alkmaar et l'Alkmaardemeer (lac au Sud de la ville), excursions vers Amsterdam et la région du Zaan; s'adresser à Rederij Woltheus, ARK « DIA », Afgesneden, Kanaalvak, ☎ (072)-11 43 40.*

■ PRINCIPALES CURIOSITÉS *visite : 2 h*

Marché au fromage★★ (Kaasmarkt) (B). – *Vend. de mi-avril à mi-sept. 10 h - 12 h. Il est conseillé de se présenter tôt.*

Ce marché traditionnel connu depuis le début du 17e s. se tient sur la place du Poids public (Waagplein). Dès le matin arrivent sur la place les chargements de fromages d'Edam ou de Gouda qui sont empilés avec soin. A partir de 10 h, les acheteurs commencent à goûter et à comparer les différents fromages, marchandent, puis ils « topent », d'un geste vigoureux de la main, pour sceller leur accord avec le vendeur.

Aussitôt interviennent les célèbres **porteurs de fromages** (kaasdragers), vêtus comme jadis, de blanc, et coiffés d'un chapeau de paille. Groupés, depuis l'origine, en une guilde, ils sont répartis en quatre compagnies se distinguant par une couleur (vert, bleu, rouge, jaune) et comprenant chacune six porteurs et un peseur ou « empileur » (tasman).

Une fois le lot de fromages vendu, il est placé sur un brancard à la couleur de la compagnie. En courant, les porteurs conduisent le chargement (pesant jusqu'à 160 kg) au Poids public où officie le « tasman ». Enfin le chargement est porté aux camions.

Porteurs de fromage

Poids public (Waag) (B A). – *En cours de restauration.* C'est l'ancienne chapelle du St-Esprit, de la fin du 14e s., transformée en 1582 en Poids public : à l'Est, le chœur a été remplacé par un bâtiment Renaissance à pignon ouvragé qui est orné, depuis le 19e s., d'un tableau sur lave d'Auvergne ayant trait au commerce et à l'industrie.

La tour, édifiée à la fin du 16e s., sur le modèle de celle de la Vieille église d'Amsterdam, possède un carillon *(concerts : jeudi 18 h 30, sam. 12 h)* et des automates qui, toutes les heures, participent à un tournoi.

Maison au Boulet (Huis met de Kogel) (B D). – Elle présente au-dessus du canal une façade en bois en encorbellement et porte en son pignon un boulet espagnol de 1573. Du pont voisin, jolie **vue** sur le Poids public.

Mient (B 19). – Sur cette place et le long du canal, nombreuses vieilles façades. Au Sud se trouve le marché aux poissons (Vismarkt).

Langestraat (AB). – Cette rue piétonne est la principale artère commerçante de la ville.

Hôtel de ville (Stadhuis) (A H). – *Visite accompagnée : 9 h - 11 h 30 et 13 h 30 - 15 h 30; fermé sam., dim. et j. fériés.*

Sa charmante façade gothique, à perron, flanquée d'une élégante tour octogonale striée de calcaire blanc, est accolée à une façade du 17e s. A l'intérieur, collection de porcelaine.

Grande église ou église St-Laurent (Grote- of St.-Laurenskerk) (A E). – *En cours de restauration.* De culte protestant, c'est un bel édifice à trois nefs, transept et déambulatoire de la fin du 15e s. et du début du 16e s. Il a été construit par des membres de la famille Keldermans, célèbres architectes de Malines en Belgique.

L'intérieur, imposant, est couvert par des voûtes en bois où pendent de beaux lustres du 17e s. Un triforium simple court au-dessus des grandes arcades.

On remarque sous la voûte du chœur une peinture de Cornelis Buys, identifié avec le maître d'Alkmaar (15e - 16e s.) : le Jugement dernier.

Le buffet des **grandes orgues★** *(en cours de restauration)*, réalisé en 1645 par Jacob van Campen, peintre, architecte de l'hôtel de ville d'Amsterdam, est orné de volets représentant le Triomphe de David. A gauche du déambulatoire, le **petit orgue★** remonte à 1511 : c'est l'un des plus anciens instruments du pays.

ALKMAAR

Boterstr. . . . . B 3
Huigbrouwerstr. . . . . B 12
Laat. . . . . AB
Langestr. . . . . AB
Payglop. . . . . AB 27
Shoutenstr. . . . . A 37

Appelsteeg. . . . . B 2
Dijk. . . . . B 4
Gasthuisstr. . . . . A 7
Geesterweg. . . . . A 8
Houttil. . . . . B 9
Kennemer Singel. . . . . A 13
Kennemer Straatweg. . . . . . A 14
Kooltuin. . . . . B 17
Luttik Oudorp. . . . . . B 18
Mient. . . . . B 19
Nassaulaan. . . . . A 21
Nieuwe Schermerweg. . . . B 22
Nieuwesloot. . . . . B 23
Paternosterstr. . . . . . A 24
Pieterstr. . . . . B 28
Randersdijk. . . . . B 29
Ridderstr. . . . . A 32
Ritsevoort. . . . . A 33
Scharloo. . . . . A 34
Waagpl. . . . . B 38
Wageweg. . . . . B 39
Wilhelminalaan. . . . . A 40
Zevenhuizen. . . . . . . A 42
Zilverstr. . . . . A 43

Le consistoire, salle de réunion des ministres du culte, a gardé son cachet ancien.

Dans le bras droit du transept, dalle funéraire en cuivre de Pieter Palinck et de son épouse. De nombreuses dalles funéraires de pierre jonchent le sol de l'église. Voir aussi le tombeau élevé à la mémoire du comte de Hollande Floris V assassiné en 1296.

■ AUTRE CURIOSITÉ

Musée municipal (Stedelijk Museum) (A M). – *Visite : 10 h - 12 h et 14 h - 17 h; fermé sam. et dim. matin.*

Il est installé dans un ancien local de la guilde des archers, le Nieuwe Doelen, du 16e s. Il possède d'intéressantes collections concernant le passé de la ville : objets de fouilles, traîneaux, poupées et jeux, orfèvrerie, peintures parmi lesquelles on remarque : un portrait de Guillaume le Taciturne, daté de 1583, un tableau du siège d'Alkmaar par les Espagnols, une vue d'Alkmaar au 16e s., une vue du château d'Egmond *(ci-dessous)*. Le musée présente toute l'année des expositions d'art contemporain et sur l'histoire de la ville. Dans la cour intérieure sont disposées des sculptures et d'anciennes pierres de façade.

EXCURSIONS

Les dunes. – *Circuit de 35 km. Carte n° 210 - pli 13. Sortir par ⑤ du plan.*

Bergen. – 14 300 h. Appelée aussi Bergen-Binnen (Binnen : intérieur) par opposition à la station balnéaire voisine, Bergen est un agréable lieu de villégiature dont les villas cossues s'alignent le long d'avenues bordées d'arbres. Elle est animée par une Université populaire installée dans l'ancien manoir des seigneurs de Bergen.

Vers 1915 fut créée l'**école de Bergen** dont les membres (Leo Gestel, les frères Wiegman) furent influencés par les peintres français Cézanne et Le Fauconnier. Bergen abrite encore de nombreux artistes dont les œuvres sont exposées dans le Noordhollands Kunstcentrum *(sur le Plein)*, ou l'été, dans des marchés de plein air.

La bataille de Bergen fut livrée en septembre 1799 par les Anglo-Russes contre les troupes de la République batave commandées par Brune. Ensuite fut signée la convention d'Alkmaar par laquelle les envahisseurs s'engageaient à quitter le pays.

Au carrefour de la route d'Egmond, on entre dans le **Noordhollands Duinreservaat**, réserve privée de 4 760 ha, couvrant les dunes jusqu'à la mer. Là vivent de nombreux oiseaux. *Visite : du lever au coucher du soleil; 1, 35 fl. la journée. S'adresser au VVV.*

Bergen aan Zee. – Station balnéaire située sur une côte sauvage bordée de hautes dunes où se dispersent des villas assez modestes. Du boulevard, on a une vue étendue sur le paysage désolé de dunes, limitées à l'horizon par des bois.

L'aquarium (Zee-Aquarium) contient une belle collection de poissons exotiques très colorés, un petit bassin où évoluent des phoques. *Visite : 1er avril - 30 sept. 10 h - 18 h; fermé j. fériés : 3,50 fl.*

Egmond aan den Hoef. – Le village se trouve dans la région de cultures de fleurs à bulbes qui s'étend au Sud d'Alkmaar. A l'Est, sur la route d'Alkmaar, au-delà de l'église, on peut voir les ruines du **château d'Egmond**, entourées d'eau. Au nombre de ses seigneurs figure le célèbre comte exécuté en 1568 à Bruxelles *(p. 73)*.

Egmond aan Zee. – Petite station balnéaire au milieu des dunes. Au pied du phare, la statue d'un lion symbolise l'héroïsme du lieutenant **Van Speijk** qui, près d'Anvers, le 5 février 1831, fit sauter sa canonnière et tous ses occupants plutôt que de se rendre aux Belges.

Revenir à Egmond aan den Hoef.

Egmond-Binnen. – En 1639, Descartes y séjourna. On a reconstruit en 1935 la fameuse **abbaye** d'Egmond détruite par les Gueux en 1572.

Rentrer à Alkmaar par ④ du plan.

Graft - De Rijp. – 5 241 h. *17 km au Sud-Est par ② du plan.*

Ces deux localités ont fusionné en 1970. **Graft** conserve un bel hôtel de ville (raadhuis) de 1613, à pignons à redans. **De Rijp**, important centre de pêche au hareng et de chasse à la baleine aux 16e et 17e s., possède également un hôtel de ville (raadhuis) de 1630, des maisons de style régional avec pignon de bois et une église (Hervormde Kerk), ornée de vitraux peints du 17e s. C'est la patrie de **Jan Adriaensz. Leeghwater** (1575 -1650) *(p. 15)*.

AMERSFOORT ★ Utrecht

Cartes Michelin n°s 408 - pli 11 et 211 - pli 15 – 88 024 h. *Plan d'agglomération dans le guide Michelin Benelux.*

Située dans la vallée de la Gueldre, au confluent de deux cours d'eau qui forment l'Eem navigable, Amersfoort est une ville tranquille, environnée de bois et de landes au charme mélancolique. Au Sud, les collines de l'**Utrechtse Heuvelrug** sont d'anciennes moraines d'un glacier scandinave.

Bien conservée à l'intérieur de sa double ceinture de canaux, Amersfoort a préservé son cachet médiéval.

Un peu d'histoire. – La ville s'est développée autour de son château fondé au 12e s. et aujourd'hui disparu. Elle reçoit ses droits de cité en 1259. Sa première enceinte date du 13e s.; elle est entourée de canaux.

Amersfoort acquiert aux 15e et 16e s. une grande prospérité par le commerce du drap et de la laine et grâce à la production de ses nombreuses brasseries. Elle se construit vers 1400 une seconde enceinte soulignée par une ceinture de canaux, partiellement remplacée de nos jours par le Stadsring, large boulevard circulaire. Outre la Koppelpoort *(p. 43)*, on peut en voir des vestiges intéressants à l'extrémité du Kamp (**BZ**), grande artère de la ville.

Les industries métallurgiques (construction mécanique), chimiques, alimentaires, graphiques, ainsi que l'industrie du bâtiment et quelques secteurs de services sont aujourd'hui les principales activités d'Amersfoort qui s'est largement développée en dehors de son noyau primitif.

La ville est le siège de l'École néerlandaise de carillonneurs.

Deux célébrités. – Amersfoort est la patrie de **Johan van Oldenbarnevelt** (1547-1619). **Grand pensionnaire** (fonctionnaire principal) de Hollande, la province la plus importante des Provinces-Unies, il est à l'origine de la puissance du pays, par sa volonté d'assurer son développement dans tous les domaines (trêve de 12 ans en 1609, fondation de la Compagnie des Indes orientales en 1602, etc.). Malheureusement il s'opposa à Maurice de Nassau, fils de Guillaume le Taciturne et stathouder à partir de 1584. Ce dernier le fit emprisonner en 1618 puis exécuter à la Haye en mai 1619.

Amersfoort vit naître en 1872 le peintre Pieter Mondriaan dit **Piet Mondrian**. Après des tentatives dans toutes les formes de peinture et un séjour à Paris (1911-1914) où il découvre le cubisme, Mondrian fonde avec **Théo van Doesburg** et **J. J. P. Oud** le mouvement **De Stijl** (le style). Il publie une revue où il explique avec passion ses théories.

Abandonnant toute subjectivité, sa peinture n'admet plus désormais que les lignes verticales et horizontales et les couleurs primaires – rouge, bleu, jaune – auxquelles il ajoute des teintes neutres : noir, blanc et gris.

Mondrian poursuit assidûment sa recherche dans cette voie dite du « néo-plasticisme ». En 1940, il s'installe à New York où il meurt en 1944. On le considère comme l'un des fondateurs de l'abstraction géométrique.

Il a exercé aussi son influence dans l'architecture. Des édifices bâtis par **G. Rietveld** (1888-1964), comme le **Zonnehof** (**AZ**) de 1959, ou la maison Schröder à Utrecht *(p. 171)* s'inspirent directement de ses théories.

■ LA VIEILLE CITÉ★ *visite : 4 h*

Le circuit s'articule sur le tracé de la première enceinte de la ville où ont été bâties au 15e s. les fameuses **Muurhuizen**★ (**BZ**) : ces « maisons de remparts », construites sur la muraille ou adossée à elle sont une des caractéristiques de la ville.

Le Gros Caillou (**De Amersfoortse Kei**) (**AZ A**). – Sur une pelouse du Stadsring se dresse cet énorme bloc erratique d'environ 9 tonnes. Provenant d'un bois des environs où il avait été déposé par un glacier scandinave, il fut transporté au cœur de la ville au Varkensmarkt en 1661. Depuis, il a été de nouveau déplacé.

Varkensmarkt (**AZ 34**). – C'est l'ancien marché aux porcs. A l'entrée de Langestraat, on jouit d'une jolie vue à gauche sur le canal ombragé et la tour Notre-Dame. Les treuils qu'on aperçoit permettaient jadis de décharger la cargaison des bateaux.

Krankeledenstraat (**AZ 22**). – Dans cette rue, on remarque de vieilles façades, dont celle de **Kapelhuis** (**AZ**), maison de style gothique finissant, à l'angle de la rue et de la place.

Tour Notre-Dame★ (**Onze Lieve Vrouwe Toren**) (**AZ C**). – *Visite accompagnée : 1er juil. - 31 août toutes les heures 11 h - 16 h; fermé lundi; 3,50 fl.*

Elle se dresse sur une grande et calme place (Lieve Vrouwekerkhof). En brique, surmontée d'un étage octogonal en pierre et couronnée d'un bulbe, cette belle tour gothique du 15e s., haute de 100 m, est l'ancien clocher d'une église détruite en 1787 par l'explosion d'une poudrière.

Elle possède un carillon dû à François Hemony *(p. 31)*.

A l'angle de la place et de la L. Vrouwestraat : jolie façade ancienne (**AZ Y**).

Emprunter la petite passerelle enjambant le canal central de la ville (Lange Gracht).

Hof (**BZ**). – Cette grand-place, encore bordée par quelques façades anciennes (n° 24) (**BZ D**) est encombrée le vendredi matin et le samedi par un important marché.

Église St-Georges (**St.-Joriskerk**) (**BZ E**). – *Entrée par le flanc gauche (Kerkelijk bureau). Visite : de mi-juil. à mi-août 10 h - 12 h 30 et 14 h-16 h; de mi-juin à mi-juil. et de mi-août à mi-sept. 14 h - 16 h; fermé dim. et j. fériés; 2 fl.*

Construite en 1243 dans le style roman, elle a été incendiée en 1370, refaite, puis agrandie en 1534.

L'intérieur de cette église-halle, à trois nefs, conserve, de l'édifice roman primitif, quelques arcades superposées, la tour-proche contre laquelle s'appuient les nefs gothiques et, sur un mur à l'Ouest, des traces de fresques (Saint Georges).

Le chœur est séparé de la nef par un beau **jubé** en grès, gothique, de la fin du 15e s., finement sculpté. Du côté du chœur, les chapiteaux et consoles représentent des personnages ou des animaux (religieux, ange, lion, cerf). Non loin du jubé, est apposé au mur le monument funéraire de Jacob van Campen (1595-1657), célèbre pour avoir construit l'ancien hôtel de ville d'Amsterdam.

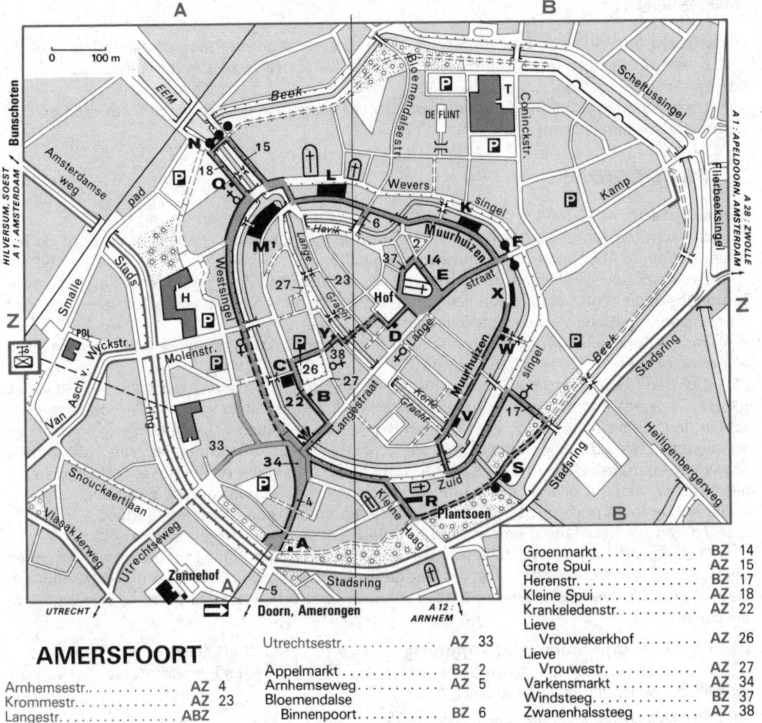

AMERSFOORT

Arnhemsestr. . . . . AZ 4
Krommestr. . . . . AZ 23
Langestr. . . . . ABZ

Utrechtsestr. . . . . AZ 33

Appelmarkt . . . . BZ 2
Arnhemseweg . . . . AZ 5
Bloemendalse Binnenpoort . . . . BZ 6

Groenmarkt . . . . BZ 14
Grote Spui . . . . AZ 15
Herenstr. . . . . BZ 17
Kleine Spui . . . . AZ 18
Krankeledenstr. . . . . AZ 22
Lieve Vrouwekerkhof . . . . AZ 26
Lieve Vrouwestr. . . . . AZ 27
Varkensmarkt . . . . AZ 34
Windsteeg . . . . BZ 37
Zwanenhalssteeg . . . . AZ 38

Signalons encore les fonts baptismaux du 14e s., près de la chaire, et un petit jaquemart, le Klockman, de 1724, associé à une horloge du 15e s.

Une annexe renferme une « chambre des chirurgiens » (chirurgijnskamer) du 17e s.

Groenmarkt (BZ 14). – Plusieurs charmantes maisons anciennes ont été restaurées, en particulier à l'angle formé par Groenmarkt et la place voisine, Appelmarkt. *Marché d'antiquités sam. en saison.*

Par Langestraat, gagner la Kamperbinnenpoort.

Kamperbinnenpoort (BZ F). – Nommée « porte intérieure de Kampen », cette ancienne porte de ville en brique, flanquée de tourelles octogonales, fut construite au 13e s., un peu en dehors de la première enceinte, sur la route de Kampen.

Au 1er étage de la tourelle Ouest est installée une fonderie d'étain. *Visite : 10 h - 18 h (17 h le sam.); fermé lundi (sauf en saison), dim. et j. fériés.*

A l'Ouest on longe les premières Muurhuizen (BZ K), restaurées, qui sont ici de dimensions modestes.

Par Bloemendalse Binnenpoort gagner le Havik.

Havik (AZ). – C'est l'ancien port d'Amersfoort situé près du gué où la ville a pris naissance. Les quais sont bordés de jolies maisons restaurées. Tous les vendredis matin a lieu un marché aux fleurs.

Reprendre Bloemendalse Binnenpoort.

On découvre bientôt d'intéressantes **Muurhuizen**★ (AZ L), entre le n° 217 et le n° 243. A cet endroit elles sont particulièrement imposantes.

Koppelpoort★ (AZ N). – *Visite : juil.-août 10 h - 12 h; fermé dim. et j. fériés.*

Cette belle porte double construite vers 1400 comprend un pont fortifié sur l'Eem formant porte d'eau, un moulin à fouler au centre, et la porte proprement dite, flanquée de tourelles. La guilde des bateliers s'y réunissait. De nos jours, un théâtre de marionnettes (poppentheater) fonctionne à l'intérieur : *sept.-mai merc. et sam. 15 h; 5 fl.*

Sur le quai de l'écluse proche ou **Kleine Spui**, au n° 8 (AZ Q), remarquer deux pierres de façade dont l'une représente un bateau.

Musée (Museum) Flehite (AZ M1). – *Visite : 10 h – 17 h (14 h - 17 h sam. et dim.; fermé lundi et j. fériés; 2 fl.*

Ce musée abrite des collections concernant principalement le passé de la ville et du canton de Flehite : archéologie, histoire, artisanat local, souvenirs de Johan van Oldenbarnevelt *(p. 42)*.

Par le Westsingel dont la dernière partie est piétonne, regagner le Varkensmarkt que l'on traverse. Rejoindre ensuite à droite les anciens remparts.

On passe devant le **Mariënhof** (BZ R), ancien couvent d'ursulines. Ce beau bâtiment du 16e s., restauré, est occupé par le Service national des Fouilles archéologiques.

Plantsoen (BZ). – Jardin aménagé sur les anciens remparts. Des blocs erratiques et des monolithes offerts par différents pays sont disposés sur les pelouses.

Monnikendam (BZ S). – Cette gracieuse porte d'eau de 1430 sur le grand canal de ceinture domine les jardins touffus de maisons patriciennes.

Par Herenstraat, gagner le Zuidsingel et le suivre à gauche. Le joli **canal** ombragé du Zuidsingel baigne les jardins des Muurhuizen. En le traversant on retrouve les Muurhuizen. Le pont sur **Korte Gracht** (BZ) est un endroit particulièrement pittoresque, dominé par **Tinnenburg** (BZ V), importante maison de rempart.

't Latijntje (BZ W). — A droite, nommée aussi Dieventoren ou Plompetoren, cette tour du 13e s. est un vestige de la première enceinte. Elle abrite le clavier d'exercice de l'École néerlandaise de carillon.

Un groupe remarquable de **Muurhuizen★** (BZ X) succède à la tour, jusqu'à l'endroit où l'on débouche sur Langestraat.

EXCURSIONS

Bunschoten★. — 17 754 h. *12 km au Nord. Sortir par Amsterdamseweg* (AZ).

Bunschoten forme une seule agglomération avec **Spakenburg**, petit port au bord du lac d'eau douce de l'Eemmeer, où l'on pêche l'anguille.

Les deux bourgs s'étirent le long d'une rue de plus de 2 km qui au Nord se divise pour former les quais d'un canal : celui-ci s'élargit ensuite en bassin où de vieilles barques typiques de l'ancien Zuiderzee viennent parfois s'amarrer.

Face à l'église de Bunschoten, on remarque une charmante demeure à pignons latéraux à redans et à porte ornée d'une coquille.

Les deux bourgs sont célèbres pour leurs traditions. Certaines femmes, ainsi que les fillettes, portent encore un très curieux **costume★**. La jupe est longue, noire, couverte d'un tablier noir. La particularité du costume est le plastron, en tissu empesé et fleuri, souvent en « indienne », *(p. 33)*, qui rappelle par sa forme les épaulières d'une armure; une bande écossaise en marque le centre. Les veuves ont un plastron violet ou noir le reste de leur vie, si elles ne se remarient pas. Il couvre une chemise noire à manches courtes à carreaux. L'hiver, quelques femmes portent par-dessus une casaque en coton à manches longues.

Toutes sont coiffées d'un petit bonnet blanc crocheté, rejeté en arrière.

On peut admirer ces costumes le samedi après-midi, pendant le marché, ainsi que les deux derniers mercredis de juillet et les deux premiers mercredis d'août (Spakenburgse Dagen) au cours desquels des produits artisanaux sont présentés sur la place du marché et autour du port.

Doorn; Wijk bij Duurstede; Amerongen. — *41 km au Sud. Sortir par Arnhemseweg* (AZ). La route traverse la forêt et les landes de bruyère nommées Leusder Heide, qui se sont développées sur des collines glaciaires.

Au carrefour Utrecht-Woudenberg, tourner à droite.

Pyramide d'Austerlitz (Piramide van Austerlitz). — Des soldats de Napoléon, désœuvrés, ont construit ici en 1804 une pyramide de sable. Enfouie sous la végétation, elle fut découverte en 1894, restaurée, équipée d'un escalier et surmontée d'un petit monument commémoratif.

Doorn. — *Page 82.*

Wijk bij Duurstede. — 11 985 h. Cette ville près du Lek est l'ancienne **Dorestad**, grand centre de commerce qui fut abandonné après sa destruction par les Normands en 863. La cité ressuscita au 15e s. sous l'impulsion de l'évêque d'Utrecht qui la choisit pour résidence.

La **Grand-Place** (Markt) est dominée par l'église à tour carrée inachevée et l'hôtel de ville de 1662.

Dans une rue voisine *(Volderstraat 15-17)* a été aménagé un petit **musée** (Kantonnaal en Stedelijk Museum) retraçant l'histoire de la ville et évoquant notamment les fouilles pratiquées à l'emplacement de l'ancienne Dorestad. *Visite : 10 h - 16 h 30; fermé lundi, dim. et j. fériés; 1 fl.*

Près du Lek, un **moulin** à balustrade (Molen Rijn en Lek) dont le socle forme une arche présente une ressemblance frappante avec celui qu'a représenté Jacob van Ruysdael dans un tableau exposé au Rijksmuseum d'Amsterdam.

Un peu en dehors de la ville, le **château** (Kasteel Duurstede), en ruines, entouré de fossés, conserve les vestiges d'un donjon carré ainsi qu'une tour ronde du 15e s.

Amerongen. — 6 574 h. Paisible localité de la région du Neder Rijn, où l'on cultivait jadis le tabac et qui conserve, par endroits, de typiques séchoirs à tabac en bois. Son **église** gothique est dominée par une haute tour, du 16e s., en grès rayé de bandes de calcaire. Sur la place aux jolies maisons rustiques un chêne a été planté en 1898 en l'honneur de la majorité de la reine Wilhelmine.

Non loin, dans la Drostestraat, se dresse un célèbre **château** (Kasteel Amerongen). Louis XIV en guerre contre les Provinces-Unies le fit brûler parce que son propriétaire l'avait abandonné en 1672. Seules les fondations furent épargnées par l'incendie. Un nouvel édifice fut construit de 1673 à 1678, dans le style classique. Entouré de doubles douves, c'est un bâtiment en forme de quadrilatère, sobre et d'élégantes proportions. De 1918 à 1920, le château hébergea l'empereur Guillaume II avant son installation à Doorn. *Visite : 1er avril-31 oct. 10 h - 17 h (dim. et j. fériés 14 h - 17 h); fermé lundi; 4 fl.*

Au Nord de Leersum, sur la route Maarsbergen, la réserve naturelle Het Leersumse Veld est aménagée dans les landes de bruyère, sur une ancienne moraine glaciaire. Là, près des étangs ou **Leersumse Plassen,** viennent couver de nombreuses mouettes.

Fermé 15 mars - 15 juil.; accès libre en dehors de la période de couvaison; visite accompagnée : 1er mai-15 juil. mardi 19 h et vend. 14 h 30.

AMSTERDAM ★★★ Noord-Holland

Cartes Michelin n°s 408 – plis 10, 27, 28 (agrandissement) et 211 – pli 3 – *Schéma p. 130* – 700 759 h. – *Plan d'agglomération dans le guide Michelin Benelux.*

Capitale du royaume des Pays-Bas, Amsterdam n'est pas le siège du gouvernement; les souverains y sont intronisés mais n'y résident pas.

La ville est construite sur les rives de l'IJ et de l'Amstel sur près de cent îlots de sables mouvants reliés par mille ponts.

Son réseau de canaux en toile d'araignée, ses maisons de brique hautes et étroites, au fronton à redans ou à volutes, son port, son intense activité commerciale et culturelle, ses musées, donnent au vieil Amsterdam une personnalité marquée au charme prenant.

Renseignements pratiques. – Pour les jeunes, plusieurs brochures, en vente dans toutes les librairies, donnent toutes sortes de renseignements utiles.

Transports. – En raison de l'étroitesse des quais et des problèmes de stationnement, la circulation est difficile à Amsterdam et les encombrements sont fréquents.

Les services de transports publics par bus, tramways et métro peuvent être utiles au touriste. On distribue dans un Office de Tourisme ou VVV *(Stationsplein 10)* un petit dépliant pratique concernant ces modes de circulation à travers la ville.

Depuis quelques années un nouveau mode de transport est expérimenté : la mini-voiture électrique (witkar). Disponibles en deux gares de stationnement au centre de la ville, ces voitures ne sont louées qu'à des abonnés.

Location de vélos : *Bestevaerstraat 39, Stationsplein 33 (côté Est), Utrechtsedwarsstraat 105, Amstelveenseweg 880-900, Vossiusstraat 2.*

Distractions. – Dans les salles de cinéma, les films sont projetés en version originale, sous-titrée en néerlandais.

Les compagnies de ballet (Nationaal Ballet, Nederlands Dans Theater), l'Opéra National des Pays-Bas (Nederlandse Opera Stichting), le Concertgebouw Orkest offrent des spectacles de qualité à qui ne comprend pas la langue.

Le VVV édite une petite brochure hebdomadaire en plusieurs langues, où sont indiqués tous les spectacles de la ville et l'emplacement des salles.

Enfin, la vie nocturne un peu particulière qui se déroule aux abords des fameuses « vitrines » du quartier situé à l'Ouest du Nieuwmarkt, mérite d'être observée.

Repas. – Toutes les spécialités hollandaises ou internationales sont servies à Amsterdam. La ville possède en outre un grand nombre de restaurants indonésiens *(p. 32).*

Marchés. – Outre les différents marchés cités dans le texte descriptif, signalons le marché aux timbres, qui se déroule dans une ambiance paisible deux fois par semaine *(merc. ap.-midi et sam. ap.-midi)* au Sud du Nieuwezijds Voorburgwal.

Manifestations. – Parmi les plus importantes, citons le Festival de Hollande, le Corso fleuri et... l'arrivée de saint Nicolas, événement national *(p. 11).*

UN PEU D'HISTOIRE

La légende raconte qu'Amsterdam fut fondée par deux pêcheurs frisons qui avaient abordé en barque sur les rives de l'Amstel. Ils étaient accompagnés d'un chien. Le bateau et l'animal figurent sur les sceaux de la ville au 15e s.

En fait l'existence de la cité n'est connue qu'à partir de 1275 : le comte Floris V de Hollande concède alors un privilège commercial à ce village de pêcheurs situé sur une jetée ou digue (dam), à l'embouchure de l'Amstel. Amsterdam se développe par étapes autour du noyau primitif. Vers 1300 elle reçoit son statut de ville, puis est annexée en 1317, par Guillaume III, au comté de Hollande.

En 1345, à la suite d'un miracle (une hostie est retrouvée intacte dans un brasier), Amsterdam devient un centre de pèlerinage.

En 1428, la ville passe avec le comté de Hollande entre les mains du duc de Bourgogne Philippe le Bon. La couronne impériale qu'elle porte dans ses armes lui est accordée en 1489 par Maximilien, veuf de Marie de Bourgogne, fille de Charles le Téméraire.

Le début de la prospérité. – La fin du 16e s. marque pour Amsterdam le début d'une brillante période. Après le pillage de leur ville en 1576 par les Espagnols, les riches marchands d'Anvers se réfugient à Amsterdam; ils apportent avec eux l'industrie du diamant.

Une fois affranchie, par l'Union d'Utrecht (1579), de la tutelle espagnole, la ville connaît une grande prospérité à laquelle contribuent de façon active les nouveaux immigrés. Puis, à la fin du 17e s., arrivent d'Espagne et du Portugal des marranes, Juifs qui, convertis de force au catholicisme, continuaient à pratiquer leur religion en secret. Pour favoriser l'activité commerciale de ces derniers, les autorités leur accordent de grands privilèges.

Le Siècle d'Or (17e s.). – Ce siècle marque l'apogée d'Amsterdam.

Dans le sillage des Portugais, les Hollandais entreprennent leur expansion outre-mer. En quelques années, leurs bateaux rayonnent dans tout l'Extrême-Orient. Ils fondent en 1602 la Compagnie des Indes orientales (Verenigde Oostindische Compagnie, ou V.O.C.) puis en 1621 celle des Indes occidentales, et s'installent à la Nouvelle-Amsterdam (New York).

La Banque d'Amsterdam, créée en 1609, est l'un des premiers établissements de crédit d'Europe. La Bourse est construite entre 1608 et 1611 par Hendrick de Keyser.

En 1610 est décidée la construction des trois principaux canaux, Herengracht, Keizersgracht, Prinsengracht. Ils seront bordés bientôt des demeures de l'opulente bourgeoisie commerçante.

On entoure la ville d'une importante muraille où sont installés des moulins à vent.

Rembrandt, né à Leyde *(p. 137),* se fixe à Amsterdam en 1630. Il sera enterré en 1669 dans la Westerkerk (**JX**).

En 1648, avec le traité de Münster, mettant fin à la guerre de 80 ans avec l'Espagne, l'indépendance de la République est reconnue officiellement.

Le développement de la navigation entraîne celui de la fabrication des cartes et des globes dont Amsterdam devient spécialiste avec de grands géographes comme le Flamand Hondius qui réédite le célèbre Atlas de Mercator en 1605.

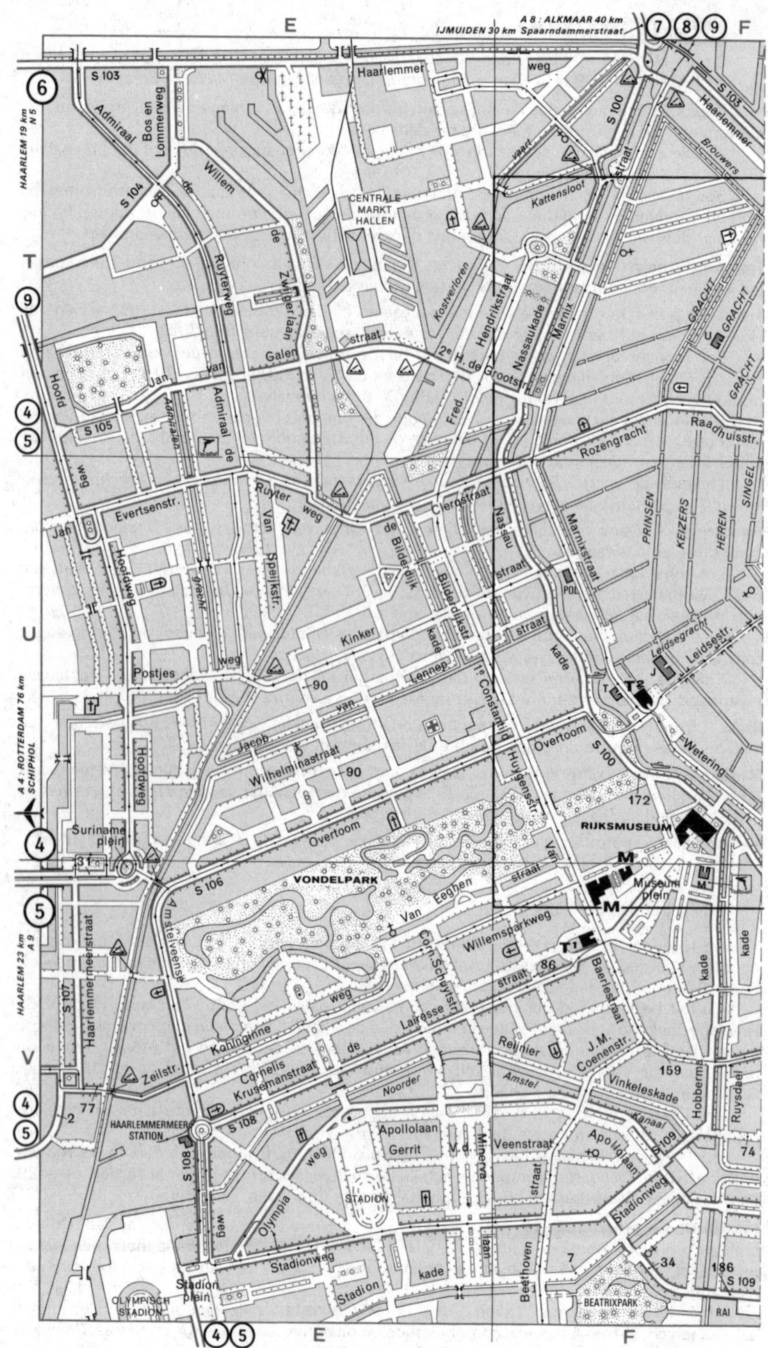

La Révocation de l'Édit de Nantes en France en 1685 provoque l'immigration de nombreux huguenots qui participent à l'activité commerçante de la ville. A la fin du 17ᵉ s., cependant, la puissance maritime hollandaise est en déclin de même que la draperie.

L'occupation française. – Les richesses accumulées sont telles qu'Amsterdam résiste longtemps aux effets de décadence économique du 18ᵉ s.

Si en 1672 Amsterdam avait su repousser l'assaut des troupes de Louis XIV en ouvrant les écluses qui la protégeaient, elle ne peut rien en 1795 contre l'armée de Pichegru. En 1806, Napoléon fait de son frère Louis Bonaparte le roi de Hollande. Celui-ci s'installe à Amsterdam qui devient ainsi la capitale du royaume.

Réunie à la France en 1810, décrétée par Napoléon troisième ville de l'empire français et chef-lieu du département du Zuiderzee, Amsterdam est alors touchée par le Blocus continental qui ruine son commerce.

La population se soulève en novembre 1813 et reconnaît le prince d'Orange Guillaume Iᵉʳ comme souverain le 2 décembre.

Le réveil économique. – C'est seulement dans la deuxième moitié du 19ᵉ s. que la ville sort d'une longue léthargie économique.

L'enceinte bastionnée qui, par le Singelgracht, délimitait la « ville intérieure » a été rasée au 19ᵉ s. En 1876 a lieu l'ouverture du nouveau canal la reliant à la mer du Nord (Noordzeekanaal), ce qui facilite le commerce maritime.

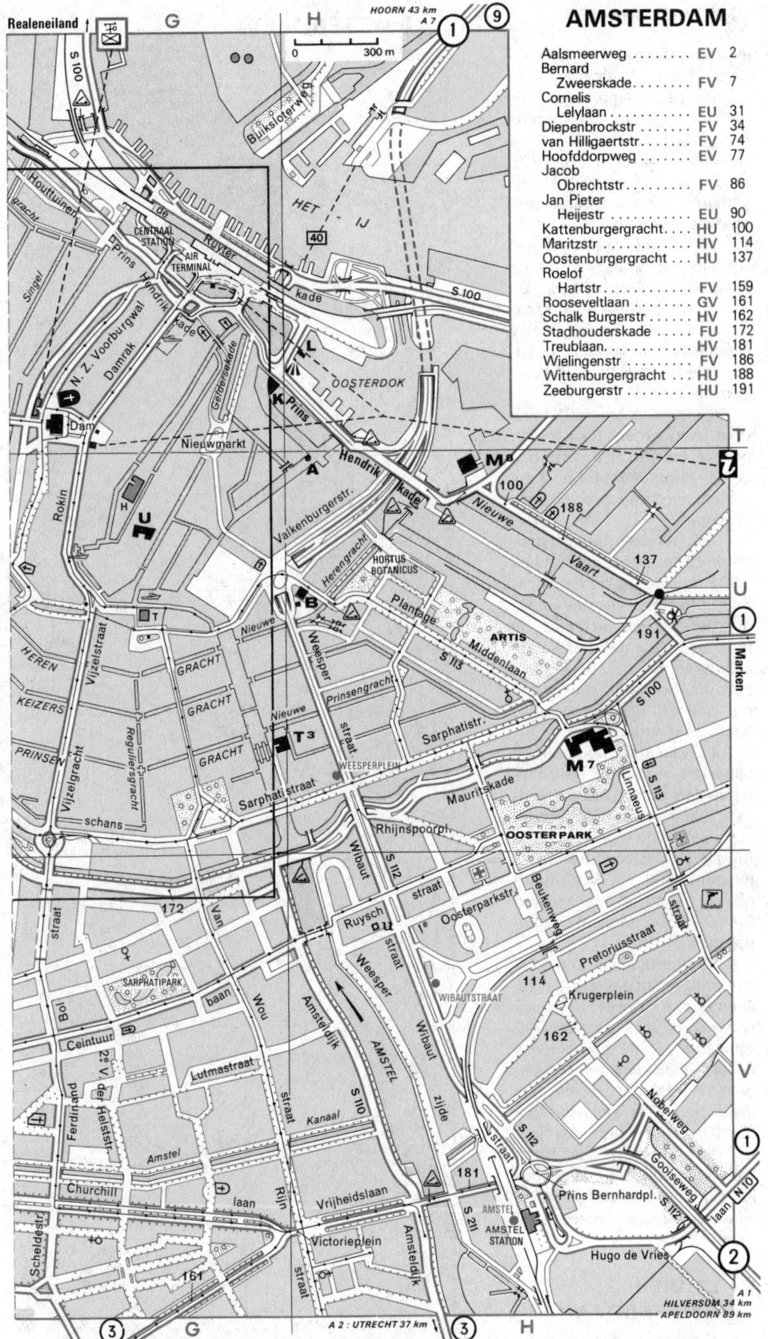

Sa gare centrale (LX) de style néo-Renaissance est construite en 1889 sur 8 657 pilotis de bois reposant sur les îles de l'IJ.

L'industrie du diamant reprend son essor *(on peut visiter une quinzaine de tailleries de diamants; s'adresser au VVV).*

Amsterdam au 20e s. – En 1903 est terminée la nouvelle Bourse, par **Berlage,** qui inaugure une ère moderne pour l'architecture.

Peu avant la Première Guerre mondiale, la ville entreprend l'édification de nouveaux quartiers. Plusieurs architectes se groupent au sein de l'**école d'Amsterdam** qui répand un style de construction original (Maison de la Navigation) et se développe, surtout après la Première Guerre mondiale, autour de **Michel de Klerk.** Jusqu'à sa mort en 1923, ce dernier édifie, ainsi que **Peter Kramer** et **J. M. van der Mey,** un grand nombre d'habitations populaires, en particulier au Sud de Sarphatipark (GV) et à l'Ouest de Spaarndammerstraat (FT). Elles traduisent une volonté de rompre la monotonie des façades par l'assymétrie et par les différences de niveau et d'alléger la sévérité des lignes droites par la présence de pans de murs incurvés.

La dernière guerre touche durement la ville. Sous l'occupation allemande, pendant cinq ans, près de 80 000 juifs sont déportés (5 000 seulement survécurent). En février 1941, l'héroïque grève des dockers, protestant contre les déportations en masse, reste sans effet.

Après-guerre. – Amsterdam s'est magnifiquement relevée de ses épreuves.

La grande cité industrielle, qui fait partie de la Randstad Holland *(p. 16)*, s'adonne aujourd'hui à des activités métallurgiques, graphiques, alimentaires.

Sur l'Europaplein le RAI (**FV**) est un grand centre de congrès et d'expositions. Un centre de commerce international (World Trade Centre Amsterdam) est prévu à proximité de la gare du Sud (Station Zuid).

Le canal d'Amsterdam au Rhin (Amsterdam-Rijnkanaal), achevé en 1952, a contribué au développement du port qui a accru son trafic avec l'Est de l'Europe.

Un tunnel routier pour automobiles percé sous l'IJ en 1968 facilite la communication entre la vieille ville et les quartiers situés au Nord du port. Une ligne de métro a été inaugurée en 1976. L'aéroport de Schiphol, accessible par chemin de fer, favorise l'activité d'Amsterdam.

La ville s'est agrandie de banlieues modernes telle Buitenveldert au Sud, ou, au Sud-Est, Bijlmermeer. Cependant, le problème du logement reste tel que les maisons flottantes (house-boats) se sont multipliées. Il en existe environ 2 400 qui borderaient 36 km de quais.

Tolérante ainsi qu'au 17e s. et volontiers d'avant-garde, Amsterdam, dotée de deux universités, totalisant 35 000 étudiants, et de nombreuses écoles d'enseignement supérieur, est très accessible aux idées nouvelles et laisse leur liberté d'expression aux jeunes qui représentent 34 % de sa population. Un vent toujours nouveau souffle sur cette ville qui attire la jeunesse du monde entier.

■ LE VIEIL AMSTERDAM***

Compter une journée

Les canaux* (Grachten).** – La plupart des maisons qui se dressent derrière les arbres au bord des canaux du centre de la ville, ont été construites aux 17e et 18e s. par de riches négociants. Un peu similaires avec leur façade étroite, leur perron, elles diffèrent cependant par la couleur de leur brique, rosée, bleutée, violette ou grise, et par le décor de leurs pignons.

Aux frontons dépassent des poutres à palans : les escaliers trop raides et trop étroits ne permettant pas l'accès des meubles, il n'est pas rare de voir à Amsterdam s'envoler un piano, une armoire ou un buffet.

AMSTERDAM

Rue	Carré	
van Baerlestr.	JZ	
Damrak	JKX	
Damstr.	JKY	
Heiligeweg	KY	69
Kalverstr.	KY	
Kinkerstr.	JY	
Leidsestr.	KY	
Nieuwendijk	LX	
P.C. Hooftstr.	JZ	
Raadhuisstr.	KY	
Reguliersbreestr.	KY	
Rokin	KY	
Spui	KY	

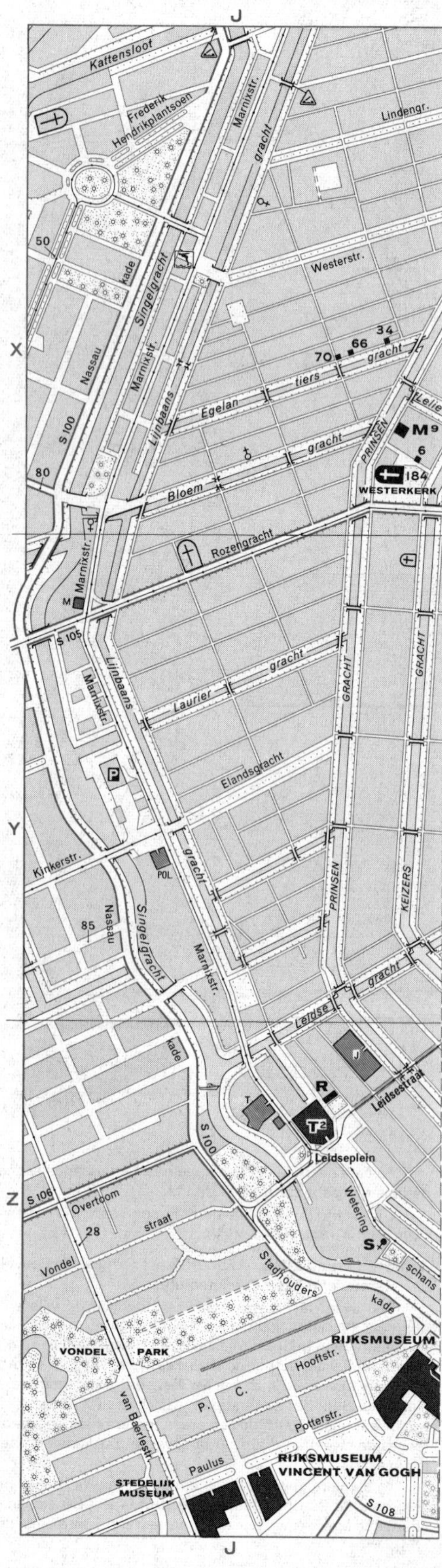

Utrechtsestr. . . . . LZ

Constantijn Huygensstr. (1e) . . . . JZ 28
Fred. Hendrikstr. . . . . JX 50
Hekelveld. . . . . LX 71
Hugo de Grootstr. (2e). . . . . JX 80

Jacob van Lennepstr. . . . . JY 85
Kattengat . . . . KX 102
Langebrugsteeg . . . . KY 107
Martelaarsgracht. . . . . LX 116
Muntpl. . . . . KY 127
Nieuwe Hoogstr. . . . . LY 132

Oudebrugsteeg . . . . LX 140
Oude Doelenstr. . . . . LY 142
Oude Hoogstr. . . . . LY 144
Oude Turfmarkt . . . . KY 146
St.-Luciënsteeg. . . . . KY 166
Stromarkt . . . . KX 174
Thorbeckepl. . . . . LZ 177
Westermarkt . . . . JX 184

Sur le Herengracht

Pignons et pierres de façades. – Les pignons offrent les formes les plus variées. Les plus anciens, masquant un toit à deux pentes, sont simples (héritage des maisons de bois), à pinacles, ou à redans (maison Leeuwenburg, *p. 56*).

Puis le pignon s'élève. Il prend parfois la forme d'une « cloche » (klokgevel) (A), ou bien celle d'un « cou » (halsgevel) (B) : il est alors surmonté d'un fronton triangulaire ou incurvé, et souvent encadré de riches sculptures.

Les maisons plus cossues se distinguent par la largeur de leur façade. Le toit est alors dissimulé par un important pignon à pilastres terminé par un fronton triangulaire (C) ou, si la toiture est parallèle à la rue, par une balustrade avec blason, couronnée de statues.

Enfin se développe le type de très large maison à pilastres, surmontée d'un fronton triangulaire sculpté (D) et dont la façade, parfois en pierre, s'orne souvent de guirlandes.

On remarque sur certaines façades une petite pierre sculptée : c'est l'emblème du propriétaire ou le symbole de son commerce. Une grappe de raisin indiquera l'emplacement d'un commerce de vin. Les **pierres de façade** rivalisent de fantaisie à Amsterdam. Beaucoup ont disparu, mais certaines ont été récupérées et regroupées sur des murs, çà et là dans la ville *(illustration p. 56)*.

Au Nord, près du port, s'alignent de nombreux **entrepôts,** caractéristiques par leurs baies pourvues de volets en bois.

Promenade en bateau★ (Rondvaart). – *Embarcadères indiqués sur le plan p. 48-49. Prix : 7,50 fl. La promenade nocturne est recommandée.*

La promenade en bateau donne un excellent aperçu des canaux les plus importants ainsi que d'une partie du port. Le trajet varie selon l'ouverture des écluses. Celles-ci permettent de régulariser le niveau d'eau des canaux et d'assurer leur nettoyage, grâce à la circulation d'eau pompée de l'IJsselmeer.

Partir du Dam.

Dam (KY). – Le Dam, place principale d'Amsterdam, se trouve à la jonction des deux grandes artères centrales : le Damrak et le Rokin *(p. 56)*, à l'emplacement de la digue (dam) sur l'Amstel. C'est sur cette place extrêmement animée, où le promeneur se fraye une voie parmi les pigeons, que s'élèvent le palais royal et la Nouvelle église.

Le **monument national de la libération** (KY A) (1956) du sculpteur Raedecker, symbolisant l'humanité souffrante courbée sous le fléau de la guerre, est le rendez-vous des flâneurs et des hippies.

Au n° 11 (KY), abritant un café, se trouve la plus vieille maison de la place, **De Wildeman** (le sauvage) dont la charmante façade en brique rouge date de 1632.

Palais royal (Koninklijk Paleis) (KY B). – *Visite : en été 12 h 30 - 15 h 40; 1 fl. Renseignements : ☎ 020-24 86 98.*

C'est l'ancien hôtel de ville devenu palais royal en 1808 sous le règne de Louis Bonaparte. Construit par Jacob van Campen en 1648, il remplaça l'hôtel de ville gothique, connu par le tableau de Saenredam au Rijksmuseum et qui fut incendié en 1652.

C'est une lourde construction classique, en forme de quadrilatère, s'appuyant sur 13 659 pilotis de bois. Les façades Est et Ouest sont surmontées de tympans sculptés par l'Anversois Artus Quellin le Vieux.

Dans le grand hall dont le pavement représente les deux hémisphères, on remarque la fameuse sculpture d'Atlas soutenant le globe céleste, par Artus Quellin le Vieux.

Nouvelle église★ (Nieuwe Kerk) (KX). – *Visite : 11 h - 16 h (dim. 12 h - 17 h).*

De culte protestant, la Nouvelle église ou église Ste-Catherine est un peu aux Hollandais ce que l'abbaye de Westminster est aux Anglais. C'est là en effet qu'a lieu l'intronisation des souverains; la reine Wilhelmine y fut couronnée le 6 septembre 1898, sa fille, la reine Juliana, 50 ans plus tard, jour pour jour, sa petite-fille, la reine Beatrix, le 30 avril 1980.

Cette belle église de la fin du gothique fut plusieurs fois pillée ou ravagée par des incendies. Après celui de 1645, sa tour, due à Jacob van Campen, resta inachevée.

On y remarque la voûte en bois, la **chaire★** en acajou sculptée par Vinckenbrink au 17e s., et la grille en cuivre du chœur qui est un des chefs-d'œuvre de Johannes Lutma, célèbre orfèvre d'Amsterdam.

Des amiraux hollandais y ont leur mausolée, en particulier De Ruyter. Le monument est de Rombout Verhulst de Malines (Belgique). Le poète Joost van den Vondel, ainsi que les célèbres fondeurs de cloches François et Pierre Hemony, ont été également inhumés dans cette église.

Kalverstraat (KY). – Rue piétonne qu'une intense animation rend extrêmement pittoresque, la Kalverstraat est l'artère la plus commerçante d'Amsterdam. Les boutiques y côtoient les grands magasins.

Musée historique d'Amsterdam** (Amsterdams Historisch Museum) (KY). – *Visite : 10 h - 17 h (dim. et j. fériés 13 h - 17 h); fermé lundi et 1ᵉʳ janv.; 3 fl.*

Dans ce musée moderne aménagé dans un ancien orphelinat (Burgerweeshuis), toute l'histoire d'Amsterdam se déroule sous les yeux, salle par salle, sous forme de tableaux, sculptures, objets ou documents d'archives.

On entre dans l'enclos par un petit porche surmonté de l'écusson de la ville. A gauche se trouve la cour de récréation des garçons de l'orphelinat : dans les casiers étaient rangés leurs affaires personnelles; en face, un bâtiment de style classique abrite des expositions temporaires.

Puis, à gauche, dans la **galerie** vitrée sont suspendus les portraits de gardes civiques qui s'unirent en 1580 pour défendre la ville.

A droite, on ira voir le porche donnant sur **St.-Luciensteeg** (ruelle de Ste-Lucie) (**KY 166**), qui tient son nom du couvent qui précéda l'orphelinat. Sur le mur près du porche ont été réunies un grand nombre de pittoresques **pierres de façade** provenant d'anciennes maisons de la ville.

L'entrée du musée est située dans la 2ᵉ cour, qui était réservée aux orphelines.

On suit dans l'ordre les 17 salles du musée, réparties sur plusieurs niveaux.

Dans la 1ʳᵉ salle, une amusante carte lumineuse montre l'étonnante croissance de la cité et une colonne mobile met en parallèle l'accroissement de sa population.

La cité bâtie sur du sable se construit un hôtel de ville (salle 2) et s'adonne au commerce (salle 3). Un miracle de 1345 en fait une ville de pèlerinage (3). Puis Amsterdam subit la domination espagnole (4). C'est aussi l'époque de son expansion dans le monde (5). A son apogée, elle élève un nouvel hôtel de ville, actuel palais royal (6). Viendront d'autres édifices, plusieurs églises (10). La ville riche n'oublie pas ses miséreux : des institutions charitables prolifèrent dont les régents commandent leurs portraits (11). Amsterdam a d'excellents chirurgiens, elle est aussi renommée par ses arts : architecture, peinture, orfèvrerie (12, 13). Au 18ᵉ s., la fabrique de porcelaine d'Amsterdam est réputée (14). En 1795 arrivent les Français (16). Au 20ᵉ s. Amsterdam reste très dynamique (17).

En sortant, visiter à gauche la **salle des Régents** (Regentenkamer) où siégeaient les directeurs de l'orphelinat et qui conserve son cachet ancien.

Par un passage dans la cour, gagner le béguinage.

Béguinage** (Begijnhof) (KY). – Il apparaît comme un havre de paix, au cœur de la ville. Fondé au 14ᵉ s., c'est l'un des rares enclos de ce type conservés aux Pays-Bas avec celui de Breda *(p. 69)*.

Ses hautes façades des 17ᵉ et 18ᵉ s., précédées d'un jardinet fleuri, s'ordonnent autour du pré où s'élève l'ancienne église des béguines, appartenant au culte réformé presbytérien de langue anglaise depuis 1607.

De belles pierres de façade sculptées sont à signaler aux nᵒˢ 11, 19, 23, 24. Au nº 26, une haute et élégante maison était celle de la grande demoiselle, supérieure du béguinage. Au nº 31 se dissimule la chapelle catholique, construite par les béguines en 1665. Non loin la plus ancienne maison de la ville, du 15ᵉ s., arbore une façade en bois; remarquer, dans la cour à gauche, de nombreuses pierres de façade encastrées dans le mur.

Madame Tussaud* (KY M[1]). – *Visite 10 h - 18 h (20 h du 1ᵉʳ juillet au 31 août); fermé 25 déc.; 7 fl.*

Créé en 1970, c'est un étonnant musée de cires, filiale de celui de Londres.

A l'entrée, Mme Tussaud d'après un portrait qu'elle fit d'elle-même à l'âge de 81 ans, en 1842. Dans le hall préside la reine Wilhelmine. Dans la salle des Glaces, une foule de personnalités célèbres du monde entier, d'hier et d'aujourd'hui forment de saisissantes apparitions. Deux sections présentent les personnalités néerlandaises contemporaines. On y verra, avec un intérêt amusé, un manège caricatural.

Trois scènes illustrent la vie et l'œuvre de Rembrandt. A noter, plus loin, Vincent van Gogh et l'écrivain russe Soljénitsyne dont la voix a été enregistrée.

Place de la Monnaie (Muntplein) (**KY 127**). – C'est un carrefour animé que domine la tour de la Monnaie (Munttoren). Couronnée d'une flèche ajoutée par Hendrick de Keyser et pourvue d'un carillon *(concerts : vend. 12 h et de début juil. à début sept. sam. 14 h)*, cette tour est un vestige d'une porte du 17ᵉ s. En 1672, pendant la guerre contre la France, on dut y battre monnaie.

Marché aux fleurs* (Bloemenmarkt) (KY). – *Fermé dim.*

Il y a à Amsterdam beaucoup de marchands de fleurs dont le spectacle des vitrines ou des charrettes est une joie pour les yeux, mais le plus pittoresque tableau est sans doute celui de ces boutiques en plein air, approvisionnées par des péniches, qui se pressent le long du Singel. Certaines sont installées sur la péniche elle-même, transformée en véritable serre flottante.

Singel (KY). – Le long de ce canal se dressent la **bibliothèque universitaire** (**KY C**) (nº 423) et une église luthérienne du 17ᵉ s., Oude Lutherse Kerk (**KY D**).

Herengracht (Canal des Seigneurs) (KYZ). – C'est un des principaux canaux du 17ᵉ s. où vinrent s'installer les marchands aisés. Leurs maisons rivalisent de richesse et de décoration, surtout à hauteur des pignons.

A partir du nº 364 : Maisons Cromhout* (Cromhouthuizen) (**KY E**). Édifiées par Philippe Vingboons en 1662, elles forment un ensemble harmonieux. Les façades de style classique sont rehaussées d'un décor plutôt baroque (remarquer les œils-de-bœuf). L'une d'elles abrite le musée de la Bible *(p. 57)*.

Nos 386 à 394 (KY) *(illustration p. 50)* : belle succession de façades. Au n° 394, au-dessous d'un gracieux pignon, une pierre de façade charmante représente les quatre fils Aymon, héros légendaires de l'Ardenne, montés sur leur cheval Bayard.

Plus loin à droite commence la Leidsestraat (p. 55).

Au 2e coude formé par le canal, de vastes demeures solennelles forment le **Tournant d'Or** (KZ F). C'était le quartier opulent où résidait au début du 17e s. l'élite de la société. La plupart de ces hôtels sont occupés par des banques ou des consulats. C'est l'époque où les façades s'élargissent, les frontons s'aplanissent et adoptent le style classique tout en conservant leur exubérance décorative : les balustrades qui les couronnent, surmontées de pots à feu ou de statues, encadrent des armoiries ou des scènes allégoriques.

N° 475 (KY K) *(rive opposée)* : demeure à façade de pierre, au couronnement fastueux, construite par Daniel Marot et Jacob Husley, et décorée par Jan van Logteren.

A l'angle de Vijzelstraat, l'édifice abritant l'Algemene Bank Nederland est l'œuvre d'un architecte contemporain de Berlage, De Bazel.

N° 502 : Maison du bourgmestre (Huis met de kolommen) (KZ L). Édifiée en 1672 pour un riche marchand de la Compagnie des Indes, et remaniée au 18e s. (de cette époque date le balcon supporté par des colonnes), c'est depuis 1927 la résidence officielle du maire (bourgmestre) de la ville, qui y reçoit les hôtes de marque.

Reguliersgracht (LZ). — Du pont qui le franchit, jolie **vue*** à droite sur le canal dont on aperçoit en enfilade quelques-uns des sept ponts.

En poussant une pointe jusqu'au Keizersgracht on a également un **point de vue*** agréable : un pittoresque groupe de maisons anciennes (LZ N) est à remarquer. Le **Keizersgracht** ou canal de l'Empereur tient son nom de la couronne de l'empereur Maximilien qui surmonte la flèche de la Westerkerk.

Revenir au Herengracht. Du pont qui le franchit, très belle **vue*** à gauche et à droite.

Thorbeckeplein (LZ 177). — Sur cette place très fréquentée en soirée s'alignent des cabarets.

Rembrandtsplein (Place Rembrandt) (LY). — C'est une des places favorites des Amstellodamois qui aiment y flâner le soir.

Autour de la place où se dresse la statue du peintre par Royer (1852), sont réunies quelques grandes brasseries.

Rokin (KY). — Ce bassin est situé à l'extrémité de l'Amstel dont le prolongement a été comblé. A l'extrémité du bassin se dresse la statue équestre de la reine Wilhelmine (KY R) par Theresia van der Pant. *Le musée Allard Pierson est décrit p. 56.*

Par Langebrugsteeg on s'enfonce dans le plus vieux quartier d'Amsterdam autour duquel s'est développée la ville. En traversant l'Oudezijds Voorburgwal, on aperçoit les maisons et entrepôts anciens qui bordent ce canal.

Université (LY U). — Le **portail des Agnites** (LY Q) est l'ancienne entrée de **l'Atheneum Illustre,** collège qui, fondé en 1632, devint université en 1877. La chapelle et les bâtiments voisins dépendent encore de l'université.

Longer l'université et sa cour intérieure par le passage sous voûte où sont installés des bouquinistes. On débouche sur le **Kloveniersburgwal.** Au n° 29 (LY), la **Trippenhuis** est un grand édifice classique construit entre 1660 et 1664 par Juste Vingboons pour des fabricants de canons : les cheminées ont la forme de mortiers.

Nieuwmarkt (Nouveau Marché) (LY). — Sur le Nieuwmarkt a lieu un marché d'antiquités *(dim. de mai à sept. 10 h - 17 h).*

Poids public (Waag) ou **porte de St-Antoine** (St.-Anthoniespoort) (LY M3). — *Visite : 10 h - 17 h (dim. et j. fériés 13 h - 17 h); fermé lundi; 1,75 fl.*

Cette imposante porte de fortifications de 1488, flanquée de tours et de tourelles, servit de Poids public en 1617 et y fut restaurée au 19e s.

Au rez-de-chaussée, le **musée historique juif** (Joods Historisch Museum) fait connaître l'histoire et les traditions juives : textes sacrés (Torah, Talmud), fêtes religieuses, reconstitution d'un intérieur de synagogue.

A l'Ouest du Nieuwmarkt, aux alentours de l'Oudezijds Voorburgwal *(p. 55),* s'étend un quartier étrange.

Revenir au Dam par Oude Hoogstraat puis Damstraat.

■ LES GRANDS MUSÉES

Rijksmuseum*** (JZ). — *Visite : 10 h - 17 h (dim. et j. fériés 13 h - 17 h); fermé lundi, sauf s'il est férié et 1er janv.; 4,50 fl. Cafétéria.*

La fondation de ce musée national par Louis Bonaparte remonte à 1808 mais le bâtiment actuel fut édifié de 1876 à 1885 par P. J. H. Cuypers dans le style néo-classique. Surtout connu pour son exceptionnelle collection de peinture du 15e au 17e s., le musée comprend aussi d'autres sections importantes : sculpture et arts décoratifs, département historique, cabinet des estampes, département des arts asiatiques.

Peinture 15e-17e s. (Schilderkunst 15de-17de eeuw). — *1er étage, aile Est.*

La collection des **primitifs** permet d'admirer des œuvres de : **Gérard de St-Jean** (Geertgen tot Sint Jans) (salle 201), la Sainte Parenté (1), au dessin délicat et aux teintes exquises, l'Adoration des Mages, complétée par un charmant paysage; Jan Mostaert, dont l'Adoration des Mages (202) se situe dans un décor Renaissance italienne; le Maître d'Alkmaar, célèbre pour ses Sept Œuvres de Miséricorde (202); Jacob Cornelisz. van Oostsanen, élégant dessinateur (Adoration des Mages, 2); Cornelis Engebrechtsz. (204), peintre un peu pathétique.

A la **Renaissance, Lucas de Leyde,** dans l'Adoration du Veau d'or (3), fait preuve d'un grand art de la composition, et d'une technique expressive et vivante; **Jan van Scorel** nous montre une Marie-Madeleine d'une élégance toute italienne (4).

L'art de Pieter Aertsen (206) est plus réaliste tandis qu'une certaine réserve émane des portraits d'Antonio Moro (206).

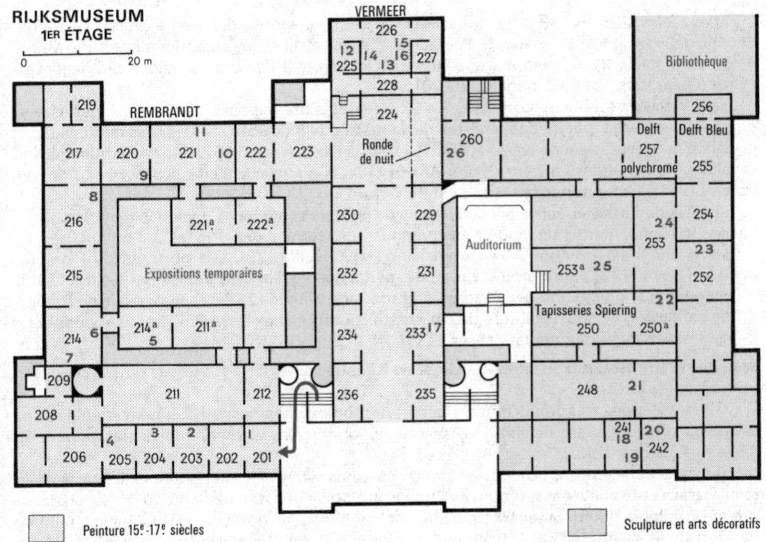

On admire des œuvres de Cornelis Cornelisz. van Haarlem (208), artiste maniériste comme Abraham Bloemaert (208), un bouquet de Brueghel de Velours (209). L'Anversois Momper est l'auteur de jolis paysages (209).

Au **Siècle d'Or,** les genres se diversifient. Frans Hals peint d'excellents portraits comme le Couple (211). De son élève, Judith Leyster, on peut voir une scène de genre, la Sérénade (211 a).

Les peintres de paysage sont nombreux. Autour de Saenredam qui aime représenter des monuments comme l'Ancien hôtel de ville d'Amsterdam (211 a) sont groupés Hendrick Avercamp (Paysage d'hiver), Van de Velde.

Ensuite, Van Goyen (Paysage avec les deux chênes, 214 a) et Salomon van Ruysdael (Le Bac, 214 a), voisinent avec **Frans Hals** dont la technique dans le Joyeux Buveur (5) fait penser à l'impressionnisme.

Plus loin encore, ce sont **Jacob van Ruysdael** avec le Moulin de Wijk bij Duurstede et la Vue de Haarlem (6) et Hobbema (Le Moulin à eau, 7).

Van Ostade se tourne plutôt vers les villageois, qu'il surprend dans des scènes de la vie quotidienne (Intérieur de ferme, 214), Paulus Potter (215) et Cuyp (216) nous montrent des animaux, alors que **Jan Steen** est le peintre familier et joyeux du 17e s. (La Fête de St-Nicolas, 8).

Philippe Wouwerman (217), Adam Pynacker (217) sont de bons paysagistes. On admire des marines et combats navals, par Willem van de Velde le Jeune (219).

Plusieurs salles sont consacrées à **Rembrandt.** Le Pont de pierre (1638) est l'une des rares peintures de paysage du maître (220). Le portrait de sa mère lisant la bible (1631), dans une atmosphère recueillie (9), peut être comparé avec celui de son élève Gérard Dou, traitant le même sujet avec un talent plus sec.

D'autres portraits sont rassemblés (salle 221) : Maria Trip (vers 1640), jeune femme luxueusement vêtue, Titus en capuchon (vers 1660).

Les Syndics des Drapiers (10), de 1662, groupés derrière une table rehaussée d'un tapis rouge, montrent des visages graves, mais très vivants.

Le portrait du couple dit La Fiancée juive (1668/9) est tout ruisselant de lumière et baigné de tendresse (11).

La leçon d'Anatomie du Dr. Deyman (1656) qu'il ne faut pas confondre avec la Leçon d'anatomie du Dr. Tulp (Mauritshuis, la Haye), s'ordonne autour d'un cadavre peint en raccourci (221 a).

Rembrandt en saint Paul (1661) apparaît comme un vieillard désabusé (221 a).

Quelques œuvres des contemporains de Rembrandt figurent près des siennes : le beau Portrait d'Élisabeth Bas (221) par Ferdinand Bol, la Jeune fille rêveuse (221) et le Benedicite (222 a) de Nicolas Maes. Aert de Gelder (Portrait d'Ernst van Beveren, 222) est un autre élève de Rembrandt très influencé par le maître.

Une salle est réservée à la Compagnie du capitaine Frans Banning Cocq dite **La Ronde de Nuit** (Nachtwacht). Commandé par les arquebusiers, cet immense tableau fut achevé en 1642 et orna le siège de leur guilde, les Doelen, au Kloveniersburgwal *(p. 52),* jusqu'à son transfert à l'hôtel de ville d'Amsterdam en 1715. C'est alors qu'il fut amputé de 60 cm à gauche, 10 cm à droite, 20 cm en haut et en bas. Propriété de la municipalité d'Amsterdam, le tableau fut prêté au musée dès sa fondation et caché pendant la Deuxième Guerre mondiale dans les grottes près de Maastricht *(p. 144).* Il doit son nom aux couches de vernis qui l'assombrissaient jusqu'en 1947, mais représente en réalité la sortie de la garde civique en plein jour.

Présentés en pleine agitation, dans un groupe très désordonné, pris sur le vif au moment où le capitaine donne le signal du départ, les gardes, dont certains ont le visage à demi dissimulé, composent un portrait collectif très original, où le naturel prime sur la fidélité de la représentation des traits.

Quelques détails ajoutent à la spontanéité de l'ensemble : la petite fille qui traverse le groupe, un oiseau attaché à sa ceinture, le chien qui aboie, la présence d'un nain en train de courir, l'homme au casque couvert de feuillages. Des taches de couleurs vives rehaussent les tons assez gris des uniformes des gardes : robe de la petite fille et costume du lieutenant, d'un jaune baigné de lumière, habit rouge du garde qui recharge son arme, écharpe rouge du capitaine.

Les salles 225 à 228 sont consacrées à Vermeer et aux peintres intimistes : sobres décors géométriques de **Pieter de Hooch** (Le Cellier, 12), scènes sentimentales de Metsu (L'Enfant malade, 225). On remarque aussi des intérieurs d'édifices religieux d'Emmanuel de Witte (Oude Kerk, 225, Synagogue, 226).

De **Vermeer,** étonnant coloriste, les quatre tableaux exposés (226) sont des chefs-d'œuvre : La Ruelle, peinte des fenêtres de sa maison (vers 1658) (13), la Cuisinière, versant du lait d'un geste mesuré (vers 1658) (14), la Liseuse (vers 1662) (15), aux lumineuses tonalités bleues, enfin La Lettre (vers 1666) (16). A signaler ensuite des portraits de Ter Borch (227) et un autoportrait à la pipe de Gérard Dou (228).

La **Galerie d'honneur** abrite les collections de **peinture étrangère** et quelques meubles. Dans l'école italienne, parmi de nombreux primitifs, on admire une Vierge à l'Enfant de Fra Angelico (230) ainsi qu'une Marie-Madeleine de Crivelli (229). Les portraits du Florentin Piero di Cosimo (232) sont intéressants, de même que les vues de Venise par Guardi (236). L'Espagne nous donne une belle Vierge à l'Enfant de Murillo (233), et le portrait de Ramon Satue par **Goya** (17), seule peinture de cet artiste conservée aux Pays-Bas. Les Flamands sont présents avec deux œuvres de **Rubens** (235).

Sculpture et arts décoratifs (Beeldhouwkunst en Kunstnijverheid). – *1er étage, rez-de-chaussée et sous-sol, aile Ouest.*

Cette section, très importante, occupe de nombreuses salles richement meublées et décorées d'objets d'art (sculptures, peintures, orfèvrerie, verrerie, tapisseries) allant du 15e s. à l'époque 1900.

En ce qui concerne la production locale, on admire, parmi les sculptures : la **Rencontre de saint Joachim et de sainte Anne,** émouvant travail sur bois anonyme de la fin du 15e s. (18); les groupes sculptés d'**Adriaen van Wesel,** de la même époque, pleins de vie et d'élégance, comme La Mort de la Vierge (19) et les Anges Musiciens (20); un jubé exécuté vers 1500 (21).

Il faut citer également, pour le 17e s., les tapisseries de François Spiering à Delft (salle 250), un buste en terre cuite réalisé par **Hendrick de Keyser** (22), une armoire Renaissance d'un modèle très répandu dans le pays (23) *(illustration p. 29),* un beau bouquet peint par Brueghel de Velours (24), la verrerie gravée (253), un lit colonial ceylanais (25), l'orfèvrerie des frères Van Vianen et de Johannes Lutma (254), la faïence de Delft, bleue (255) ou polychrome (257), une armoire « à coussins » (26) *(illustration p. 29).*

Au rez-de-chaussée et au sous-sol, mobilier du 18e au 20e s., belles collections de porcelaine, de verrerie, de dentelle, maisons de poupée, etc.

Histoire des Pays-Bas (Nederlandse Geschiedenis). – *Rez-de-chaussée, aile Est.*

L'histoire du pays, depuis le Moyen Age, est illustrée d'une façon plaisante, notamment par des objets d'art.

La grande salle est consacrée au Siècle d'Or, à ses guerres, à ses batailles navales et à sa vie quotidienne. On y voit un portrait, par Van Dyck, du jeune prince Guillaume II et de sa femme Marie Stuart, qu'il épousa à l'âge de 15 ans.

Puis sont évoqués en particulier les stathouders, par une série de portraits, la république batave, la domination de Napoléon, la bataille de Waterloo, par une grande peinture de Pieneman, et la royauté.

Cabinet des estampes (Rijksprentenkabinet). – *Rez-de-chaussée, aile Ouest.*

Le musée possède une très grande quantité de dessins et gravures, du 15e s. à nos jours, qui sont exposés par roulement. Des **expositions temporaires** de collection de dessins et estampes d'origine étrangère y ont également lieu.

Peinture 18e et 19e s. (Schilderkunst 18de en 19de eeuw). – *Rez-de-chaussée, aile Sud-Ouest.* Cette section comprend des peintures et quelques collections de céramique.

Cornelis **Troost** (Le Jardin en ville) est le meilleur des peintres néerlandais du 18e s. (salle 136).

Au début du 19e s., Wouter Joannes van Troostwijk (143) peint Amsterdam avec beaucoup de poésie, tandis que les artistes de l'**école de la Haye** (Jacob Maris, Anton Mauve, Jozef Israëls) observent la campagne et la mer.

Une salle (138) est réservée à l'art islamique.

Art asiatique (Aziatische Kunst). – *Sous-sol, aile Sud-Ouest. Accès direct par la rue Hobbema no 19 ou bien par la section Peinture 18e et 19e s.*

Cette section abrite quelques œuvres d'art d'Extrême-Orient (Chine, Japon, Corée), d'Inde et de Ceylan, du Sud-Est asiatique et d'Indonésie. L'art chinois et japonais y est particulièrement mis en valeur.

Les salles 20 à 22 donnent une bonne vue d'ensemble des porcelaines chinoises. En salle 15, une sculpture en bois polychrome de la période Song (960-1279) représentant le bodhisattva (futur bouddha) chinois Kouan-Yin, témoigne du niveau atteint par la sculpture chinoise à cette époque.

Parmi les collections japonaises, remarquer des objets en céramique utilisés pour la cérémonie du thé (salles 14 et 23) et des laques (salle 13).

Deux fragments d'une série de bas-reliefs en pierre provenant de l'Est de Java, présentent un curieux paysage (salle 12).

La sculpture en bronze représentant la danse cosmique de **Çiva** (salle 17) vient d'Inde du Sud (12e). De Java un petit bouddha sculpté (salle 18) originaire soit d'Inde du Sud, soit de Ceylan date du 8e s.

Musée national (Rijksmuseum) Vincent van Gogh*** (JZ). – *Visite : 10 h - 17 h (13 h - 17 h dim. et j. fériés); fermé lundi et 1er janv.; 4,50 fl.*

Dans un bâtiment moderne spécialement conçu pour le recevoir, ce musée présente les archives et collections de la Fondation Vincent van Gogh qui comprennent près de 200 peintures et 500 dessins de Vincent van Gogh (1853-1890), 50 œuvres d'artistes de son époque, ayant appartenu à son frère Théo, ainsi que 600 lettres de sa main ou de ses correspondants.

La collection de peinture permet de suivre l'évolution de l'artiste, des sombres toiles du début aux violentes tonalités des dernières années.

Né à Zundert, au Sud de Breda, Vincent crayonne dès l'enfance, mais il ne prend conscience de sa vocation qu'à 27 ans; il dessine alors avec passion avant d'aborder la peinture à l'huile, l'année suivante, à la Haye.

Tout d'abord des paysages obscurs de la Drenthe avec des chaumières. Puis c'est la période de Nuenen, village où Vincent vécut au presbytère de ses parents *(p. 150).* Une série de portraits de paysans frappant par l'intensité de leur expression, ont servi d'études pour les Mangeurs de pommes de terre (1885).

Après un séjour à Anvers, il arrive à Paris en février 1886. Sa palette se fait plus lumineuse (1887-1888), sous l'influence impressionniste, avec la Vue sur Paris de la chambre de Vincent, rue Lepic, le Pont de la Grande Jatte, la Seine à Asnières, et de nombreux autoportraits dont l'Autoportrait devant le chevalet.

Il s'exerce aussi à peindre des paysages dans le style des gravures japonaises.

Des vergers provençaux, le Zouave, le pont-levis, les Tournesols accusent son acharnement à dépeindre la violence des contrastes de couleurs sous le ciel d'Arles (février 1888-mai 1889).

Les champs de blé échevelés, des oliviers tourmentés, des cyprès tordus par le mistral, des tonalités plus assourdies manifestent les troubles qui l'ont conduit à l'hôpital d'Arles puis à l'asile de St-Rémy-de-Provence (mai 1889-mai 1890); c'est là qu'il peint, de mémoire, sa chambre à Arles. Enfin, après une accalmie à Auvers-sur-Oise, près de Paris, il faut observer la dramatique composition du Champ de blé aux corbeaux, de 1890, l'année même où le 27 juillet, il se blesse dans un geste de désespoir qui met fin, deux jours plus tard, à sa brève mais fulgurante carrière.

On peut voir également des lithographies, aquarelles, dessins *(exposés par roulement),* marquant des ébauches de ses œuvres majeures, et parmi les collections de son frère Théo, des œuvres d'Adolphe Monticelli (1824-1886), de Hendrik Koning, etc.

■ AUTRES CURIOSITÉS

Quartier du parc Vondel

Musée municipal (Stedelijk Museum)** (JZ). – *Visite 10 h - 17 h (dim. et j. fériés 13 h - 17 h); fermé lundi, sauf s'il est férié et 1er janv.; 3,50 fl.*

Construit en 1895 dans le style néo-classique, agrandi en 1954, ce musée d'art moderne est en perpétuel renouveau.

Les collections comprennent des œuvres d'art couvrant la période de 1850 à nos jours : peintures, sculptures, dessins, affiches, compositions graphiques, exemples appliqués d'esthétique industrielle. On admire des peintures de Cézanne, Monet, Picasso, Léger, Malevitch, Chagall, Mondrian et Van Doesburg représentant le mouvement De Stijl. Les tendances les plus récentes de l'art européen et américain sont bien représentées.

En été, toutes les salles exposent le fonds de la collection, enrichi des dernières acquisitions.

Sur Van Baerlestraat se trouve le **Concertgebouw** (FV **T**[1]) dont le nom évoque une célèbre salle de concert et un grand orchestre symphonique.

Leidseplein (JZ). – C'est une place animée, avec une terrasse ombragée, très fréquentée l'été et bordée au Nord d'une rangée de maisons anciennes à pignons (JZ **R**). Autour abondent les théâtres dont le célèbre théâtre municipal, **Stadsschouwburg** (JZ **T**[2]), les restaurants et les discothèques : ce quartier est spécialisé dans la musique « pop ». A l'Est, sur Weteringschans (nº 6), le Paradiso (JZ **S**), église désaffectée, transformée par la municipalité en centre pour la jeunesse, est un célèbre rendez-vous des amateurs de musique.

Leidsestraat (JKZ). – Dans cette longue et agréable rue piétonne qui relie le Leidseplein au centre, un orgue de Barbarie fait quotidiennement entendre ses airs populaires.

Parc Vondel (Vondelpark) (EUV). – *Illumination partielle en saison.* Le parc Vondel, du nom du grand poète hollandais du 17e s., s'étend du grand canal de ceinture (Singelgracht) à Amstelveenseweg. De beaux arbres, des pelouses, des étangs sinueux et des jets d'eau forment un ensemble apprécié des promeneurs. Des cyclistes peuvent y circuler en paix. Un théâtre de plein air y fonctionne l'été.

Quartier de l'Oudezijds Voorburgwal

C'est le fameux « quartier chaud », très animé la nuit. Le long de ses étroits canaux s'alignent de belles maisons anciennes.

Musée Amstelkring « Le Bon Dieu au Grenier »* (Museum Amstelkring Ons' Lieve Heer op Solder) (LX **M**[5]). – *Visite : 10 h - 17 h (13 h - 17 h dim. et j. fériés); fermé 1er janv.; 2 fl.*

Depuis l'Union d'Utrecht *(p. 167)*, les catholiques, chassés de leurs églises par la Réforme, célébrèrent leurs offices chez des particuliers. Cette chapelle clandestine aménagée dans les greniers de trois maisons, servit au culte de 1663 jusqu'à l'érection de la nouvelle église St-Nicolas en 1887, puis fut convertie en musée de la fondation Amstelkring. Certaines cérémonies s'y déroulent et des concerts y sont parfois organisés.

L'escalier d'accès du 2e étage passe devant la « Salle » d'un pur style hollandais du 17e s. et devant la chambre de l'abbé avec un lit clos. L'**église** dont les deux galeries superposées correspondent aux 3e et 4e étages contient un intéressant mobilier du 18e s. Dans une pièce, à l'étage du confessionnal, est exposée une intéressante collection d'objets liturgiques en argent provenant en partie de cette chapelle clandestine.

En face du musée, au nº 19, pignon d'une maison encadré de gigantesques dauphins.

Vieille église (Oude Kerk) (LX). – *Visite : de mai à sept. 10 h - 16 h; le reste de l'année s'adresser au sacristain, Oudekerksplein 23; fermé dim. et j. fériés; 1 fl.*

Cette église, placée sous le vocable de **saint Nicolas,** a été construite au 14e s. C'est la plus ancienne de la ville. Le clocher a été surmonté au 16e s. d'une élégante flèche dont le carillon a été fondu en partie par François Hemony.

Très endommagée à l'intérieur par les iconoclastes, elle a conservé dans la chapelle de la Vierge (16e s.) trois vitraux du 16e s., d'un dessin élégant. Elle abrita en 1642 la dépouille de Saskia, femme de Rembrandt (dalle nº 29). De nombreux personnages célèbres y sont enterrés (le peintre Pieter Aertsen, l'écrivain Roemer Visscher, etc.)

Maison Leeuwenburg (LX V). – *Au n° 14, Oudezijds Voorburgwal.* Cette pittoresque façade de brique rouille à pignon à redans, du 17ᵉ s., garnie de carreaux sertis au plomb, de contrevents rouges, s'orne d'une pierre sculptée représentant un château fort abritant un lion. Sur un mur situé à proximité, ont été scellées de très jolies **pierres de façade** (LX W).

Du pont-écluse où se rejoignirent deux canaux, on a une **vue★** pittoresque : d'un côté, le Oudezijds Kolk où baignent de vieilles maisons dominées par la coupole de l'église catholique St-Nicolas (1887), de l'autre l'Oudezijds Voorburgwal qu'encadre un bel ensemble de façades anciennes, au loin, la tour de l'Oude Kerk.

Pierre de façade

Tour des pleureuses (Schreierstoren) (LX X). – Près de cette tour des anciens remparts les femmes des marins venaient faire leurs adieux à leurs maris, rapporte la tradition. Un bas-relief évoque le navigateur anglais **Henry Hudson,** qui, pour le compte de la Compagnie hollandaise des Indes orientales, remonta en Amérique en 1609 le fleuve qui porte son nom.

Quartier de Rembrandt

Maison de Rembrandt★ (Museum Het Rembrandthuis) (LY M6). – *Visite : 10 h - 17 h (dim. et j. fériés 13 h - 17 h); fermé 1er janv.; 2 fl.*

Elle est située dans la Jodenbreestraat, rue principale de l'ancien quartier où s'étaient rassemblés les juifs d'Amsterdam.

A sa construction en 1606, cette demeure comportait un étage de moins. C'est ainsi que Rembrandt l'acheta en 1639 contre 13 000 florins payables en 6 ans; il devait l'habiter jusqu'à son expulsion en 1659 par les créanciers.

La maison réunit des œuvres graphiques du maître. A côté de deux beaux meubles anciens sont exposés quelque 250 eaux-fortes donnant un aperçu de son œuvre. On peut voir ses dessins au cours de petites expositions temporaires.

On remarque également quelques toiles d'un de ses professeurs, Pieter Lastman et des œuvres de ses élèves.

Waterlooplein (LY). – Sur cette vaste place traversée par le métro se dresse l'**église Moïse et Aaron** (Mozes- en Aäronkerk) (LY Y), catholique, qui se transforme l'été en centre de spectacles et de réflexion métaphysique.

A proximité, dans la Valkenburgerstraat (HU), se tient un marché aux puces *(10 h - 16 h, sauf dim.).*

Synagogue portugaise (Portugese Synagoge) (HU B). – *Fermée en dehors des services.*

Construite en 1675 par Elias Bouman, pour le culte des trois congrégations de juifs portugais qui venaient de fusionner, elle a été restaurée. C'est un bâtiment massif éclairé de hautes verrières.

L'intérieur est resté tel qu'il se présente sur la peinture d'Emmanuel de Witte visible au Rijksmuseum, avec ses larges voûtes en berceau, en bois, soutenues par de très hautes colonnes, ses tribunes destinées aux femmes, son « arche sainte » et pour seul ornement, de grands lustres en cuivre.

A proximité de la synagogue portugaise, la **statue du Docker,** par Mari Andriessen commémore la grève déclenchée par les dockers contre l'occupant allemand, le 25 janvier 1941.

Pont au Sud de l'Oude Schans (LY Z). – De ce pont on a une jolie **vue** sur le bassin d'Oude Schans et la **tour Montelbaan** (Montelbaanstoren) (HU A). Cette tour appartenait, comme la porte de St-Antoine *(p. 52)* à l'enceinte de la ville au 16ᵉ s.

Zuiderkerk (LY). – Édifiée entre 1603 et 1611 d'après un projet d'Hendrick de Keyser, elle est flanquée d'une tour de 1614. Première église construite à Amsterdam après la Réforme, elle est actuellement désaffectée.

Plus loin, sur la St.-Antoniesbreestraat, au n° 69, se dresse la **maison** (huis) **De Pinto** (LY) qui, construite vers 1600, appartint ensuite à un riche juif portugais. Elle est occupée par une bibliothèque publique.

Groenburgwal (LY). – Dans un site pittoresque, un **pont mobile** en bois enjambe ce canal ombragé qui traversait autrefois le quartier des teinturiers. De là, jolie **vue** sur la tour de Zuiderkerk.

Près du pont, au n° 7 b de la Staalstraat, se trouvait le siège des Syndics des Drapiers immortalisés par Rembrandt.

Damrak, Rokin, Amstel

Bourse (Beurs) (LX). – Construite par Berlage entre 1897 et 1903, c'est l'œuvre principale de cet architecte amstellodamois épris de fonctionnalisme et pionnier de l'architecture moderne aux Pays-Bas. En brique, le bâtiment présente un extérieur sobre. C'est une bourse du commerce, la bourse des valeurs ayant été transférée en 1914 dans un immeuble voisin.

A l'intérieur, la charpente d'acier apparente soutient une verrière.

Musée Allard Pierson★ (Allard Pierson Museum) (KY M2). – *Visite : 9 h 30 - 17 h (dim. et j. fériés 13 h - 17 h); fermé lundi; 2,50 fl.*

C'est le musée archéologique de l'Université d'Amsterdam. Il présente une remarquable collection d'antiquités concernant l'Égypte, le Proche-Orient, Chypre, la Grèce, l'Étrurie et le monde romain.

1er étage. – L'Égypte, (cercueils à momies), le Proche-Orient (poteries iraniennes), la Crète et Mycènes, enfin Chypre sont représentés. La salle 7 est réservée à la collection copte : tissus.

2e étage. – Il est consacré à la Grèce, l'Étrurie et au monde romain : tête en pierre, d'art grec archaïque, statues d'époque classique (Aphrodite, vers 400 av. J.-C.), stèle funéraire d'Attique (v. 400 av. J.-C.), céramique, sarcophage romain (v. 300 après J.-C.). La salle 20 renferme des bijoux provenant d'Iran, de Grèce et d'Égypte.

Pont Bleu (Blauwbrug) (LY). – C'est une imitation du pont Alexandre III à Paris.

Pont Maigre* (Magere Brug) (LY). – *Illumination le soir de début avril à fin sept.* Ce pont fragile en bois, du 18e s., enjambant le large canal Amstel, évoque les ponts chers à Van Gogh. Le grand bâtiment situé à l'Est est un **théâtre** (Theater Carré, GHU T3) datant de 1887 (cirque, opéra, opérettes, variétés). Des abords du pont, on aperçoit plusieurs clochers dont celui de Zuiderkerk.

A l'angle du Prinsengracht et du quai Amstel, une maison montre au-dessus de sa porte une grappe de raisin : elle abritait un commerce de vin.

Quartier de Westerkerk

Maison d'Anne Frank (Anne Frank Huis) (JX M9). – *Visite : 9 h - 17 h (dim. et j. fériés 10 h - 17 h); fermé 1er janv., le jour de Yom Kippur (sept. ou oct.) et 25 déc.; 4 fl.*

Cet immeuble étroit construit en 1635 s'étend en profondeur et comporte une arrière-maison agrandie en 1740. C'est là que le père d'Anne Frank, juif allemand émigré en 1933, cacha sa famille et des amis en juillet 1942. Trahi, déporté en août 1944 avec les autres réfugiés, il revint seul d'Auschwitz. On retrouva dans la maison l'émouvant journal *(1)* tenu par sa fille de 13 ans, témoignant d'une rare sensibilité. La fondation Anne Frank développe son message de paix à travers tous les pays.

Un passage secret dissimulé par une bibliothèque pivotante, mène aux chambres nues où vivaient les clandestins.

Au 2e étage de la maison voisine, une documentation et des photos retracent l'histoire des persécutions à travers le monde.

Westerkerk (JX). – *Visite : avril - sept. 10 h - 16 h sauf dim. Montée au clocher (toren) : 1er juin - 15 sept. mardi, merc., vend., sam. 14 h - 17 h; 1 fl.*

Cette église fut bâtie en 1631 par Pieter de Keyser, d'après les plans de son père Hendrick. Le clocher, de 1638, surmonté de la couronne impériale en l'honneur de Maximilien d'Autriche, s'élève à 85 m et possède un remarquable carillon dû aux frères Hemony.

Ici fut enterré en 1669 **Rembrandt,** auprès de son fils Titus mort un an auparavant.

Sur la place voisine ou **Westermarkt** (JX), au n° 6, subsiste une maison où vécut **Descartes** en 1634 (plaque commémorative).

Musée du théâtre (Theater museum) (KX M10). – *Visite : 10 h - 17 h (dim. et j. fériés 11 h - 17 h); fermé lundi et 1er janv., 1,50 fl. Expositions temporaires.*

Appartenant à l'Institut Néerlandais du Théâtre, il est installé dans une maison qui, construite en 1618 et transformée en 1638 par Philippe Vingboons, montre une belle façade de pierre ornée de l'écusson de son propriétaire d'alors, Michel de Pauw.

L'intérieur, aménagé vers 1730 dans le style Louis XIV, conserve une riche décoration de stucs, de fresques murales et de plafonds peints notamment par Jacob de Witt.

Une section présente l'un des plus grands théâtres d'Amsterdam, « l'Amsterdamse Schouwburg » avec la célèbre scène miniature créée par Hieronymus van Slingelandt.

La bibliothèque du musée occupe une partie de la maison voisine (n° 170) ou **maison Bartolotti** (KX C), construite par Hendrick de Keyser vers 1617. Sa façade en brique, assez large, surmontée d'un pignon très décoré, est égayée par une multitude d'ornements sculptés en pierre blanche.

Maison aux Têtes (Huis met de Hoofden) (KX D). – C'est une belle maison de briques, de 1624, restaurée, dont la façade, un peu semblable à celle de la maison Bartolotti, est ornée de six têtes sculptées représentant des dieux de la mythologie romaine.

Les canaux centraux

Musée (Museum) Willet-Holthuysen (LZ M11). – *Visite : 10 h - 17 h (dim. et j. fériés 13 h - 17 h); fermé lundi et 1er janv.; 1,75 fl.*

Cette maison patricienne construite vers 1687 conserve une belle série de pièces élégamment meublées, donnant une idée de la vie des riches négociants de l'époque.

On y voit aussi des collections de céramique, verrerie et orfèvrerie.

Musée (Museum) Van Loon (KZ M12). – *Visite : uniquement lundi 10 h - 12 h et 13 h - 17 h; fermé 1er janv., 25 déc.; 3 fl.*

Édifiée en 1671-1672 au bord du Keizersgracht par Adriaan Dorstman, ce bel hôtel particulier appartint au peintre Ferdinand Bol. Il fut modifié au 18e s.

L'intérieur raffiné renferme de nombreux portraits.

Au fond du jardin, remise à carrosses de style Renaissance.

Musée (Museum) Fodor (KZ M13). – *Visite : 10 h - 17 h (dim. et j. fériés 13 h - 17 h); fermé lundi sauf s'il est férié et 1er janv.; 1 fl.* Cette ancienne maison bourgeoise (19e s.) du Keizersgracht abrite des **expositions** : œuvres d'artistes contemporains amstellodamois.

Musée de la Bible (Bijbels Museum) (KY M14). – *Visite : 10 h - 17 h (13 h - 17 h dim. et j. fériés); fermé lundi, 1er janv. et 30 avril; 3 fl.* Installé dans les **maisons Cromhout** *(p. 51),* il est consacré à la vie en Palestine aux temps bibliques.

Nouvelle église luthérienne (Nieuwe of Ronde Lutherse Kerk) (KY D). – Construite en 1668-1671, cette église, constituée d'une haute coupole, se dresse au bord du Singel. Désaffectée, elle a été aménagée en salle de concert *(en particulier dim. 11 h; 4,50 fl.)* et centre de congrès.

A proximité, au n° 7, on peut voir la plus étroite maison d'Amsterdam.

---

(1) Journal, par Anne Frank (Paris, Hachette, Coll. Livre de Poche).

Le Jordaan

On s'efforce de mettre en valeur ce quartier populaire, remontant au 17e s. Il aurait hébergé, à l'époque, des immigrés français, d'où son nom qui serait une déformation du mot français « jardin ». La plupart de ses canaux portent des noms de fleurs.

Brouwersgracht (Canal des Brasseurs) (KX). – Ce canal, perpendiculaire aux trois principaux canaux, est bordé de quais pittoresques où se dressent de jolies maisons anciennes et de nombreux entrepôts. L'**entrepôt De Kroon** (au n° 118) a été bien restauré. Il arbore sur sa façade une pierre sculptée représentant une couronne (kroon).

Près du pont situé au confluent de Prinsengracht, un ensemble de vieilles façades (KX **F**) dont deux à redans sont à signaler.

Noorderkerk (KX). – Construite en 1623 par Hendrick de Keyser, cette église est en forme de croix grecque. Sur la place (Noorderplein) se tient *(sam. 10 h - 12 h)* un **marché aux oiseaux.** Dans la Westerstraat voisine a lieu *(lundi 10 h - 12 h)* un grand marché aux chiffons.

Egelantiersgracht (JX). – Au n° 34, le **Claes Claesz. Hofje** est un ancien hospice du 17e s. (JX) *(entrée Eerste Egelantiersdwarsstraat)* entourant une pittoresque petite cour ayant conservé une charmante fontaine.

Aux nos 66-70, près d'un pont, on remarque trois pimpantes maisons restaurées, au rez-de-chaussée éclairé de nombreuses baies, et au pignon en forme de « cou » *(p. 50)*.

Quartiers Est

Artis* (HU). – *Visite : 9 h - 17 h; 8,50 fl. (enfants 4,25 fl.).*

C'est le **jardin zoologique** d'Amsterdam dont le nom est l'abréviation du nom de la société qui l'a fondé en 1838, Natura Artis Magistra (la nature maîtresse de l'art).

Il présente, dans un grand parc bien entretenu, plus de 7 000 animaux et un **aquarium** créé en 1882 où évoluent 700 espèces aquatiques dont des invertébrés.

Le bâtiment des animaux nocturnes (nachtdieren) où sont inversées les conditions d'éclairage de jour et de nuit, permet de découvrir ces animaux en activité.

Signalons également le bâtiment des petits mammifères (lémuriens, loutres, etc.), celui des reptiles et celui des ours et des hippopotames. Une couveuse artificielle présente tous les stades de l'éclosion d'un poussin *(1er avril - 1er oct.).*

Musée des Tropiques* (Tropenmuseum) (HU **M**7). – *Visite : 10 h - 17 h (sam., dim. et j. fériés 12 h - 17 h); fermé 1er janv. 30 avril, 25 déc.; 3,50 fl.*

A l'aide d'objets d'art et d'objets usuels très variés, de reconstitutions d'habitations et d'échoppes souvent très primitives, la vie dans les régions tropicales et subtropicales d'Afrique, d'Asie, du Moyen Orient, d'Océanie et d'Amérique latine est évoquée. Des photographies, des projections de diapositives qu'accompagnent des bandes sonores complètent la présentation.

Le musée organise des expositions temporaires et des concerts de gamelan (orchestre indonésien).

Les quais du port

Musée d'Histoire maritime des Pays-Bas* (Nederlands Scheepvaart Museum) (HU **M**8). – *Visite : 10 h - 17 h (dim. et j. fériés 13 h - 17 h); fermé lundi et 1er janv.; 4,50 fl.*

Ce vaste entrepôt maritime, installé dans l'ancien arsenal, fut construit en 1656, sur 18 000 pilotis, dans les eaux de l'Oosterdok. Il abrite d'intéressantes collections concernant la navigation des Pays-Bas : cartes et mappemondes, modèles réduits de bateaux, instruments nautiques, peintures et gravures.

Prins Hendrikkade (HTU). – Sur ce quai bordant l'Oosterdok se dressent à l'angle de Binnenkant les immenses bâtiments de la **Maison de la Navigation** (GHT **K**). Construite en 1913 par les principaux architectes de l'école d'Amsterdam, J.-M. van der Mey, Michel de Klerk et P. L. Kramer, elle est représentative de leur style.

Sur l'Oosterdok, est généralement amarré le **bateau « Pollux »** (HT **L**), élégant navire-école à trois mâts destiné à l'apprentissage des élèves de la marine marchande.

Du pont à l'Est, jolie **vue** sur la tour Montelbaan *(p. 56)*.

Ile Realen (Realeneiland) (GT). – C'est l'une des îles du quartier Ouest du port où s'alignent les entrepôts. Sur le **Zandhoek** on a restauré une rangée de maisons du 17e s. dont les façades ornées de pierres sculptées dominent le Westerdok.

EXCURSIONS

Moulin Rieker; Ouderkerk aan de Amstel; Amsterdamse Bos; Schiphol. – *24 km au Sud. Suivre Amsteldijk (HV) et la rive Ouest de l'Amstel.*

Moulin Rieker. – Situé auparavant dans le polder Rieker, ce beau moulin, à calotte tournante, couvert de chaume *(illustration p. 36)*, a été reconstitué sur les bords de l'Amstel.

La statue de bronze représentant Rembrandt en train de dessiner rappelle que l'artiste venait volontiers chercher des motifs le long de l'Amstel.

Ouderkerk aan de Amstel. – Village pittoresque, très fréquenté le dimanche par les habitants d'Amsterdam. Au Nord s'élève un **moulin** à balustrade.

Amsterdamse Bos. – C'est le « bois d'Amsterdam », immense parc parsemé d'étangs (canotage, pêche avec autorisation).

Amstelveen. – 69 745 h. Cité résidentielle moderne, qui possède plusieurs **jardins botaniques** (heemparken) consacrés à la flore du pays. Le plus connu est **Dr. J. P. Thijssepark** *(entre Amsterdamseweg et Amsterdamse Bos).*

On peut visiter également une **fromagerie** : Kaasboerderij Clara Maria *(Bovenkerkerweg 106).*

Schiphol. – Construit à 4,5 m au-dessous du niveau de la mer, dans une ancienne anse (schiphol : le creux des bateaux) du lac de Haarlem asséché *(p. 113)*, l'aéroport d'Amsterdam, Schiphol, est l'une des grandes escales du continent.

Posé non loin des pistes, l'**Aviodome,** curieux parachute d'aluminium mat, alvéolé en étoiles, abrite une collection du musée national de l'Aviation. *Visite : 10 h - 17 h; fermé lundi du 1er nov. au 31 mars, 1er janv., 25 et 31 déc.; 4,50 fl.*

On peut voir différents modèles d'avions dont certains anciens, montrant l'évolution des techniques, des engins lunaires et une exposition sur l'aviation civile. Une salle de projection est installée au sous-sol.

Marken★; Monnickendam; Volendam★. – *Circuit de 65 km. Sortir d'Amsterdam par Mauritskade* (**HU**). *Après le 2e pont (Schellingwouderbrug) près des écluses (Oranjesluizen), tourner vers Schellingwoude puis passer sous la route en direction de Durgerdam.*

Juste avant d'arriver à Durgerdam, jolie **vue★** sur ce village. Ses maisons peintes de couleurs variées, arborant parfois un pignon en bois, un amusant édifice carré à toit pyramidal surmonté d'un clocheton bordent une petite anse.

Durgerdam. — Le village

Après Durgerdam, la route de digue, très étroite et sinueuse, qui longe l'ancienne côte du Zuiderzee, offre de belles vues. En face doit s'étendre le polder du Markerwaard.

Marken★. – *Page 144.*

Monnickendam. – 9 463 h. Ce petit port de plaisance fut réputé autrefois pour ses anguilles. Comme dans plusieurs ports de l'IJsselmeer, on y déguste des harengs fumés. La ville est dominée par la **Speeltoren,** tour en brique du 16e s. En face, l'**hôtel de ville** (stadhuis) occupe une maison patricienne du 18e s. au fronton décoré; remarquer les rampes de l'entrée en forme de serpent. Dans la même rue (Noordeinde) et dans la Kerkstraat, plusieurs maisons arborent de pittoresques pignons et des pierres de façade.

Non loin, dans le Middendam, se dresse le **Poids public** (Waag), petit édifice construit vers 1600, qui s'orne de pilastres et d'un lourd pignon sculpté.

Au Sud, la **Grande église ou église St-Nicolas** (Grote- of St.-Nicolaaskerk) gothique, de type halle, à trois nefs, renferme une belle grille de chœur en bois sculpté du 16e s.

Volendam★. – *Page 177.*

Edam. – *Page 85.*

Broek in Waterland. – 2 634 h. Près d'une pièce d'eau, le Havenrak, ce village fleuri aux maisons fraîchement peintes, fut de tout temps réputé pour sa propreté : ne devait-on pas autrefois quitter ses sabots à l'entrée? Napoléon, dit-on, s'y déchaussa, alors qu'il était venu s'y entretenir cordialement avec le maire, le 15 octobre 1811. Plusieurs maisons en bois des 17e et 18e s. se remarquent dans le village. Quelques-unes, parmi celles du 17e s., affectent la forme d'un U. Certaines possèdent deux portes, celle de la façade n'étant utilisée que pour les mariages et les funérailles.

Au bord de l'étang se dresse un pavillon où fut reçu Napoléon (Napoleonhuisje). De 1656, c'est une petite construction blanche en bois, en forme de pagode.

Près du canal, l'église, incendiée par les Espagnols en 1573, a été reconstruite de 1585 à 1639.

Une **fromagerie** modèle, « De Domme Dirk » *(Roomeinde 17; visite : 8 h - 16 h; fermé dim. et j. fériés)* permet de déguster et d'acheter du fromage d'Edam.

Rentrer à Amsterdam par ① du plan.

APELDOORN Gelderland

Cartes Michelin nos 408 - pli 12 et 211 - plis 6, 7 – 142 367 h. – *Plan dans le guide Michelin Benelux.*

Véritable ville-jardin, Apeldoorn est située au cœur de la Veluwe *(p. 13)* qui semble se prolonger jusque dans la ville, sillonnée de larges avenues bordées de grands arbres et pourvue de nombreux parcs.

Apeldoorn possède quelques industries; elle est en outre devenue, grâce à des sources d'eau très pure, le centre de la blanchisserie.

Un **train touristique à vapeur** (De Veluwsche Stoomtrein) fonctionne entre Apeldoorn et Dieren *(23 km au Sud-Est). Départs : de début juil. à début sept. tous les jours sauf le matin des sam. et dim.*

■ CURIOSITÉS

Palais (Paleis) Het Loo. – *Accès par ⑧, route d'Amersfoort.*

Ce palais fut édifié de 1685 à 1692 par les architectes Jacob Romans et Daniel Marot, pour le prince **Guillaume III** (1650-1702), stathouder des Provinces-Unies et roi d'Angleterre, dont Het Loo était le lieu de chasse préféré. Le roi Guillaume III (1817-1890) et la reine Wilhelmine (1880-1962) aimaient y séjourner : cette dernière s'y retira après son abdication en 1948.

Le palais est entouré d'un **parc** de 650 ha dont une partie est ouverte au public *(2 fl. par jour)* et qui comprend également le château Oude Loo, des 14e et 15e s.

Musée (Rijksmuseum Paleis Het Loo). – *Visite : 10 h - 17 h; fermé lundi sauf s'il est férié, 25 déc.; 3,50 fl. (musée et parc).*

Du début du 20e s., les vastes bâtiments des écuries royales, restaurés, ont été transformés en musée.

Les stalles abritent encore quelques chevaux. On peut voir, outre les harnachements, une belle série de voitures ou traîneaux utilisés pour la promenade ou pour la chasse, à la fin du 19e s. et au début du 20e s., par la famille royale, séjournant à Het Loo ou à la Haye. A remarquer le carrosse d'apparat (1836) et deux limousines de 1924 et 1925.

Les remises à carrosses ont recueilli les collections du palais. Des portraits, des sculptures y évoquent les principaux personnages de la dynastie d'Orange depuis Guillaume le Taciturne (Willem I).

Une grande allée où les hêtres forment une magnifique voûte mène au vaste bâtiment blanc flanqué de deux longues ailes encadrant une cour d'honneur.

Musée historique (Historisch Museum) Marialust. – *Verzetsstrijderspark 10. Visite : 10 h - 17 h (dim. et j. fériés 13 h - 17 h); fermé lundi, 1er janv., Vend. saint, Pâques, 30 avril, Ascension, dim. de Pentecôte, 25 déc.; 1 fl.; gratuit merc.*

Installé dans la villa Marialust, ouvrant sur un parc, il est consacré au passé de la région, de la préhistoire aux environs de 1930.

ARNHEM Gelderland P

Cartes Michelin nos 408 - pli 12 et 211 - pli 16 – 126 160 h. *Plan d'agglomération dans le guide Michelin Benelux.*

Arnhem est la capitale de la province de Gueldre, ancien duché. Située sur le Neder Rijn ou Rhin inférieur, un des bras du Rhin qui s'est séparé de l'IJssel, c'est un important nœud routier, à proximité d'un des principaux axes de circulation du pays.

Promenades en bateau. – *Sur le Rhin et l'IJssel, de fin avril à mi-sept. : s'adresser à Rederij Heijmen, Roermondsplein.*

UN PEU D'HISTOIRE

Un duché convoité. – Résidence des comtes de Gueldre qui la fortifièrent dès le 13e s., et lui donnèrent ses droits de cité, Arnhem était au Moyen Age une prospère cité s'adonnant au trafic des marchandises sur le Rhin et l'IJssel; elle faisait partie de la hanse *(p. 129)*. La Gueldre devint un duché en 1339.

Arnhem fut prise par Charles le Téméraire en 1473 puis par l'empereur Maximilien en 1505. Envahi par Charles Quint, le duché fut défendu par Charles d'Egmont qui trouva la mort dans un combat en 1538. Son successeur céda ses droits sur le duché à Charles Quint lors du traité de Venlo (1543). Sous le règne de Philippe II, en 1585, la ville fut reprise aux Espagnols. Elle passa aux mains des Français pendant la guerre de Hollande, de 1672 à 1674, puis de 1795 à 1813, date à laquelle les Autrichiens s'en emparent.

Arnhem est la ville natale du professeur Lorentz (1853-1928) qui reçut avec son ancien élève Zeeman le prix Nobel de physique en 1902.

La ville-jardin. – Grâce à ses nombreux parcs et surtout à sa position avantageuse sur les dernières collines méridionales de la région de **Veluwe** *(p. 13)*, Arnhem a toujours été une ville ouverte sur la nature. C'était, avant la dernière guerre, un des lieux de retraite favoris des colons revenus des Indes néerlandaises (Indonésie) : leurs belles résidences se disséminent dans les bois.

La bataille d'Arnhem (17-27 septembre 1944). – Le nom d'Arnhem est lié à l'un des épisodes les plus tragiques de la libération des Pays-Bas *(1)*.

Le 17 septembre 1944, plus de 10 000 hommes de la 1re division aéroportée britannique commandés par le général Urquhart, étaient parachutés à **Oosterbeek**, à l'Ouest d'Arnhem. Ils devaient marcher sur Arnhem pour créer une tête de pont sur le Rhin inférieur et la tenir jusqu'à ce que les 20 000 Américains et les 3 000 Polonais lâchés au Sud puissent assurer le passage en masse de deux importants canaux du Nord d'Eindhoven, puis de la Meuse à Grave et du Waal à Nimègue.

Le général Montgomery qui dirigeait cette opération nommée **« Market-Garden »** comptait sur un effet de surprise propre à désorganiser l'ennemi. Il espérait ainsi atteindre l'IJsselmeer, couper le pays en deux et isoler les effectifs allemands situés à l'Ouest, puis gagner la Ruhr. Ce fut un échec.

Le 18, un épais brouillard avait enveloppé Arnhem, rendant les secours impossibles. Seuls quelques bataillons de parachutistes, venus d'Oosterbeek, avaient pénétré dans la ville. Après 9 jours d'une bataille très dure, les **« diables rouges »**, qui n'avaient pas réussi à s'emparer du pont, laissaient 2 000 morts et plus de 5 000 blessés ou disparus dans la ville détruite. D'autre part, 500 soldats furent cachés par l'habitant et 2 300 furent évacués vers le Sud, dans la nuit du 25 au 26 septembre.

Entre-temps, la progression des blindés des troupes de jonction avait été retardée par plusieurs attaques allemandes. Le passage de la Meuse à **Grave** (le 19 septembre) et du Waal à **Nimègue** (le 20), permit aux Alliés d'arriver en vue d'Arnhem, mais il était trop tard. Le pont sur le Rhin inférieur était, selon l'expression du général Browing, « un pont trop loin ».

Si l'opération avait réussi, la grande famine qui toucha pendant l'hiver 1944-1945 les provinces occidentales du pays aurait été évitée. Arnhem fut libérée par les Alliés le 8 avril 1945, peu de temps avant la capitulation allemande (le 5 mai).

Arnhem actuelle. – La ville est de nos jours une cité active qui vit de l'industrie textile (fabrication de fibres synthétiques) et métallurgique. Le secteur tertiaire y tient une place importante, avec notamment des institutions de recherche technologique et des bureaux d'études. Arnhem joue un rôle administratif important dans l'Est des Pays-Bas.

La ville a pour spécialité les « Arnhemse meisjes », petits biscuits feuilletés.

---

(1) Pour plus de détails, lire : Un pont trop loin, par Cornelius Ryan.

■ PRINCIPALE CURIOSITÉ *visite : 4 h*

Musée néerlandais de plein air★★ **(Nederlands Openluchtmuseum)** (BX). – *Visite : 1er juin-31 août 9 h (10 h dim. et j. fériés) – 17 h 30; en avril, mai, sept. et oct. 9 h (10 h dim. et j. fériés) – 17 h; fermé : sam.; 4 fl. Suivre l'un des circuits fléchés (bleu : 4 h; vert : 2 h; rouge : 1 h).*

Ce musée de folklore situé dans un beau parc de 44 ha, vallonné et très boisé, évoque grâce à une centaine de reconstitutions de fermes, moulins, ateliers, granges, l'architecture et les activités rurales des provinces des Pays-Bas.

A l'intérieur de chaque bâtiment, le mobilier typique, les expositions (poteries, charrettes), les démonstrations (fabrication du pain, du papier de luxe, artisanat divers), rendent la visite particulièrement intéressante.

A l'entrée du parc, devant le restaurant, on a une jolie vue sur une grande clairière où s'élèvent plusieurs **moulins,** les plus grands étant des moulins à grain, les plus petits des moulins de polder *(p. 36).*

Certains édifices sont regroupés, tels les beaux bâtiments à pans de bois du Limbourg (nos 100 à 104) ou les fermes de Gueldre (nos 1 à 19) mais le coin le plus charmant est celui de la **région du Zaan** *(p. 182),* avec ses maisons en bois peintes en vert, au pignon gracieusement décoré. Le plan d'eau voisin rappelle le Zaan. Il est franchi par un pont mobile en bois; tout près, deux moulins, l'un à grain, l'autre servant à scier le bois, se reflètent dans l'eau.

A ne pas manquer : le pavillon d'**exposition de costumes régionaux** (n° 125; *entrée : 0,25 fl.*). Costumes et objets y sont exposés par roulement. Des mannequins, vêtus d'habits folkloriques (parfois encore un usage) illustrent, dans des intérieurs typiques, des scènes de la vie quotidienne.

■ AUTRES CURIOSITÉS

Grand-Place (Markt) (AZ). – Cette longue place est bordée par le **Palais de Justice** (AZ J), et au fond, par le siège du gouvernement de la Gueldre, **Het Huis der Provincie** (AZ P). Détruit pendant la guerre, cet édifice a été reconstruit en 1954 par l'architecte J. J. M. Vegter. D'un style assez sobre, il entoure une cour intérieure.

A ce bâtiment est accolée la **Sabelspoort** (AZ C), porte fortifiée du 14e s., modifiée en 1645. C'est le seul vestige des remparts de la ville.

Grande église ou église St-Eusèbe (Grote- of Eusebiuskerk) (AZ A). - *Visite : de fin juin à début sept. 9 h - 12 h 30 et 13 h 30 - 16 h 30; le reste de l'année l'après-midi uniquement; fermé dim.; 1,50 fl.*

A proximité de la Grande-Place, cette église fut élevée au 15e s., à l'emplacement d'une ancienne église romane.

Détruite pendant la bataille d'Arnhem, elle a été reconstruite dans le style gothique, ainsi que sa haute tour de 93 m, dont le sommet a été réédifié dans un esprit plus moderne.

L'église possède un orgue de 1793 provenant d'une église amstellodammoise.

Le mausolée de Charles d'Egmont, duc de Gueldre, a été édifié en 1538.

La tour possède un carillon moderne de 54 cloches *(concerts : vend. 10 h).* Elle abrite également un carillon de sept cloches dont quatre ont été fondues par les frères Hemony.

Maison du diable (Duivelshuis) (AZ B). – Ce bel édifice Renaissance, construit en 1645, et très restauré en 1829, a été épargné par la guerre.

Il tient son surnom des statues et mascarons étranges qui ornent ses murs. Ce fut la dernière demeure du sanguinaire général **Maarten van Rossum,** chef des armées du duc de Gueldre, Charles d'Egmont, et adversaire de Charles Quint. Van Rossum aurait, selon la légende, fait sculpter ces démons pour offusquer les magistrats d'Arnhem qui lui refusaient de paver d'or les marches de son perron.

Ancien hôtel de ville, cette maison est encore occupée par certains services municipaux.

En arrière s'élève le nouvel **hôtel de ville** (AZ H), construit en 1964 d'après les plans de l'architecte J. J. Konijnenburg.

Musée municipal★ **(Gemeentemuseum)** (AY M). – *Visite : 10 h - 17 h (11 h - 17 h dim. et j. fériés); fermé lundi et 1er janv.*

Situé sur une colline dominant le Rhin, dans un ancien hôtel particulier du 19e s. surmonté par une rotonde et complété par une aile moderne, ce musée possède d'intéressantes collections concernant l'art et l'histoire de la Gueldre. Des expositions d'art y sont organisées régulièrement.

Les salles d'arts décoratifs du 15e au 18e s. sont particulièrement riches : armoires et horloges, orfèvrerie liturgique ou de guildes (corporations), céramique d'Arnhem des 18e et 19e s., porcelaine chinoise. On remarque une maison de poupée en forme d'armoire, un beau groupe en bois sculpté (vers 1500) représentant saint Jean-Baptiste parmi les Pharisiens, une nature morte de Jan Davidsz. de Heem, une vue d'Arnhem par Van Goyen.

Des gravures, peintures *(exposées par roulement)* relèvent de l'art contemporain, avec notamment Carel Willink (1900-1983) et Dick Ket (1902-1940) qui suivent la tendance du « réalisme magique ».

Le sous-sol est consacré aux produits des fouilles archéologiques régionales : préhistoire, présence romaine (verrerie, monnaies), Moyen Age (céramique).

Au 1er étage sont rassemblés des objets d'art des 19e et 20e s. : verrerie, orfèvrerie, céramique de Delft, porcelaine de Chine.

Une grande baie au 1er étage révèle un magnifique aperçu sur le fleuve encadré de verdure.

Dans le jardin sont rassemblées des sculptures contemporaines.

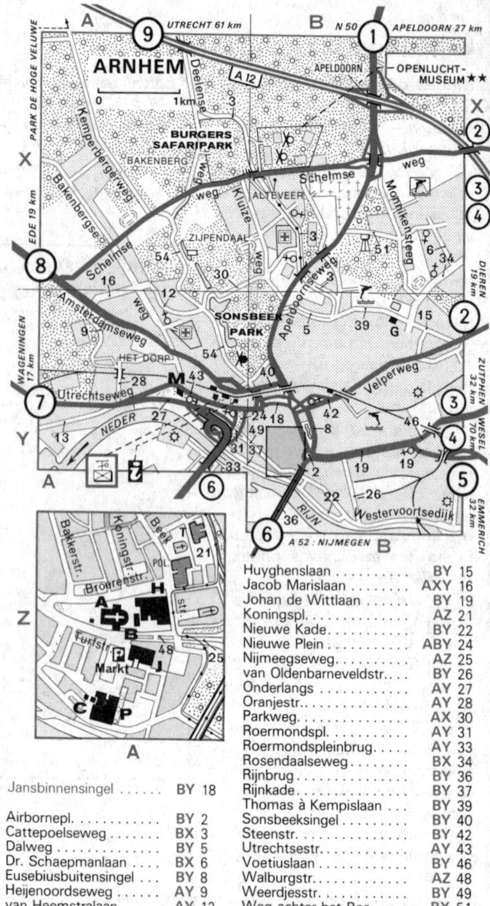

Parc de Sonsbeek★ **(Sonsbeek Park)** (ABY).– Ce parc de 75 ha forme avec le parc Zijpendaal qui le prolonge un des plus beaux parcs des Pays-Bas. Vallonné, il est couvert de bois ou de vastes prairies, et jalonné d'une chaîne d'étangs.

Deux châteaux s'y dressent et, près d'une grande ferme, un moulin à eau (De Witte Molen), du 16e s.

Burgers Safaripark (AX). – *Visite : 9 h - 17 h (16 h du 1er nov.-1er mars; 20 fl. pour la voiture, 5 fl. en autobus. Il est interdit d'ouvrir les vitres de la voiture pendant le safari.*

C'est un bois de 25 ha divisé par des grilles en quatre parcs. Dans la **Savane,** vaste clairière, déambulent girafes, zèbres, autruches, rhinocéros, antilopes et grues couronnées. Les enclos des fauves abritent de nombreux lions et leurs femelles.

EXCURSIONS

Parc national (Nationaal Park) Veluwezoom★. – *Circuit de 20 km. Quitter Arnhem par Rosendaalseweg* (BX).

Le parc national Veluwezoom est une vaste étendue (4 600 ha) de forêts (pins, bouleaux) et de landes de bruyères vallonnées située au Nord d'Arnhem, à la lisière (zoom) de la Veluwe *(p. 13)*. De nombreux parkings, sentiers, pistes cyclables, facilitent la promenade.

Un centre d'accueil (Bezoekers Centrum) nommé De Heurne, a été aménagé sur la route de Rheden à Posbank (Schietbergseweg).

Château de Rosendael. – Ce petit château (16e s.) est flanqué d'une tour du 14e s., qui se reflète dans un étang, au cœur d'un grand parc *(visite du parc : 1er avril - 31 août 9 h - 17 h; 3 fl., enfants : 1,50 fl.)*.

Le château abrite un **musée** (Internationaal Kastelen Instituut) : on y voit des maquettes et tous les ans a lieu une exposition de photos sur les châteaux. *Visite : de fin juin à mi-sept. 10 h - 17 h (dim. et j. fériés 13 h - 17 h); fermé lundi; 2 fl.*

La route s'élève en forêt. Elle traverse **Beekhuizen,** hameau sis dans une vallée. Puis, séparée en deux chaussées par une rangée de magnifiques hêtres, elle atteint le plateau et pénètre dans le parc national.

A près de 100 m d'altitude, aux alentours de **Posbank,** plusieurs belvédères offrent à droite de vastes **panoramas**★ sur un moutonnement de collines couvertes de bruyères où serpentent des chemins pour promeneurs.

On descend ensuite vers De Steeg et la plaine de l'IJssel.

De Steeg. – A l'Est du bourg, parmi les bois, le **château de Middachten** (Kasteel Middachten), du 17e s., dresse ses murs sévères au centre de larges douves. On en a une belle vue du côté Ouest, depuis le jardin *(renseignements par téléphone sur la visite du château en groupe et les heures d'ouverture du jardin : ☏ 08309-3260)*. La cour intérieure *(accès interdit)*, est encadrée par les communs.

En regagnant Arnhem par la route nationale, on aperçoit au passage à gauche, à l'entrée de Velp, le **château de Biljoen** (Kasteel Biljoen), également entouré d'eau.

Entrer à Arnhem par ② du plan.

Oosterbeek; Wageningen; Rhenen. – *25 km à l'Ouest. Sortir par ⑦ du plan.*

L'itinéraire suit la rive droite du Neder Rijn dont les collines sont jalonnées par de nombreuses localités.

Oosterbeek. – Au Nord de cette localité, sur la route de Warnsborn, un peu au-delà de la voie ferrée, le **cimetière** (Airborne Kerkhof) des troupes alliées tombées lors de la bataille d'Arnhem aligne plus de 1 700 stèles (en particulier 1 667 pour les Britanniques et 79 pour les Polonais).

La **villa Hartenstein** *(Utrechtseweg 232)* servit de Q.G. au général Urquhart en septembre 1944. Elle abrite le **musée Airborne** (Airborne Museum), auparavant à Doorwerth. *Visite : 11 h - 17 h (dim. et j. fériés 12 h - 17 h); fermé 1er janv., 25 déc.; 2,75 fl.*

Consacré à l'opération « Market-Garden » et à la bataille d'Arnhem *(p. 60)*, ce musée réunit des souvenirs du parachutage des troupes aéroportées, notamment dans la région d'Oosterbeek. Il rassemble de nombreuses photos, ainsi que des armes et objets ayant appartenu aux troupes alliées et allemandes. Dans une cave a été reconstitué le poste de commandement du général Urquhart.

Au Sud, au bord du Rhin, les terrasses du **Westerbouwing,** édifice occupé par un restaurant, offrent une belle **vue** sur le fleuve et la Betuwe aux nombreux vergers.

Gagner la rive du Rhin.

Doorwerth. – Près d'un bois, Doorwerthse Bos, en bordure du Rhin, Doorwerth fut durement éprouvé en 1944, lors de la bataille d'Arnhem.

Situé dans des prairies proches du fleuve, le **château de Doorwerth** (Kasteel Doorwerth) construit en 1260, s'est agrandi vers 1600 et se compose d'un haut bâtiment carré et de dépendances, l'ensemble étant entouré de douves. Son enceinte s'ouvre par une belle porte armoriée. Il abrite le **musée néerlandais de la Chasse** (Nederlands Jachtmuseum). *Visite : 10 h - 17 h (sam., dim. et j. fériés 13 h - 17 h); fermé mardi, 1er janv., 26 déc.; 3,50 fl.*

Ce musée documente sur la chasse et sur le mode de vie des animaux intéressant les chasseurs. De belles collections d'armes, des animaux naturalisés, des images et photographies sont présentés d'une façon attrayante.

Se diriger vers Renkum et passer sous l'autoroute pour prendre la route de Wageningen.

Wageningen. – 31 212 h. Cette ville industrielle (imprimeries, manufactures de tabac, etc.) est connue pour son **École supérieure d'agriculture** : on remarque dans les environs de nombreux vergers et pépinières.

Dans le bâtiment De Wereld *(Gen. Foulkesweg 1)* fut signée le 5 mai 1945 la capitulation des armées allemandes en présence du général Foulkes qui commandait les troupes canadiennes.

Dans l'Arboretum Belmonte *(Gen. Foulkesweg 94)*, l'École supérieure d'agriculture entretient une belle série d'arbustes.

A 5 km de Wageningen, face à un cimetière militaire néerlandais, situé sur le Grebbeberg, un chemin mène à la **Koningstafel** ou table du roi : vue sur le Rhin et la Betuwe. C'était un des lieux de promenade préférés du roi Frédéric V de Bohême réfugié aux Pays-Bas après avoir été battu par les Autrichiens en 1620.

Rhenen. – 17 123 h. Cette localité possède un important **jardin zoologique** nommé **Ouwehand.** *Visite : de 9 h au coucher du soleil; 10 fl.*

Il héberge près de 800 animaux répartis dans un parc de 15 ha. Une volière géante d'oiseaux exotiques, une exhibition de perroquets et de dauphins, un aquarium, ajoutent à l'intérêt de la visite, facilitée par la présence d'un monorail. C'est aussi un centre récréatif doté d'une piscine, d'un étang, d'attractions pour enfants.

Le beau clocher de l'église **Ste-Cunera** (St.-Cunerakerk), bombardé en 1945, a été restauré.

ASSEN Drenthe Ⓟ

Cartes Michelin nos 408 - pli 6 et 210 - Nord du pli 18 – 45 517 h. – *Plan dans le guide Michelin Benelux.*

Assen doit son existence à un couvent de religieuses fondé au 13e s. dont on peut voir sur la place centrale ou Brink la chapelle, ancien hôtel de ville. C'est aujourd'hui une ville moderne et spacieuse, à proximité d'un bois agréable, l'**Asserbos,** au Sud, et d'une région riche en monuments mégalithiques *(p. 128)*.

Jusqu'en 1602, les membres des États, ou assemblée provinciale, de Drenthe, se réunissaient en plein air, à la mode germanique, au Balloërkuil (à Rolde, *ci-dessous*), où ils rendaient la justice. Sa position centrale fit choisir Assen comme capitale de la Drenthe en 1809, sous le règne de Louis Bonaparte.

Au Sud de la ville, un **circuit de vitesse** pour motos (Tourist Trophy Circuit ou T.T.C.) voit se disputer le Grand Prix de Hollande.

La Drenthe. – Cette province fut longtemps déshéritée. Les glaciers scandinaves qui se sont attardés dans le Nord des Pays-Bas y ont laissé un sol sablonneux peu fertile. Il est couvert par endroits d'une végétation de **landes** (bruyères, ajoncs, genêts), parsemée de quelques bosquets de chênes ou de pins. Dans les zones plus humides, la **tourbe** s'est emparée des surfaces abandonnées par les glaciers. La Drenthe était la plus grande région productrice de tourbe, qui fut longtemps utilisée comme combustible. Son exploitation a laissé des traces sur le terrain, qui reste quadrillé d'une multitude de canaux creusés pour les besoins du transport de la tourbe. De nos jours, un défrichement poussé et l'utilisation des engrais ont modifié la situation. Les landes à moutons sont raréfiées pour laisser place à des pâturages ou à des plantations de conifères. Les tourbières, mises en valeur, à l'aide d'engrais, de sable et de la couche supérieure de tourbe composent une terre arable de qualité (pommes de terre, céréales, cultures maraîchères), où sont venus s'installer des colons.

Les fermes de Drenthe, très pittoresques avec leur toit de chaume enveloppant appartiennent pour la plupart, au type des « fermes-halles » *(p. 34)*.

Bien des villages conservent leur disposition d'origine saxonne : au centre se trouve le **Brink**, grande place plantée d'arbres où s'élève souvent l'église.

Musée de la Drenthe★ (Drents Museum). – *Brink 1. Visite : 9 h 30 - 17 h (dim. et j. fériés 13 h - 17 h); fermé lundi sauf en juillet et août, 1er janv., 25 déc.; 1 fl.*

L'ancienne Maison provinciale (1885) abrite ce musée régional. Il possède *(au 1er étage)* une **section archéologique★** particulièrement intéressante. Elle présente une excellente documentation sur les temps préhistoriques : géologie, peuplement, allées couvertes ou « hunebedden » *(p. 128)* et réunit un grand nombre de découvertes effectuées dans la province, tant dans les « hunebedden », les tumulus ou les champs d'urnes funéraires que dans les tourbières propices à la conservation des objets.

Outre les outils, instruments, poteries, on peut voir les pièces les plus variées : embarcation de 6300 avant Jésus-Christ (découverte à Pesse, 23 km au Sud d'Assen), momies des 3e-5e s., bijoux celtiques et mérovingiens, monnaies romaines et mérovingiennes.

Au rez-de-chaussée, argenterie régionale, dessins et gravures (vues de villages de la Drenthe).

Dans l'église abbatiale attenante, est évoquée la vie agricole au cours des âges dans la province de Drenthe.

Appartenant au même musée, l'**Ontvangershuis★** *(Brink 7)*, ancienne demeure du collecteur général d'impôts, a été transformée en musée d'arts décoratifs. On y traverse des pièces raffinées, ornées d'un beau mobilier des 17e et 18e s., une cuisine régionale dont on remarque les lits clos ainsi qu'une chambre d'accouchée.

Derrière le jardin de l'Ontvangershuis se dresse la charmante statuette du jeune **Bartje**, héros fameux du romancier régional Anne de Vries (1904-1964). Elle a été sculptée par Suze Berkhout (original dans l'hôtel de ville).

EXCURSIONS

Rolde. – 5 863 h. *6 km à l'Est par ② du plan. Schéma p. 129.* A l'Ouest de Rolde, dans un bois, on peut voir le **Balloërkuil** *(ci-dessus)*, sorte de vaste terre-plein creusé dans le sol.

Au-delà de l'église, prendre à gauche un chemin pavé signalé « hunebedden » *(p. 128)*. Dans un bois se trouvent deux **hunebedden** (D 17/18). Contre celui qui est couvert de sept dalles croît un chêne au tronc noueux. Les deux monuments possèdent une entrée au Sud.

Norg; Leek; Midwolde. – *27 km au Nord-Ouest par ⑤ du plan puis tourner à droite.*

Norg. – 6 373 h. Ce charmant village de la Drenthe aux nombreuses chaumières est un centre de villégiature. Il est établi autour d'un « brink », large place ombragée où se dresse une petite église gothique précédée d'un clocher au toit en bâtière.

Leek. – 16 951 h. Au Nord de la localité, dans un vaste parc entouré de fossés, le **château de Nienoord**, reconstruit en 1886, abrite le **musée national Hippomobile** (Nationaal Rijtuigmuseum). *Visite : de mi-avril au 30 sept. 9 h - 17 h; 3 fl.*

Dans le manoir sont exposés de petits véhicules raffinés : petites voitures à chèvres, d'enfants royaux, traîneaux des 17e et 18e s. Dans les communs sont rassemblés, en saison, des attelages, avec personnages en costume d'époque.

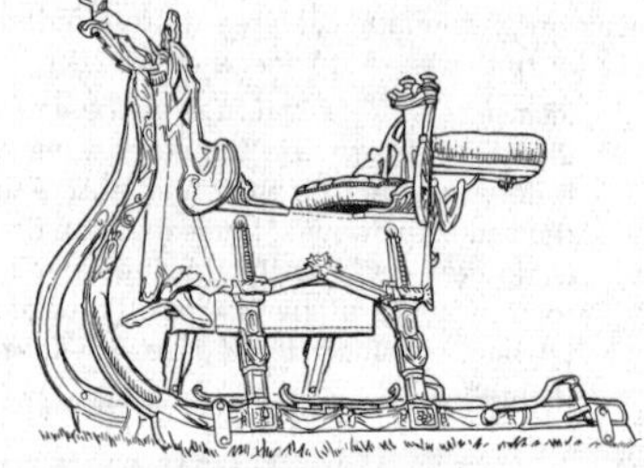

(D'après photo Nat. Rijtuigmuseum, Leek)

Leek. — Traîneau

Plus loin, dans le parc, près d'un pavillon construit vers 1700 et tapissé à l'intérieur de coquillages, un bâtiment moderne renferme une collection de diligences.

Midwolde. – La petite église de brique au clocher à toit en bâtière abrite le beau **monument funéraire★** en marbre qu'exécuta Rombout Verhulst en 1669 à la demande d'Anna van Ewsum. La jeune femme se penche d'un geste gracieux sur la dépouille de son mari. Les angelots en marbre blanc symbolisent les enfants du ménage. A la place du septième, se trouve maintenant la statue en pied du deuxième époux d'Anna van Ewsum que réalisa Barthelemy Eggers en 1714.

Remarquer la chaire ouvragée de 1711, les hautes stalles (vers 1660-1670) et le petit orgue de 1630 aux tuyaux de plomb.

BERGEN OP ZOOM Noord-Brabant

Cartes Michelin n°s 408 - pli 16 et 212 - pli 14 – *Schéma p. 76* – 45 052 h. – *Plan dans le guide Michelin Benelux.*

Petit port relié par un canal à l'Escaut oriental, Bergen op Zoom fut à partir de 1287 le siège d'une seigneurie indépendante. Avant-port d'Anvers, c'était au Moyen Age le siège d'une importante foire annuelle. La seigneurie de Bergen op Zoom fut transformée en marquisat en 1533.

La ville est restée célèbre pour son invincibilité car elle soutint victorieusement deux sièges contre les Espagnols, en 1588, par le duc de Parme Alexandre Farnèse, puis en 1622 lorsqu'elle fut investie par des troupes commandées par Spinola.

Ses fortifications furent renforcées vers 1700 par **Menno van Coehoorn** (1641-1704), ingénieur auquel le pays doit de nombreuses places fortes. Cependant, Bergen ne put résister à l'armée française, en 1747, pendant la guerre de Succession d'Autriche.

Les remparts ont été démolis en 1867 mais le tracé des boulevards en rappelle les contours.

Bergen op Zoom, située au milieu de dunes, de bois et de bruyères, est de nos jours renommée pour ses cultures d'asperges et pour ses anchois. Son carnaval *(p. 11)* est réputé.

■ CURIOSITÉS *visite : 1 h 1/2*

Hôtel de ville (Stadhuis). – Sur la Grand-Place (Grote Markt), il montre une belle façade en pierre de 1611, précédée d'un perron où figurent les **armes de la ville :** deux sauvages encadrent un écusson couronné comprenant trois croix de Saint-André et trois collines (berg : mont).

Près de la Grand-Place se dresse un massif **clocher** en pierre. Nommé familièrement De Peperbus, la poivrière, en raison de sa forme, c'est le seul vestige de l'**église Ste-Gertrude** qui a été détruite en 1747 par les Français puis, une fois reconstruite, incendiée en 1972.

Markiezenhof*. – *Steenbergsestraat 8. Visite : 14 h - 17 h (de mi-juin à mi-août 10 h - 17 h; sam., dim. et j. fériés ouverture à 13 h); fermé lundi, 1er janv., Pâques, 25 déc.; 1,50 fl.*

C'est l'ancien palais (hof) des marquis de Bergen op Zoom. Des 15e et 16e s., œuvre d'Antoine Keldermans, architecte de Malines (Belgique), il fut habité par les marquis jusqu'en 1795. Il a été restauré. Sa façade, dont la base en pierre est garnie de grandes fenêtres grillagées, est surmontée de pignons et lucarnes à redans en brique, striée de chaînages de pierre d'un gracieux effet.

L'intérieur a été transformé en **musée communal.** La petite cour, à arcades, est pittoresque. La grande salle du palais ou **Hofzaal** est particulièrement remarquable, avec sa cheminée de pierre sculptée (saint Christophe) de 1523, ses portraits de marquis de Bergen, une tapisserie bruxelloise du 16e s. (Charlemagne à Rome), des tableaux et de l'orfèvrerie.

Dans l'aile du 18e s., reconstruite, on peut voir de belles salles d'**arts décoratifs** (styles Louis XIV, Louis XV et Louis XVI).

Au 2e étage, une salle est consacrée aux fortifications : maquette de la ville en 1747, copie de celle exécutée pour Louis XV. Une pièce rassemble des objets d'art ancien. On peut voir également des objets et des bannières de procession, ainsi que des céramiques fabriquées à Bergen op Zoom.

Au rez-de-chaussée, salles réservées à des expositions.

Porte des prisonniers (Gevangenpoort) ou porte Notre-Dame (Lieve Vrouwepoort). – *Accès par la Lieve Vrouwestraat partant du Markiezenhof.*

Du 14e s., c'est la seule porte subsistant de la ceinture de remparts de la ville médiévale. Elle présente vers l'intérieur de la ville une façade de briques flanquée d'échauguettes. Vers l'extérieur, elle est encadrée de deux grosses tours de pierre.

Ravelin (Ravelijn) « Op den Zoom ». – *Au Nord-Est de la ville.* Près du beau **parc municipal** (A. van Duinkerken Park) entourant un étang, subsiste ce réduit fortifié cerné d'eau, témoignage des fortifications construites par Coehoorn.

EXCURSION

Wouw; Roosendaal. – *15 km au Nord-Est par ② du plan – schéma p. 76.*

Wouw. – 8 218 h. Dans l'**église** gothique de ce village, reconstruite après la Deuxième Guerre mondiale, se trouve un bel ensemble de statues. *En cas de fermeture, s'adresser à : Mevr. M. Hertogh, Bergsestraat 52.*

Les **statues,** baroques, du 17e s., appartenaient aux stalles qui ont disparu pendant la guerre. Elles sont disposées dans le chœur (sur des consoles) et dans les bas-côtés où elles encadrent les confessionnaux.

Les personnages sont représentés dans des attitudes très vivantes.

Le vitrail du côté Ouest de la tour représentant la Résurrection est une œuvre de Joep Nicolas (1937).

Roosendaal. – 55 754 h. Important nœud ferroviaire, c'est aussi une cité industrielle, dotée d'un quartier commercial moderne, De Rozelaar.

Aux alentours, on trouve plusieurs réserves naturelles, notamment le **Visdonk** et **De Rucphense bossen** (1 200 ha).

Le **musée la Rose d'Or** (De Ghulden Roos) est un musée régional installé dans un presbytère du 18e s. nommé **Tongerlohuys.** *Molenstraat 2. Visite : 14 h - 17 h; fermé lundi; 0,50 fl.*

Il rassemble une intéressante collection artistique, notamment des pièces d'orfèvrerie de guildes (corporations), des poteries, de la porcelaine de Chine, du grès, ainsi que des objets variés comme des bonnets brabançons, des instruments agricoles, des jouets d'enfants, un vélocipède de type Michaux. L'intérieur d'une confiserie ancienne a été reconstitué.

BOIS-LE-DUC Voir 's-Hertogenbosch.

BOLSWARD ★ Friesland

Cartes Michelin n°s 408 – pli 4 et 210 – pli 5 – *Schéma p. 164* – 9 819 h.

Bolsward, ou Boalsert en frison, est l'une des plus vieilles cités frisonnes. On connaît son existence en l'an 700. Son origine est discutée : fut-elle fondée par la princesse Bolswina? Son nom vient-il plutôt du mot frison « bodel » qui signifie profondeur et s'appliquerait aux canaux qui l'entourent?

Située autrefois sur le Middelzee, mer intérieure reliée au Zuiderzee, Bolsward connut la richesse et la puissance. Elle eut dès le 11e s. le privilège de battre monnaie et devint une ville hanséatique.

Aujourd'hui c'est une paisible cité qui s'anime chaque année *(en octobre)* au moment de la remise du prix de littérature frisonne, celui-ci portant tantôt le nom du Dr. Joost Halbertsma (1789-1869), tantôt celui de **Gysbert Japicx** (1603-1666) qui, né à Bolsward, contribua au développement de la littérature frisonne.

Située au centre d'une riche région pastorale, Bolsward est aussi le siège de l'École Laitière Nationale.

■ CURIOSITÉS *visite : 1 h*

Hôtel de ville★ (Stadhuis). – *Visite : 1er avril - 30 sept. 9 h - 12 h et 14 h - 16 h 30; fermé sam., dim. et j. fériés; 1 fl.*

Élégante construction du début du 17e s., il comporte une gracieuse façade de style Renaissance avec, au centre, un avant-corps à pignon que précède un beau perron du 18e s. orné de deux lions portant les armes de la ville. Au sommet, haut clocheton octogonal avec carillon *(concerts : jeudi 11 h, vend. 19 h)*.

A l'intérieur, la **salle du Conseil et des mariages** s'ouvre par une magnifique porte sculptée en 1614 par l'architecte présumé de l'hôtel de ville, Japick Gysberts; la belle cheminée en bois est encadrée d'atlantes de pierre.

Une salle du 1er étage, aux poutres énormes supportant le poids de la tour, sert de **musée d'antiquités :** argenterie frisonne, costumes traditionnels, produits de fouilles archéologiques, etc.

Église St-Martin (Martinikerk). – *Visite : 1er mai – 30 sept. lundi – vend. 10 h – 12 h et 14 h – 16 h; 1,50 fl.; en cas de fermeture, s'adresser au sacristain, Groot Kerkhof 3.*

Cette vaste église gothique, aujourd'hui protestante, fut bâtie au milieu du 15e s. Elle est précédée d'une tour coiffée, comme la plupart des clochers frisons, d'un toit en bâtière.

A l'intérieur, les voûtes des trois nefs s'appuient sur d'épais piliers cylindriques.

Dans le chœur, les **stalles★** de la fin du 15e s. sont remarquables pour leurs sculptures pleines de vérité et de naïveté. On admire notamment les scènes qui figurent sur les cloisons latérales :

- banc contre le mur de droite :
  - la manne, un saint; au verso : sainte Catherine et les philosophes, sainte Barbe.
  - saint Christophe; au verso : saint Georges et le dragon.
  - Moïse et les juifs, baptême du Christ, les espions et la grappe de raisin.
- contre le mur de gauche, banc proche de la nef :
  - Jugement de Salomon, saint Martin, sacrifice d'Abraham; au-dessus du pupitre : alchimiste;
  - saint Pierre et saint Paul, paradis et enfer; au verso : Dieu et anges musiciens, Jugement dernier.
- contre le mur de gauche, banc proche de l'abside :
  - Vierge écrasant le dragon; au verso : Judith décapite Holopherne.
  - dragon, blason de Bolsward, Tentation du Christ.

Sont également intéressants les personnages des dossiers, les pittoresques illustrations de paraboles figurant sur les miséricordes, les personnages des jouées et les figures grotesques des pupitres.

La **chaire★** (17e s.), couronnée d'un dais étagé, est décorée à la manière frisonne d'élégants motifs rapportés. Le panneau central représente une bible et les signes du zodiaque; les autres panneaux concernent les saisons. Au-dessus court une frise de fruits et légumes; au-dessous, série de coquillages.

Le sol est jonché de très nombreuses pierres tombales. L'orgue a été réalisé en 1775 par Hinsz de Groningue. L'acoustique remarquable de l'église a permis plusieurs enregistrements de concerts.

EXCURSION

Witmarsum. – *10 km au Nord-Ouest.* Près de la grand-route se dresse la statue de **Menno Simonsz** (1496-1561). Originaire de Witmarsum, il devint vicaire de Pingjum, puis curé de sa ville natale et finalement rompit en 1536 avec les Catholiques pour se tourner vers la doctrine anabaptiste, fondant la confrérie des « doopsgezinden » ou **mennonites.** En 1539, un ouvrage résume sa doctrine, plus pacifique que celle de Jean de Leyde *(p. 136)* : croyance en la Bible, rejet du baptême des enfants, accent mis sur la piété personnelle, refus d'obéir à toute Église établie. La religion mennonite a rayonné en Allemagne, en Suisse, en Amérique du Nord où elle compte encore des adeptes.

Les Mennonites de Witmarsum se réunissent dans une petite **église,** reconstruite en 1961 (Menno-Simonskerkje). *Menno-Simonsstraat. Pour visiter, s'adresser à Madame W. de Boer, Arumerweg 36.*

On y voit la salle de prière avec le portrait de Menno Simonsz et la sacristie conservant quelques souvenirs de l'illustre théologien.

Plus loin, dans la même rue, dans un petit bois, un monument a été élevé en mémoire de Menno Simonsz, à l'emplacement de sa première église.

Avec ce guide, utilisez les cartes Michelin indiquées sur le schéma p. 3.
Les références communes faciliteront votre voyage.

BREDA ★ Noord-Brabant

Cartes Michelin n°s 408 - pli 17 et 212 - pli 6 — 117 754 h. — *Plan d'agglomération dans le guide Michelin Benelux.*

Au confluent de la Mark et de l'Aa, c'était jadis une des principales places fortes du pays et le centre d'une importante baronnie. Aujourd'hui Breda est une ville dynamique et un grand centre de commerce et d'industrie. Bénéficiant de sa situation sur une des principales routes d'accès du pays, c'est une étape accueillante, aux vastes zones piétonnes.

Dotée de nombreux parcs, Breda possède aussi des environs très attrayants où de grands bois comme le **Liesbos**, à l'Ouest, le **Mastbos**, au Sud *(p. 69)* ont été aménagés pour les loisirs. A l'Est, **Surae** est un parc récréatif pourvu d'une baignade.

En février *(p. 11)*, Breda s'anime avec son célèbre **carnaval★**. Autour de Pâques a lieu la Bourse aux antiquités, en mai le festival international de jazz classique. A la mi-août la grande église accueille l'exposition florale de Breda. Fin août se déroule au château le Taptoe, festival de musique militaire *(p. 11)*.

UN PEU D'HISTOIRE

Le fief des Nassau. — Breda obtient ses droits de cité vers 1252. Elle fait alors partie de la baronnie de Breda, mais celle-ci devient en 1404 possession de la famille de Nassau, qui fait de la ville sa résidence. Les fortifications du 13e s. sont reconstruites vers 1540 par le comte Henri III de Nassau. Des canaux concentriques montrent encore le tracé de celles-ci qui furent détruites peu après 1870.

Le compromis de Breda. — Décidé en septembre à Spa en Belgique, le compromis des Nobles ou de Breda est signé au château de Breda en 1566. Son but : faire supprimer l'Inquisition. A la suite de cette réunion, près de 300 nobles se rendent en délégation à Bruxelles auprès de la gouvernante Marguerite de Parme, pour lui demander la convocation des États généraux, afin de modifier les édits contre les hérétiques.

Adressée à Marguerite de Parme, qui venait d'éclater en sanglots, la boutade de Berlaymont, son conseiller : « Comment, Madame, peur de ces gueux? » ne déplut pas aux calvinistes, qui dès lors prirent le nom de **« gueux »** et la besace des mendiants pour emblème de leur lutte contre les Espagnols.

Les calvinistes se crurent désormais tout permis : dès le mois d'août débutait la **révolte des iconoclastes,** pilleurs d'églises et destructeurs de statues, qui eut pour conséquence directe l'arrivée en 1567 du terrible duc d'Albe.

Une place ardemment disputée. — En 1581, Breda fut pillée par les Espagnols qui occupaient le château appartenant alors à Guillaume le Taciturne.

En 1590, Maurice de Nassau prit la ville par surprise, 70 de ses hommes ayant pu pénétrer dans la place, cachés sous le chargement de tourbe d'un chaland appartenant à Adriaan van Bergen.

En 1625, Breda, après un long siège, se rend aux Espagnols commandés par le marquis de Spinola. Cet épisode fut immortalisé par Vélasquez dans la Reddition de Breda (1634-1635). La ville est reprise en 1637 par le prince-stathouder Frédéric-Henri.

A la paix de Breda qui met fin en 1667 à la deuxième guerre anglo-hollandaise, les Hollandais cèdent aux Anglais la Nouvelle-Amsterdam qui devient New York. Ils acquièrent cependant la Guyane (actuel Surinam). Les négociations et la signature du traité ont eu lieu dans le château.

En 1793, la ville est prise par Dumouriez; il doit l'évacuer après la défaite de Neerwinden (Belgique) qui l'oblige à se retirer des Pays-Bas.

Assiégée de nouveau en 1794, par Pichegru, Breda ne se rend que lorsque tout le pays est occupé. Elle fait partie du département des Deux-Nèthes (chef-lieu Anvers) jusqu'en 1813 : cette année-là, à l'approche de l'avant-garde russe, la garnison française effectue une sortie, mais la population de Breda l'empêche de rentrer dans la place.

Les 11 et 12 mai 1940, Breda marqua le point extrême de l'avance des Alliés aux Pays-Bas : la manœuvre de la Dyle, opération par laquelle les forces franco-anglaises tentaient de faire une percée vers le Nord pour protéger Amsterdam, se solda par un échec : les troupes durent se replier rapidement en Belgique.

Breda fut libérée par les Alliés en octobre 1944.

Un soldat savant. — Lors du siège de Breda par Spinola, un jeune mercenaire de l'armée de Maurice de Nassau passait sur la Grand-Place de la ville. Il y vit un groupe arrêté devant une affiche rédigée en néerlandais. Son voisin, principal du collège de Dordrecht, lui traduisit le texte. Comme il s'agissait de trouver la solution d'un problème de géométrie, il demanda au soldat s'il avait l'intention de lui apporter la solution. Ce dernier promit et tint parole. C'était René Descartes *(p. 136)*.

■ PRINCIPALES CURIOSITÉS *visite : 1 h 1/2*

Partir du carrefour de Nieuwe Prinsenkade et de Prinsenkade. De là, jolie vue sur le clocher de la Grande église.

Het Spanjaardsgat (C A). — Ce reste de fortifications nommé « trouée des Espagnols » est constitué de deux grosses tours coiffées de petits bulbes et encadrant une porte d'eau qui servait à l'évacuation des eaux entourant le château.

Derrière ces murs se dissimule le **château** (kasteel). *Pour visiter, s'adresser au VVV de fin juin à mi-août mardi, merc., jeudi 14 h; 3 fl.* C'est un immense édifice aux nombreuses fenêtres, entouré d'un fossé, et dont la façade Nord (visible de l'Academiesingel) est flanquée de tourelles octogonales. Il est occupé depuis 1828 par l'Académie militaire des Pays-Bas.

Ancien château fort, transformé à partir de 1536 sur les plans de Thomas Vincidor de Bologne, ce fut la retraite préférée de Guillaume le Taciturne jusqu'à son départ pour la révolte ouverte en 1567. C'est là que fut signé le compromis des Nobles.

Le château reçut son aspect actuel entre 1686 et 1695, sous le stathouder Guillaume III d'Orange qui fit poursuivre le plan primitif de Vincidor.

Havermarkt (C 31). — C'est, au pied de la Grande église, une charmante placette, ancien « marché aux foins », envahie par les clients de ses nombreuses brasseries.

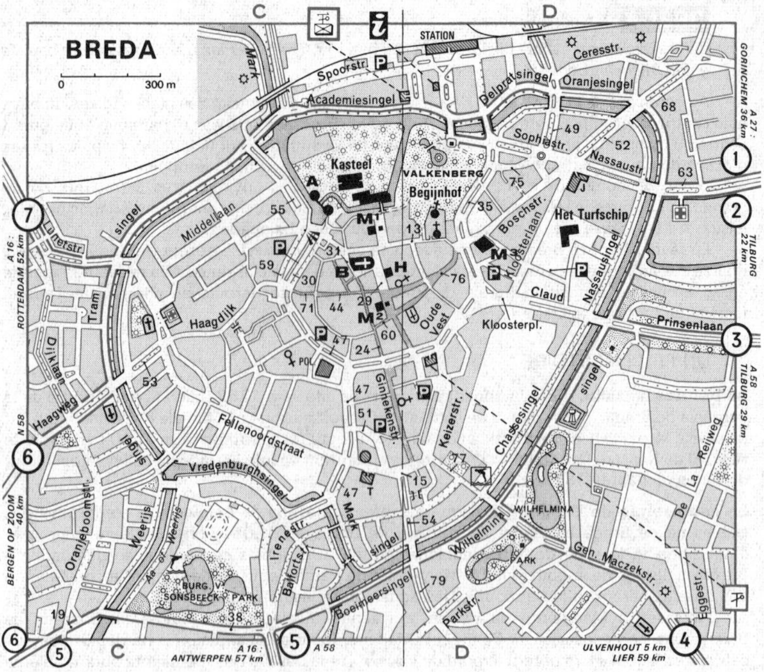

BREDA

Rue	Carré	N°
Eindstr.	C	24
Ginnekenstr.	C	
Grote Markt	C	29
Lange Brugstr.	C	44
Ridderstr.	C	60
Tolbrugstr.	C	71
Veemarkstr.	D	76
Boeimeersingel	C	7
Catharinastr.	CD	13
van Coothpl.	CD	15
Dr Struyckenstr.	C	19
Haven	C	30
Havermarkt	C	31
J.F. Kennedylaan	D	35
Julianalaan	C	38
Markendaalseweg	C	47
Mauritsstr.	D	49
Mr. Dr Frederickstr.	C	51
Nieuwe Boschstr.	D	52
Nieuwe Haagdijk	C	53
Nieuwe Ginnekenstr.	CD	54
Nieuwe Prinsenkade	C	55
Prinsenkade	C	59
St. Ignatiusstr.	D	63
Terheijdenstr.	D	67
Teteringenstr.	D	68
Valkenstr.	D	75
Vierwindenstr.	D	77
Wilhelminastr.	D	79

Grande église ou église Notre-Dame★ **(Grote- of Onze Lieve Vrouwe Kerk)** (C **B**). – *Entrée Kerkplein, côté Sud. Visite : 1er mai-30 sept. 10 h – 17 h (14 h – 17 h dim. et j. fériés); le reste de l'année, sonner à la porte côté de la Grand-Place, sauf dim.; 1,50 fl.*

C'est un imposant édifice gothique de style brabançon des 15e et 16e s. A trois nefs, elle fut agrandie au 16e s. de quelques chapelles et du déambulatoire. Son haut **clocher**★ *(pas d'accès)* de 97 m, à base carrée et sommet octogonal, est surmonté d'un bulbe. Le carillon possède 49 cloches *(concerts : en été sam. ap.-midi et les mardis et vend. à 10 h)*.

L'intérieur, à colonnes typiquement brabançonnes avec leurs chapiteaux ornés de choux frisés, et à triforium, renferme de nombreux tombeaux. Le plus imposant est, dans la chapelle Notre-Dame, au Nord du déambulatoire, le **tombeau**★ d'Englebert II de Nassau (1451-1504) et de son épouse. Le monument, de style Renaissance, en marbre blanc, a été exécuté dans le genre de Michel-Ange, vraisemblablement d'après un projet de Thomas Vincidor de Bologne. Les gisants d'albâtre sont placés sous une dalle tenue par quatre belles figures d'angle, représentant Jules César (courage militaire), Regulus (magnanimité), Hannibal (persévérance), Philippe de Macédoine (prudence). Au-dessus de la dalle est représentée en marbre l'armure d'Englebert II. Dans le caveau sous le tombeau sont enterrés René de Chalon *(p. 73)*, Henri III de Nassau et Anna van Buren, la première femme de Guillaume d'Orange. Dans le déambulatoire tombeau (15e s.) d'Englebert Ier et de Jean IV de Nassau.

Les stalles du chœur, en bois (15e s.) sont sculptées de motifs satiriques illustrant des vices, des proverbes, etc. D'autres reliefs insolites (une moto, etc.) ont été ajoutés après 1945.

Dans le bras Nord du transept est exposé un triptyque de Jan van Scorel, aux couleurs acides, dont le panneau central illustre l'invention de la Croix. Au fond du collatéral Sud d'intéressants fonts baptismaux, exécutés à Malines (Belgique) en 1540, portent des motifs de décoration Renaissance sur une forme gothique. Le buffet d'orgues de 1715 est orné d'une peinture représentant David et Goliath et l'offrande de l'arche d'alliance *(concerts en été dim. 15 h 30 et mardi 20 h 15)*.

Grand-Place (Grote Markt) (C **29**). – Du centre de cette vaste esplanade, jolie **vue** sur la Grande église.

Grand-Place

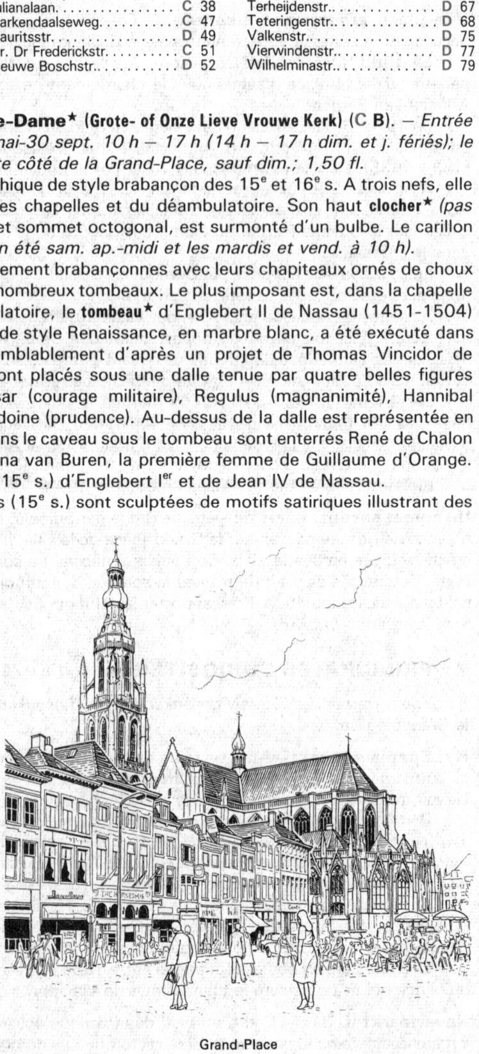

Hôtel de ville (Stadhuis) (**CD H**). – *Visite : 8 h 30 - 12 h 15 et 13 h 45 - 17 h 15; fermé sam., dim. et j. fériés.*

Du 17e s., il a été modifié en 1767. Le hall abrite une reproduction de la **Reddition de Breda,** par Vélasquez, dont l'original se trouve au musée du Prado à Madrid.

En face, à l'angle de la Reigerstraat, on remarque une jolie maison à pignon à redans.

Au Sud de la place se dresse, au no 19, **Het Wit Lam,** anciennement halle aux viandes et local de la guilde des arbalétriers, où est installé le musée municipal et épiscopal *(ci-dessous).* Au fronton de la façade, datée de 1772, un saint Michel terrasse le dragon.

La Grand-Place, où convergent les rues piétonnes, accueille un marché aux victuailles le mardi et le vendredi matin ainsi qu'un marché aux puces le mercredi.

Musée ethnographique (Volkenkundig Museum) Justinus van Nassau (**C M**1). – *Visite : 10 h - 17 h (13 h - 17 h dim. et j. fériés); fermé sam. sauf veille d'un jour férié, 1er janv. et jours de Carnaval (sam., dim., lundi); 3,50 fl.*

Installé dans l'ancienne résidence du gouverneur de la ville, Justin de Nassau, il permet de faire un tour du monde en une quinzaine de salles où sont représentées des scènes de la vie quotidienne et exposées des collections d'armes, de bijoux, de masques. Tous les continents y figurent et principalement l'Asie avec l'Indonésie, l'Inde, le Tibet.

Devant le musée, statue équestre du stathouder Guillaume III.

Valkenberg* (**D**). – Cet ancien parc du château, ombragé par de très beaux arbres, est agréable.

A côté se trouve l'enclos du **béguinage** (begijnhof). *Entrée par le portail du bâtiment restauré, Catharinastraat.* Fondé en 1267, le béguinage fut transféré ici en 1531 et groupe 29 maisons d'allure sobre, ordonnées autour d'une cour pourvue d'un jardin de plantes médicinales et d'une chapelle. La seule béguine des Pays-Bas y vit encore. Autrefois les béguines formaient une communauté catholique et habitaient des maisonnettes rassemblées dans un enclos. A la différence des religieuses, elles ne prononçaient pas de vœux.

A l'entrée du béguinage se dresse l'ancienne chapelle des béguines, devenue **église wallonne** (Waalse Kerk). Là se maria **Peter Stuyvesant** (1592-1672), Frison qui fut gouverneur de la Nouvelle-Amsterdam (New York) de 1647 à 1664.

■ AUTRES CURIOSITÉS

Musée municipal et épiscopal (Stedelijk- en Bisschoppelijk Museum) (**C M**2). – *Visite : 10 h - 13 h et 13 h 45 - 17 h (dim. et j. fériés 13 h 30 - 17 h); fermé 1er janv., lundi de carnaval, 25 déc.; 1 fl.* Collections ayant trait à l'histoire de Breda : intérieurs reconstitués, orfèvrerie religieuse et de guildes.

Het Turfschip (**D**). – Ce centre de congrès et d'expositions porte le nom du « bateau de tourbe » (turfschip) qui délivra Breda en 1590.

De Beyerd (**D M**3). – *Visite : 10 h - 17 h (dim. et j. fériés 13 h - 17 h); fermé lundi, 1er janv., carnaval, dim. de Pâques, 30 avril, dim. de Pentecôte, 25 déc.; 1 fl.*

Cet édifice, ancien hospice, a été transformé en centre d'Arts plastiques (Centrum voor beeldende kunst). Une collection d'art moderne y est exposée par roulement. Des projections de films y ont lieu.

A proximité, des travaux de terrassement ont permis de découvrir des vestiges de la muraille médiévale et d'une porte fortifiée.

EXCURSIONS

Château de Bouvigne (Kasteel Bouvigne). – *4 km. Sortir par ⑤ du plan, puis Duivelsbruglaan et tourner à droite.*

En lisière du **Mastbos,** beau bois de pins et de hêtres sillonné de pistes cyclables ou cavalières, se dresse ce château dont le nom dériverait du mot « boeverije » signifiant « prairie basse ». Construit en 1612, il est flanqué d'une haute tourelle octogonale à bulbe et entouré d'un large fossé. *On ne visite pas le château; visite des jardins d'avril à sept. du lundi au vend. de 9 h à 16 h; 0,50 fl.*

Baarle-Nassau. – 5 768 h. *37 km au Sud-Est par ④ du plan.*

Cette localité partage son territoire avec une commune belge (Baarle-Hertog) composée de plusieurs enclaves en territoire néerlandais. Au 12e s., en effet, le village de Baerle fut divisé en deux. La partie Sud revint au duc de Brabant (Baarle-Duc ou Baarle-Hertog). La partie Nord, rattachée à la baronnie de Breda, se nomme Baarle-Nassau depuis que Breda, au début du 15e s., est devenue le fief de la famille de Nassau. Les limites des communes sont très compliquées. De nos jours, chacune possède sa mairie, son église, sa police, son école, son bureau de poste. Les maisons de nationalité différente sont très mélangées. On reconnaîtra leur appartenance à la plaque portant leur numéro : le drapeau national y figure.

Hoeven; Oudenbosch; Willemstad. – *50 km à l'Ouest. Sortir par ⑥ du plan et tourner à droite à Etten-Leur.*

Hoeven. – 7 443 h. Dans cette localité se trouve l'**observatoire** (Volkssterrenwacht) **Simon Stevin,** qui porte le nom d'un savant flamand (1548-1620) et abrite un **planétarium.** *Visite accompagnée : toute l'année dim. 13 h 30 et 15 h; merc. et sam. 19 h 30; en outre mai-juin merc. 15 h, juil.-août tous les jours (sauf sam.) 15 h et vend. 23 h; fermé 1er janv., Pâques, Pentecôte, 25 et 26 déc.; 3 fl.*

Oudenbosch. – 12 331 h. Le bourg est dominé par l'énorme **basilique** Ste-Agathe et Ste-Barbe. Elle fut construite par P. J. H. Cuypers en 1867-1880, sur le modèle de St-Pierre de Rome, mais avec des dimensions plus réduites. La coupole cependant culmine à 68 m. La façade, de 1892, reproduit celle de St-Jean-de-Latran à Rome. L'intérieur a été décoré par un sculpteur anversois.

Un musée des zouaves pontificaux a été aménagé en l'honneur des 3 000 Néerlandais qui, au 19e s., ont contribué à la défense des États de l'Église.

Par Standdaarbuiten, puis par la A 59 et la A 29, gagner Willemstad.

Willemstad. – *Schéma p. 76.* 3 238 h. Cette ville fortifiée au plan en étoile à sept branches, datant de 1583, doit son nom à son fondateur : Guillaume (Willem) le Taciturne. C'est de nos jours un port de plaisance très fréquenté par les touristes, et commandant l'écluse donnant accès au Volkerak. *Promenades en bateau dans le Nord du Delta : s'adresser à Rederij Otter (d'avril à oct.), Groenstraat 50.*

L'**église,** de plan octogonal, entourée d'un cimetière ombragé cerné d'un petit fossé, a été achevée en 1607; ce fut la première église des Pays-Bas de culte protestant.

Près du port, l'**ancien hôtel de ville** (voormalig raadhuis), du 17e s. est surmonté d'une tour octogonale. Il renferme un **musée de Céramique** (Ceramisch Museum).

Le **moulin** (D'Orangemolen), moulin de rempart tronconique blanc, date de 1734.

Au Nord-Ouest de la ville, dans un parc, l'hôtel de ville (gemeentehuis) occupe le **Mauritshuis,** construit au 17e s. pour le prince Maurice d'Orange. Il contient une petite collection historique. *Visite : 8 h 15 - 12 h 15 et 13 h - 17 h; en outre jeudi 18 h - 20 h 30; fermé merc. ap.-midi, sam., dim.*

Raamsdonksveer; Geertruidenberg; Drimmelen; Parc national du Biesbosch★. – *50 km au Nord par ① du plan.*

Raamsdonksveer. – Le **musée national de l'Automobile** (Nationaal Automobielmuseum), auparavant installé à Leidschendam, rassemble, dans un édifice moderne, une centaine de véhicules anciens. *Visite : 9 h - 16 h 45 (dim. et j. fériés 11 h – 16 h 45); fermé 1er janv., 25 déc; 7 fl.*

Geertruidenberg. – 6 566 h. Ancienne place forte sur l'Amer, le petit bourg s'ordonne autour d'une **place** triangulaire plantée de tilleuls et dominée par la tour massive de l'église Ste-Gertrude. Sur la place, l'**hôtel de ville** (stadhuis) présente une belle façade du 18e s. A proximité se remarque une jolie fontaine baroque. *Promenades en bateau vers le Biesbosch (voir ci-dessous).*

Drimmelen. – Bien situé au bord de l'Amer, propice aux sports nautiques depuis les travaux du Delta, Drimmelen est devenu un centre touristique. Son **port de plaisance** peut accueillir 1 400 bateaux. Drimmelen est aussi fréquenté par les pêcheurs à la ligne.

Parc national du Biesbosch★. – Le Biesbosch (ou Biesbos) se compose de quatre parties dont trois sont sillonnées de routes. La quatrième (le Zuidwaard) est totalement entourée d'eau. La **promenade en bateau★** donne un bon aperçu de la région. *S'adresser à Woudrichem (Rederij van Straten), à Drimmelen (Rederij de Zilvermeeuw et De Branding), à Lage Zwaluwe (Rederij Biesboschtours) ainsi qu'à Geertruidenberg. Location de bateaux possible dans le Biesbosch.*

Cette région de 40 000 ha a subi le raz-de-marée de la Ste-Elisabeth en 1421. Grâce à d'importants travaux d'endiguement effectués au cours de cinq siècles et demi, les parties immergées ne représentent plus que 6 000 ha. Bien que très fréquenté par les plaisanciers, le Biesbosch est peuplé par une abondante faune aquatique. On y verra non seulement la foulque, la barge et le chevalier gambette, mais aussi le pluvier, le héron et le faisan. Sur les îlots, roseaux, joncs, prairies composent l'essentiel de sa végétation, mais y croissent aussi de nombreuses espèces comme le saule, le frêne, le salicaire, l'osier, la berce, le sagittaire, la valériane, le cresson.

La fermeture de l'estuaire du Haringvliet a entraîné la disparition des marées à cet endroit, ainsi que l'apparition d'une phase transitoire dans la croissance de l'osier. On peut pratiquer plusieurs sports dans le Biesbosch (la rame, la voile, le canoë). Depuis 1981, le Biesbosch est devenu parc national. Plusieurs zones récréatives ont été aménagées ainsi qu'une réserve d'oiseaux *(visite interdite)* et trois réservoirs d'eau (spaarbekkens) alimentant la région de Rotterdam et de Dordrecht.

BRIELLE Zuid-Holland

Cartes Michelin nos 408 - pli 16, 23 (agrandissement) et 212 - pli 4 – *Schéma p. 158* – 15 219 h.

Ancienne place-forte de l'île de Voorne, Brielle, nommée généralement Den Briel (prononcer bril), fut un port actif à l'embouchure de la Meuse. Le 1er avril 1572, les Gueux de mer, expulsés d'Angleterre, débarquèrent à Brielle. Ce fut le signal du soulèvement de Hollande et de Zélande contre l'occupation espagnole. En juillet, on exécuta à Brielle 19 prêtres dont 16 venaient d'être faits prisonniers par les Gueux à Gorinchem. Connus comme les « martyrs de Gorkum », ils ont été canonisés. Chaque année, le 1er avril, on commémore la prise de la ville par les Gueux, grâce à des reconstitutions historiques.

Brielle est la ville natale de l'amiral Maarten **Tromp** (1598-1653), célèbre par sa victoire des Downs, remportée sur les Espagnols en 1639, près des côtes anglaises, pendant la guerre de Trente Ans.

De nos jours, Brielle est un centre touristique bénéficiant de la proximité des aménagements du **lac de Brielle** (Brielse Meer) auquel elle est reliée *(en saison)* par un bac pour piétons et cyclistes. La cité garde de son passé les vestiges de fortifications, aménagées en promenade et des quais paisibles bordés de demeures anciennes, comme le **Maarland,** au Nord de la ville. A l'extrémité Est du Maarland, au-delà d'un pont, jolie **vue** sur les bassins et la tour de l'église gothique Ste-Catherine.

Musée Tromp (Trompmuseum). – *Visite : 9 h - 17 h; fermé lundi 12 h - 13 h, mardi 11 h 30 - 12 h 30, dim. et j. fériés; 0,75 fl.*

A l'arrière de l'hôtel de ville du 18e s., sur le **Wellerondom,** place pittoresque avec ses façades anciennes, sa fontaine et son vieux canon, ce petit musée, installé dans le Poids public, est consacré à l'amiral Tromp et à l'histoire de la ville.

Grande église ou église Ste-Catherine (Grote- of St- Catharijnekerk). – *Visite : du 1er lundi d'avril au 1er lundi d'oct. 13 h 30 - 16 h 30, en outre 10 h - 12 h de début mai à mi-sept.; fermé merc., dim. et j. fériés; 1,50 fl.*

Construite au 15e s., elle est restée inachevée. De style gothique brabançon, elle est précédée d'une tour-porche massive de 57 m de haut, en pierre. Le carillon, fondu en 1660 par Hemony, a été agrandi et possède à l'heure actuelle 48 cloches.

Les CHAMPS DE FLEURS ★★★ Zuid-Holland

Cartes Michelin nos 408 - pli 10 et 211 - plis 2, 12.

Entre Leyde et Haarlem s'étend la célèbre zone de culture des fleurs à bulbe. Elle se transforme au printemps en un vaste damier multicolore.

Une spéculation originale. – La tulipe aurait été rapportée de Turquie par Ogier Ghislain de Busbecq (1522-1592), ambassadeur d'Autriche, qui en remit des bulbes à Charles de l'Escluse (1526-1609) plus connu sous le nom de **Carolus Clusius,** savant alors chargé du jardin impérial de plantes médicinales de Vienne.

Devenu en 1593 professeur à l'Université de Leyde, ce dernier entreprit de cultiver la tulipe sur les terres sablonneuses et humides qui s'étendent le long de la mer du Nord entre Leyde et Haarlem. Le succès de cette culture fut immense.

D'autres fleurs comme les jacinthes, les glaïeuls avaient été introduites entre-temps, mais c'est sur la tulipe que se portèrent les surenchères les plus élevées. Entre 1634 et 1636, la spéculation atteignit des proportions insensées : un bulbe de tulipe rare se vendit 6 000 florins. On alla jusqu'à échanger un oignon contre un carrosse et ses deux chevaux, contre des hectares de terre, contre une maison. Les États de Hollande mirent fin à cette spéculation en 1636 et l'industrie de la fleur fut réglementée. A la fin du 17e s. le goût de la tulipe fit place à celui de la jacinthe.

Quelques chiffres. – Aujourd'hui les plantes à bulbe couvrent une surface de 14 134 ha dans le pays. Les principales zones de production se trouvent au Sud de Haarlem (2 600 ha) et au Nord de la ligne Alkmaar-Hoorn (6 200 ha).

Les oignons sont exportés dans les deux hémisphères *(p. 17)* et le chiffre de ces exportations représente environ 700 millions de florins par an. L'Allemagne de l'Ouest et la France sont les meilleurs clients (par quantités achetées) avec la Suède et la Finlande (par tête d'habitant). La France achète annuellement un choix d'oignons, principalement des tulipes, jacinthes et glaïeuls, représentant plus de 66 millions de florins.

La culture des bulbes. – Les espèces les plus répandues aux Pays-Bas sont la tulipe, le glaïeul, le narcisse, le lis, l'iris mais on cultive aussi de nombreuses autres fleurs comme la jacinthe, le crocus, l'anémone, le frésia.

Vers la mi-mars, les champs de fleurs prennent leur première teinte avec l'éclosion des **crocus,** orange ou violets auxquels succèdent les **narcisses** blancs et jaunes (fin mars).

A la mi-avril, les **jacinthes** fleurissent ainsi que les premières **tulipes.** Quelques jours après les plus belles tulipes s'épanouissent. *C'est donc fin avril que la plaine se présente en général sous son meilleur aspect.* Découpée en languettes multicolores que séparent de petits canaux d'irrigation, elle ressemble à une immense mosaïque. C'est l'époque du grand corso fleuri sur la route de Haarlem à Noordwijk *(p. 11).* Les champs se couvrent ensuite d'**iris,** puis de **glaïeuls** (août). Un autre corso fleuri a lieu en septembre *(p. 11)* entre Aalsmeer et Amsterdam.

Peu après la floraison, par des moyens mécaniques, on étête les tiges afin de fortifier le bulbe. Une fois récoltés, les gros bulbes sont vendus. Les bulbilles sont replantées en automne.

La traversée des champs de fleurs en chemin de fer offre de belles vues sur ceux-ci. Le survol en avion est très recommandé. *S'adresser à Seaport Aviation B. V. Airport Zestienhoven, Rotterdam, tél. (010) 15.78.55.*

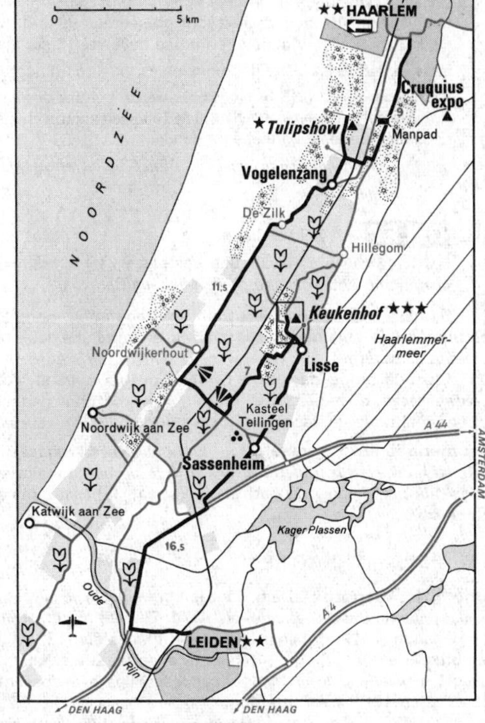

De Haarlem à Leyde

46 km – environ 1/2 journée

Quitter Haarlem (p. 113) par ③ du plan.

Quelques belles propriétés bordent la route, puis apparaissent les premiers champs de fleurs. On remarque à droite un château des 17e-18e s., Huis te Manpad.

Prendre la première route à droite vers Tulipshow et franchir le passage à niveau. Tourner ensuite à droite.

Tulipshow★. – *1,5 km au Nord de Vogelenzang.*
Visite : avril-mai 8 h - 18 h; juil.-sept. 9 h - 17 h.
Ce centre d'exploitation florale possède, depuis 1789, une serre, un jardin et de grands champs de culture qu'on peut parcourir. On y voit aussi un sabotier au travail *(avril-mai 8 h - 18 h).*

Vogelenzang. – Ce village, situé dans une région boisée à proximité des dunes côtières, groupe des résidences cossues.

Au Sud de De Zilk, on aperçoit les dunes du littoral dont les teintes pâles contrastent avec les couleurs vives des tapis de fleurs.

Les CHAMPS DE FLEURS★★★

A la sortie de Noordwijkerhout, la route s'élève avant l'échangeur. Elle surplombe alors les champs de fleurs sur lesquels elle offre de belles **vues★**.

Prendre à gauche vers Sassenheim puis, après la voie ferrée, à gauche. Du pont sur la voie ferrée, jolies **vues★** sur les champs de fleurs. *Prendre à gauche vers Keukenhof.* On y arrive en traversant des bois.

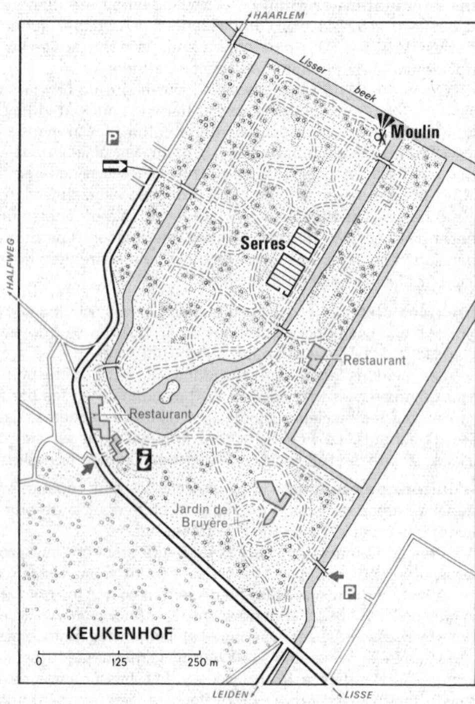

Keukenhof★★★ (Nationale Bloemententoonstelling). – *Visite : de fin mars à mi-mai ou fin mai 8 h - 19 h 30; 8 fl.*

Au cœur de cette région de champs de fleurs, c'est en quelque sorte le sanctuaire de la fleur bulbeuse, visité par plus de 900 000 personnes chaque printemps. Il s'étend sur 28 ha dans un beau cadre de bois. C'était jadis le territoire de chasse de Jacqueline de Bavière *(p. 96)* dont le château se dresse encore à l'Ouest. Contrastant avec les champs environnants aux parterres géométriques, Keukenhof est un parc à l'anglaise : il est vallonné, parcouru de petits canaux sinueux, parsemé de pièces d'eau où glissent les cygnes, et les plus belles variétés de fleurs, surtout des tulipes, jacinthes, narcisses, y forment de petits massifs isolés, créant de magnifiques taches de couleurs sur un fond vert de pelouse et de feuillage. Quelques sculptures agrémentent l'ensemble.

Les espèces les plus fragiles sont présentées dans de vastes serres.

De la passerelle du moulin, on a une belle **vue★★** sur les champs de fleurs avoisinants.

Lisse. – 19 901 h. Une des principales localités de cette région des champs de fleurs.

Sassenheim. – 12 865 h. Grand centre de culture de plantes à bulbes.

Près de cette localité, au **château de Teilingen** aujourd'hui en ruines, Jacqueline de Bavière passa les dernières années de sa vie.

Prendre l'autoroute pour gagner Leyde (p. 136) et entrer par ④ du plan.

DELFT ★★ Zuid-Holland

Cartes Michelin nos **408** - Sud des plis 9, 10 et **211** - plis 11, 12 – 85 268 h. – *Plan d'agglomération dans le guide Michelin Benelux.*

Ses faïences ont donné à Delft une réputation mondiale. Ses vieux canaux aux quais ombragés, ses monuments, ses musées, en font l'une des cités hollandaises qui a conservé le plus de caractère. Delft, ville raffinée, invite à la rêverie.

C'est la patrie du juriste Grotius, de Vermeer *(p. 73)* et du naturaliste **Antonie van Leeuwenhoek** (1632-1723) qui, grâce aux microscopes perfectionnés qu'il fabriqua lui-même, fit une multitude de découvertes dans le monde végétal et animal microscopique.

Promenade sur les canaux★. – *Embarcadère : Wijnhaven 6* (**CZ**). *Départ à Pâques et en été 10 h 30 - 18 h toutes les 1/2 h; 5 fl.* Le bateau suit le Nieuwe Delft (Nouveau Fossé) constitué par Hippolytusbuurt et Voorstraat. Il passe près de l'Oude Kerk puis revient par Oude Delft.

UN PEU D'HISTOIRE

Une cité prospère. – Delft dont le nom signifie fossé, aurait été fondée par Godefroy le Bossu, duc de Basse-Lorraine, en 1074. Elle obtint ses droits de cité du comte Guillaume II de Hollande en 1246. Elle atteignit son apogée aux 13e et 14e s. par le travail de la laine et les brasseries. A la fin du 14e s., pour exporter ses produits, elle établit une liaison par eau avec les bouches de la Meuse, sur lesquelles elle possède bientôt un port, Delfshaven, absorbé en 1886 par Rotterdam.

En 1428, Jacqueline de Bavière *(p. 96)* y signa un traité selon lequel elle abandonnait ses possessions à Philippe le Bon. Au 15e s. une ceinture fortifiée donna à la ville le plan qu'elle conserva jusqu'au 19e s.

Très endommagée par le grand incendie de 1536, elle ne conserve guère d'édifices antérieurs au 16e s. En 1654, l'explosion d'un magasin aux poudres acheva de la détruire.

De nos jours, Delft est un centre intellectuel, grâce à ses instituts de Sciences Naturelles, son laboratoire d'hydraulique et son Université technique. Un réacteur nucléaire destiné à la recherche a été installé en 1963. Les modernes édifices universitaires s'étendent dans les nouveaux quartiers au Sud-Ouest de la ville.

Parmi ses industries figure la fabrication du levain.

Guillaume le Taciturne (Willem de Zwijger). – Fils du comte Guillaume de Nassau et de Juliana de Stolberg, Guillaume naît en Allemagne au château de Dillenburg en 1533. A la mort de son cousin **René de Chalon** (1544), il prend sa devise (Je maintiendrai), son titre de **prince d'Orange** et hérite de ses nombreuses possessions en France et aux Pays-Bas. En 1559, Philippe II le nomme **stathouder** (gouverneur) des provinces de Hollande, Zélande et Utrecht. Les mesures prises par Philippe II pour renforcer la répression contre les calvinistes engendrent un mouvement d'opposition dont Guillaume d'Orange et les **comtes d'Egmont et de Hornes,** prennent la tête. En 1556 a lieu la révolte des iconoclastes *(p. 67)* : Guillaume, se sentant menacé, s'enfuit à Dillenburg (1567) mais les comtes d'Egmont et de Hornes sont exécutés à Bruxelles en 1568. En 1570, Guillaume, qui a été élevé dans la religion catholique, adhère au calvinisme. Sous sa tutelle, la lutte des « gueux » *(p. 67)* s'organise, tant sur mer que sur terre. La prise de Brielle par les « gueux de mer » le 1er avril 1572 marque le début d'un combat sans merci. Les États de Hollande, réunis à Dordrecht en juillet, approuvent les révoltés et reconnaissent Guillaume d'Orange comme stathouder *(p. 82)*.

A partir de 1572, le prince séjourne souvent à Delft. En 1579, les provinces s'associent dans la lutte par la célèbre Union d'Utrecht *(p. 167)*. Menacé de mort par Philippe II en 1581, Guillaume d'Orange se défend par une célèbre « Apologie ». Il se recherche des appuis et s'adresse à François d'Anjou, frère du roi de France, mais celui-ci meurt peu après.

Le 10 juillet 1584, le Taciturne est assassiné dans le Prinsenhof à Delft.

Le père du droit international. – Né à Delft, Hugo de Groot ou **Grotius** (1583-1645) fut un des plus grands esprits de son temps. Tout à la fois théologien, philosophe, poète à ses heures, il est surtout connu pour ses ouvrages juridiques et notamment son « De jure belli ac paci » (du droit de la guerre et de la paix) (1625) qui fit autorité en matière de droit civil et valut à son auteur d'être considéré comme « le père du droit des gens ».

Après le synode de Dordrecht, Grotius, de religion remontrante et partisan d'Oldenbarnevelt *(p. 83)*, fut emprisonné au château de Loevestein *(p. 98)*. Il s'en échappa, alla s'installer à Paris, puis devint, en 1634, ambassadeur de Suède en France.

Vermeer de Delft (1632-1675). – Delft et ses habitants furent l'univers de ce peintre qui, né à Delft et mort dans cette ville, pratiquement inconnu, est l'un des plus grands maîtres des Pays-Bas.

S'attachant à dépeindre les scènes de la vie quotidienne, il est de ceux qui, sans rompre avec la tradition, sans se départir du réalisme de mise à l'époque, révolutionnèrent l'art pictural. Chez Vermeer, l'anecdote disparaît, le sujet serait banal et quotidien s'il n'était mis en valeur par une science extraordinaire de la composition, de la géométrie, l'utilisation d'une matière onctueuse, de tons vifs (jaune citron, bleu ciel) remarquablement assemblés, et surtout par cette merveilleuse mise en scène de la lumière dont Vermeer est le grand virtuose.

Ce jeu de lumière est particulièrement admirable dans la fameuse « Vue de Delft », prise du Hooikade (CZ) avec le « petit pan de mur jaune » qui impressionnait tant Marcel Proust ou dans ces portraits de femmes nimbés de clarté et de grâce comme la Jeune fille au turban ou la Dentellière dont il semble qu'un « rayon de soleil » les ait dessinées (Paul Claudel).

Le Mauritshuis à la Haye et le Rijksmuseum à Amsterdam sont les deux musées des Pays-Bas les mieux pourvus en œuvres de Vermeer dont la production fut d'ailleurs peu abondante.

Son contemporain, **Pieter de Hooch** ou **de Hoogh** (1629-1684), né à Rotterdam, séjourne longtemps à Delft, avant de gagner Amsterdam. Il décrit la vie des bourgeois aisés qu'il fait évoluer dans des intérieurs aux portes et aux fenêtres ouvertes, créant de savantes perspectives et des effets de lumière sur les dallages.

Un prétendant sérieux. – La mort du Dauphin, fils de Louis XVI et de Marie-Antoinette, à la prison du Temple en 1795 à Paris, ne pouvant être établie, de nombreux candidats au trône de France essayèrent, sous le règne de Louis XVIII, de se faire passer pour le jeune prince.

Parmi eux, l'horloger **Naundorff** réunit autour de lui un cercle de fidèles qui, impressionnés par la précision de ses déclarations sur la Cour et la famille royale, le reconnurent, jusqu'à sa mort en 1845, pour le souverain légitime. Son descendant a conservé par privilège le titre de duc de Normandie.

La faïence de Delft. – Aux Pays-Bas, à la fin du 16e s., la vogue des grès provenant de la région du Rhin fait place à celle de la majolique, dont la technique vient d'Italie. Les principaux centres, Haarlem, Amsterdam, fabriquent des objets utilitaires puis commencent à produire, ainsi que Makkum *(p. 163)* et Harlingen, des carreaux de faïence, destinés à la décoration des murs. Au 17e s., les contacts avec l'Orient apportent de nouvelles sources d'inspiration, tant dans les formes que dans les coloris, empruntés à la porcelaine chinoise.

C'est dans la seconde moitié du 17e s. que Delft acquiert sa renommée qui s'étendra bientôt sur toute l'Europe.

Héritière des techniques de la majolique italienne, la faïence de Delft est une poterie à émail stannifère (contenant de l'étain), caractérisée par sa remarquable légèreté et son aspect particulièrement brillant dû à l'application d'un enduit translucide.

Tout d'abord, Delft connaît surtout le camaïeu de bleus sur fond blanc qui reste encore attaché à son nom.

A la fin du 17e s. la production se diversifie, la polychromie apparaît, et il n'est pas un dessin, une forme venue de Chine ou du Japon que les artistes de Delft n'aient essayés pour satisfaire les goûts d'une clientèle européenne fascinée par l'Orient.

Au 18e s., l'influence de la porcelaine de Sèvres et de Saxe se manifeste dans des objets aux contours et aux décors recherchés, tandis qu'une partie des pièces restent fidèles aux traditionnelles scènes hollandaises où l'on voit des barques naviguer sur des canaux enjambés par des ponts en dos d'âne.

Au début du 18e s., la faïence de Delft connaît son apogée. Mais rapidement survient la décadence, causée principalement par la concurrence anglaise.

De nos jours la production se perpétue dans plusieurs fabriques.

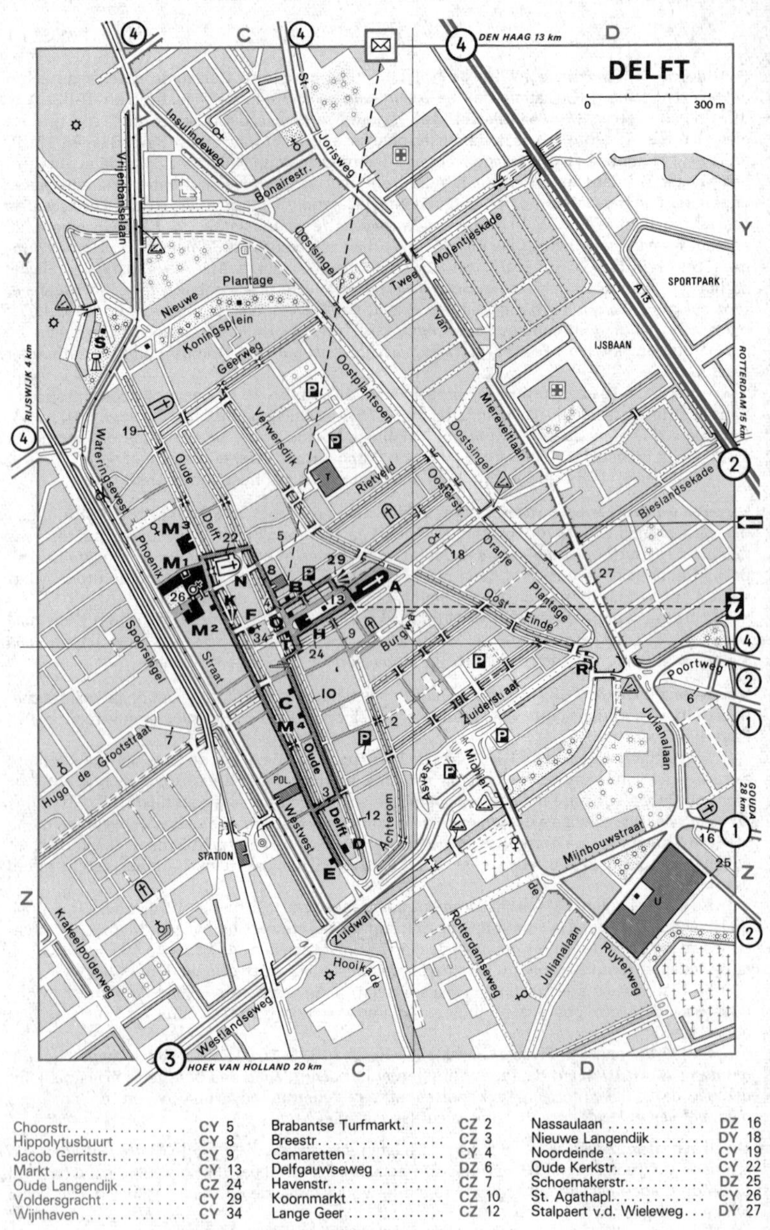

Choorstr.	CY 5	Brabantse Turfmarkt	CZ 2	Nassaulaan	DZ 16
Hippolytusbuurt	CY 8	Breestr.	CZ 3	Nieuwe Langendijk	DY 18
Jacob Gerritstr.	CY 9	Camaretten	CY 4	Noordeinde	CY 19
Markt	CY 13	Delfgauwseweg	DZ 6	Oude Kerkstr.	CY 22
Oude Langendijk	CZ 24	Havenstr.	CZ 7	Schoemakerstr.	DZ 25
Voldersgracht	CY 29	Koornmarkt	CZ 10	St. Agathapl.	CY 26
Wijnhaven	CY 34	Lange Geer	CZ 12	Stalpaert v.d. Wieleweg	DY 27

■ PRINCIPALES CURIOSITÉS *visite : 1/2 journée*

Place du marché (Markt) (CY **13**). – Cette vaste esplanade où se tient le marché *(jeudi)* s'étend entre la Nouvelle église et l'hôtel de ville.

Nouvelle église* **(Nieuwe Kerk)** (CY **A**). – *Visite : 9 h - 17 h (1er oct. - 31 mars : 10 h - 12 h et 13 h 30 - 16 h); fermé dim. et j. fériés; 2 fl.* Cette église gothique de 1381 est précédée d'un clocher de brique couronné d'une belle flèche de pierre. Le carillon est pourvu de cloches fondues par Hemony. L'église abrite le caveau des princes de la maison d'Orange. Seuls quelques membres de cette famille n'ont pas été enterrés ici : le stathouder Guillaume III reposant à Londres (Westminster), Johan Willem Friso, à Leeuwarden, Philippe-Guillaume, fils aîné de Guillaume le Taciturne, dans l'église St-Sulpice de Diest (Belgique).

L'intérieur à trois nefs, est sobre. Les colonnes trapues supportent des arcs en ogive, plus aigus dans le chœur. Sous la voûte de bois sombre, les fenêtres hautes de la nef dominent un étage de lancettes aveugles tandis que dans le chœur court un triforium.

A la clarté du vaisseau s'opposent les riches verrières colorées du transept et du large déambulatoire. Posées de 1927 à 1936, elles présentent des motifs figuratifs aux coloris chauds. Seul le vitrail de Grotius, situé dans le bras Nord du transept et dû au maître **Joep Nicolas** (1897-1972), s'en distingue par ses tonalités sourdes grises et bleues.

Le **mausolée de Guillaume le Taciturne*** s'élève dans le chœur, au-dessus du caveau royal. Cet imposant édifice Renaissance en marbre et pierre noire fut exécuté par Hendrick de Keyser de 1614 à 1621. Au centre d'un péristyle cantonné de grandes allégories, le prince est étendu en costume de parade, sous le regard d'une Renommée de bronze. A ses pieds figure son chien dont il ne se séparait jamais. A la tête du gisant de marbre, une statue de bronze représente le Taciturne en armure.

Au centre du chœur l'entrée du caveau *(interdit au public)* des princes d'Orange se signale par une grande dalle blasonnée.

On remarque dans le déambulatoire, pavé de pierres tombales, le mausolée du roi Guillaume Ier par Guillaume Geefs (1847) et dans le bas-côté Nord, celui de Grotius, d'une grande sobriété avec son portique à fronton triangulaire en pierre noire (1781).

Derrière le chœur, une chapelle est consacrée à une rétrospective des obsèques royales jusqu'en 1962, date à laquelle fut inhumée la reine Wilhelmine.

Montée à la tour. – *Visite : 30 avril - 15 sept. 10 h - 16 h 30; fermé lundi, dim. et j. fériés; 2 fl.* De l'avant-dernière plate-forme, on découvre un **panorama★** sur la ville nouvelle, au-delà des canaux de ceinture, avec l'Université technique et le réacteur nucléaire et, à l'horizon, Rotterdam et la Haye.

Hôtel de ville (Stadhuis) (CY H). – Incendié en 1618, il fut reconstruit en 1620 par Hendrick de Keyser. Restauré en 1965, suivant les plans de ce dernier, il a retrouvé son aspect du 17e s. avec ses fenêtres à meneaux aux carreaux sertis de plomb et ses volets bas. La façade sur la place, ornée de coquilles et d'une statue de la justice, est dominée à l'arrière par l'ancien donjon du 15e s., seul vestige de l'hôtel de ville d'origine.

En se retournant, la vue est belle sur le clocher de la Nouvelle église.

Poids public (Waag) (CY T). – En arrière de l'hôtel de ville se trouve cet édifice de 1770, transformé en théâtre. De là on aperçoit la **halle aux viandes** (Vleeshal) (**CY B**) dont la façade arbore deux têtes de bœufs (1660).

Koornmarkt (CZ 10). – *Traverser le canal.* Ici se trouve l'embarcadère pour les promenades en bateau *(p. 72).* Au n° 81 (**CZ C**), on remarque une jolie maison Renaissance à médaillons, nommée De Handboog, l'arc. Au n° 67 (**CZ M**[4]) la maison patricienne du 18e s., où vécut le peintre **Paul Tetar van Elven** (1823-1896) a été transformée en musée *(p. 76).*

Oude Delft★ (Vieux canal) (CZ). – L'eau sombre du canal, ombragé de tilleuls, les ponts en dos d'âne, les façades élégantes composent un décor de choix.

Le Vieux Canal

A l'extrémité du quai se trouve l'**Arsenal** ou Armamentarium (**CZ D**) dont l'écusson, daté de 1692, surplombe la porte donnant sur le canal.

En face, au n° 39, la jolie **maison de la Compagnie des Indes Orientales** (**CZ E**) a été restaurée. La façade porte les armes aux initiales de la compagnie : VOC (Verenigde Oostindische Compagnie). La girouette est en forme de navire.

Revenir sur ses pas et suivre le quai. On aperçoit bientôt la flèche de la Vieille église. En brique sombre, légèrement inclinée, elle est flanquée de quatre clochetons.

Sur le quai opposé, charmante chapelle gothique des sœurs du St-Esprit (**CY F**).

Du pont de Nieuwstraat, jolie **vue★** sur le canal.

Au n° 167, le **Conseil des Eaux du Pays de Delft** (Hoogheemraadschap van Delfland) (**CY K**) ancienne demeure patricienne (vers 1520), arbore une somptueuse façade Renaissance en pierre, ornée de tympans sculptés. Le portail est surmonté de blasons polychromes. Au n° 169, belle façade aux armes de Savoie abritant les archives communales.

Prinsenhof★ (CY M[1]**).** – *Au n° 183. Accès par Agathaplein, petite place située au-delà du porche. Visite : 10 h - 17 h (dim. et j. fériés 13 h - 17 h); fermé lundi, 1er janv., 25 déc. et quelques semaines en oct. et nov.; 1,90 fl (donnant droit à l'entrée du musée « Huis Lambert van Meerten » et du musée Ethnographique).*

La pierre sculptée au-dessus du porche rappelle que le Prinsenhof fut transformé au 17e s. en halle aux draps. C'était à l'origine un couvent de femmes (Ste-Agathe) avant de devenir en 1572 la résidence de Guillaume le Taciturne qui y fut assassiné en 1584. Le palais (Prinsenhof signifie la Cour du Prince) abrite actuellement un **musée.** Il renferme des souvenirs de la guerre de 80 ans (1568-1648) et des collections concernant la maison d'Orange-Nassau, notamment de nombreux portraits historiques.

Les bâtiments de style gothique flamboyant datent du 15e s. et s'ordonnent autour de deux cours intérieures. L'une est flanquée de la salle capitulaire (salle II), l'autre du réfectoire (salle VI) opposé à la chapelle (salle XIV). Celle-ci sert aujourd'hui d'église wallonne *(p. 108).* Dans le Prinsenhof a lieu chaque année *(p. 11)* une foire d'antiquités.

Vieille église (Oude Kerk) (CY N). – *Visite : 1er avril - 30 sept. 12 h - 16 h; fermé dim. et j. fériés sauf l'Ascension et les lundis de Pâques et de Pentecôte; 2 fl.*

Dédiée à saint Hippolyte, cette église du 13e s. qui se reflète dans les eaux du Vieux canal fut agrandie à quatre reprises. Elle comporte depuis le 16e s. trois chœurs et une amorce de transept. La tour, penchée, encastrée dans la nef principale, est construite sur les fondations d'une tour de garde. Elle abrite le plus gros bourdon des Pays-Bas (9 tonnes).

De nombreuses pierres tombales (16e-18e s.) servent de pavement. La chaire Renaissance, finement sculptée, s'apparente à celle de la Grande église de la Haye.

Les verrières (1972) exécutées par Joep Nicolas forment de belles compositions figuratives dans le chœur, le transept et au fond des bas-côtés.

Des personnages célèbres sont enterrés dans cette église. Dans le chœur principal, l'amiral Piet Hein *(p. 157)* est représenté couché dans son armure; c'est l'œuvre de Pierre de Keyser, fils d'Hendrick. Dans la chapelle près du chœur Nord, le mausolée de l'amiral Tromp par Rombout Verhulst est baroque. Le bas-relief représente le combat naval de Terheyde où l'amiral trouva la mort en 1653. Au Nord de la tour, près du vitrail représentant Guillaume le Taciturne (n° 25), se trouve le monument de Van Leeuwenhoek.

Hippolytusbuurt (CY 8). – Ce canal ombragé est un des plus anciens de Delft. Le long du quai les fleuristes exposent leurs étalages *(le jeudi).*

A l'angle de Hippolytusbuurt et de Camaretten se tient le marché aux poissons, à côté s'élève l'ancienne halle aux viandes *(p. 75).* En face de celle-ci se dresse une jolie maison (Kaaskop) du 16e s. (CY **Q**), à pignons à redans.

Voldersgracht (CY **29**). – C'est un canal pittoresque, bordé au Sud de quelques maisons en encorbellement. Du deuxième pont, jolie vue sur la tour de la Nouvelle église.

■ AUTRES CURIOSITÉS

Oostpoort★ (Porte de l'Est) (DZ **R**). – Ancienne porte Ste-Catherine, c'est la seule subsistant de l'enceinte de la ville. C'est une belle construction en brique sombre flanquée de deux fines tourelles octogonales, et datant des 15e et 16e s. On en a une jolie vue depuis le pittoresque pont mobile blanc qui la précède. Sous le bâtiment annexe passe un canal.

Musée (Museum) « Huis Lambert van Meerten » (CY **M**3). – *Visite : 10 h - 17 h (13 h - 17 h dim. et j. fériés); fermé lundi et 1er janv.; 1,90 fl.* Cette demeure du 19e s. abrite une magnifique collection de **carreaux de faïence★** du 16e au 19e s. Remarquer dans l'escalier, une bataille navale contre les Anglais, un panneau de tulipes; à l'étage, des séries d'oiseaux, de fleurs et un panneau allongé représentant les étapes de la construction d'un bateau.

Musée ethnographique (Volkenkundig Museum) « Nusantara » (CY **M**2). – *Visite : 10 h - 17 h (13 h -17 h dim. et j. fériés); fermé lundi, dim. de Pâques, 25 déc.; 1,90 fl.*

Ce musée est consacré à l'histoire et à la culture de l'Indonésie. Une salle abrite en particulier un gamelan (orchestre) et un wayang (théâtre de marionnettes) javanais.

Musée (Museum) Paul Tetar van Elven (CZ **M**4). – *Visite : de fin avril à fin oct. 11 h - 17 h; fermé dim., lundi; 2,50 fl.*

Meubles, peintures de l'artiste *(p. 75)* et de ses contemporains, céramique.

Tombe de Naundorff (CY **S**). – Au bout du canal Noordeinde qui prolonge l'Oude Delft, se trouve un square ombragé où repose le soi-disant fils de Louis XVI. Une grille ornée de fleurs de lis entoure une simple dalle gravée.

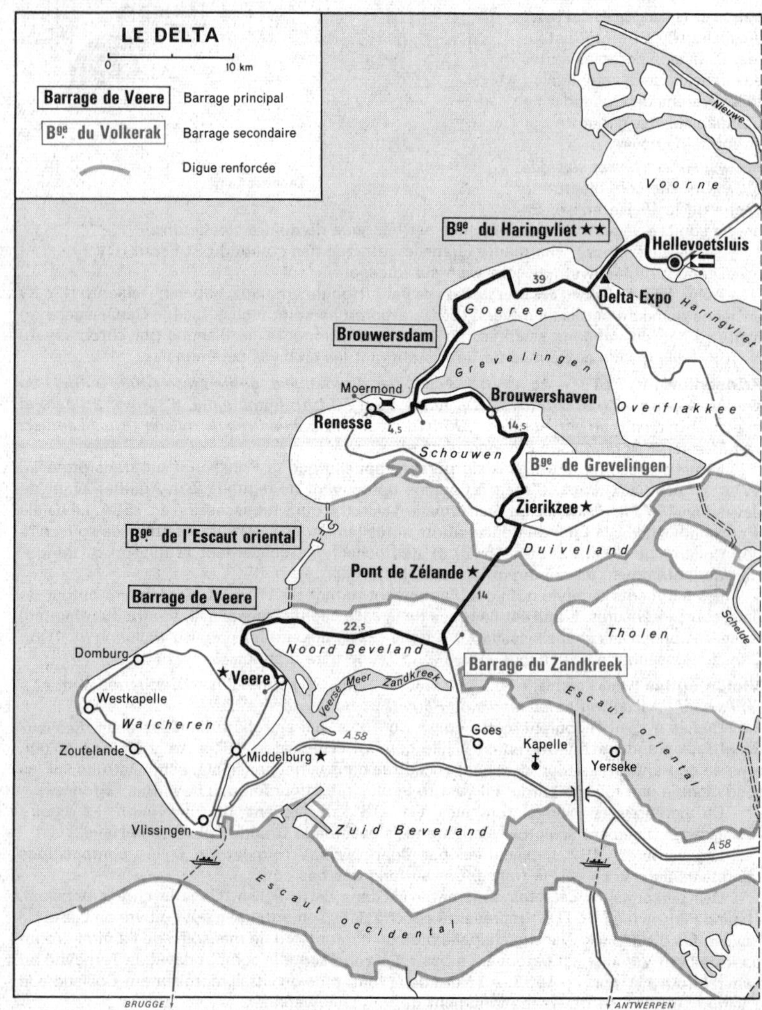

Le DELTA ★ Zuid-Holland - Zeeland

Cartes Michelin n°s 408 - plis 15 à 17, 22 à 25 et 212 - plis 2 à 5, 12 à 14.

Aux embouchures du Rhin, de la Meuse et de l'Escaut, les provinces de Hollande-Méridionale et de Zélande offrent sur la mer du Nord une succession d'îles et d'estuaires : c'est la région du « delta ».

UN PEU D'HISTOIRE ET DE GÉOGRAPHIE

Au débouché de trois grands fleuves. – Le **Rhin** traverse le pays en formant deux bras, le Neder Rijn et le Waal. Le **Neder Rijn** (Rhin inférieur) devenu Lek, puis Nieuwe Maas, débouche dans le Nieuwe Waterweg. Le **Waal,** bras principal du Rhin, se mêle aux eaux du Lek et de la Meuse. La **Meuse,** qui prend aussi des noms variés (Bergse Maas, Amer), débouche dans le Hollands Diep.

L'Escaut oriental (Oosterschelde) est un ancien estuaire de l'**Escaut** qui actuellement se jette dans l'Escaut occidental (Westerschelde).

Les fleuves se frayent un passage parmi plusieurs îles qui se sont parfois transformées en presqu'îles.

Une région menacée. – Terres gagnées sur la mer par les alluvions des fleuves à la fin du Moyen Age, les îles du delta ont une altitude très basse. Une grande partie d'entre elles est située au-dessous du niveau moyen de la mer ou à moins de 5 m d'altitude. Le front côtier est protégé par de hautes dunes mais les rivages des estuaires ne sont bordés que par des digues. A plusieurs reprises dans l'histoire, celles-ci se sont avérées fragiles lorsque, au moment des grandes marées, la mer s'y est engouffrée avec violence.

En 1421, le 19 novembre, jour de **la Ste-Elisabeth,** une inondation terrible ravagea tout le Delta et atteignit Dordrecht et le Biesbosch. Les flots engloutirent 65 villages et 10 000 personnes. Pendant la nuit du 31 janvier au 1er février 1953, se produisit une nouvelle catastrophe. Sous l'effet des hautes marées, conjuguées avec de basses pressions atmosphériques, un raz de marée rompit les digues en plusieurs endroits, submergeant les îles, faisant 1 865 morts et 500 000 sinistrés et dévastant 260 000 ha de terres. Ses effets se firent sentir à l'intérieur du pays, jusque dans le Hollandse IJssel.

Le Plan Delta (Het Delta Plan). – Trois ans après le raz de marée de 1953, deux solutions furent proposées, pour éviter le renouvellement de semblables catastrophes : rehausser les digues anciennes ou barrer les bras du delta. Ce dernier projet, adopté par le Sénat en 1958, est en cours de réalisation. Il impressionne par son ampleur.

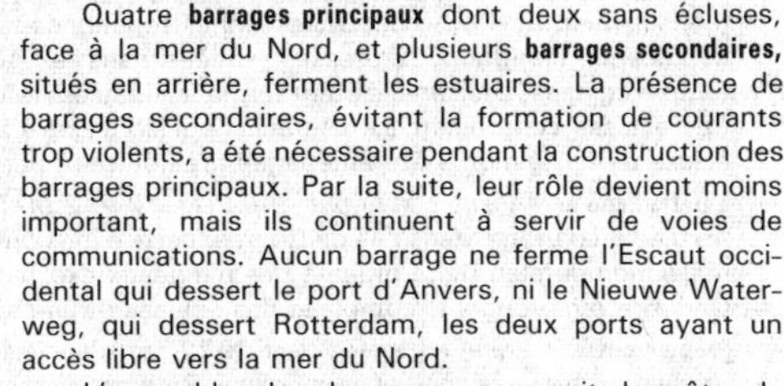

Quatre **barrages principaux** dont deux sans écluses, face à la mer du Nord, et plusieurs **barrages secondaires,** situés en arrière, ferment les estuaires. La présence de barrages secondaires, évitant la formation de courants trop violents, a été nécessaire pendant la construction des barrages principaux. Par la suite, leur rôle devient moins important, mais ils continuent à servir de voies de communications. Aucun barrage ne ferme l'Escaut occidental qui dessert le port d'Anvers, ni le Nieuwe Waterweg, qui dessert Rotterdam, les deux ports ayant un accès libre vers la mer du Nord.

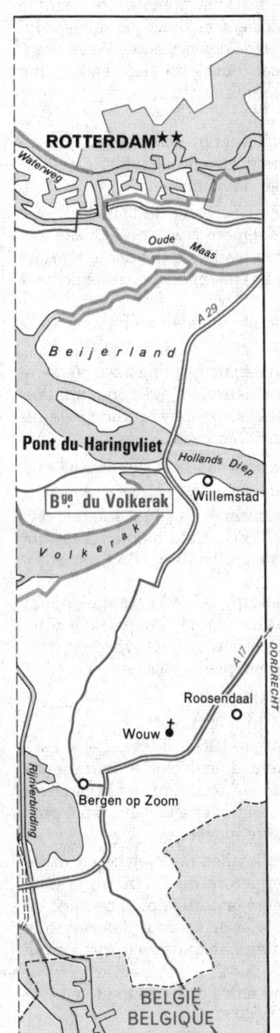

L'ensemble des barrages raccourcit la côte de 700 km, créant des réservoirs d'eau douce, mettant fin à la salinité des terres, évitant les inondations, formant des plans d'eau pour la plaisance, favorisant les communications routières et l'essor de la région.

Le Plan Delta comprend également la surélévation des digues le long des voies navigables et l'aménagement du Biesbosch *(p. 70)*.

A l'Est du Delta, le canal de l'Escaut au Rhin (Schelde-Rijnverbinding), terminé en 1975, relie, sur 37 km, Anvers au Volkerak.

Les barrages et les ponts. – Déjà l'estuaire du Brielse Maas, en aval de Rotterdam, avait été transformé en plan d'eau (lac de Brielle), en 1950 *(p. 70)*. Mais le Nieuwe Waterweg restant ouvert à la navigation, on dut construire, sur le Hollandse IJssel, près de Krimpen aan de IJssel, un grand **barrage-tempête mobile** (Stormvloedkering Hollandse IJssel) (1954-1958) qui permet la navigation fluviale quand le portique est levé. Il est doublé d'une écluse de 120 m sur 24 m destinée aux bâtiments de fort tonnage et permettant le passage en cas de fermeture de l'ouvrage principal.

L'estuaire du Haringvliet est fermé par le gigantesque **barrage du Haringvliet** *(p. 78)*. En arrière, sur le Hollands Diep, se trouve le **barrage du Volkerak,** le Volkerakdam. Bâti de 1957 à 1969, entre l'Overflakkee et la province du Brabant-Septentrional, celui-ci possède trois grandes écluses à sas; il forme un Y avec le **pont du Haringvliet** (Haringvlietbrug) qui le relie au Beijerland.

Au Sud, la passe du Brouwershavense Gat est fermée par le **Brouwersdam** *(p. 78)*, secondé par le **barrage de Grevelingen** (Grevelingendam), établi sur l'estuaire de ce nom. Ce dernier barrage, érigé de 1958 à 1965 entre le Duiveland et l'Overflakkee, fut terminé en comblant la dernière passe par des blocs de pierre transportés par téléphérique. Il forme un T avec le nouveau barrage en construction, le **Philipsdam** (prévu pour 1986).

Commencé en 1966, le **barrage de l'Escaut oriental** ou Oosterscheldedam doit fermer, entre le Schouwen et le Noord-Beveland, cet estuaire qui est le plus large (9 km) et le plus profond (35 m) du Delta. Le projet, qui prévoyait à l'origine la fermeture totale de l'Escaut oriental, a été modifié : afin que l'estuaire reste en communication avec la mer, le barrage sera constitué de piliers entre lesquels pourront coulisser des vannes d'acier. Cette opération, qui ne modifiera qu'à 23 % l'amplitude des marées dans l'Escaut oriental et permettra de perpétuer l'ostréiculture et la mytiliculture, repousse en revanche l'achèvement des travaux du Delta à 1986. En contrepartie, les mesures de sécurité et les systèmes d'alarme ont été améliorés dans toute la région de l'Escaut. A l'Est de l'estuaire, il est prévu la construction de deux barrages qui épargneront au canal de l'Escaut au Rhin l'influence des marées. L'Escaut oriental est également franchi par le **pont de Zélande** ou Zeelandbrug *(ci-dessous).*

Le bras de mer ou Veersemeer qui longe le Noord-Beveland, au Sud, est obstrué par le **barrage de Veere** ou Veersedam *(ci-dessous).* Celui-ci est doublé par un barrage secondaire, le **barrage du Zandkreek** ou Zandkreekdam. Élevé de 1956 à 1960, sur le bras de mer du Zandkreek entre le Noord-Beveland et le Zuid-Beveland, il mesure 800 m de longueur et possède une écluse de 140 m sur 20 m franchie par un pont à bascule et permettant des relations routières.

Sur l'estuaire de l'Escaut occidental qui n'a pas été fermé, la traversée se fait par deux lignes régulières de bateau, mais il est prévu la construction d'un pont-tunnel de liaison entre les deux rives.

Excursions en bateau. – *Dans la partie Nord du Delta, au départ de Rotterdam (p. 152) et de Willemstad (p. 70); sur l'Escaut oriental, au départ de Zierikzee (p. 183).*

De Hellevoetsluis à Veere – *99 km – environ une journée – schéma p. 76*

Hellevoetsluis. – Petit port sur le bras de mer du Haringvliet, il est équipé de bassins de plaisance.

Barrage du Haringvliet** (Haringvlietdam). – Construit entre 1955 et 1971, c'est un ouvrage capital. Pour l'édifier, on a d'abord aménagé au centre de l'estuaire une île artificielle. La phase finale de la construction s'est opérée à l'aide d'un téléphérique, méthode déjà employée pour le barrage de Grevelingen *(p. 77) :* les blocs de béton furent ainsi lâchés dans la dernière passe à combler.
Long de 5 km, le barrage du Haringvliet comporte en son milieu 17 écluses d'écoulement de 56,50 m. Leurs vannes fonctionnent en 20 mn grâce à un système hydraulique comptant 68 presses, situées dans les 16 piliers et dans les culées. En temps ordinaire, ces vannes étant fermées, l'eau est refoulée vers le Nieuwe Waterweg. Ces écluses contribuent à maintenir l'équilibre entre l'eau douce et l'eau salée. Une écluse de navigation a été aménagée près du petit port, au Sud.

« Delta Expo ». – *Visite : avril-oct. 9 h 30 - 17 h; 2,50 fl.*
Au pied du barrage, dans l'île de Goeree, cette exposition permet de suivre les étapes de réalisation du plan Delta grâce à des panneaux explicatifs et des projections.
On visite *(en groupe)* le complexe des écluses et une salle de machines.

Brouwersdam. – Édifié entre 1963 et 1972 entre les îles de Goeree et de Schouwen, ce grand barrage ne possède pas d'écluse. Pour achever le segment Nord, on a utilisé des caissons à vannes, système qui avait été employé pour la première fois pour le barrage de Veere *(ci-dessous).* Le segment Sud a nécessité un téléphérique transportant 15 tonnes de béton à chaque voyage.
Entre ce barrage et celui de Grevelingen s'est créé un lac d'eau salée non soumis à la marée.

Renesse. – Cette petite localité située sur l'île de Schouwen bénéficie d'une belle plage de sable. A 1 km à l'Est se dresse le **château de Moermond** (slot Moermond), jolie construction de brique des 16e et 17e s. qui englobe un porche du 14e s. *Visite accompagnée du jardin : de mi-juin à mi-août mardi 19 h; 1,50 fl. S'adresser au VVV.*

Den Osse. – Des digues dissimulent les installations de ce nouveau port de plaisance.

Brouwershaven. – 3 424 h. Jadis port prospère qui importait de la bière de Delft (brouwer : brasseur), c'est de nos jours un petit port de plaisance. La cité a souffert des inondations en 1953. C'est la patrie de **Jacob Cats** (1577-1660). Cet homme d'État qui fut grand pensionnaire de Hollande et de Frise-Occidentale de 1636 à 1651 est aussi connu pour ses poèmes.
Brouwershaven possède une belle **église** gothique (St.-Nicolaas), du 15e s., à transept et déambulatoire. A l'intérieur *(visite : s'adresser à Mevr. L. de Jonge-Hoekman, Noorddijkstraat 44),* on remarque la chaire et la grille du chœur, de style rococo.
L'**hôtel de ville** (stadhuis) de 1599, montre une façade en pierre Renaissance, très décorée, surmontée d'un clocheton.

Zierikzee*. – *Page 183.*

Pont de Zélande* (Zeelandbrug). – *Péage : 3,50 fl.* Achevé en 1965, il relie Zierikzee à l'ancienne île de Noord-Beveland. Ce passage routier sera doublé par le barrage de l'Escaut oriental. Réussite impressionnante, le pont déploie sur 5 022 m ses 50 arches. La hauteur sous tablier étant de 17 m en eaux moyennes, un pont basculant, situé près de Schouwen-Duiveland, livre passage aux navires à mâture élevée.

Barrage de Veere (Veersedam). – Édifié (1958-1961) entre les îles de Walcheren et de Noord-Beveland, près de Veere, il offre une digue de fermeture de 2 700 m, la plus exposée aux tempêtes par son orientation Nord-Ouest malgré la protection d'un banc de sable. Ce fut le premier construit à l'aide de caissons pourvus de vannes : les caissons furent disposés au fond de la passe puis les vannes furent fermées toutes à la fois, ce qui évita la formation d'un courant destructeur.
Un petit lac d'eau salée où ne circule pas la marée s'étend entre ce barrage et celui de Zandkreek.

Veere* – *Page 175.*

DEVENTER ★ Overijssel

Cartes Michelin nos **408** - pli 12 et **211** - pli 7 – 64 505 h. – *Plan d'agglomération dans le guide Michelin Benelux.*

Tout au Sud de la province d'Overijssel et de la région du Salland, Deventer, jadis ville hanséatique sur la rive droite de l'IJssel, garde un cachet ancien, témoignage d'un riche passé.

UN PEU D'HISTOIRE

Dès le 9e s., c'est un port prospère. A la fin du siècle, la cité devient la résidence des évêques d'Utrecht qui fuient leur ville menacée par les Normands. On a retrouvé sur le Nieuwe Markt les restes d'un palais épiscopal du 11e s.

La ville joue bientôt un important rôle religieux. Le théologien **Geert Groote** (1340-1384), né à Deventer, est l'initiateur d'un mouvement spirituel, la Devotio Moderna. L'un de ses élèves, Florens Radewijns, fonde à Deventer, vers 1384, suivant les vœux de son maître, la première maison conventuelle de l'ordre des **Frères de la Vie commune** qui eut un grand rayonnement intellectuel en Europe. Son école voit passer Thomas a Kempis *(p. 186)*, le pape Adrien VI *(p. 167)*, Erasme en 1475-1476, et Descartes, en 1632-1633.

Deventer voit naître au 16e s. Hendrick Terbrugghen *(p. 167)*. A la fin du 17e s., Terborch, né à Zwolle *(p. 186)*, vient travailler à Deventer.

L'imprimerie est une spécialité importante de la ville aux 16e et 17e s. : on y produisit déjà au 15e s. de nombreux incunables. Aujourd'hui, la métallurgie, les industries chimiques, graphiques et alimentaires comptent parmi les principales activités de cette ville où se fabrique aussi un pain d'épice renommé (Deventer koek).

Au cœur de la cité, dans les rues piétonnes commerçantes, un très grand orgue de Barbarie, appelé le Turc, joue ses rengaines, les samedis *(entre 9 h et 17 h)*.

Deventer est le siège d'un évêché Vieux-Catholique *(p. 167)*.

Promenades en bateau. – *Sur l'IJssel vers Arnhem et vers Zwolle, en saison : s'adresser à Rederij Scheers, Worp 39.*

■ PRINCIPALES CURIOSITÉS *visite : 2 h*

Brink (Z 15). – Place principale de la ville, elle est ainsi nommée, comme dans toutes les localités d'origine saxonne *(p. 64)*. C'est là que se tient le marché *(vend. matin et sam.)*.

Aux nos 11 et 12, une façade du début du 17e s. est garnie de coquilles. La maison **Penninckhuis** (Z D), richement décorée, date de 1590 environ.

Poids public (Waag) (Z M1). – C'est un grand édifice un peu incliné construit en 1528 dans le style gothique tardif et complété en 1643 par un haut perron sur arcades. La toiture est flanquée de quatre tourelles et surmontée d'un clocheton de bois.

DEVENTER

Rue		
Brink	Z	15
Broederenstr.	Z	18
Engestr.	Z	23
Grote Poot	Z	30
Kleine Poot	Z	42
Korte Bisschopstr.	Z	47
Lange Bisschopstr.	Z	48
Nieuwstr.	YZ	56
Bagijnenstr.	Y	4
Bergkerkpl.	Z	5
Bergstr.	Z	8
Binnensingel	Y	9
Bokkingshang	Z	12
Brinkpoortstr.	Y	17
Graven	Z	25
Grote Kerkhof	Z	27
Grote Overstr.	Z	28
Hofstr.	Z	33
Hoge Hondstr.	Y	35
Houtmarkt	Z	36
Kapjeswelle	Y	40
Kerksteeg	Z	41
Menstr.	Z	51
Mgr. H. F. de Boerlaan	Z	52
Noordenbergstr.	Z	58
Ossenweerdstr.	Y	62
Pontsteeg	Z	65
Roggestr.	Z	67
Snipperlingsdijk	Z	69
Spijkerboorsteeg	Z	70
Stationsstr.	Y	72
Stromarkt	Z	73
T.G. Gibsonstr.	Y	76
van Twickelostr.	Y	78
Verlengde Kazernestr.	Z	79
Verzetslaan	Y	82
Zandpoort	Z	85
Zutphenselaan	Z	87

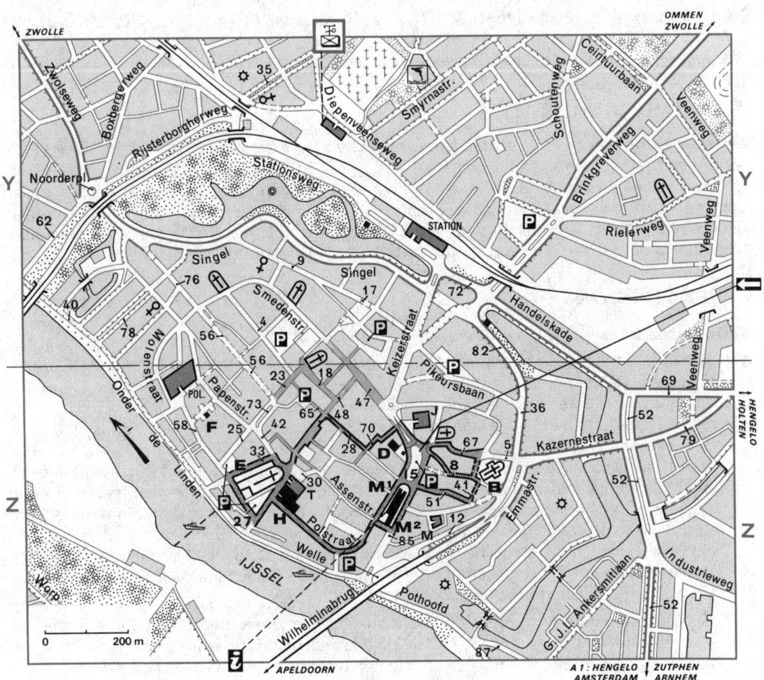

Sur la façade latérale Nord est suspendu un immense chaudron où l'on aurait fait bouillir jadis... de faux-monnayeurs.

L'édifice renferme un **musée (museum De Waag).** *Visite : 10 h - 12 h 30 et 14 h - 17 h; fermé lundi, matin des dim. et j. fériés, 1er janv., dim. de Pâques, 30 avril, 5 mai, Ascension, dim. de Pentecôte et 25 déc.; 1,20 fl.*

Outre une cuisine régionale, on y voit des collections variées (peintures, armes, céramique, orfèvrerie de guildes, estampes, vélocipèdes) présentées dans des salles meublées à l'ancienne. Remarquer le portrait d'un bourgmestre de Deventer, par Terborch.

Maison des trois harengs (De Drie Haringen) (Z). – Datée de 1575, cette maison de marchands montre une belle façade Renaissance ornée d'une pierre de façade représentant trois harengs. Elle abrite le VVV.

De l'autre côté de la rue au n° 69, élégante façade à pinacles (bibliothèque publique).

Musée des jouets (Speelgoed- en Blik Museum) (Z **M²**). – *Visite : 10 h - 12 h 30 et 14 h - 17 h. Fermé dim. matin, lundi et j. fériés; 1,20 fl.*

Ce musée rassemble des collections de jouets mécaniques anciens et le musée des jouets mécaniques.

Une section présente des objets anciens en fer-blanc.

Bergstraat (Z 8). – Dans cette rue du Bergkwartier ou quartier de la colline, restauré, on admire plusieurs façades anciennes; jolie vue sur les deux tours de l'église St-Nicolas.

Église St.-Nicolas (St.-Nicolaas) ou Bergkerk (Z B). – Elle a été commencée vers 1200 dans le style roman et conserve de l'époque des deux tours carrées de façade, surmontées de flèches. Le reste a été modifié dans le style gothique au 15e s.

Grote Kerkhof (Z 27). – Sur cette place se dressent la Grande église et l'hôtel de ville.

Hôtel de ville (Stadhuis) (Z **H**). – *Pour visiter, s'adresser au préalable au ☎ 05700 - 16 200.*

Le complexe, qui a fait l'objet d'une importante restauration, comporte trois parties : la mairie proprement dite (Raadhuis), le Wanthuis (donnant aussi sur le Polstraat), et le Landshuis. La façade commune de l'hôtel de ville et du Wanthuis date du 17e s.; son auteur, l'architecte Jacob Romans est aussi l'auteur du palais Het Loo à Apeldoorn. Le **Landshuis** (Z **D**), ancien siège des États de l'Overijssel, présente une jolie façade en brique de 1632, rythmée de pilastres et surmontée d'un pignon à pinacles.

Dans le hall sont exposés plusieurs tableaux de guildes des 17e et 18e s. Une salle du 1er étage de l'hôtel de ville renferme une belle toile de Terborch : **Le Conseil des Échevins** (De Magistraat van Deventer) (koffiekamer) peinte en 1657.

Grande église ou église St-Lebuin (Grote- of St.-Lebuïnuskerk) (Z **E**). – *Visite : 10 h - 12 h et 13 h 30 - 17 h; fermé sam. sauf mai-sept. 14 h - 17 h, dim. et j. fériés.*

Elle porte le nom de Lebuin, apôtre des Saxons, qui construit là une église au 8e s. L'église romane fondée vers 1040 par l'évêque d'Utrecht Bernulphe, a été réédifiée à partir de 1235 puis au 15e s. dans le style gothique. C'est un vaste édifice flanqué à l'Ouest d'une tour surmontée d'une lanterne octogonale en bois due à Hendrick de Keyser. Son carillon a été fondu par Hemony *(concerts : vend. à 10 h, sam. à 14 h et le soir en saison).*

L'intérieur, de type halle, conserve les vestiges d'un double transept. Les voûtes étoilées sont peintes autour des clés de voûte (16e s.). D'autres peintures se remarquent, notamment sous le porche près de la tour : Montée au calvaire, du 16e s.

Le grand orgue du 19e s., possède 3 000 tuyaux *(concerts : en juil. et août, vend. à 12 h 30, pour les autres concerts, s'adresser au VVV).*

Sous le chœur, la crypte romane, de 1040, est remarquable avec ses six courts piliers torsadés ou décorés de motifs géométriques.

Montée à la tour. – *De mi-juil. à fin août 10 h - 12 h (sauf sam.) et 14 h - 16 h 30; fermé dim. et j. fériés; 1,90 fl.*

Regagner le Brink par les rues piétonnes.

■ AUTRE CURIOSITÉ

Buiskensklooster (Z **F**). – *Visite : lundi et merc. 13 h - 17 h; mardi 10 h - 21 h, jeudi 13 h - 21 h, vend. 10 h - 17 h; fermé j. fériés.*

Cet édifice du début du 15e s. a retrouvé ses murs en brique apparente. C'est l'ancien couvent Ste-Agnès où vivaient les Sœurs de la Vie commune, qui suivaient les règles énoncées par Geert Groote. Il abrite actuellement une bibliothèque (Stads- of Athenaeum-bibliotheek) où ont lieu d'intéressantes **expositions** de livres ou de manuscrits.

EXCURSION

Holten; Markelo. – *26 km à l'Est par Snipperlingsdijk* (Z).

Holten. – 8 683 h. Ce bourg, situé dans la région du Salland, est très fréquenté par les touristes, attirés par les hauteurs boisées et sablonneuses du **Holterberg** (alt. 62 m) qui marque l'extrémité Sud d'un ancien glacier scandinave.

Sur le Holterberg a été aménagé un **musée*** (Bos Museum). *Visite : de Pâques au 31 oct. 9 h - 18 h; 4,50 fl.*

Une dizaine de vastes **dioramas** y font revivre dans des attitudes naturelles différents animaux européens, qu'on trouve pour une grande part dans la région, certains étant présentés dans leur parure hivernale. Observer le diorama présentant le groupe d'élans scandinaves attaqués par les loups.

Situé dans une clairière voisine, un **Cimetière canadien** (Canadese Militaire Begraafplaats), remarquablement fleuri rassemble 1 496 tombes de Canadiens tués lors des combats de la Deuxième Guerre mondiale.

Markelo. – 6 982 h. Au début du siècle on a trouvé au Nord de Markelo un important champ d'urnes funéraires *(p. 21)*. Markelo possède un **théâtre en plein air** (De Kosterskoele) où est présentée l'été *(p. 11)* une noce paysanne (boerenbruiloft) de 1830.

DOESBURG Gelderland

Cartes Michelin n°s 408 - Sud du pli 12 et 211 - pli 17 – 10 462 h.

Au confluent de l'IJssel et de l'Oude IJssel, Doesburg, ancienne place forte du comté de Zutphen, était au Moyen Age une prospère ville commerçante : elle fit partie de la hanse en 1447.

Cette jolie cité de l'Achterhoek *(p. 184)* garde de nombreuses traces de son passé, notamment des vestiges de remparts, datant de 1630 *(au Sud)* et plusieurs façades gothiques ou Renaissance.

Promenades en bateau. – *Sur l'IJssel en juin, juil., août : s'adresser au VVV.*

■ CURIOSITÉS *visite : 1 h*

Grande église ou église St-Martin (Grote- of St.-Martinuskerk). – *Visite : de mi-mai à mi-sept. 14 h - 17 h; fermé sam., dim.* Cette église gothique du 15e s., est éclairée par de hautes fenêtres flamboyantes. Sa haute tour, détruite en 1944, a été reconstruite et possède un carillon *(concert : merc. à 11 h).* A l'intérieur, on donne des concerts d'orgue en été.

Poids public (Waag). – Transformé en restaurant, c'est un gracieux édifice (vers 1500) qui, sous un pignon orné de pinacles, montre de hautes baies à volets peints, surmontés de tympans. A l'intérieur, dans un cadre très typique, est conservée l'ancienne balance du Poids public.

Dans la même rue, on peut voir d'autres maisons intéressantes, notamment les **Baerkenhuizen** (n°s 29-31), deux édifices Renaissance de 1649, à pignons à volutes.

Hôtel de ville (Stadhuis). – Il se dresse en face du Poids public. Du 14e s., il présente une intéressante façade sur la Roggestraat.

A côté se trouve un **musée** d'histoire locale et d'artisanat (« De Roode Tooren » Museum voor Stad en Ambt Doesborgh). *Visite : 10 h - 12 h et 13 h 30 - 16 h 30; fermé sam. matin, dim. matin, lundi et j. fériés; 1,50 fl.*

Fabrique de moutarde (Doesburgsche Mosterdfabriek). – *Boekholtstraat 22. Visite accompagnée : 10 h - 16 h; fermé dim. et j. fériés; 1,25 fl.* Dans cette fabrique, fondée en 1457, on prépare la moutarde selon d'anciennes techniques et grâce à des moulins en bois.

EXCURSION

Doetinchem; 's-Heerenberg. – *22 km au Sud-Est.*

Doetinchem. – 37 855 h. Au bord de l'Oude IJssel (vieil IJssel), cette ville, située au cœur de l'Achterhoek *(p. 184),* appartenait jadis au comté de Zutphen. Elle a été gravement endommagée par un bombardement en 1945. C'est aujourd'hui une cité moderne industrielle et commerçante, dotée de nombreuses rues piétonnes.

La fabrication traditionnelle des sabots est encore une des spécialités de Doetinchem et de ses environs.

Doetinchem possède un grand **moulin de rempart** (1850), situé près de l'Oude IJssel. Il abrite le VVV. A 6 km à l'Est de la ville s'élève un grand **château** (Kasteel Slangenburg). Entouré de douves et d'un beau **parc** *(ouvert au public),* il appartient à des bénédictins.

's-Heerenberg. – Le **château de Bergh** (Huis Bergh) domine de sa masse imposante cette localité située près de la frontière. *Visite accompagnée : 1er juin - 30 sept. et pendant les vacances de Pâques, Pentecôte et d'automne du lundi au vend. 14 h 30 (visites supplém. Ascension, les lundis de Pâques et de Pentecôte et pendant les vacances d'été); 4,50 fl.*

Construit au 13e s. par les Van den Bergh, il a été transformé au 17e s. En 1946 son dernier propriétaire l'a légué avec son contenu à l'État. L'intérieur est meublé à l'ancienne, orné de peintures et sculptures sur bois ou en ivoire.

A proximité, l'ancienne chapelle du château, de style gothique, est devenue église paroissiale.

DOKKUM Friesland

Cartes Michelin n°s 408 - pli 5 et 210 - Nord-Ouest du pli 7 – *Schéma p. 135* – 12 217 h.

Petite ville du Nord de la Frise, elle se dissimule derrière les vestiges de ses remparts ombragés d'où émergent quelques clochers et de hauts moulins. C'était jadis un port florissant. Construite sur un tertre, elle possède quelques rues légèrement en pente.

Ici, fut exécuté en 754, **saint Boniface,** avec ses 52 compagnons. Né en Angleterre, il vint en 716 évangéliser la Frise, puis rejoignit saint Willibrord *(p. 167)* à Utrecht. C'est au cours d'une deuxième mission en Frise qu'il trouva la mort. Il est enterré en Allemagne, à Fulda, où il avait fondé un monastère.

■ CURIOSITÉS *visite : 1 h*

Zijl. – De ce large pont, on a une jolie **vue** sur le petit canal (Klein Diep) bordé par un moulin et le grand canal (Groot Diep).

L'**hôtel de ville** (stadhuis) du 18e s. est surmonté d'un clocheton blanc. En face, trois jolies maisons à pignon à redans du début du 17e s. ont été restaurées.

Suivre le Diepswal pour gagner le musée; première rue à gauche, puis ruelle à droite.

Musée (Museum) Het Admiraliteitshuis. – *Visite : 10 h - 17 h (14 h - 17 h d'oct. à mars); fermé dim.; 2 fl.* Ce musée régional est installé dans l'ancienne maison de l'Amirauté, du 17e s., restaurée, dont on peut voir le petit portail baroque au-delà du mur du jardin.

Les collections sont très variées : argenterie de Dokkum, traîneau frison en bois sculpté, patin à glace en os datant du Moyen Age, produit des fouilles exercées dans les tertres, art populaire frison (jouets du 19e s.). Au grenier, costumes régionaux : remarquer la coiffe noire carolingienne découverte dans un tertre.

Poids public (Waag.) – Ce petit édifice aux deux frontons ouvragés dont l'un présente les armes de la ville (un croissant de lune et trois étoiles) se dresse sur le Grote Breedstraat.

Grande église ou église St-Martin (Grote- of St.-Martinuskerk). – *En cas de fermeture, s'adresser au sacristain (koster) M. J. Huisman, Op de Fetze 6.*

En commémoration du meurtre de saint Boniface, on éleva ici un tertre et une église. L'édifice actuel, de culte protestant, est gothique; le chœur date du 15ᵉ s.

A l'intérieur, on remarque la très haute galerie ajoutée au-dessus du bas-côté, un grand nombre de pierres tombales jonchant le sol, une chaire frisonne aux panneaux élégamment sculptés (un lion, un pélican, un faucon).

Chapelle St-Boniface (Bonifatiuskapel). – *Sortir par le Sud en direction de Leeuwarden et, après le pont mobile, prendre la deuxième rue à gauche.*

Sur une place se dresse la statue (1962) de saint Boniface : à l'aide de sa bible le moine barbu se protège le crâne contre les attaques des Frisons.

Dans le petit parc s'élève la chapelle (1934) où a lieu tous les ans *(en principe début juin)* un grand pèlerinage.

DOORN Utrecht

Cartes Michelin nᵒˢ 408 - Sud du pli 11 et 211 - pli 15 – 10 691 h.

Située en lisière d'une région boisée, Doorn possède un château, à la sortie Sud.

Château (Huis Doorn). – *Visite accompagnée : 15 mars - 31 oct. 9 h 30 - 17 h (dim. 13 h - 17 h); 3,50 fl.*

Entouré de douves, situé au milieu d'un beau parc, ce château fut la résidence de l'ex-empereur d'Allemagne, **Guillaume II,** de 1920 à sa mort, survenue en 1941.

Ce dernier, contraint de s'évader après son abdication en novembre 1918, fut d'abord hébergé au château d'Amerongen *(p. 44).* Puis, en mai 1920, il vint s'installer, avec l'impératrice Auguste Viktoria, au château de Doorn qu'il avait acquis. Son épouse disparut l'année suivante. En 1922, il se remaria avec Hermine, princesse de Reuss.

Construit au 14ᵉ s. par l'évêque d'Utrecht pour défendre son territoire, le château fut remanié en 1780. De l'édifice médiéval, il subsiste, au Sud-Ouest, une tourelle.

L'intérieur, transformé en **musée,** renferme des souvenirs de Guillaume II qui avait fait transférer des **collections★** (tableaux, tapisseries) provenant des palais impériaux. Celles-ci ornent un cadre resté inchangé depuis la mort de l'empereur.

Une pièce est consacrée au Grand Frédéric (Frédéric II de Prusse, 1712-1786), le plus célèbre représentant de la maison Hohenzollern, qui fut grand amateur d'art et collectionneur de peintures et pastels de l'école française (Nicolas Lancret, émule de Watteau) ainsi que de tabatières.

On admire enfin une riche collection d'argenterie, composée surtout de cadeaux reçus par les Hohenzollern aux 19ᵉ et 20ᵉ s. ainsi qu'un bel ensemble d'uniformes, de casques, de bottes et de sabres d'apparat ayant appartenu à Guillaume II.

Dans le parc, se dresse le mausolée de Guillaume II.

DORDRECHT ★ Zuid-Holland

Cartes Michelin nᵒˢ 408 - pli 17 et 212 - plis 5, 6 – 108 576 h. – *Plan d'agglomération dans le guide Michelin Benelux.*

Au Sud de la province de Hollande-Méridionale, Dordrecht, que les Néerlandais nomment familièrement Dordt, est un important centre fluvial entre la Beneden Merwede, bras du Rhin, le Noord qui le relie au Lek, le Dordtse Kil qui le relie à la Meuse, et l'Oude Maas ou Vieille Meuse. C'est aussi un grand port de plaisance dont les yachts sont ancrés dans la plupart des bassins de la ville et, plus à l'Est, dans le Wantij.

La ville ancienne a conservé ses quais colorés, ses canaux, ses vieilles façades tandis que les quartiers Sud rivalisent de constructions hardies.

Elle inspira de nombreux peintres dont Van Goyen, vit naître au 17ᵉ s. de nombreux artistes *(p. 83),* et, au 18ᵉ s. **Ary Scheffer** (1795-1858) auteur de scènes bibliques et religieuses, qui vécut surtout à Paris et fut peintre de Louis-Philippe.

Promenades en bateau. – *Dans le Biesbosch, à Schoonhoven, Brielle, Oudewater, au château de Loevestein; en juil.-août, s'adresser à : Rederij « Diane », Bovenstraat 297, 3077 BE Rotterdam, ☎ 010-82 22 65.*

UN PEU D'HISTOIRE

D'après les chroniques, la ville fut détruite par les Normands en 837.

En 1220, elle acquit ses droits de cité, du comte de Hollande Guillaume II; elle est considérée à ce titre comme la ville la plus ancienne du comté.

Elle fut fortifiée dès la fin du 13ᵉ s.

Le 14ᵉ s. fut pour Dordrecht une époque de grande prospérité due au privilège du droit d'étape prélevé, à partir de 1299, sur les marchandises venues par le Rhin.

Le 15ᵉ s. en revanche lui fut funeste : siège infructueux par le comte Jean de Brabant en 1418, dans le cadre de la lutte entre les Hoeken et les Cabillauds *(p. 97);* raz de marée de la Ste-Elisabeth en 1421 qui isola la ville dans une île; grand incendie de 1457; prise par Jean d'Egmont en 1480. Au 16ᵉ s., la ville retrouve sa splendeur.

Le berceau de l'indépendance. – C'est dans la cour de justice (Het Hof) de Dordrecht que se tint en juillet 1572 la première assemblée libre des États de Hollande et de Zélande qu'avait engendrée la prise de Brielle par les Gueux en avril *(p. 70).*

A Dordrecht, les députés des douze villes confédérées de la Hollande et la noblesse décidèrent de délivrer le pays de l'emprise des armées du duc d'Albe, tout en reconnaissant Guillaume le Taciturne comme stathouder (gouverneur) représentant de Philippe II d'Espagne. Ils posaient ainsi les fondements des futures Provinces-Unies *(p. 22).*

Le synode de Dordrecht. – Dordrecht vit également se réunir en 1618-1619 le grand synode de théologiens protestants venus régler les différends opposant les **remontrants** modérés ou arminiens partisans d'Arminius *(p. 101)*, qui soutenaient que les bienfaits de la grâce étaient ouverts à tous, aux **gomaristes**, partisans de Gomar ou Gomarus, doctrinaire rigide selon Calvin qui défendait la thèse de la prédestination. Ces derniers triomphèrent, avec l'appui de Maurice d'Orange, et exercèrent des persécutions sanglantes sur leurs adversaires, comme Oldenbarnevelt *(p. 42)* et Grotius *(p. 73)*.

C'est à ce synode que se réalisa l'union de toutes les églises protestantes du pays, à l'exclusion des remontrants, et que fut établie une doctrine commune.

Le théologien **Episcopius**, qui avait plaidé la cause des remontrants, fonda alors à Anvers une Église remontrante (1619).

Une pépinière de peintres au 17ᵉs. – Nombreux sont les peintres du 17ᵉ s. originaires de Dordrecht. Quelques-uns d'entre eux apprirent leur art aux côtés de Rembrandt.

Ferdinand Bol (1616-1680) vient habiter Amsterdam où il travaille dans l'atelier de Rembrandt. Ses œuvres, notamment de très nombreux portraits empreints de gravité, se rapprochent beaucoup de celles du maître, par le rôle du clair-obscur, l'abondance des empâtements, et l'harmonie qui règne entre de chauds coloris.

Il est aussi l'auteur d'un célèbre tableau de corporation : les Régents de l'Hospice des Lépreux (1649), exposé au Musée historique d'Amsterdam.

Nicolas (Nicolaes) **Maes** (1634-1693) est également marqué par Rembrandt dont il est l'élève de 1648 à 1652, à Amsterdam. Plus réaliste que ce dernier, il choisit des personnages simples, des sujets modestes, des scènes qu'il rend un peu attendrissantes et qu'il enrichit de sa science du clair-obscur et de tonalités rougeâtres. La plus connue de ses œuvres est la Jeune fille rêveuse, du Rijksmuseum d'Amsterdam. A la fin de sa vie, au contraire, il se consacre au portrait mondain.

Samuel van Hoogstraten (1627-1678) étudie avec Rembrandt puis, après avoir beaucoup voyagé en Europe, revient dans son pays. Il s'adonne surtout à la peinture de portraits et de scènes d'intérieur qui, par leurs effets de lumière et de perspective, sont à comparer avec celles de Pieter de Hooch *(p. 73)*.

Il a pour élève **Godfried Schalcken** (1643-1706).

Aert van Gelder (1645-1727), d'abord élève de Samuel van Hoogstraten, fut ensuite celui de Rembrandt âgé, à Amsterdam. Ses scènes bibliques empruntent beaucoup à la technique du grand maître, notamment les vêtements somptueux et la composition un peu théâtrale.

Albert Cuyp (1620-1691), influencé par Jan van Goyen *(p. 137)*, peint des paysages d'une composition très étudiée avec des lointains lumineux, des ciels immenses et, au premier plan, des cavaliers ou des troupeaux paisibles.

Les frères de Witt. – Dordrecht est la ville natale des frères de Witt, illustres hommes d'État du 17ᵉ s.

Johan de Witt (1625-1672) devient grand pensionnaire de Hollande en 1653. Excellent administrateur, il va échouer dans la politique extérieure. Il ne parvient pas à éviter la défaite de la flotte hollandaise par l'Angleterre en 1654. De plus, hostile à la prédominance de la maison d'Orange, il doit faire face à l'opposition populaire qui soutient cette famille.

Après avoir gagné la nouvelle guerre anglo-hollandaise (1655-1667) et soutenu sans dommage la guerre de Dévolution menée par Louis XIV (1667-1668). Johan de Witt réussit à faire voter l'**Édit Perpétuel** de 1667 qui abolit le stathoudérat et donc la puissance orangiste dans la province de Hollande.

Cependant, l'année même où Louis XIV déclenche la guerre de Hollande (1672), le peuple, devant la menace, parvient à faire élire Guillaume d'Orange comme stathouder (sous le nom de Guillaume III) et capitaine général. Finalement, **Cornelis**, frère de Johan de Witt, et bourgmestre de Dordrecht en 1666, est accusé à tort de conspiration contre Guillaume III et emprisonné à la Gevangenpoort, à la Haye. C'est en lui rendant visite que Johan de Witt, victime d'une émeute populaire, est massacré avec son frère, à proximité de la prison *(p. 108)*.

Du 17ᵉ s. à nos jours. – Dès le début du 17ᵉ s., Dordrecht est supplanté par Amsterdam, puis surtout par Rotterdam. La ville devient française en 1795.

Actuellement, c'est une cité en expansion dont la situation avantageuse attire de nombreuses entreprises. Les industries y sont très variées : chimiques, métallurgiques (construction navale, aéronautique, électronique), industrie du bâtiment. Le secteur tertiaire y est très développé.

■ LA VIEILLE VILLE* *visite : 1/2 journée*

Grande église ou église Notre-Dame* (Grote- of O. L. Vrouwekerk) (C B). – *Visite : 1ᵉʳ mai - 30 sept. 10 h - 12 h et 14 h - 16 h sauf dim., lundi et j. fériés; 1 fl.*

La légende raconte que l'église fut commencée par une jeune fille, sainte Sura, qui voulant élever une chapelle à la Vierge et ne possédant que trois écus, voyait, chaque fois qu'elle priait, trois nouvelles pièces s'ajouter miraculeusement à son trésor.

Une chapelle existait en effet au Moyen Age. Elle fut agrandie au 13ᵉ s., puis au 14ᵉ s., mais un incendie détruisit l'édifice en 1457. L'église actuelle, consacrée au culte protestant, fut édifiée entre 1460 et 1502 dans le style gothique brabançon *(p. 24)*.

La **tour**, massive, est restée inachevée en raison de son affaissement sur le côté Nord : elle se termine en terrasse avec quatre cadrans d'horloge soulignant sa forme carrée. Le carillon (1949) se compose de 49 cloches *(concerts : vend. 11 h, sam. 14 h et, en été, jeudi en soirée.*

Intérieur. – Il est très vaste (108 m de long) et imposant avec ses 56 piliers surmontés, à la manière brabançonne, de chapiteaux à feuilles de choux.

Les **stalles*** en chêne, richement sculptées par le Flamand Jean Terwen de 1538 à 1542, dans le style Renaissance, comptent parmi les plus belles du pays. Les bas-reliefs surmontant les dossiers de la dernière rangée évoquent, côté Nord, les triomphes profanes et notamment ceux de Charles Quint, et côté Sud, les triomphes religieux. On admire également les jouées des stalles et les miséricordes, sculptées de sujets fantaisistes.

DORDRECHT

Bagijnhof D 4	Achterhakkers C 2	Oranjelaan D 32
Grote Spuistr. C 17	Aert de Gelderstr. C 3	Papeterspad C 33
Spuiweg C	Blauwpoortspl. C 5	Prinsenstr. C 37
Visstr. C 54	Bleijenhoek D 7	Scheffersspl. D 42
Voorstr. CD	Groenmarkt C 9	Spuiboulevard C 44
Vriesestr. D	Groothoofd D 13	Stationsweg D 47
	Grote Kerksbuurt C 14	Steegoversloot D 48
	Johan de Wittstr. D 19	Twintighuizen C 52
	Museumstr. D 29	Wilgenbos C 58

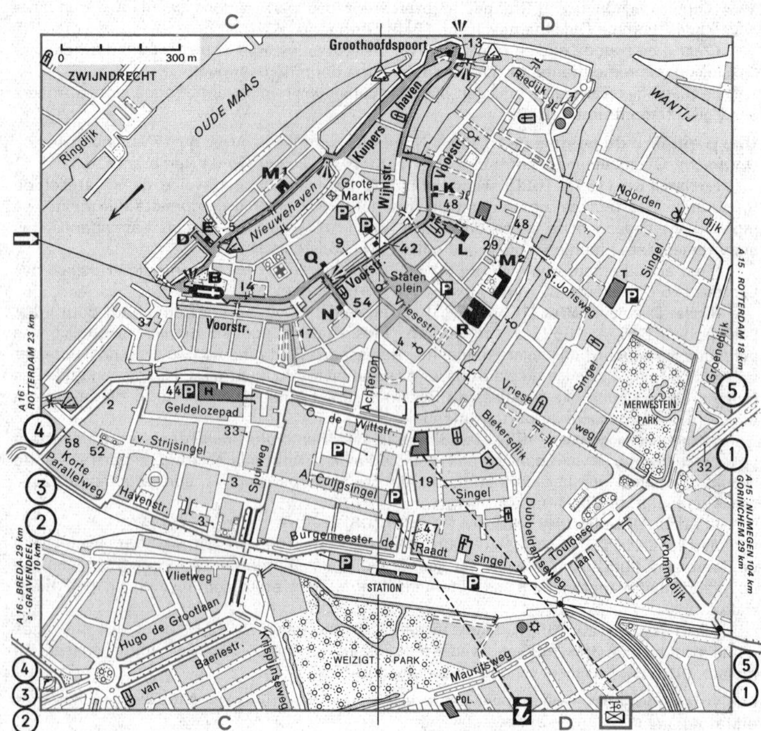

La grille du chœur, baroque, de 1744, est élégante. Dans une chapelle du déambulatoire, à l'Est, trois vitraux relatent des épisodes de l'histoire de la ville : inondation de 1421, incendie de 1457 et prise de la ville en 1480.

La chaire de 1756, dont la base est en marbre, est de style rococo.

L'orgue a été construit en 1671 par Nicolas van Hagen, d'Anvers.

De nombreuses dalles funéraires des 17e et 18e s. pavent le sol de l'église.

Montée à la tour. – *279 marches.*

Au passage, vue sur une horloge de 1626.

De la terrasse au sommet, belle **vue★★** sur la vieille ville dont les maisons se serrent le long des canaux et des bassins; remarquer la longueur des toits : au bord des canaux, la place était si chère qu'on préférait construire des maisons en profondeur. On distingue aussi les fleuves qui contournent la ville, enjambés par de grands ponts, et la partie moderne de Dordrecht.

A droite de la tour, le pont (Leuvebrug) sur le Voorstraatshaven porte quatre **bas-reliefs** sculptés dans la pierre en 1937, par **Hildo Krop** (1884-1970) : ils représentent dans un style naïf un prisonnier, un boulanger, une laitière, un chirurgien-apothicaire.

Blauwpoort ou Catharijnepoort (C D). – Près de cette porte très simple, datant de 1652, on remarque des entrepôts et une belle maison patricienne à perron, la **Beverschaep** (C E), du 18e s. : sa porte est surmontée d'une naïade et d'un triton enlacés; au fronton, un mouton et un castor encadrent des armoiries.

Nieuwehaven (C). – Ce bassin aux quais ombragés abrite des bateaux de plaisance.

Musée Simon van Gijn★ (Museum Mr. Simon van Gijn) (C M[1]). – *Visite : 10 h - 17 h (13 h - 17 h dim. et j. fériés); fermé lundi, 1er janv., 25 déc.; 1,50 fl. (gratuit merc.).*

Cette belle demeure de 1729 a été léguée à la ville, avec son contenu, par le banquier Simon van Gijn (1836-1922), grand amateur d'art.

Un décor élégant, de belles cheminées, un riche mobilier, des tapisseries, des tableaux, des vitrines d'argenterie, de verrerie, de porcelaine agrémentent l'intérieur.

Dans la salle de musique, au rez-de-chaussée, un orgue de 1785 a été restauré *(concerts).*

Au 2e étage, maquettes de bateaux (remarquer celle du Bleiswijk, navire de la Compagnie des Indes), costumes, faïence et porcelaine, jouets, parmi lesquels on admire les boutiques et maisons de poupée. Le rez-de-chaussée de la maison de jeux (*accès par le jardin, sauf mardi, jeudi et vend.*) est aussi intéressant.

De la rive Nord du Nieuwehaven, on a une jolie **vue** sur le bassin dominé par la Grande église avec ses hautes baies, son transept médian et son clocher massif. La vue est belle aussi sur le Kuipershaven bordé d'entrepôts.

Kuipershaven (CD). – De nombreuses péniches s'entassent sur cet ancien quai « des tonneliers » voué jadis au commerce du vin.

Aux n°s 41-42, un tonneau figure sur la grille formant imposte au-dessus de la porte. Dans l'imposte du n° 48 se dessine une corbeille.

Groothoofdspoort (D). – C'était la porte principale de la ville (1618). Surmontée d'un dôme, elle est surchargée sur ses deux faces d'ornements et de bas-reliefs en grès.

Du quai situé au Nord, on a une belle **vue★** sur le large confluent de la Merwede, du Noord et de la Vieille Meuse (Oude Maas). Le mouvement des bateaux est particulièrement important au crépuscule.

De l'autre côté de la porte, près du pont mobile, le bassin de plaisance du **Wijnhaven** (port au vin) et le clocheton d'une chapelle forment un tableau coloré.

Wijnstraat (CD). – Autre évocation du commerce du vin (wijn), cette rue irrégulièrement pavée est bordée de demeures pittoresques toutes de guingois. Certaines sont Renaissance, encore pourvues de pignons à redans (n°s 71-73, à l'emblème du coq; n° 85), d'autres rococo (n° 87).

Traverser le canal. C'est autour de ce canal central que se trouvent les plus anciennes demeures de la ville.

Voorstraat (CD). – Très commerçante, c'est la rue principale de la ville. On y observe d'intéressantes façades. Au n° 178, la façade s'orne d'un joli décor rococo. Au n° 188 se dresse la **Muntpoort** (D K), de 1555.

Au début de la section piétonne, à gauche, près de l'église Augustijnenkerk, au n° 214, un porche donne accès à **Het Hof** (D L), ancienne cour de justice; dans une salle se réunirent en 1572 les États généraux.

En face de Het Hof, au coin d'une ruelle menant à un pont, belle façade Renaissance à tympans bicolores, ornée de têtes sculptées.

Scheffersplein (CD 42). – C'est la place du marché; au centre se dresse la statue (19e s.) du peintre Ary Scheffer.

Visstraat (C 54). – Cette rue « au poisson » mène au très moderne quartier commercial de Dordrecht.

Au n° 3, se trouve une ravissante petite maison Renaissance, **De Crimpert Salm** (C N) (1608). Très ouvragée, elle porte une pierre de façade représentant un saumon (zalm) et est surmontée d'un lion; comme il est d'usage à Dordrecht, les fenêtres sont encadrées de moulures retombant sur des culs-de-lampe.

Franchir le pont vers Groenmarkt. Vues sur le canal étroit en cet endroit et l'ancien hôtel de ville, blanc édifice néo-classique. Sur le pont, un monument a été élevé en 1922 aux frères de Witt.

Groenmarkt (C 9). – Ancien marché aux légumes. A droite, au n° 39, la maison **De Sleutel** (C Q) montre une façade ornée d'une clé (sleutel) et de tympans à voussures multiples. Datant de 1540, ce serait la plus ancienne de la ville.

Au n° 53, belle façade à tympans formant des accolades.

Grote Kerksbuurt (C 14). – La maison du n° 56 présente une coquette façade à pignon à redans.

■ AUTRES CURIOSITÉS

Musée municipal (**Dordrechts Museum**) (D M²). – *Visite : 10 h - 17 h (dim. et j. fériés 13 h - 17 h); fermé lundi, 1er janv. et 25 déc.; 1,50 fl (gratuit merc. après-midi).*

Ce musée contient d'intéressantes collections de peintures.

On admire notamment des œuvres de peintres du 17e s. originaires de la ville comme Albert Cuyp, Nicolas Maes et Van Goyen ainsi que des œuvres de l'école de la Haye et de l'école d'Amsterdam. Parmi les œuvres (peintures, dessins, sculptures) des 18e et 19e s. figurent quelques toiles d'Ary Scheffer *(p. 82)*, de Jan Toorop...

Le musée accueille des expositions temporaires.

Arend Maartenshof (D R). – Cet ancien hospice de 1625 conserve son cachet ancien, avec des maisonnettes basses entourant une cour.

EDAM Noord-Holland

Cartes Michelin n°s 408 - plis 10, 11 et 211 - pli 4 – 23 520 h. (avec Volendam).

Important centre fromager, Edam est une petite ville tranquille et charmante. Elle est dominée par une haute tour à carillon, la **Speeltoren**, vestige d'une église démolie au 19e s., et traversée par des canaux au bord desquels se dressent encore quelques belles maisons du 17e s. C'était en effet jadis un port actif du Zuiderzee, réputé pour ses chantiers navals.

Le fromage d'Edam. – Fabriqué dans le passé à Edam, il l'est de nos jours dans plusieurs régions. Préparé avec un lait légèrement écrémé, il ressemble au Gouda par sa pâte onctueuse, mais il en diffère par sa forme qui est celle, bien connue, d'une boule à croûte jaune, couverte d'une pellicule rouge si elle est destinée à l'exportation.

■ CURIOSITÉS *Visite : 1/2 h*

Grand-Place (**Dam**). – Au centre de la ville, traversée par le canal Voorhaven, elle est dominée par **l'hôtel de ville** (stadhuis) du 18e s., surmonté d'un clocheton.

Une jolie maison de 1540 abrite un petit **musée municipal** (Edams museum). *Visite : 1er avril - 30 sept. 10 h - 12 h (sauf dim. et j. fériés) et 13 h 30 - 16 h 30; 1 fl.*

Kaasmarkt. – Sur cette place, ancien marché au fromage, s'élève le **Poids public** (Kaaswaag) où celui-ci était pesé. Orné de panneaux peints, il est occupé par une exposition concernant la fabrication du fromage. *De début avril à début oct. 10 h - 17 h.*

Grande église ou église St-Nicolas (**Grote- of St-Nicolaaskerk**). – *Visite : 1er avril - 30 sept. 14 h - 16 h 30.*

Datant du 15e s., elle renferme de jolis vitraux du début du 17e s. et un bel orgue.

EINDHOVEN Noord-Brabant

Cartes Michelin n°s 408 - pli 18 et 212 - pli 18 – 195 599 h. – *Plan dans le guide Michelin Benelux.*

Centre industriel très important et en constant développement, Eindhoven abritait à peine 5 000 h en 1900. Elle a vu depuis s'installer, aux environs, des manufactures de tabac (cigares), des papeteries, des industries textiles, la plus grande usine de produits laitiers du pays, les importantes usines d'automobiles DAF Trucks et l'industrie électrique.

La « ville-lumière ». – C'est surtout à la société Philips que la ville doit son extension spectaculaire. Fondée en 1891, cette entreprise familiale avait pour activité la fabrication de lampes à incandescence et employait alors 26 ouvriers. Elle compte aujourd'hui à Eindhoven 30 000 personnes soit plus de 8 % du personnel qu'elle emploie dans le monde.

Ses activités se sont considérablement diversifiées : outre les lampes, elle fabrique des appareils de radio et de télévision, magnétoscopes, magnétophones, électrophones, des appareils ménagers, des systèmes audiovisuels, des composants électroniques, etc.

Eindhoven possède aussi une école d'ingénieurs réputée, la Technische Hogeschool.

Une cité moderne. – Industrielle et d'un urbanisme récent, Eindhoven ne manque cependant pas d'attraits. Une grande activité commerciale y règne, notamment dans les rues piétonnes comme la Demer.

La ville est remarquablement équipée pour les loisirs, avec de nombreux parcs et espaces verts comme **De IJzeren Man**, à l'Est, et possède un théâtre municipal construit en 1964. Les environs boisés de la Campine *(p. 13)* recèlent de nombreuses possibilités de promenades. A 13 km de la ville, l'**Eurostrand**, parc récréatif, offre aux habitants de la grande cité de vastes espaces de délassement.

Le carnaval d'Eindhoven *(p. 11)* est très animé.

■ PRINCIPALES CURIOSITÉS *visite : 2 h 1/2*

Evoluon*. – *Visite : 9 h 30 - 17 h 30 (sam. 10 h - 17 h, dim. et j. fériés 12 h - 17 h); fermé 1er janv., 25 déc.; 9 fl. (enfants 6 fl.). Toutes les inscriptions sont traduites en anglais, quelques-unes en français.*

Situé à la lisière de la ville, l'Evoluon, créé par la société Philips, et conçu par les architectes Kalff et De Bever, est un immense bâtiment (1966) s'appuyant sur 12 piliers de béton en V et évoquant une soucoupe volante.

Il abrite une importante exposition s'étageant sur plusieurs anneaux superposés et consacrée à l'évolution de la science et de la technique. Divers objets d'art enrichissent le décor. A la voûte, qui n'est soutenue par aucun pilier, est suspendue une gigantesque reproduction d'une molécule de polypropylène.

(D'après photo Evoluon, Eindhoven)

L'Evoluon

Un public plutôt jeune observe avec intérêt les différents stades de l'exposition et manipule de nombreux appareils scientifiques, jeux et tests.

Prendre l'ascenseur pour gagner le premier des balcons de l'anneau n° 3 puis poursuivre la visite en descendant.

L'anneau n° 3, le plus grand, complété par deux balcons, est consacré aux problèmes posés par l'expansion démographique dans le monde et aux influences des sciences et de la technique sur la vie en société.

L'anneau n° 2 concerne la technologie et la technique, notamment l'électricité et l'électronique.

L'anneau n° 1, plus petit, montre le rôle joué par l'industrie (fabrication d'un poste de télévision).

Au sous-sol de l'aile Ouest, on peut assister à une projection de documentaires *(11 h 30 et 15 h).*

Musée Van Abbe* (**Stedelijk Van Abbemuseum**). – *Visite : 10 h - 17 h (13 h - 17 h dim. et j. fériés); fermé lundi; 1 fl., gratuit sam. ap.-midi.*

Séparé de l'hôtel de ville par la Dommel qui coupe à travers de beaux jardins, cet édifice fut légué à la ville en 1936 par l'industriel H. J. van Abbe. Agrandi en 1978, le musée qu'il abrite expose, par roulement, une riche collection de peinture et de sculpture de 1900 à nos jours, concernant notamment l'époque contemporaine, à partir de 1945. Le musée héberge également des expositions temporaires d'art contemporain.

La collection permanente, qui n'est jamais exposée dans son intégrité, comprend toute l'évolution de l'art moderne à travers : le cubisme de Picasso, Braque, Juan Gris; l'orphisme ou interprétation poétique du réel avec Delaunay, Chagall, Fernand Léger; le mouvement « De Stijl » *(p. 42)* avec Mondrian, Van Doesburg, le constructivisme avec un bon nombre d'œuvres de El Lissitzky; l'expressionnisme de Kokoschka, Kandinsky, Permeke; le surréalisme avec Miró, Ernst, Pieter Ouborg, Francis Bacon.

Après la guerre, la jeune école de Paris est marquée par des peintres abstraits comme Bazaine, Sam Francis (né en Californie), Poliakoff. Le groupe Cobra *(p. 28)* est représenté par Karel Appel, Asger Jorn, Corneille. Outre des peintres de matière comme Dubuffet, Tàpies, il faut encore citer Vasarely, Lucio Fontana, Klein, le groupe Zéro (Mack, Piene et Uecker), des Américains du Pop'art comme Morris Louis, Robert Indiana, Frank Stella. L'Art conceptuel (Kosuth, Barry, Brouwn, Kawara), l'Art minimal (Judd, Andre, Sol LeWitt) et la sculpture allemande contemporaine (Kiefer, Baselitz, Penck) sont également représentés.

▪ AUTRES CURIOSITÉS

Hôtel de Ville (Stadhuis). – Non loin de l'ancien hôtel de ville reconstruit en 1865 dans le style néo-gothique, cet édifice moderne, conçu par l'architecte J. van der Laan, a été élevé en 1965-1969.

Sur la place, un **monument** a été érigé en souvenir de la Libération. Sculpté par le Néerlandais Paul Grégoire en 1954, il représente trois hommes qui s'élancent vers le ciel à la poursuite d'une colombe.

Animali. – *Roostenlaan 303. Visite : 9 h - 18 h; fermé j. fériés; 5,50 fl.*

Ce jardin fleuri abrite, outre des colonies de cygnes et de flamants roses, une collection d'oiseaux rares, ainsi que des groupes de singes.

Musée de la Campine (Museum Kempenland). – *Stratumseind 32. Visite : 10 h - 17 h (sam., dim. et j. fériés 13 h - 17 h); fermé 1er janv., jours de carnaval, les dim. de Pâques et de Pentecôte, 25 déc.; 1,50 fl.*

Ce musée évoque le passé et les coutumes de la ville et de la région environnante ou Campine : archéologie, costumes, croyances, industries textiles, artisanat...

EXCURSION

Helmond; Asten; De Groote Peel★. – *38 km. Sortir par ② du plan.*

Helmond. – 58 787 h. Helmond se consacre surtout à la fabrication du textile. Le commerce y est actif, en particulier dans les rues piétonnes aux alentours de la Grand-Place (Markt).

Situé au milieu d'un parc, le **château★** médiéval est un imposant quadrilatère entouré de douves, cantonné de tours rondes et encadrant une cour intérieure. Il abrite le musée municipal. *Visite : 10 h - 17 h (14 h - 17 h dim.); fermé sam., 1er janv. et 25 déc.; 1,50 fl.*

Asten. – 14 151 h. Au Nord-Ouest, un bâtiment moderne abrite deux musées. *Visite : 10 h - 17 h; fermé lundi, 1er janv., carnaval (dim., lundi, Mardi gras), 25 déc.; 3 fl.*

Le **musée national du Carillon★** (Nationaal Beiaardmuseum) présente des informations sur la fabrication des cloches, une collection de clochettes du monde entier, une série d'horloges à contrepoids et de cloches à marteau ou à battant *(certaines peuvent être actionnées)* et un grand carillon à tambour au mécanisme apparent.

Le **musée de la Nature** (Natuurstudiecentrum en Museum Jan Vriends) contient une série d'animaux naturalisés, de papillons, d'insectes, une reproduction du sol et de la faune du Peel, région marécageuse voisine d'Asten, un aquarium contenant des espèces propres aux étangs du Peel.

Au Sud-Est d'Asten s'étend une grande zone marécageuse, nommée **De Peel** (peel : marais). Les étangs marquent l'emplacement d'anciennes carrières de tourbe.

De Groote Peel★. – *Accès au Sud, près de Meijelse Dijk.* C'est une réserve naturelle d'environ 1 300 ha dont les étangs jonchés de souches d'arbres favorisant la nidification attirent de nombreuses espèces d'oiseaux. Des milliers de **mouettes rieuses** (kokmeeuwen) viennent y couver *(de mi-mars à mi-juil.).*

De Groote Peel. — Mouettes rieuses

La mouette rieuse, qui mesure une quarantaine de centimètres de long, est blanche, cependant, l'été, sa tête devient entièrement noire. On la trouve sur les côtes pendant l'hiver, mais elle vient souvent nicher à l'intérieur des terres, notamment près des étangs. Vers le début du printemps, par milliers, les mouettes rieuses y aménagent un nid très soigné, entre les touffes de roseau qui couvrent l'émergence des souches. Mâles et femelles se partagent la tâche de couver les œufs et défendent jalousement leur nid. Les mouettes rieuses font entendre un vacarme incessant dû à leur cri, strident et peu harmonieux, qui leur ont valu leur nom.

Un petit **musée** (bezoekerscentrum Mijl op Zeven) installé dans une ferme typique du Brabant *(visite : de mi-avril à mi-sept. 9 h - 17 h)* documente sur la formation des étangs, sur la flore de la réserve (bruyère, mousses) et sur sa faune représentée à l'aide d'oiseaux naturalisés (grue, mouette rieuse, geai, etc.). Plusieurs circuits balisés permettent de découvrir cet univers étrange troublé par les cris aigus des mouettes.

Certaines parties de la réserve sont inaccessibles pendant la période de couvaison (15 mars-15 juil.) et de migration (15 oct.-15 nov.).

Participez à notre effort permanent de mise à jour. Adressez-nous vos remarques et vos suggestions.

Cartes et Guides Michelin
46 avenue de Breteuil 75341 Paris Cedex 07

EMMEN Drenthe

Cartes Michelin nos 408 - Nord du pli 13 et 210 - plis 19, 20 – *Schéma p. 129* – 90 662 h.

Marché prospère, Emmen est une ville agréable cernée au Nord et à l'Est par de belles forêts. A l'extrémité Sud du Hondsrug, elle possède de nombreux hunebedden *(p. 128)*.

■ CURIOSITÉS *visite : 1 h*

Hunebed d'Emmerdennen★ (D 45). – *Accès par Boslaan, direction Emmer Compascuum. Il est situé près d'un grand carrefour et signalé.*

Ce remarquable hunebed, allée couverte aux six énormes tables, encerclé de pierres dressées est érigé sur un monticule en pleine forêt. La beauté de cet ensemble attire les peintres.

Hunebed d'Emmerdennen

Hunebedden de la route d'Odoorn. – Plusieurs mégalithes se succèdent, du Sud au Nord. *Après la dernière ferme prendre à gauche un sentier signalé « hunebed »*. On trouve entre les arbres un **hunebed★** (D 43), auquel on a restitué sa forme de tumulus et où se dissimulent deux allées couvertes. L'ensemble est cerné de pierres dressées; entre les interstices, des galets empilés permettent de retenir la terre *(illustration p. 128)*.

Quelques centaines de mètres plus loin au Nord se dresse à gauche de la route, un petit hunebed (D 41) couvert de dalles.

A la sortie d'Emmen à droite, un chemin signalé « hunebedden » mène à travers la forêt à une vaste clairière semée de bruyère, site charmant où sont disposés trois hunebedden (D 38/40). L'un est à moitié enfoui, le deuxième, également enterré, se présente sous la forme d'un carré, le troisième est couvert de pierres basculées.

Jardin zoologique★ (Noorder Dierenpark). – *Visite : 1er mai-31 août 9 h - 18 h; le reste de l'année 9 h - 17 h; 10 fl., enfants 8,50 fl. (11 fl. et 9,50 fl. juillet-août).*

Ce parc zoologique est intéressant pour la richesse et la variété des espèces présentées.

Plusieurs aménagements sont particulièrement remarquables. Dans une gigantesque volière évoluent des oiseaux provenant des forêts tropicales d'Amérique du Sud. Le bassin des phoques, et l' « Africanium », qui englobe un ensemble de serres, un musée d'histoire naturelle et un musée ethnographique, constituent d'autres attractions. Enfin, sur un vaste terre-plein (1,5 ha) cohabitent girafes, zèbres, antilopes, rhinocéros, grues, impalas...

EXCURSIONS

Noordsleen; Schoonoord; Orvelte★. – *40 km à l'Ouest – schéma p. 129.*

Noordsleen. – Ce charmant village de la Drenthe, côté d'un moulin restauré, possède deux **hunebedden.** *Accès par la petite route de Zweeloo et un chemin à droite signalé « hunebedden »*. Le D 51, à gauche, est une petite allée couverte encore surmontée de trois dalles (quatre ont disparu). Plus loin à droite, le **hunebed★** D 50, ombragé par un grand chêne qui pousse en son centre, est mieux conservé. Cinq tables sont encore en place ainsi que la couronne ovale de pierres dressées. Les piliers de l'entrée, au Sud, qui ont été arasés, sont encore visibles.

Schoonoord. – A 3,5 km au Sud de la localité, dans les bois, près d'un centre hippique, un hunebed (D 49) a été en partie reconstitué. *En cas de fermeture, s'adresser au manège voisin.* Entre les dalles verticales est placée une garniture de galets. Au-dessus, la terre couverte de bruyère forme une butte et dissimule les grandes dalles constituant le plafond du hunebed. Ce hunebed est nommé **De Papeloze Kerk** (l'église sans prêtre) : des assemblées s'y tenaient aux premiers temps de la réforme.

Orvelte★. – Ce village situé au cœur de la Drenthe groupe des fermes, des granges couvertes de chaume qui ont pu, grâce à une restauration générale, préserver leur caractère régional. *Accès interdit aux voitures.*

A côté des traditionnelles activités agricoles (élevage de vaches et de moutons, culture de maïs), s'est développé l'artisanat : maréchal-ferrant, potiers... Une promenade à travers ce village-musée animé permet de multiples découvertes.

Coevorden. – 13 877 h. *21 km au Sud-Ouest.* Ancienne place forte, Coevorden conserve quelques monuments intéressants.

Occupé en partie par l'hôtel de ville, le **château** (kasteel) est un charmant édifice flanqué d'une tourelle d'angle, dont les murs sont crépis de rose et percés, dans la partie gauche de la façade (15e s.), d'étroites et hautes fenêtres. La cave est occupée par un restaurant.

Près de la Grand-Place *(Friesestraat, no 9)* se trouve une pittoresque **maison** de la fin de la Renaissance au pignon à volutes et aux ornements variés : coquilles d'un rouge vif, têtes de femmes, d'angelots, de maures, et nombreuses inscriptions.

Sur la Grand-Place (Markt) se remarquent les trois toitures de l'Arsenal du 17e s., restauré, faisant face au bassin portuaire. Il abrite le musée « Drenthe's Veste ». *Visite : 10 h - 12 h et 13 h 30 - 17 h (14 h - 17 h sam., dim. et j. fériés); fermé dim. du 1er oct. au 31 mars, 1er janv., les dim. de Pâques et de Pentecôte, 25 et 26 déc.; 1,25 fl.*

A l'Est, au-delà de Weyerswold *(6 km)*, les chaumières typiques de la Drenthe voisinent avec d'innombrables petits puits de pétrole. Dans ce domaine la région de **Schoonebeek** recèle en effet de considérables richesses.

ENKHUIZEN ★ Noord-Holland

Cartes Michelin n°s 408 - pli 11 et 210 - Sud du pli 15 – 15 600 h.

Enkhuizen fut la résidence des chefs frisons jusqu'en 1289, date à laquelle la Frise-Occidentale fut rattachée au comté de Hollande. C'était un port très florissant où la pêche au hareng était des plus prospères. La ville porte encore trois harengs dans ses armes.

Fortifiée au milieu du 16e s., elle est une des premières villes à se révolter en 1572 contre les Espagnols. Vers 1600 ses murailles sont reconstruites. Au 17e s., elle compte près de 50 000 h. Mais l'ensablement de son port au 18e s., puis la construction de la grande digue de l'IJsselmeer en 1932 portent un coup d'arrêt à son activité maritime.

Depuis lors, elle s'est tournée vers son arrière-pays. La richesse des terres qui l'environnent a fait d'elle un marché important et un centre de culture de plantes à bulbes. Ses remparts ont été aménagés en promenade.

Une route de digue *(31 km)* bordant le futur polder Markerwaard, la relie à Lelystad, principale ville du Flevoland.

Enkhuizen vit naître **Paulus Potter** (1625-1654), célèbre peintre animalier dont le tableau le plus connu (Le Taurillon) se trouve au Mauritshuis à la Haye.

Promenades en bateau. – *Vers Urk (p. 150). Vers Stavoren (de début mai à mi-sept.); s'adresser à Rederij Naco. Vers Medemblik en liaison avec le train touristique (de début juil. à début sept. 2 services quotidiens; début mai-début juil. et début sept.-fin sept. 2 services par jour sauf dim., lundi; 14 fl. train et bateau). Départ : Spoorhaven.*

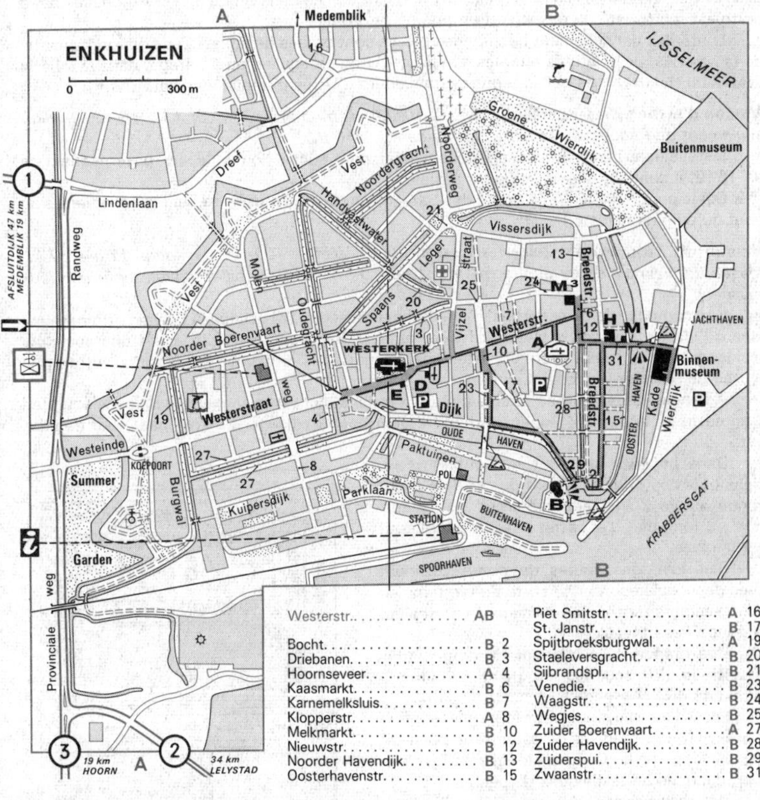

■ LA VIEILLE VILLE★ *visite : 3 h*

Elle conserve de nombreuses façades du 17e s., de style Renaissance, dont la riche décoration témoigne d'une ancienne prospérité.

Westerstraat (AB). – C'est la rue principale de la ville. On y admire de belles façades, notamment, celle du n° 158, au Nord, datée de 1617; au pignon, l'emblème de la ville : une jeune fille portant un blason où figurent trois harengs.

Église de l'Ouest ou de St-Gommaire (Westerkerk of St.-Gommaruskerk) (AB). – *Visite : de fin juin à début oct. 10 h - 12 h et 14 h - 16 h; fermé sam., dim. et j. fériés.*

C'est un édifice des 15e et 16e s. Son clocher de bois, isolé, bâti au 16e s. sur un socle de pierre, a été refait au 19e s. dans le style néo-classique.

L'intérieur est de type halle, avec trois nefs d'égale hauteur, couvertes d'une voûte en bois. On y remarque le beau **jubé★** en bois, à six panneaux et tympans richement travaillés au 16e s., la chaire, également du 16e s., imitation de celle de la Grande église de la Haye, et le buffet d'orgues de 1547.

Face à l'église se dresse l'ancienne **Monnaie** de Frise-Occidentale (West-Friese Munt) (B E) avec une jolie façade de 1617, richement décorée.

Plus loin, au n° 109, la façade de l'**Orphelinat** (Weeshuis) (B D) a été refaite d'après la façade primitive de 1616.

Tourner à droite pour prendre le Melkmarkt et Venedie.

Dijk (B). – Ce quai longe le vieux port. Au n° 32, une maison de 1625 arbore la devise : « Contentement passe rychesse ».

Dromedaris* (B B). – *Montée à la terrasse du lundi au vend. 13 h 30 - 16 h 30.*

Cette imposante et populaire construction qui appartenait à l'enceinte de la ville, était, comme celle de Hoorn, destinée à surveiller l'entrée du port. Elle se compose d'une tour semi-circulaire et d'un édifice accolé où est percée une porte. Elle renferme un carillon qui, réalisé par Hemony, est l'un des meilleurs du pays. De nos jours, elle est occupée par un restaurant.

Du sommet, on découvre un vaste **panorama*** sur le vieil Enkhuizen, son port, l'IJsselmeer et au loin la Frise.

Du quai au Sud de la tour, on a une jolie **vue*** à l'Est sur le bassin portuaire (Zuiderspui) et l'arrière des maisons, aménagé de pittoresques galeries de bois surplombant des jardins fleuris.

Au Sud s'étend un port de plaisance, le Buitenhaven.

Zuiderspui (B 29). – Cette courte rue est bordée d'un ensemble d'intéressantes façades : celle du n° 1 montre cinq écussons polychromes, de gauche à droite les armes de Hoorn (une corne), de la maison d'Orange, de la Frise-Occidentale (deux lions), d'Enkhuizen et de Medemblik.

Breedstraat (B). – Plusieurs maisons portent d'intéressantes pierres de façade, notamment celle du n° 81 intitulée Den Kuiser Maegt (La jeune fille d'Enkhuizen), et représentant les armes de la ville, au n° 60 un bateau ancien, au n° 59, une jeune fille portant également l'écusson de la ville.

Hôtel de ville (Stadhuis) (B H). – C'est un imposant édifice de la fin du 17ᵉ s. Au-dessus de la porte est représenté un passage d'un poème de Vondel.

L'intérieur est richement décoré : les pièces sont ornées de tableaux, de plafonds peints, de tapisseries, de peintures murales. On peut voir en particulier, au 1ᵉʳ étage, dans la **salle du Conseil** ou Raadzaal, de belles tentures en velours d'Utrecht appliquées au 18ᵉ s.

Musée d'armes (Wapenmuseum) (B M[1]). – *Visite : de mi-mai au 31 août 13 h 45 - 17 h (dim. seulement de Pâques au 15 sept.; fermé sam.; 1,50 fl.*

Installé dans l'ancienne prison (gevangenis), petit édifice dont la façade pittoresque date de 1612, il contient une collection d'armes.

Sur le pont, on aperçoit à droite des bateaux anciens du musée du Zuiderzee, amarrés au bord du quai de l'Oosterhaven.

Musée du Zuiderzee* (Zuiderzeemuseum) (B). – *Visite : 10 h - 17 h (dim. 12 h - 17 h). Musée de plein air de mi-avril à mi-oct. 10 h - 17 h; 7,50 fl. (billet valable pour les deux musées).*

Il se compose de deux parties : l'une (Binnenmuseum) (B) occupe la Poivrière (Peperhuis) face à l'IJsselmeer, sur la Wierdijk (wier : algue). Construite en 1625, c'est une ancienne résidence et un entrepôt ayant appartenu par la suite à la Compagnie des Indes. L'autre est le musée de plein air (Buitenmuseum).

A l'angle, la demeure, à double pignon à redans, conserve sa pierre de façade sculptée d'un navire et la devise : Dépenser d'abord pour gagner ensuite (De kost gaet voor de baet uyt).

Dans un **grand hall** sont rassemblés d'anciens bateaux, principalement des **voiliers** ayant vogué sur le Zuiderzee : remarquer les « tjotters » à fond plat, l' « ijsvlet » d'Urk qui glissait sur la glace.

Plus loin, des figures de proue voisinent avec des « hakkeborden », sorte de tympans en bois, sculptés de thèmes religieux, qui ornaient la poupe des bateaux.

Une grande salle contient de magnifiques **meubles** *(p. 30)* sculptés ou peints comme à Workum, Jisp, Assendelft et des traîneaux.

Les salles suivantes abritent une section d'artisanat, des modèles de bateaux de pêche et des navires de la Compagnie des Indes, des reproductions de techniques de pêche.

Des **costumes** sont présentés dans des intérieurs typiques : Terschelling, Zaan, Frise-Occidentale, Hindeloopen, Marken, Urk, Spakenburg, Volendam.

Dans **le musée de plein air** (Buitenmuseum) (B) est évoquée la vie quotidienne dans les anciens ports de pêche du Zuiderzee.

(D'après photo Zuiderzeemuseum)

Musée du Zuiderzee. — Armoire d'Assendelft

Musée du Poids public (Stedelijk Waagmuseum) (B M[3]). – *Visite : 1ᵉʳ mai - 30 sept. 10 h - 12 h (sauf dim.) et 14 h - 17 h; fermé lundi, j. fériés et du 27 au 31 déc.; 1,10 fl.*

Sur le Kaasmarkt ou marché au fromage, ce bel édifice de 1559, aux pignons sinueux, aux persiennes peintes et aux écussons polychromes, est l'ancien Poids public où s'effectuait le commerce du beurre et du fromage. Il abrite un musée municipal.

On y voit un **cabinet de chirurgien,** installé à l'étage en 1636, une chambre d'enfant (18ᵉ s.), une petite infirmerie (1910), un cabinet de dentiste (1920) et une collection d'instruments médicaux et d'estampes.

Tous les ans a lieu, au grenier, une exposition artistique temporaire.

On retrouve la Westerstraat. Dans la partie Est de cette rue on observe également de jolis pignons, des enseignes, des pierres de façade (une marmite, une tête de bœuf, etc.).

Église du Sud (Zuider of St-Pancraskerk) (B A). – Elle est flanquée d'une belle tour gothique dont le sommet en bois a été ajouté au 16ᵉ s. Son carillon est dû aux frères Hemony.

■ AUTRE CURIOSITÉ

Jardin d'été (Summer Garden) (A). – *Ouvert : juil.-août 9 h - 17 h.*

Près des anciens remparts, ce beau jardin aux agréables parterres fleuris rappelle que la région est vouée à la culture des fleurs.

EXCURSION

Medemblik.– 6 937 h. *21 km au Nord* (A). Medemblik qui reçut ses droits de cité en 1289 devint alors la capitale de la Frise-Occidentale. Elle faisait jadis partie de la Hanse. C'est aujourd'hui l'une des « villes mortes » de l'ancien Zuiderzee. De Medemblik part la digue qui limite à l'Est le Wieringermeerpolder *(p. 130)*. Au Nord de la ville, la station de pompage Lely est la plus importante des stations qui permirent d'assécher ce polder.

Un **chemin de fer touristique** relie la ville à Hoorn *(p. 126)*, tandis qu'un service de bateaux fonctionne entre Medemblik et Enkhuizen.

La ville conserve d'intéressantes maisons anciennes aux jolies pierres de façade. On en verra en particulier dans la rue principale, **Nieuwstraat** (n° 26 : façade de 1613 au linteau portant quatre écussons). A l'extrémité de celle-ci le **Poids public** (Waag) montre une façade à redans ornée d'une pierre de façade sculptée de balances.

Le **Westerhaven,** quai bordant l'un des deux principaux bassins du port, possède quelques belles maisons (n°s 9 à 14, à redans, n° 16, n° 20). Dans la Torenstraat, qui part du Westerhaven, l'ancien **hospice** (Weeshuis), possède un portail surmonté d'un bas-relief naïf représentant quatre orphelins (18e s.).

Enfin, l'**Oosterhaven*** est le plus riche en vieilles façades. Remarquer les n°s 22, 43 et le n° 44 orné de pierres sculptées (armes de la ville, navire). A l'extrémité de ce quai, **vue** sur l'IJsselmeer.

Le **château** (Kasteel) **Radboud** se dresse sur le côté opposé de l'Oosterhaven. *Visite : dim. 14 h - 17 h; en outre en semaine 10 h - 17 h du 1er juin au 31 août; 2,50 fl.*

Il fut construit au 8e s. par Radboud, roi des Frisons. Vers 1288, le comte de Hollande Floris V le fortifia et le transforma. Une partie seulement, restaurée, subsiste aujourd'hui, entourée de douves, le reste ayant été détruit aux 17e et 18e s.

Le château abrite un petit **musée** d'antiquités : monnaies, cruches, etc., provenant de fouilles.

ENSCHEDE Overijssel

Cartes Michelin n°s 408 - pli 13 et 211 – pli 9 – 144 590 h.

Enschede, située au cœur de la verte région de la Twente, est la plus grande ville de la province. Important centre industriel, elle est surtout spécialisée dans le textile. Son essor, dû au développement de l'industrie, ne remonte qu'au début du siècle. Ayant subi un incendie en 1862 et des bombardements en 1944, elle se présente de nos jours comme une cité moderne, aux larges avenues.

Au Nord-Ouest de la ville, sur la route d'Hengelo, est implantée, depuis 1964, l'**Université Technique de Twente** (Technische Hogeschool Twente) dont les édifices forment un vaste campus.

La Twente et l'industrie textile. – Riche en eaux courantes qui permettaient de laver les fibres, d'animer les métiers à tisser, la Twente s'était jadis spécialisée dans le traitement du lin, qu'on cultivait, rouissait, filait et tissait sur place. **Almelo** était le centre de cette activité. Le lin était exporté jusqu'en Norvège et en Russie où les commerçants de Vriezenveen (7 km au Nord d'Almelo), avaient fondé une colonie près de St-Pétersbourg.

Au 18e s. on remplaça le lin par le coton, moins coûteux, tout en produisant en grande quantité un tissu croisé de lin et de coton, le basin (bombazijn). Au début du 19e s., la production s'industrialisa dans le tissage et dans la filature, grâce au développement des machines à vapeur.

L'industrie métallurgique connut aussi un grand développement à cette époque; avec l'industrie textile en 1960, elle représentait 86 % des activités du secteur industriel. Depuis, l'extension des fibres artificielles, la concurrence étrangère et la récession économique ont considérablement affecté l'industrie textile dans cette région. Actuellement, à côté de la métallurgie lourde et celle de transformation, se développent l'industrie du bâtiment et le secteur tertiaire.

■ PRINCIPALES CURIOSITÉS *visite : 1 h 1/2*

Musée de la Twente* (Rijksmuseum Twenthe) (Y M[1]). – *Visite : 9 h - 13 h et 14 h - 17 h; fermé le matin des dim. et j. fériés, lundi et 1er janv.; 3 fl.*

Le bâtiment édifié en 1930 sur des plans de Muller et de Beudt a fait récemment l'objet d'un important réaménagement. Le musée contient une riche série de peintures où figurent de nombreux artistes célèbres, des Primitifs à nos jours, et des collections ethnographiques relatives à la partie orientale des Pays-Bas et à la zone frontalière avec l'Allemagne (préhistoire, histoire, arts et traditions populaires).

Dans la section préhistorique sont exposés de nombreux objets découverts dans les tumulus et les tombes de la Twente ainsi que dans les hunebedden disparus *(p. 128)*.

Une salle **d'art sacré** rassemble des sculptures, des peintures et des objets d'art.

Dans le jardin, une ferme du type Los Hoes *(p. 35)* à pignon de bois et colombages, a été reconstituée; l'intérieur y forme un vaste espace non cloisonné que se partageaient hommes et bêtes.

La riche **section de peinture** ancienne et moderne comprend des portraits par Holbein le Jeune, Cranach, un Paysage de Momper, les Ramasseurs de bois par Brueghel le Jeune, une Vue de Nimègue par Van Goyen, etc. Parmi les œuvres plus récentes, on remarque un tableau peint par Jongkind pendant un séjour à Rotterdam, une vue de Louveciennes en automne par Sisley, un plafond décoré par Odilon Redon, des œuvres de Jacob Wagemaker (1906-1972), d'Anton Rooskens, membre du groupe Cobra *(p. 28)*.

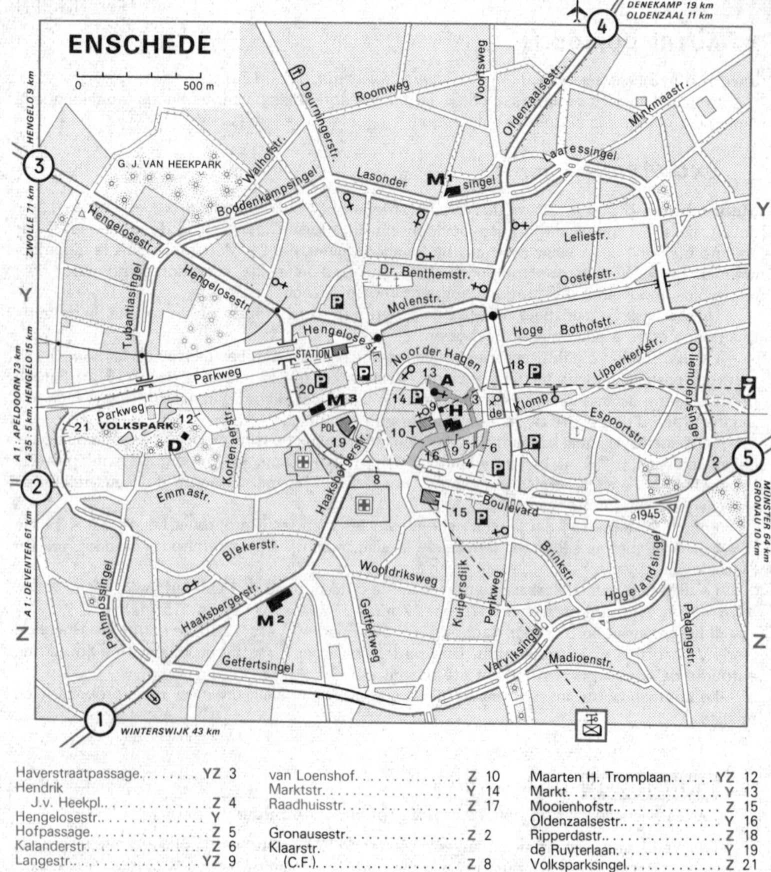

Le musée possède un « voile de carême » (hongerdoek) provenant d'Allemagne : c'est un rideau qui séparait le chœur de la nef pendant le temps de carême.

Des manuscrits et des incunables voisinent avec des ivoires et des émaux champlevés.

Le musée abrite une belle collection de carreaux de faïence de Delft.

Musée de l'industrie du textile (Textielindustriemuseum) (Z M²). – *Visite : 10 h - 12 h (sauf dim.) et 14 h - 17 h; fermé lundi et j. fériés sauf l'après-midi des lundis de Pâques, de Pentecôte et du 26 déc.; 1,50 fl.*

Il offre une rétrospective des procédés de filature et de tissage utilisés dans la Twente et dans la province de Gueldre, depuis le rouet jusqu'aux métiers mécaniques importés au 19ᵉ s.

Une petite salle est réservée à la **dentelle** : une boutique de marchande de dentelle a été reconstituée.

Au 1ᵉʳ étage, documentation sur les procédés de tissage et d'impression employés en Afrique et en Indonésie, en particulier ceux du batik.

■ AUTRES CURIOSITÉS

Musée d'histoire naturelle (Natuurmuseum) (YZ M³). – *Visite : 10 h - 12 h 30 et 13 h 30 - 17 h (14 h - 17 h seulement dim. et j. fériés); fermé lundi, 1ᵉʳ janv., dim. de Pâques, Ascension, dim. de Pentecôte, 30 avril, 5 mai, 25 déc.; 2 fl.*

Agréablement présenté, il contient de remarquables collections.

Au rez-de-chaussée, minéraux, fossiles, découverts pour la plupart dans la région; coquillages et coraux.

Le 1ᵉʳ étage est consacré à la faune : **dioramas** montrant les principales espèces de mammifères et d'oiseaux rencontrées aux Pays-Bas, aquariums et petits bassins à reptiles; une salle évoque la chasse à la baleine.

Au sous-sol, pierres précieuses, radio-actives et fluorescentes.

Volkspark (YZ). – Au Sud-Est de ce parc, l'un des nombreux espaces verts d'Enschede, se trouve un monument (Z D) érigé à la mémoire des victimes de la dernière guerre. C'est un groupe de statues en bronze (un otage, des résistants, un soldat, etc.) dû au sculpteur **Mari Andriessen.**

Hôtel de ville (Stadhuis) (YZ H). – Édifié par G. Friedhoff en 1933, il s'inspire de l'hôtel de ville de Stockholm. Ce bâtiment de brique, un peu austère, est flanqué d'un haut beffroi carré aux murs légèrement bombés.

Église réformée (Hervormde Kerk) (Y A). – Sur le Markt, place centrale de la ville, s'élève cette église en grès.

Commencée vers 1200, elle a été agrandie au 15ᵉ s. mais conserve du 13ᵉ s. une importante **tour** romane où l'on remarque des baies géminées. La flèche a été ajoutée au début du siècle.

EXCURSION

Oldenzaal; Denekamp; Ootmarsum*; Delden; Hengelo. – *Circuit de 80 km. Sortir par ④ du plan.*

Le parcours fait traverser la partie Nord de la **Twente.** Connue pour ses activités industrielles, la Twente est aussi une région verdoyante dont le sol, sillonné de nombreux cours d'eau, se partage entre des pâturages et de magnifiques forêts.

De grandes fermes au pignon de bois et aux murs présentant encore parfois des pans de bois s'y disséminent.

Oldenzaal. – 28 626 h. Cette petite ville industrielle, à proximité de la frontière allemande, est une cité ancienne qui, autrefois fortifiée, a gardé ses rues concentriques autour d'une belle église romane, la **basilique St-Plechelmus** (St-Plechelmusbasiliek). *Pour visiter, s'adresser au sacristain, J. Muller, Pastoriestraat 47.*

Un sanctuaire existait ici en 770. Dédié à un saint irlandais, l'édifice actuel, à trois nefs et transept, date du début du 12e s. Le clocher carré, dont l'aspect massif est caractéristique de la région, a été édifié au 13e s. Depuis 1950, l'église porte le titre de basilique.

L'intérieur est d'une allure robuste. Les voûtes d'arêtes de la nef s'appuient sur d'épais piliers carrés. Le chœur et le bas-côté droit ont été refaits dans le style gothique au 15e s. On remarque dans le bras droit du transept, un triptyque (Adoration des Mages) attribué au Flamand Pieter Coecke, d'Alost. La chaire baroque est sculptée de personnages d'une facture vigoureuse. Les orgues, modernes, sont utilisées pour les concerts.

Non loin se trouve le **musée** (Museum) **Het Palthe Huis.** *Marktstraat. Visite : 10 h - 12 h et 14 h - 17 h (sam., dim. et j. fériés 14 h - 17 h); fermé lundi, 1er janv., dim. de Pâques, 30 avril, Ascension, dim. de Pentecôte, 25 déc.; 2 fl.*

Cette demeure à charmante façade baroque fut léguée à la collection d'antiquités d'Oldenzaal par la famille Palthe et rassemble des objets traditionnels dans des pièces de style (17e s.). Remarquer également une boutique d'apothicaire, reconstituée, et, au grenier, une chaise (17e s.) où fut immobilisé un meurtrier pendant 110 jours.

Denekamp. – 11 962 h. Ce bourg, situé dans une des plus belles parties de la Twente, conserve la curieuse tradition des « midwinterhorens », cornes « du milieu de l'hiver », taillées dans le bois, que l'on fait résonner, à l'approche de Noël *(p. 11)*, dans les villages de la région et dont l'origine reste mystérieuse.

A proximité du bourg se trouve le **château** (Kasteel) **Singraven.** *Visite : 15 avril - 30 sept. mardi et vend. 10 h 30 et 16 h, merc. 10 h 30 et 13 h 30 (en outre le 1er juil. - 31 août 13 h 30 et 15 h mêmes jours et jeudi mêmes heures); 5 fl. Prendre son billet au restaurant De Watermolen, près du moulin voisin.*

Une route charmante longe le Dinkel, petit cours d'eau ombragé et calme sur lequel est installé le joli **moulin à eau** de Singraven (15e s.); on y moud encore le grain et on y scie du bois; le bâtiment de gauche abrite un restaurant. Le **château** du 17e s., flanqué d'une tour carrée, se reflète dans les eaux du Dinkel dont un bras arrose le magnifique parc. Le mobilier, les tapisseries (Beauvais, Aubusson), les collections de porcelaine, les tableaux (Salomon van Ruysdael, Van de Capelle) contribuent à recréer l'atmosphère raffinée d'un intérieur du 18e s.

Ootmarsum*. – 4 292 h. Ce charmant bourg aux rues concentriques, bâti sur une butte autour d'une église gothique, a été restauré. On peut y admirer de jolies façades Renaissance ouvragées et des pignons en bois.

Sur le Kerkplein se dresse l'**église des Sts-Simon et Jude** (kerk van de HH. Simon en Judas). *Visite : de début mai à fin oct. 10 h - 12 h et 15 h - 17 h (fermé sam. et matin des dim. et j. fériés); le reste de l'année mardi, jeudi, dim. et j. fériés 15 h - 17 h.*

C'est un édifice de style de transition roman gothique qui rappelle les églises de Westphalie, par l'emploi de la pierre et par son épaisse tour carrée à l'Ouest (en partie démolie). L'abside est gothique ainsi que la quatrième travée. A l'intérieur, la polychromie met en valeur les lignes des arcs en ogive, des colonnettes et des nervures. On remarque, au fond du bas-côté gauche, une jolie statue de la Vierge, en bois (vers 1500), dans les bas-côtés, des vitraux modernes représentant des saints; dans le chœur, une lampe en argent. L'orgue, de style westphalien, a été restauré *(concerts)*. Dans des vitrines sont exposés quelques objets d'orfèvrerie liturgique et une belle chasuble de 1749, brodée à l'effigie des patrons de l'église. Dans le bas-côté droit, un caveau sert de columbarium.

Prendre la route d'Almelo.

Kuiperberg. – Du belvédère aménagé sur le Kuiperberg (65 m), **vue** sur Ootmarsum et la campagne boisée. A côté, près des ruines d'une tour, ancien cimetière juif.

Par Almelo (p. 91) et Borne, gagner Delden.

Delden. – Delden est un important marché agricole. Ancienne résidence des comtes de Wassenaar, le **château** (kasteel) **Twickel** s'élève au Nord de la localité. Fondé au 14e s., il a été modifié au 16e s. (portail principal) et au 17e s. Il est entouré de douves et de beaux jardins. *Visite accompagnée des jardins : en saison merc. et sam. 13 h 30, 14 h 45 et 16 h; 2 fl. Prendre son billet au VVV de Delden.*

La **Grande église ou église St-Blaise** (Grote- of St-Blasiuskerk), église-halle de style gothique, en pierre, est précédée d'une lourde tour carrée.

Hengelo. – 76 399 h. *Plan dans le guide Michelin Benelux.* Cette ville commerçante et industrielle (métallurgie, électricité, électronique, chimie), possède des constructions modernes, en particulier l'**hôtel de ville** (stadhuis) œuvre de Berghoef (1963). On édifie depuis 1972, à l'Est de la ville, un nouveau quartier résidentiel expérimental connu sous le nom de Kasbah et réalisé par l'architecte Piet Blom.

Rentrer à Enschede par ③ du plan.

FAUQUEMONT Voir Valkenburg

Le FLEVOLAND ★

Cartes Michelin n°s 408 - plis 11, 12 et 210 - plis 4, 5, 6 – *Schéma p. 130.*

Le Flevoland est en fait un groupe de deux polders qui constituent les plus récentes réalisations de l'assèchement du Zuiderzee *(p. 129)* : celui de Flevoland-Est et celui de Flevoland-Sud.

Polder de Flevoland-Est (Oostelijk-Flevoland). – C'est le troisième polder créé sur l'IJsselmeer, après le polder du Wieringermeer et le polder du Nord-Est *(p. 150).*

D'une superficie de 54 000 ha, il a été endigué et asséché de 1950 à 1957. La majeure partie de ce polder est destinée à l'agriculture (75 % de la superficie) tandis que 10 % des terres sont transformées en prairies et en bois, 8 % aux habitations et le reste est dévolu aux canaux, aux routes et aux digues. Avant d'être exploitées, les terres sont d'abord ensemencées de roseaux. Des fermes dissimulées derrière des rideaux de peupliers et d'immenses granges parsèment ce plat pays coupé de jeunes futaies. Les arbres élevés dénotent un habitat déjà ancien. Dans les prés drainés de rigoles paissent moutons, vaches, poneys. On rencontre de nombreux vanneaux huppés, des faisans dorés, et des oiseaux aquatiques comme la foulque, petit échassier sombre dont la tête noire porte une tache blanche.

Depuis 1960, villes et bourgs sont sortis de terre : Lelystad, Dronten, Swifterbant, Biddinghuizen; des pilotis placés sur une couche de sable assurent la stabilité de leurs constructions. D'immenses routes rectilignes sillonnent le polder. Certaines ont été construites sur les digues de ceinture.

Des lacs comme le **Veluwemeer,** séparant le polder de l'ancienne côte du Zuiderzee, font office de régulateurs et sont devenus des lacs de plaisance. Des plages y ont été établies.

Polder de Flevoland-Sud (Zuidelijk-Flevoland). – Il est séparé de l'autre polder par une digue de sécurité, la Knardijk, dont la route est en partie interdite à la circulation. Il est entouré par une digue construite de 1959 à 1967. En 1968, ce polder de 43 000 ha a été en grande partie asséché. La moitié de la superficie est consacrée à l'agriculture, le 1/4 aux zones d'habitation, 18 % aux prairies et aux bois. Le reste est occupé par les canaux, les digues et les routes.

Au Nord, près de l'Oostvaardersdijk, a été créée la réserve naturelle **« De Oostvaardersplassen ».** Très marécageuse, elle sert de refuge à de nombreux oiseaux, dont certaines espèces très rares.

Depuis 1975, une ville dotée d'un port de plaisance, **Almere-Stad,** est en construction au Sud, sur le lac de Gooimeer. Elle doit accueillir 250 000 habitants. Son aménagement a été étudié avec soin. Un premier noyau, Almere-Haven, a été réalisé. Un projet de noyau d'habitation, à hauteur de Harderwijk est en cours d'étude.

■ QUELQUES CURIOSITÉS *visite : 1 journée*

La visite est recommandée en mai-juin, au moment de la floraison du colza : la campagne se teinte alors de taches d'un jaune très vif.

Ketelhaven. – Près de ce port de plaisance, un **musée d'Archéologie maritime** (Museum voor Scheepsarcheologie) *(visite de 10 h - 17 h; les dim. et j. fériés du 1er oct. au 31 mars ouvert à 11 h; fermé 1er janv., 25 déc.; 1,50 fl.)* renferme les épaves trouvées, lors des travaux d'assèchement, au fond de l'ancien Zuiderzee, ainsi que leur contenu : cargaisons de marchandises, poteries, armes, pièces de monnaie, chaussures, pipes.

La plus ancienne des épaves exposée ici remonte è l'époque romaine (2e s.).

Au centre du musée se dresse la carcasse d'un grand bateau de commerce du 17e s.

Flevohof. – *Signalé à partir du pont d'Elburg et du pont d'Harderwijk. Visite : 8 h 30 - 18 h; 9 h - 17 h, 1er oct. - 31 mars; 12 fl.*

Sur 150 ha, c'est un parc d'attractions fleuri consacré à l'agriculture.

Un circuit numéroté fait traverser des bâtiments d'expositions permettant de connaître les méthodes de production intensive utilisées dans l'agriculture et l'élevage et dans le traitement des produits (lait, œufs, viande, pommes de terre, sucre, céréales, bière), puis les dernières techniques de culture en serre de fleurs et de légumes.

On visite, à l'écart, une vaste ferme-modèle consacrée à l'élevage (vaches, porcs), le musée du Fromage (instruments de fabrication du beurre et du fromage), une entreprise agricole et une roseraie remarquable. Diverses expositions, des jardins, des parcs ainsi qu'un village d'enfants agrémentent la visite.

Lelystad. – Lelystad porte le nom de l'ingénieur Lely *(p. 130).* Cette ville nouvelle prévue pour accueillir entre 100 000 h. et 125 000 h. est surtout constituée de constructions basses. L'**Agora,** édifice communautaire construit en 1976 par Frank van Klingeren, marque le centre de l'agglomération.

Reliée à Enkhuizen par la digue *(31 km)* qui borde le futur polder du Markerwaard, elle est aussi en liaison avec Amsterdam par un canal, l'Oostvaardersdiep, d'une largeur de 300 m et dont l'accès est commandé par deux importantes écluses, les Houtribsluizen.

Près de celles-ci, un **musée** (Informatiecentrum Nieuw Land) *(visite : 10 h - 17 h; de nov. à mars ouvert à 13 h dim. et j. fériés et fermé sam.; fermé 1er janv., 25 déc.; 2,50 fl.)* évoque les travaux du Zuiderzee et notamment la naissance des polders et leur aménagement (agriculture, villes nouvelles comme Lelystad et Almere, espaces verts, etc.).

Bateau-épave (Scheepswrak). – *Au Sud de Lelystad. Accès par le Oostranddreef. A la rotonde, prendre à gauche, puis la première route à droite, à droite à nouveau au prochain carrefour. A proximité s'embranche un sentier étroit menant à l'épave.*

On a laissé en place au milieu des cultures la carcasse d'un bateau de 23 m de long, découverte lors du drainage du polder en 1967. Nommé De Zeehond (le phoque), datant de 1878, il transportait des briques dont on peut voir un tas à proximité. Une partie du contenu du bateau est exposée au musée de Ketelhaven.

Dronten. – Au cœur du polder, cette ville neuve s'étend largement autour d'une église au clocher aérien et du centre communautaire nommé **De Meerpaal** (Le poteau d'amarrage).

Cet immense hall vitré construit en 1967 par Frank van Klingeren est une « agora » fermée, prolongement de la place principale. Prévu pour les loisirs collectifs culturels et sportifs, il abrite également, en hiver, un marché hebdomadaire.

FRANEKER ★ Friesland

Cartes Michelin nos 408 - pli 4 et 210 - pli 5 – 12 754 h.

Cette petite ville frisonne (Frjentsjer) eut une Université célèbre, fondée en 1585, où Descartes se fit inscrire comme étudiant en 1629. Celle-ci fut supprimée en 1811, sous le règne de Louis Bonaparte.

■ CURIOSITÉS *visite : 2 h*

Hôtel de ville★ (Stadhuis). – *Visite : 9 h - 12 h et 14 h - 16 h; fermé sam., dim. et j. fériés.*

Ravissant édifice de style Renaissance hollandaise, datant de 1591, à double pignon, il est surmonté d'une élégante tour octogonale.

La salle du conseil *(rez-de-chaussée, au fond du couloir)* et la salle des mariages ou Trouwzaal *(1er étage)* sont tendues de cuir peint du 18e s. au riche coloris.

Planetarium. – *Visite : 9 h - 12 h et 14 h - 18 h; fermé dim. 1er janv., 25 et 26 déc.; 2,50 fl.*

Créé de 1774 à 1781 par Eise Eisinga, peigneur de laine, c'est un ingénieux dispositif faisant apparaître le mouvement des astres sur un plafond peint.

Il faut voir à l'extrémité de la rue (Eisingastraat), la charmante **maison des porteurs de grain** (Korendragershuisje).

Musée municipal (Stedelijk Museum). – *Voorstraat. Visite : 10 h - 12 h et 13 h - 17 h; fermé lundi, dim. et j. fériés; 1,75 fl.*

Installé dans le **Poids public** (Waag) et dans les maisons voisines dont la jolie **Coopmanshûs** (1746), il évoque le souvenir d'**Anna Maria van Schuurman** (1606-1678). Cette illustre entomologiste et dessinatrice fit partie de la secte des « labadistes », fondée par l'émigré français **Jean de Labadie** (1610-1674) qui se proposait de ramener le protestantisme au christianisme primitif. L'histoire de la ville et de son Université est illustrée par des gravures, une maquette.

Le musée possède également de belles collections d'orfèvrerie frisonne et de céramique. A signaler aussi : au grenier, une collection de véhicules anciens (cycles, traîneaux) et de costumes régionaux.

Dans la même rue *(au no 35)* la **Martenahuis** a été construite en 1498.

Église (Martinikerk). – Gothique, elle renferme des peintures du 15e s., sur les piliers (figures de saints). Le sol est jonché de nombreuses pierres tombales richement sculptées à la manière frisonne.

Ancien hospice (Weeshuis). – Son portail est surmonté d'inscription du 17e s.

A proximité, le **Cammingha-Stins** est une jolie demeure des 15e-16e s. où siège une banque (au 1er étage, cabinet de monnaies et médailles).

GIETHOORN ★★ Overijssel

Cartes Michelin nos 408 - pli 12 et 210 - pli 17.

Dans une région marécageuse s'élève le bourg de Giethoorn. Il doit son nom aux nombreuses cornes de chèvres sauvages (geitenhoorns) trouvées sur les lieux par les tourbiers. Il est installé au bord des canaux creusés pour le transport de la tourbe dont l'extraction massive aux siècles passés créa des lacs.

Visite. – *Le village est interdit aux voitures. On peut le découvrir à pied (un sentier longe le canal principal). On peut aussi louer un canot, un bateau mû à l'aide d'une gaffe, un bateau à moteur ou à voiles, ou bien emprunter une barque pilotée (6 fl. par pers. pour la visite du village et de ses environs; 1 h).*

Un village lacustre. – Les coquettes chaumières de Giethoorn sont entourées de canaux qu'enjambent de petits ponts en dos d'âne ou de simples passerelles. Leur façade, précédée d'une pelouse fleurie, donne sur le canal principal.

Si la bicyclette est le véhicule favori des habitants, beaucoup de transports se font par eau, souvent à l'aide de bateaux à double proue appelés « punters ». C'est ainsi que naviguent les meules de foin, les gerbes de roseaux destinés aux toitures, les bidons de lait, les vaches et les moutons. L'élevage, la coupe des roseaux et le tourisme sont les principales activités de Giethoorn. Les cortèges de mariage empruntent aussi les canaux.

Des toits « en dos de chameau ». – Les fermes, de type-halle *(p. 34)*, sont remarquables pour leur toit de chaume de forme bombée. L'accroissement des récoltes, due à l'augmentation des terres gagnées sur l'eau, obligea les habitants de Giethoorn à agrandir leurs fermes. En raison de l'exiguïté du terrain, celles-ci gagnèrent en hauteur et le bâtiment d'exploitation surplomba légèrement la maison d'habitation, créant une dénivellation qui fut appelée « dos de chameau ».

Tous les transports se faisant par eau, la ferme ne possède pas de portes cochères; le foin est emmagasiné dans une grange située au-dessus de la remise à bateaux.

Les lacs. – Les lacs qui s'étendent à l'Est et au Sud du village, vastes plans d'eau séparés par de petites îles couvertes de roseaux, sont très fréquentés par les oiseaux.

EXCURSION

Wanneperveen; Vollenhove; Blokzijl. – *26 km.*

Wanneperveen. – Dans ce bourg qui porte comme bien des villages de tourbière un nom terminé par « veen » (tourbière), les chaumières s'alignent sur plusieurs kilomètres le long d'une rue plantée de poiriers.

On remarque, non loin de l'entrée Ouest du village, le **cimetière** avec son clocher isolé sommairement constitué de quelques poutres et caractéristique du Sud de la Frise, ainsi qu'au no 94 de la rue principale, une jolie maison à pignon à redans, **ancien hôtel de ville.**

Vollenhove. – C'était un port situé au bord du Zuiderzee, avant l'assèchement du polder du Nord-Est.

La **place de l'église** conserve quelques beaux monuments : l'**église St-Nicolas** (St-Nicolaaskerk), fin gothique, à deux nefs et son ancien clocher isolé, la **Klokketoren** qui servit de prison; accolé à cette dernière, l'**ancien hôtel de ville,** construction à portique du 17e s., en brique et grès, transformé en restaurant; enfin, la jolie façade à pignons à redans de l'**École latine** (1627), occupée par le VVV et une banque, et dont l'entrée est précédée de deux stèles sculptées.

Du chevet de l'église, on aperçoit les bastions des anciens remparts où sont ancrés des bateaux de plaisance.

Le nouvel hôtel de ville est installé dans le manoir **Oldruitenborgh,** situé dans un parc près d'une église (Kleine Kerk).

Blokzijl. – C'était jadis un port prospère sur le Zuiderzee, qui faisait partie de la ligue hanséatique et servait de refuge aux vaisseaux de la Compagnie des Indes en cas de tempête. De cette richesse témoignent une rangée de belles maisons du 17e s., restaurées, bordant les quais désormais assoupis.

La rue de l'église (Kerkstraat), qui dessert cet édifice du 17e s., ne manque pas non plus de pittoresque.

GOES Zeeland

Cartes Michelin nos 408 - pli 16 et 212 - pli 13 – *Schéma p. 76* – 31 038 h. – *Plan dans le guide Michelin Benelux.*

Ancien petit port qui dut sa prospérité au commerce du sel et à l'industrie de la garance, Goes est aujourd'hui le centre principal du Zuid-Beveland. La ville est entourée de prairies et de vergers.

Un canal la relie à l'Escaut oriental.

Goes garde dans le tracé de ses canaux la marque de ses remparts du 15e s.

Entre Goes et Oudelande au Sud fonctionne un petit **tramway à vapeur** (stoomtram). *Départ en saison tous les jours sauf lundi. S'adresser au VVV ou téléphoner au 01105-1295.*

Jacqueline de Bavière. – Ancienne résidence des comtes de Zélande qui y possédaient un château, Goes conserve le souvenir de la turbulente comtesse Jacqueline (Jacoba) de Bavière. Fille de Guillaume VI de Bavière, elle hérita à sa mort en 1417 des comtés de Hainaut, de Hollande et de Zélande, ce qui lui valut la jalousie de tous. Elle eut maille à partir avec les Cabillauds *(p. 97)*. Elle quitta en 1421 son deuxième époux, Jean IV de Brabant, qui l'avait dépossédée du comté de Hollande au profit de Jean de Bavière, oncle de Jacqueline et partisan des Cabillauds. L'année suivante, elle épousa en Angleterre le duc de Gloucester.

Plus tard, pour échapper aux intrigues de Philippe le Bon qui avait envahi ses territoires, elle vint se réfugier à Goes. Elle fut contrainte par ce dernier à signer un accord à Delft en 1428 où elle le reconnut comme héritier et promit de ne jamais se remarier.

La promesse fut bientôt rompue (1432) et Jacqueline de Bavière perdit son titre de comtesse (1433); trois ans plus tard elle mourait au château de Teilingen, près de Sassenheim.

Le marché. – Le marché hebdomadaire, sur la Grand-Place de Goes *(le mardi)* donne l'occasion parfois d'admirer les costumes zélandais du Zuid-Beveland *(p. 33)*. Les coiffes surtout sont d'une grande beauté, carrées pour les catholiques, en forme de vaste auréole pour les protestantes.

■ CURIOSITÉS *visite : 1/4 h*

Grand-Place (Grote Markt). – Elle est dominée par l'**hôtel de ville.** Du 15e s., il a été transformé au 18e s. et montre une façade rococo.

Grande église ou église Ste-Marie-Madeleine (Grote- of Maria Magdalenakerk). – Bâtie en partie au 15e s., elle a été reconstruite en 1621 après un incendie. La nef principale est très élevée. Très semblable aux deux portails du transept de la Hooglandse Kerk à Leyde, le **portail Nord** est finement décoré dans le style flamboyant, et comprend une large baie surmontée d'un gâble ajouré.

L'intérieur de l'église abrite un orgue remarquable du 17e s. couronné au 18e s. d'un baldaquin *(concerts : en saison mardi à 12 h 30; en outre certains sam. soir).*

Turfkade. – *Au Nord de la Grand-Place.* Ce quai « de la tourbe » est bordé de jolies façades à pignons à redans.

EXCURSION

Kapelle; Yerseke. – *15 km à l'Est par ③ du plan – schéma p. 76.*

Kapelle. – 9 485 h. L'**église** se signale par son imposant clocher du 14e s., cantonné de clochetons. Dans la nef *(s'adresser : Kerkplein 11, sauf dim.)* on peut voir des représentations et des têtes de satyres. Le chœur principal, orné d'arcatures gothiques aveugles en briques rouges, est occupé par un tombeau du 17e s.

A côté du cimetière du village, à l'Ouest, se trouve un **cimetière militaire français** où sont inhumés tous les militaires français tués aux Pays-Bas en 1940.

Yerseke (ou Ierseke). – Ce petit port sur l'Escaut oriental est spécialisé dans l'ostréiculture, la mytiliculture et l'élevage des homards. Le barrage de l'Escaut oriental *(p. 78)* sera équipé de vannes pour permettre à Yerseke de bénéficier de la marée et de perpétuer ses activités.

*Pour trouver la description d'une ville ou d'une curiosité isolée, consultez **l'index alphabétique** à la fin du volume.*

GORINCHEM Zuid-Holland

Cartes Michelin n°s 408 - plis 17, 18 et 212 - plis 6, 7 – 28 484 h.

Aux confins de trois provinces (Hollande-Méridionale, Brabant-Septentrional et Gueldre), Gorinchem, appelée souvent **Gorkum,** est un important carrefour fluvial, au confluent de deux grands fleuves, le Waal (bras du Rhin) et la Meuse, du Merwedekanaal et d'une petite rivière, la Linge.

Elle possède un important port de plaisance à l'Ouest.

Hoeken et Cabillauds. – Gorkum date du 13e s. En raison de sa position stratégique, elle eut à subir de nombreux sièges.

Elle fut en 1417 l'enjeu d'une lutte féroce entre les Hoeken, partisans de Jacqueline de Bavière *(p. 96)* qui avait reçu la ville en héritage et **Guillaume d'Arkel,** du parti des Cabillauds (Kabeljauwen). Ce dernier voulait reconquérir la ville qui avait appartenu à son père. Il perdit la vie au cours d'un combat dans la cité même.

Gorkum fut l'une des premières places fortes arrachées aux Espagnols par les Gueux, en 1572. Parmi les prisonniers faits par les Gueux figuraient seize prêtres qui furent exécutés à Brielle la même année *(p. 70)*. Ce sont les « martyrs de Gorkum ».

C'est au 17e s., la ville natale du peintre Abraham Bloemaert qui séjourna surtout à Utrecht *(p. 167)*.

Promenades en bateau. –*Tour des « Trois Rivières » et dans le Biesbosch en saison. S'adresser à Rederij van Straten; départ : Buiten de Waterpoort.*

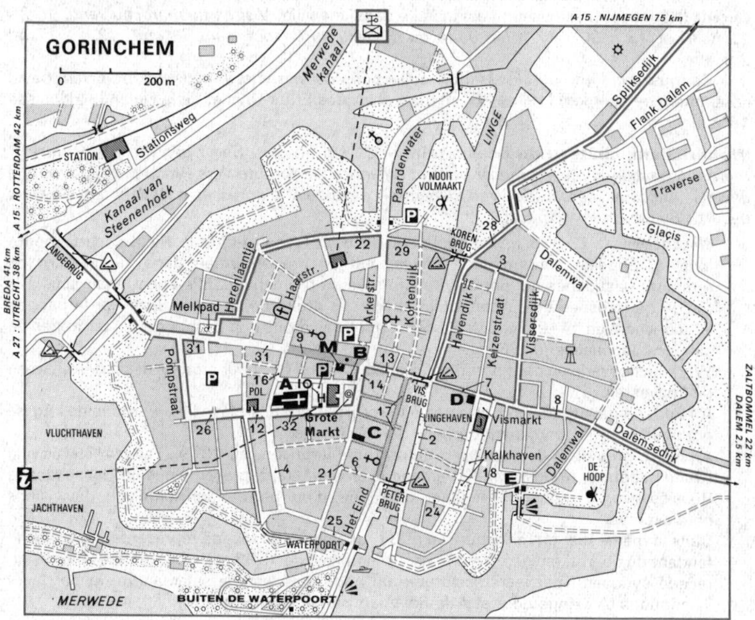

Gasthuisstr.	9	Burgstr.	7	Nieuwe Walsteeg	22
Hoogstr.	13	Dalembolwerk	8	Robberstr.	24
Langendijk	17	Groenmarkt	10	Tolsteeg	25
		Hoge Torenstr.	12	Torenstr.	26
Appeldijk	2	Kelenstr.	14	Vijfde Uitgang	28
Blauwe Torenstr.	3	Kruisstr.	16	Walstr.	29
Boerenstr.	4	Lombardstr.	18	Westwagenstr.	31
Bornsteeg	6	Molenstr.	21	Zusterhuis	32

■ LE QUARTIER ANCIEN *visite : 3/4 h*

Entouré d'eau, le quartier ancien conserve la forme des bastions et remparts qui ont été aménagés en promenade. Il est traversé par la Linge qui y forme un port pittoresque, le **Lingehaven.**

Grand-Place (Grote Markt) et Groenmarkt. – Sur la première de ces places s'élève l'hôtel de ville, sur l'autre la **Grande église ou église St-Martin** (Grote- of St-Maartenskerk) (**A**). Du 15e s., celle-ci est surtout remarquable par sa haute tour gothique (St-Janstoren), du début du 16e s., dont la forme est un peu incurvée : en effet, lors de sa construction, lorsqu'on s'aperçut que l'édifice s'affaissait, on redressa les murs supérieurs qui, seuls, sont verticaux.

Sur la Grand-Place, au n° 23, une petite **porte** baroque, nommée Hugo de Grootpoortje (**B**) vit passer l'illustre Grotius qui vint se réfugier là après s'être échappé de Loevestein *(p. 98)*.

Maison de Bethléem (Dit is in Bethlehem) (M). – *Visite : 14 h - 17 h; fermé lundi, mardi; 1,50 fl.*

Ancien magasin, elle présente une jolie façade aux tympans de fenêtres décorés, surmontée d'un pignon à volutes daté de 1566.

La maison de Bethléem abrite un petit **musée** régional (Museum Oud-Gorcum), qui expose des collections ayant trait à l'histoire de Gorkum, des maquettes, peintures, jouets, enseignes et bijoux.

Ancien orphelinat (Burgerkinderenweeshuis) (C). – Sur la façade (18e s.) de cette maison nommée aussi **Huize Matthijs- Marijke,** une pierre sculptée représente le Christ et des enfants, entre les fondateurs de l'orphelinat.

Maison (Huis) « 't Coemtal van God » (Tout vient de Dieu) (D). – Jolie façade étroite, avec pignon à redans, ornée de médaillons Renaissance (1563).

Dalempoort (E). – Cette charmante petite porte de rempart, carrée, à haute toiture surmontée d'un clocheton, date de 1597. Elle fut agrandie en 1770. C'est la seule porte qui subsiste des quatre entrées de la ville.

De là, on aperçoit un haut **moulin** de rempart, nommé **De Hoop,** l'Espoir (1764).

Buiten de Waterpoort. – Cette vaste esplanade ombragée s'étend au Sud de la Waterpoort, ancienne porte d'eau supprimée en 1894 pour élargir la route. On y trouve l'embarcadère pour les promenades en bateau.

De là, jolie **vue** sur la Dalempoort et le moulin, et sur le fleuve; au Sud-Est, sur la rive opposée, dans la verdure, on distingue le haut clocher de l'église de Woudrichem et le château rose de Loevestein.

EXCURSIONS

Leerdam. – 16 217 h. *17 km au Nord-Est. Sortir par Spijksedijk, prendre l'autoroute de Nijmegen et tourner à gauche vers Leerdam.*

Cette localité située sur la Linge est le centre principal de fabrication du verre aux Pays-Bas, depuis la création d'une usine en 1878.

Au Sud-Ouest, sur la route d'Oosterwijk *(Lingedijk 28),* un petit **musée national de la Verrerie** (Nationaal Glasmuseum) est installé dans une villa. *Visite : du mardi au vend. 10 h - 12 h 30 et 13 h 30 - 17 h (en outre du 1er avril au 31 oct. sam. et dim. 13 h - 17 h); 2 fl.*

Ce musée compte d'intéressantes collections de verres et de cristaux de divers pays, notamment de Leerdam (19e et 20e s.) mais aussi des États-Unis et de la Finlande (depuis le 18e s.).

Woudrichem; château de Loevestein. – *21 km au Sud. Sortir par Westwagenstraat, tourner à gauche après le premier pont et rejoindre l'autoroute vers Breda puis une route à gauche. Accès en bateau de Woudrichem à Loevestein; s'adresser à Rederij van Straten; départ : Buiten de Waterpoort.*

Woudrichem. – 12 935 h. Au confluent du Rhin (Waal) et de la Meuse, cette petite localité, appelée couramment **Workum,** est encore enfermée dans sa ceinture de remparts bastionnés qui ont été transformés en promenade. Elle appartenait jadis à la région de Heusden et d'Altena. Elle obtint ses droits de cité en 1356. Par la paix de Woudrichem en 1419, Jean de Bavière obtint des droits importants sur les territoires de sa nièce Jacqueline *(p. 96).*

Workum possède un petit port de plaisance, d'où un bac pour piétons dessert le château de Loevestein.

Au Sud, on pénètre dans la ville par la **Koepoort.** A droite s'élève la **tour** trapue de l'église gothique dont les parois sont ornées de médaillons.

Au Nord, près de la **Gevangenpoort** ou porte de la prison, du 15e s., l'**ancien hôtel de ville** (Oude Raadhuis, *Hoogstraat 47*), aménagé en restaurant, présente une gracieuse façade Renaissance, à pignon à redans, précédée d'un perron surmonté de deux lions héraldiques.

Dans la même rue, on remarque, au n° 37, une pierre de façade représentant une hache fendant du bois et, en face, deux maisons jumelles, de 1593 et 1606, dont les pierres de façade évoquent, par leurs sculptures un ange doré et une salamandre, et par leurs inscriptions (A l'Ange doré et A la Salamandre), le nom respectif.

Château de Loevestein (Slot Loevestein). – *Visite accompagnée : 1er avril - 31 oct. 10 h - 17 h; 3,50 fl.*

Seuls émergent de la verdure les hauts toits d'ardoise de cette solide forteresse de brique rose, flanquée de quatre tours carrées, entourée de douves et de remparts. Le château de Loevestein fut construit entre 1357 et 1368 par Dirk Loef van Horne, seigneur d'Altena. Le comte de Hollande Albert (Albrecht) de Bavière s'en empara en 1385 et l'entoura d'une enceinte. Au 15e s., le château est transformé en prison par Jacqueline de Bavière qui vient de s'emparer de Gorkum *(p. 97).* En 1619 Grotius *(p. 73)* qui avait été fait prisonnier l'année précédente, fut incarcéré à Loevestein. Il s'y consacra à la préparation d'ouvrages juridiques ou théologiques. Son évasion est restée célèbre. Il réussit à s'enfuir en mars 1621 dans un coffre ayant servi à lui apporter des livres, et fut hébergé provisoirement à Gorkum avant de gagner la France. A l'intérieur du château, on visite de grandes salles aux belles cheminées. Dans l'une d'elles on montre le coffre qui aurait permis à Grotius de s'échapper.

GOUDA ★ Zuid-Holland

Cartes Michelin nos 408 - Sud du pli 10 et 211 - pli 13 – 59 212 h.

Gouda (prononcer raoda) doit sa célébrité aux vitraux de son église, à ses fromages et à ses pipes. Située au confluent du Hollandse IJssel et de la Gouwe, cette ville paisible est traversée par plusieurs canaux.

Gouda, nommée alors Ter Gouwe, se développa au Moyen Age sous la protection du château qui fut détruit en 1577 par la municipalité. Elle reçut ses droits de cité en 1272.

Au 15e s., la brasserie et le commerce apportèrent une grande prospérité à Gouda. Le 16e s. marqua une décadence. La ville se releva au 17e s. grâce au commerce du fromage et à la fabrication de pipes introduite par des potiers anglais.

De nos jours il faut ajouter à cette production celle des bougies, dont Gouda possède la plus grande fabrique du pays, et des poteries.

Gouda est la patrie de **Cornelis de Houtman** (vers 1565-1599), qui dirigea une expédition en Orient (1595-1597) et fonda le premier comptoir hollandais aux Indes orientales (Indonésie), dans l'île de Java. Il fut assassiné par un sultan de Sumatra lors d'un deuxième voyage.

Le fromage de Gouda. – Le Gouda est, avec l'Edam, l'un des plus célèbres fromages de Hollande. Commercialisé à Gouda, il est produit soit en usine soit dans les fermes : il prend alors le nom de « boerenkaas » (fromage de ferme).

Le Gouda est fabriqué avec du lait de vache soit cru soit pasteurisé (lorsque le fromage est fait en usine). Il peut être jeune, moyen ou vieux. La mention « volvet 48 + » signifie que sa teneur en matières grasses est au moins égale à 48 %. Il se présente généralement sous forme d'une meule d'un diamètre de 35 cm.

D'autres spécialités de la ville sont les « stroopwafels », gaufrettes fourrées de mélasse.

■ PRINCIPALES CURIOSITÉS *visite : 4 h*

Grand-Place (Markt) (Z). – Au centre se dresse l'hôtel de ville à la haute silhouette caractéristique *(illustration p. 25)*.

Plusieurs marchés ont lieu sur cette place, en particulier : marché au fromage, marché artisanal *(2e quinzaine de juin - fin août, jeudi 9 h - 12 h 30)*.

Hôtel de ville* (Stadhuis) (Z **H**). – *Visite : 9 h - 12 h et 13 h 30 - 17 h; fermé sam., dim. et j. fériés; 0,25 fl.*

Ce bel édifice gothique du milieu du 15e s., restauré aux 19e et 20e s., présente vers le Sud une façade en grès très décorée, flanquée de tourelles et surmontée d'un pignon à balcon. Le perron qui la précède est de style Renaissance (1603).

Sur le côté Est se trouve un **carillon** dont les petits personnages exécutent, toutes les demi-heures, la scène de la remise des droits de cité à Gouda en 1272 par le comte Floris V de Hollande.

A l'intérieur, on visite notamment la salle des Mariages (Trouwzaal) ornée d'une tapisserie tissée à Gouda au 17e s.

Poids public (Waag) (Y **A**). – C'est une construction classique de 1668 exécutée par Pieter Post. La façade est ornée d'un bas-relief représentant la pesée du fromage qui s'y pratiquait jadis.

A l'arrière du Poids public, la charmante **chapelle des Agnites** (Agnietenkapel) (Y **B**) a été restaurée.

Église St-Jean* (St.-Janskerk) (Z **D**). – *Visite : 1er mars - 31 oct. 9 h - 17 h; 10 h - 16 h le reste de l'année; fermé dim., 1er janv., 26 déc.; 2 fl.*

Fondée au 13e s., l'église St-Jean a été rebâtie deux fois après les incendies de 1438 et de 1552.

Précédée d'un petit clocher et entourée de nombreux pignons pointus, cette église est, avec ses 123 m, la plus longue du pays.

L'intérieur, très lumineux, est sobre. Des voûtes de bois en berceau surmontent les trois nefs séparées par des courts piliers ronds.

Vitraux*** (Goudse Glazen). – Une magnifique collection de 70 vitraux fait la renommée de l'église St-Jean. 40 furent épargnés par les iconoclastes, les autres furent réalisés après la Réforme. Les plus grands, au nombre de 27, ont été offerts par des princes, des prélats ou de riches bourgeois.

Les 13 vitraux les plus remarquables, situés dans la partie orientale de l'église, dus aux frères Dirck et Wouter **Crabeth,** ont été réalisés de 1555 à 1571, alors que l'église était affectée au culte catholique. Ils illustrent des sujets bibliques. Les œuvres des frères Crabeth portent les numéros :

- 5 : la Reine de Saba devant le trône de Salomon
- 6 : Judith décapitant Holopherne
- 7 : Consécration du Temple de Salomon et Cène
- 8 : Héliodore, le voleur du Temple, châtié par les anges
- 12 : Nativité
- 14 : Prédication de saint Jean-Baptiste (patron de l'église)
- 15 : Baptême de Jésus (vitrail le plus ancien, 1555)
- 16 : Première prédication de Jésus
- 18 : Jésus répond aux disciples de saint Jean
- 22 : Jésus chasse les marchands du Temple (vitrail offert par Guillaume le Taciturne, et symbolisant la lutte de l'Église pour sa purification)
- 23 : le sacrifice d'Élie et les Ablutions (don de Marguerite de Parme, gouvernante des Pays-Bas au moment du soulèvement)
- 24 : saint Philippe prêchant et baptisant
- 30 : Jonas rejeté par la baleine *(fenêtre haute, au-dessus du déambulatoire, à gauche du chœur)*

(D'après photo Stichting Fonds Goudse Glazen)

Vitrail : Guillaume le Taciturne

Des vitraux plus récents, qui datent de la période protestante, ont été placés entre 1594 et 1603 dans la partie occidentale. Offerts par les villes libres de Hollande, ils représentent des armoiries, des faits historiques, des allégories. On remarque les numéros :

- 25 : levée du siège de Leyde (en 1574) au milieu des inondations; portrait de Guillaume le Taciturne; silhouette de Delft
- 27 : le pharisien au temple

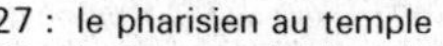

- 28 : la femme adultère, dans un décor monumental à perspective profonde
- 28 A *(bas-côté droit) :* vitrail de Charles Eyck posé en 1947 et évoquant la Deuxième Guerre mondiale et la libération.

Les sept vitraux de la **chapelle** *(porte sous vitrail 14 du chœur)*, illustrant la Résurrection, l'Ascension, la Descente du Saint-Esprit, sont attribués à Dirck Crabeth ou à son élève Jan Dirckz Lonk et proviennent d'un couvent voisin.

Les orgues, au fond de l'église, datent de 1736. Des concerts sont donnés sur le nouvel orgue (1974), dans le chœur *(d'avril à sept., un merc. soir sur deux). (Concerts en été sur les deux orgues).*

D'intéressantes pierres tombales jonchent le sol de l'édifice.

En contournant le flanc droit de l'église St-Jean on gagne l'entrée Nord du musée municipal.

Musée municipal (Stedelijk Museum) Het Catharina Gasthuis* (Z M¹). – *Visite : 10 h - 17 h (dim, et j. fériés 12 h - 17 h); fermé le 1er janv., 25 déc.; 2 fl.; billet donnant droit à l'entrée au musée De Moriaan, ci-dessous.*

Installé dans l'ancien hôtel du gouverneur et l'hospice (Gasthuis) de Ste-Catherine, c'est un musée d'arts décoratifs comprenant une suite de pièces ornées d'un beau mobilier et un musée d'art régional possédant des collections d'estampes, de peintures, d'orfèvrerie. Des expositions y ont lieu.

GOUDA

Doelenstr.	Z	3
Dubbele Buurt	Z	4
Hoogstr.	Y	6
Kleiweg	Y	
Korte Groenendaal	Z	10
Korte Tiendeweg	Z	12
Lange Tiendeweg	YZ	14
Sint Anthoniestr.	Y	23
Walestr.	Z	28
Wijdstr.	Z	30
Burg. Martensstr.	Z	2
Jeruzalemstr.	Z	7
Karnemelksloot	Y	8
Kerkhoflaan	Z	9
Lange Noodgodstr.	Z	13
Nieuwe Markt	Y	17
Nieuwe Veerstal	Z	19
Patersteeg	Z	20
Spoorstr.	Y	25
Vredebest	Y	26

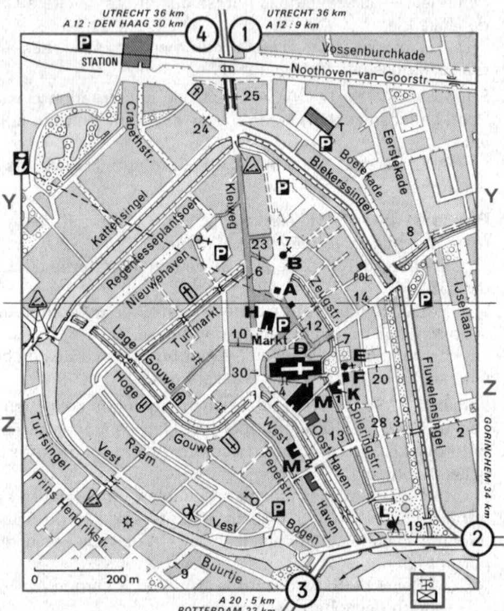

Au Nord du musée, un jardin est précédé par un **portail** de 1609 (Lazaruspoortje), orné d'un bas-relief polychrome représentant Lazare le lépreux mendiant à la table d'un riche. Il provient d'une léproserie.

Près des anciens bureaux des gouverneurs de l'hôpital, de la cuisine et de pièces des 17e au 19e s., le **Grand Hall** (Ruim) est consacré aux gardes civiques; tableaux de groupes (l'un par Ferdinand Bol), vitrines d'orfèvrerie où figure un calice offert au 15e s. par Jacqueline de Bavière.

Un couloir renferme des instruments de torture des 16e et 17e s.

A l'étage supérieur, collections de jouets, reconstitution de la salle de la guilde des chirurgiens, peintures de l'école de Barbizon et de l'école de la Haye (Mauve, Jacob Maris), d'Isaac Israëls, de Jan Toorop.

Dans l'escalier, peinture du Fumeur de pipe, par Jan Steen.

Dans la partie ancienne (1542) on peut voir un portrait par Nicolas Maes, un paysage de Van Goyen, et les anciennes salles d'hôpital consacrées à l'**art religieux** : Annonciation et Baptême de saint Eustache, par Pourbus le Vieux (16e s.), collection d'étains. Dans une pièce voisine, reconstitution de la pharmacie municipale du 17e s.

La chapelle voisine abrite des expositions temporaires.

■ AUTRES CURIOSITÉS

Musée municipal (Stedelijk Museum) De Moriaan (Z M²). – *Visite : 10 h - 12 h 30 et 13 h 30 - 17 h (12 h - 17 h dim. et j. fériés); fermé 1er janv. et 25 déc.; 2 fl.; billet valable pour le musée Het Catharina Gasthuis, ci-dessus.*

A l'enseigne du Maure (moriaan) évoquant une boutique de tabac, cette maison de style Renaissance, construite vers 1625, présente sur le pittoresque canal de Gouda une jolie façade.

Elle a été transformée en **musée de la Pipe et de la Poterie.**

La boutique de tabac, de 1680, a été reconstituée. De riches collections de pipes, de poteries, de carreaux de faïence de 1600 à 1850, dont certains fabriqués à Gouda, des tableaux composés de carreaux de faïence, sont présentés sur plusieurs niveaux, dans un cadre raffiné.

On peut voir aussi un atelier de potier et celui d'un fabricant de pipes.

Jeruzalemstraat (Z 7). – A l'angle du Patersteeg se trouve la **Jeruzalemkapel** (Z **E**), chapelle du 15e s.

En face, à l'autre angle, l'ancien **orphelinat** (Weeshuis) (Z **F**) de 1642, actuelle bibliothèque, présente une façade à pignon à volutes, et, à côté, un portail surmonté d'un bas-relief représentant deux orphelins.

Sur le trottoir opposé, au nº 2, un **hospice** de vieillards (Oude Mannenhuis) (Z **K**) s'ouvre par un portail de 1614, modifié au 18e s.

A l'extrémité de la Spieringstraat se trouve le **parc municipal** où s'élève un **moulin** de rempart (Molen 't Slot) (Z **L**), de 1832, qui servait jadis à moudre le grain. Il se trouve à l'emplacement du château détruit en 1577, d'où son nom (slot signifie château fort). Dans le parc, on remarque un arbre planté à l'occasion de la majorité de la reine Wilhelmine, en 1898.

EXCURSIONS

Étangs de Reeuwijk★ (Reeuwijkse Plassen); Woerden. – *30 km au Nord. Sortir par Karnemelksloot. Après le grand canal, prendre la 2e rue à gauche et gagner Platteweg.*

Étangs de Reeuwijk★. – Ils couvrent une vaste superficie. Si les plans d'eau sont très appréciés pour la pratique des sports nautiques, la route qui s'insinue entre les étangs fait découvrir un paysage attachant par sa lumière tamisée, son aspect à la fois champêtre et sauvage, son abondante végétation.

Après Sluipwijk, prendre la direction de Bodegraven puis de Woerden.

Woerden. – 24 600 h. Ancienne place forte importante, sur le Vieux Rhin, Woerden fut longtemps considérée comme « la clef de la Hollande ». En 1672, les armées de Louis XIV commandées par le duc de Montmorency-Luxembourg y défirent les Hollandais. La ville est encore entourée du fossé qui bordait son enceinte bastionnée. Un **château** du 15e s., transformé depuis 1872 en magasin d'intendance, se trouve à l'entrée Sud de la ville. Sur sa façade courent de faux mâchicoulis.

Dans l'ancien hôtel de ville a été aménagé un **musée municipal** (Gemeentemuseum). *Visite : 14 h - 17 h; fermé dim. et j. fériés; 0,50 fl.*

Flanqué d'une tourelle, c'est un ravissant petit édifice de 1501, à pignon à volutes et au premier étage entièrement vitré. Un ancien pilori occupe la partie droite de la façade. Woerden possède aussi un moulin à balustrade de 1755, De Windhond (le lévrier).

Oudewater; Schoonhoven. – *34 km. Sortir par Nieuwe Veerstal et suivre la route de digue, très étroite (croisement difficile).* Cette route, qui suit le Hollandse IJssel, offre des **vues★** pittoresques sur la rivière aux rives marécageuses et sur les fermes couvertes de chaume construites en contrebas de la digue.

Oudewater. – 7 051 h. Patrie de Jacob **Arminius** (vers 1560-1609) *(p. 83)*, et du peintre primitif **Gérard David** (vers 1460-1523), qui s'installa à Bruges en 1483, est l'une des plus anciennes petites villes des Pays-Bas.

Oudewater doit sa célébrité à sa **balance aux sorcières** (Heksenwaag). Elle est installée, près du Markt qui enjambe un canal, dans le Poids public, joli édifice Renaissance à pignon à redans et tympans en mosaïque de brique. *Visite : 1er avril-31 oct. 10 h - 17 h (12 h -17 h dim. et j. fériés); fermé lundi; 1,50 fl.*

Au 16e s., les femmes accusées de sorcellerie venaient de très loin se faire peser à Oudewater, en présence du bourgmestre de la ville. Si leur poids ne s'avérait pas trop faible par rapport à leur taille, elles étaient trop lourdes pour chevaucher un manche à balai, donc il ne s'agissait pas de sorcières. On leur délivrait alors un certificat d'acquittement. Toutes les personnes pesées à Oudewater furent acquittées. Le dernier certificat fut remis en 1729.

Au grenier, un petit musée reconstitue, par des gravures et des documents, l'histoire de la sorcellerie.

A côté du Poids public, au n° 14, remarquer la façade Renaissance (1601) de la maison natale d'Arminius : les tympans sont ornés de coquillages, une niche abrite la statue de la Fortune.

Datant de l'ère de prospérité de la ville (fin du 16e s.), d'autres façades se disséminent le long des rues tranquilles comme la Wijdstraat. Au n° 3 de la Donkere Gaard, près du Markt, belle maison à consoles de bois.

Près du Markt, l'**hôtel de ville** (Stadhuis) Renaissance présente une façade latérale précédée d'un perron et surmontée d'un pignon à redans.

Par la route de Gouda, gagner Haastrecht, puis suivre la vallée du Vlist vers Schoonhoven.

Le **parcours★** est pittoresque. La route, ombragée par des saules, longe la rivière aux berges couvertes d'une abondante végétation. De belles fermes au toit couvert de roseaux, accompagnées d'une meule de foin conique coiffée d'un petit toit, bordent la route.

Vlist. – 628 h. Joli moulin à vent en bois, à pivot.

A la sortie de Vlist, traverser la rivière.

Schoonhoven. – 10 630 h. Cette petite ville charmante au confluent du Vlist et du Lek est connue pour sa tradition d'orfèvrerie (travail de l'argent) que perpétuent quelques artisans. Elle est reliée par un bac (veer) à la rive Sud du Lek.

Un canal pittoresque traverse la ville.

Au bord du canal se dresse l'**hôtel de ville** (stadhuis). Du 15e s., coiffé d'un haut toit surmonté d'un clocheton (carillon), il a été modernisé.

Sur le Dam, an centre du canal, le **Poids public** (Waag) est un original édifice de 1617 à la lourde toiture à quatre pans. Il a été transformé en restaurant.

Près du Poids public, un **musée d'Orfèvrerie et d'Horlogerie** (Nederlands Goud-, Zilver- en Klokkenmuseum) a été aménagé. *Visite : 10 h - 17 h (dim. et j. fériés 13 h - 17 h); fermé lundi, 1er janv., les dim. de Pâques et de Pentecôte, 25 déc.; 2,80 fl.*

Il renferme une belle **collection★** d'horloges murales de la Frise ou du Zaan, de cartels français, de pendules du 18e s., ainsi qu'une collection d'argenterie de plusieurs pays du 17e au 20e s. et une importante série de montres.

Au Sud de la ville, la **Veerpoort,** qui date de 1601, ouvre sur le Lek.

De jolies maisons agrémentent la cité, notamment au n° 37 de la Lopikerstraat : la façade, de 1642, est ornée d'un double pignon à redans et de volets rouges.

's-GRAVENHAGE

Voir Den Haag

GRONINGEN (GRONINGUE) Groningen P

Cartes Michelin nos 408 - pli 6 et 210 - pli 8 – *Schéma p. 104* – 165 146 h. – *Plan d'agglomération dans le guide Michelin Benelux.*

Capitale de province, principale ville de la région Nord des Pays-Bas, Groningue se trouve à l'extrémité du Hondsrug *(p. 128)*, entre une région de polders au Nord et d'anciennes tourbières au Sud-Est.

UN PEU D'HISTOIRE

Groningue est connue en l'an 1000. Fortifiée dès le 12e s., elle appartient à la hanse *(p. 129)* au début du 13e s.

Une convention conclue en 1251 avec les cantons voisins fait de Groningue le seul marché de grains de la région, ce qui lui vaut six siècles de prospérité. Soumise à l'évêque d'Utrecht, elle passe aux mains du duc de Gueldre en 1515. Puis, cherchant à échapper à l'autorité des Habsbourg, elle cède finalement devant Charles Quint en 1536. Elle adhère à l'Union d'Utrecht en 1579, est prise par les Espagnols en 1580, puis par Maurice de Nassau en 1594.

Une ère de prospérité s'ensuit avec la construction, de 1608 à 1616, d'une nouvelle enceinte de 7 km, défendue par 17 bastions.

En 1614, est fondée l'Université : elle acquiert très vite une grande réputation et attire des étudiants venus de tous les pays d'Europe. Descartes la choisit en 1645 pour abriter ses conflits avec les théologiens hollandais.

En 1672, la ville résiste aux troupes de l'évêque de Münster, allié de Louis XIV.

Les fortifications remaniées en 1698 par Coehoorn sont abattues en 1874 pour favoriser l'expansion de la cité. Quelques vestiges, au Noorderplantsoen (Y), ont été aménagés en jardin.

La ville de Groningue est la patrie des peintres **Jozef Israëls** (1827-1911), chef de l'école de la Haye *(p. 106)* et de **Hendrik Willem Mesdag** (1831-1915), qui en fut l'un des membres *(p. 109)*.

Une ville dynamique. – Important nœud de communications, Groningue est une étape sur la route de Scandinavie. Grâce à ses grands canaux, elle est en relation avec la mer. Son port est installé sur l'Oosterhaven et le Zuiderhaven.

Groningue est un grand centre industriel (textile, métallurgie, construction navale, imprimerie, manufacture de tabac, fabrique de fécule de pommes de terre). La ville occupe le premier rang en Europe occidentale pour la production de sucre de betterave.

Groningue s'est construit un important centre de congrès et d'expositions, le **Martinihal,** près du champ de courses, dans les quartiers neufs qui se développent au Sud.

Les lacs environnants (Leekstermeer, Paterswoldse Meer, Zuidlaarder Meer) attirent les amateurs de sports nautiques.

C'est aussi une ville universitaire (16 000 étudiants en 1982).

GRONINGEN

Grote Markt .... Z 19
Herestr. .... Z 20
Oosterstr. .... Z
Oude Boteringestr. .... Z 32
Oude Ebbingestr. .... Z 34
Vismarkt .... Z 46

A-Kerkhof .... Z 2
A-straat .... Z 3
de Brink .... Z 6
Brugstr. .... Z 7
Eeldersingel .... Z 8
Eendrachtskade .... Z 12
Emmaviaduct .... Z 14
Friesestraatweg .... Z 17
Gedempte Zuiderdiep .... Z 18
Lopende Diep .... Y 24
Martinikerkhof .... Z 26
Noorderhaven N.z. .... Z 27
Noorderhaven Z.z. .... Z 28
Ossenmarkt .... Y 31
Paterswoldseweg .... Z 35
Rademarkt .... Z 38
Radesingel .... Z 39
Schuitendiep .... Z 40
St. Jansstr. .... Z 41
Spilsluizen .... Y 42
Verlengde Oosterstr. .... Z 45
Westerhaven .... Z 49
Westersingel .... Z 50

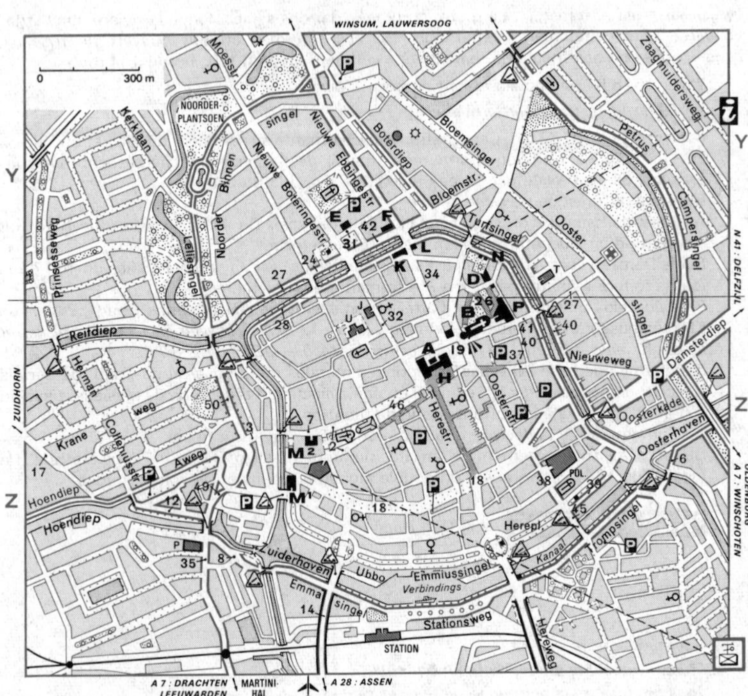

Le gaz de Groningue. – La ville est considérée comme la capitale énergétique des Pays-Bas. Depuis 1945, on exploite le pétrole dans la Drenthe, près de Schoonebeek *(p. 88)*. Mais en 1959, on a découvert du gaz à **Slochteren,** à l'Est de Groningue.

La province possède de très riches gisements de gaz naturel, d'une haute valeur calorifique. Les réserves sont évaluées à plus de 1 700 milliards de m^3, ce qui est en fait l'un des plus importants gisements du monde, avec 28 centres d'extraction regroupant chacun plusieurs puits.

D'abord faible, la production s'est élevée progressivement. En 1979, elle a atteint 72,6 milliards de m^3.

La moitié du gaz est exporté au moyen de gazoducs vers la Belgique, la France, l'Allemagne et l'Italie.

Promenades en bateau sur les canaux (Rondvaart). – *Juin-août, tous les jours sauf dim. Départ : en face de la gare, près du canal* (Z).

■ PRINCIPALES CURIOSITÉS *visite 1 h 1/2*

Grand-Place (Grote Markt) (Z 19). – Prolongée par le marché aux poissons (Vismarkt), cette vaste place très animée où s'élèvent les principaux monuments de la ville forme le centre de l'activité de Groningue et donne accès aux rues piétonnes dont la principale est la Herestraat.

Un marché aux puces s'y tient *(tous les jours sauf dim., lundi)*.

Hôtel de ville (Stadhuis) (**Z H**). – De style néo-classique (1810), il est relié par une passerelle vitrée à une annexe moderne qui écrase de sa masse cubique le Goudkantoor.

Goudkantoor★ (**Z A**). – Ce gracieux édifice Renaissance élevé en 1635 possède d'élégantes façades à pignons ouvragés; les fenêtres sont surmontées de coquilles.

A l'origine bureau de perception des impôts provinciaux, il servit, au 19e s., de local pour poinçonner les métaux précieux (goud : or, kantoor : bureau).

Église St-Martin (Martinikerk) (**Z B**). – *Visite : de mai à sept. 12 h - 17 h; fermé dim., lundi; 1 fl. Montée à la tour : 1,50 fl.*

Reconstruite au 15e s. elle est connue pour sa tour, la **Martinitoren★** qui fait la fierté des habitants de Groningue. Haut de 96 m, s'élevant sur six étages, ce clocher est surmonté d'une girouette en forme de cheval qui représente la monture de saint Martin. Il abrite un carillon exécuté par les frères Hemony.

A l'intérieur, le chœur est orné de fresques du 16e s., illustrant des scènes de la vie du Christ.

Du sommet de la Martinitoren, on a une **vue** intéressante sur Groningue et ses canaux, la Grand-Place, les toits de St-Martin, le Prinsenhof et son jardin.

(D'après photo Bego, Groningen)

Martinitoren

■ AUTRES CURIOSITÉS

Musée maritime du Nord★ et musée néerlandais du tabac (Noordelijk Scheepvaartmuseum en Niemeyer Tabacologisch Museum) (**Z M^2**). – *Visite : 10 h - 17 h (13 h - 17 h dim. et j. fériés); fermé lundi; 2,50 fl.*

Ces deux musées sont aménagés dans deux belles maisons de marchands du Moyen Age, la Canterhuis à droite et la maison gothique (Gotisch Huis) à gauche.

Le **musée maritime du Nord** est consacré à la batellerie et à la navigation côtière dans la région septentrionale des Pays-Bas depuis le 6e s.

Les maquettes de bateaux, instruments de navigation, cartes, peintures, céramiques sont particulièrement mis en valeur et retracent les étapes qui ont marqué l'histoire de la navigation : la brillante période de la Hanse dont Groningue faisait partie, les Compagnies des Indes orientales et des Indes occidentales, les activités relatives à l'extraction de la tourbe et à son transport par bateau, la navigation côtière avec les bricks et les schooners qui ont remplacé les traditionnelles galiotes.

Le **musée néerlandais du tabac** est aménagé à l'arrière de la maison gothique.

Une belle collection de pipes du monde entier, de tabatières et de pots illustrent l'usage du tabac à travers les siècles. La boutique d'un marchand de tabac du 19e s. a été reconstituée.

Musée régional (Groninger Museum) (**Z M^1**). – *Visite : 10 h - 17 h (13 h - 17 h dim. et j. fériés); fermé lundi, 1er janv., 30 avril; 1 fl. (gratuit dim.).*

Il retrace différentes époques de la ville et de la province de Groningue.

On peut voir, dans la section archéologique, les produits des fouilles pratiquées dans les « tertres » *(p. 135)*. Une section présente des objets d'art décoratifs (porcelaines chinoises et japonaises, argenterie de Groningue).

Dans le département des Beaux-Arts *(accès aux dépôts exclusivement sur demande)*, on admire des peintures de Rembrandt, de son élève Fabritius, des œuvres de l'école de la Haye et du mouvement expressionniste « De Ploeg » (la Charrue), ainsi que des dessins et des sculptures du 16e s. à nos jours.

Martinikerkhof (Z 26). – Cette jolie place, aménagée à l'emplacement d'un cimetière (kerkhof) du 19e s., est entourée de maisons rénovées.

Au Nord-Est se trouve la **maison provinciale** (Provinciehuis) (Z P) reconstruite en 1917 dans le style de 17e s. et flanquée d'une tourelle à bulbe.

A sa gauche, la maison Cardinaal (Y C) montre une petite façade Renaissance de 1559, dont le pignon est orné de trois têtes : Alexandre le Grand, le roi David et Charlemagne. C'est la façade reconstituée d'une maison de Groningue qui a été détruite.

Au Nord de la place, le **Prinsenhof** (Y D), construit à l'origine pour les Frères de la Vie commune *(p. 79)*, devint en 1568 la résidence de l'évêque de Groningue. Précédé d'une cour et d'un portail du 17e s., il est accolé à la Gardepoort, petite porte de 1639.

A l'arrière du Prinsenhof s'étend un petit jardin du 18e s., avec deux charmilles et une roseraie. Il ouvre sur le Turfsingel, canal où l'on transportait la tourbe (turf), par une porte, la Zonnewijzerpoort qui possède, côté jardin, un **cadran solaire** du 18e s. (Y N).

Ossenmarkt (Y 31). – C'est l'ancien marché aux bœufs.

Au n° 5 s'élève une belle **maison patricienne** du 18e s. (Y E). C'est un bon exemple du style architectural local, avec sa large façade aux rangées de fenêtres assez étroites, surmontées de coquilles.

Non loin, à l'angle de Spilsluizen et de Nieuwe Ebbingestraat se dressent deux maisons du 17e s. (Y F). Celle de gauche est aussi caractéristique du style de Groningue.

En face on peut voir l'ancien **corps de garde** (Kortegaard) (Y K) à portique, de 1534. Sur le trottoir opposé à ce bâtiment, une jolie pierre sculptée représentant un cerf (Y L), fait saillie sur le mur d'une maison.

EXCURSIONS

Aduard; Leens; Lauwersoog. – *27 km au Nord-Ouest par Friesestraatweg* (Z).

Aduard. – 2 907 h. De l'ancienne abbaye cistercienne fondée en 1163, il ne subsiste que le réfectoire, construit en 1300 et devenu **église réformée**. *Visite : 9 h - 12 h et 14 h - 17 h; fermé mardi, sam. et dim. S'adresser Burg. Seinenstraat 11.* Si la façade est sobre, l'intérieur présente d'intéressants détails décoratifs : baies gothiques alternant avec des arcs aveugles au fond de brique dessinant des motifs géométriques, baies du rez-de-chaussée encadrées de torsades de céramique. Le mobilier du 18e s. est élégant : chaire ornée de blasons, bancs à dossiers sculptés, banc des seigneurs surmonté d'un dais à motifs héraldiques, lutrins en cuivre.

Leens. – 3 659 h. l'**église St-Pierre** (Petruskerk), édifiée aux 12e et 13e s., renferme un beau **buffet d'orgues★** baroque construit par Hinsz en 1733 *(concerts : sam. 20 h 15 de mi-mai à mi-oct.)*.

Lauwersoog. – *Schéma p. 178.* Point de départ des bateaux pour Schiermonnikoog *(p. 179)*, Lauwersoog est situé à proximité du **Lauwersmeer,** ancien golfe marin qui a été fermé comme le Zuiderzee par une digue terminée en 1969 et autour duquel on est en train d'aménager des polders.

Un petit **musée** (Expozee) est installé dans un grand bâtiment. *Visite : 1er avril - 30 sept. 9 h - 17 h (sam., dim. et j. fériés 14 h - 17 h); fermé lundi; 1,75 fl.*

Des maquettes, des photographies, des cartes lumineuses, la projection d'un film et de diapositives fournissent une intéressante documentation sur les polders du Lauwersmeer et sur la protection du Waddenzee.

Les Églises rurales★. – *Circuit de 118 km au Nord-Est. Sortir de Groningue par Damsterdiep* (Z) – *schéma ci-dessous.*

Chaque village de la province de Groningue possède son église de brique. Du 12e ou du 13e s., construite dans le style de transition roman gothique, elle est d'une architecture très simple mais rehaussée tant à l'extérieur qu'à l'intérieur par d'harmonieux motifs de brique. Parfois sur un tertre *(p. 135)*, nommé ici « wierd », la plupart du temps entourée d'un cimetière, elle se dissimule parmi de grands arbres d'où émerge son clocher au toit en bâtière. L'ensemble séduit par son charme rustique.

A l'intérieur, l'église conserve souvent quelques fresques, un mobilier sculpté et des tableaux mortuaires blasonnés. On remarque aussi les fermes aux dimensions imposantes.

Garmerwolde. – L'église (13e s.) de ce village, dont la nef s'est effondrée au 19e s., s'élève dans un agréable enclos, à côté d'un clocher isolé. Le chevet, plat, montre des baies soulignées de voussures et un pignon à arcatures aveugles.

L'intérieur *(s'adresser au sacristain, Dorpsweg 62)* possède encore quelques fresques du 16e s., sur les voûtes, et une chaire sculptée du 18e s.

Ten Boer. – 6 730 h. Sur un tertre, une petite église du 13e s., désaffectée, surmontée d'un clocheton, présente une charmante décoration, surtout du côté Nord : baies soulignées d'une voussure, médaillons, arcatures aveugles polylobées à l'intérieur desquels la brique forme des motifs géométriques, croisillons aveugles au pignon.

Stedum. – 1 973 h. Édifiée sur un tertre entouré de fossés, la petite église typique avec son haut clocher à toit en bâtière est pittoresque. Une frise court sur des modillons sculptés de personnages ou de têtes d'animaux.

Loppersum. – 3 970 h. La grande église gothique possède deux transepts au pignon creusé d'arcatures aveugles.
L'intérieur *(s'adresser à : Drogisterij L. Aslander, Nieuwstraat 4)* est intéressant pour ses **fresques★** décorant la partie supérieure des voûtes du chœur et de la chapelle de la Vierge. On remarque aussi, dans la chapelle à droite du chœur, de nombreuses pierres tombales.

Zeerijp. – A côté de son clocher isolé, l'église, datant du 14e s., présente un pignon en deux parties à arcatures aveugles et mosaïques de brique.
L'intérieur *(en cas de fermeture, lire les adresses près de la porte)* est remarquable pour ses **coupoles★** au décor de brique qui varie à chaque travée : chevrons, entrelacs... Des arcatures aveugles décorent le bas de la nef. L'orgue, la chaire Renaissance, les tableaux mortuaires blasonnés sont aussi à signaler.

Leermens. – Du 13e s., l'église possède un chevet plat décoré d'arcatures aveugles au fond orné de motifs de brique.

En arrivant à Oosterwijtwerd, on remarque une grande ferme à quatre toits.

Krewerd. – L'église possède des voûtes décorées de marqueterie de briques. L'orgue date de 1531. *Pour visiter, s'adresser à M. A. Bos, Pastorieweg 8, ☎ 05960-22347.*

Appingedam. – 12 837 h. Renommé pour ses marchés agricoles *(avril et oct.)* et son marché aux ovins *(mai)*, c'est un bourg accueillant doté d'une longue rue piétonne, la Dijkstraat Promenade et traversé par un canal, le Damsterdiep. De la passerelle sur le canal, jolie **vue★** sur les cuisines suspendues et le clocheton de l'hôtel de ville.
L'**ancien hôtel de ville** (raadhuis), flanqué d'un clocher du 19e s., date de 1630. La façade aux baies surmontées d'une coquille, est ornée d'un pélican, d'une statue de la justice et d'un fronton à volutes. L'**église,** du 13e s., Nicolaikerk, conserve de belles fresques découvertes lors de la restauration de l'édifice *(s'adresser au VVV, Kniestraat 2).*

Delfzijl. – 25 379 h. Port maritime actif sur le golfe du Dollard, relié à Groningue par le canal de l'Eems (Eemskanaal), Delfzijl est une cité industrielle dont les principales activités sont la pétrochimie et la fabrication de la soude.
Au Sud de la ville, à **Farmsum,** une fonderie d'aluminium alimentée par l'alumine du Surinam fut la première installée aux Pays-Bas, en 1956. Delfzijl possède aussi un important port de plaisance.
Promenades en bateau : s'adresser à Hr. Duit, Ripperdastraat 12 ou à Hr. Oosterveld, Menno Coendersbuurt 22, Termunterzijl.
De la digue au bord du golfe du Dollard, **vue** sur le port et la ville, dominée par un haut moulin de rempart, nommé **Molen Adam** (1875).
Sur une place près de la gare, un monument surmonté d'un cygne, **Het Zwaantje,** commémore la résistance.
Une petite **statue de Maigret,** sur les pelouses du Damsterdiep *(à 600 m de la station de pompage, à l'Ouest du canal de l'Eems, face aux entrepôts RWR),* rappelle le passage de Simenon en 1929. C'est à Delfzijl qu'il aurait conçu le personnage de l'inspecteur Maigret.

Bierum. – 4 288 h. Sur un tertre s'élève une petite église du 13e s. dont le clocher est renforcé par un arc-boutant. Le chœur en abside date du 14e s.
L'intérieur *(s'adresser à M. H. Oosterhuis, Schoolpad 1)* est couvert de coupoles dont les nervures portent un décor géométrique et où subsistent quelques traces de fresques. L'orgue date de 1793, les fonts-baptismaux du haut Moyen Age. Autour de l'église, le cimetière possède de remarquables dalles sculptées du 19e s., illustrées de symboles de la vie (arbres) et du temps (sabliers).

Eemshaven. – Le nouveau port, inauguré en 1973, a été creusé dans l'Emmapolder et l'Oostpolder. Il se complète d'une zone industrielle. A l'Est, une centrale électrique, l'**Eemscentrale,** fonctionne au gaz naturel depuis 1976. Il est prévu qu'Eemshaven importe du gaz liquide, ce qui permettrait d'économiser les réserves du pays.

Uithuizermeeden. – L'église reconstruite au 19e s., est surmontée d'un gracieux clocheton peint de couleurs pastel. La chaire *(pour visiter, s'adresser à Fam. H. Dijksterhuis, Rensumapark 12)* a été sculptée au 18e s.

Uithuizen★. – A l'Est, le château **Menkemaborg★** est caché par de grands arbres où sont perchés une centaine de nids de hérons habités de février à juin. Un parc à la française, un labyrinthe de verdure, un verger, un jardin potager, une roseraie l'entourent. *Visite : 1er avril - 30 sept. 10 h - 12 h et 13 h - 17 h; le reste de l'année fermé à 16 h et le lundi; fermé en janv.; 2 fl.* A la partie postérieure, du 14e s., dont les fenêtres du rez-de-chaussée sont plus élevées, furent ajoutées deux autres ailes aux 17e et 18e s. L'intérieur est agréablement meublé et décoré. La cuisine, au sous-sol, occupe la partie la plus ancienne. On remarque un cabinet à orgues de 1777, des collections de porcelaine de Chine du 17e s., un lit à baldaquin de Daniel Marot (1700-1773), des armoiries du 18e s., des portraits d'ancêtres.
A Uithuizen, l'**église réformée** (Hervormde Kerk) renferme un orgue remarquable construit en 1701 par Arp Schnitger *(p. 31)*.

Oldenzijl. – La petite église romane se dresse parmi les tombes du cimetière sur un tertre entouré de fossés et d'un rideau d'arbres. Les murs de brique sont percés de quelques petites roses cernées de boudins et le chœur est décoré d'arcs aveugles.

Rentrer à Groningue par Garsthuizen, St.-Annerhuisjes, Ten Boer et ② du plan.

Den HAAG ★★ ou 's-GRAVENHAGE (La HAYE) Zuid-Holland P

Cartes Michelin n°s 408 - pli 9 et 211 - pli 11 - 454 300 h. – *Plan d'agglomération dans le guide Michelin Benelux.*

Siège du gouvernement des Pays-Bas, du Parlement, centre diplomatique, la Haye dont le nom officiel est 's-Gravenhage (généralement abrégé en Den Haag), n'est cependant qu'une capitale de province, les souverains étant intronisés à Amsterdam depuis 1813.

C'est, au voisinage de la mer, une agréable ville résidentielle, tranquille, aérée, pourvue d'une multitude de places, de parcs (plus de 700 jardins publics), sillonnée par quelques jolis canaux. Bien que sa grande étendue et la faible densité de sa population lui aient valu le titre de « plus grand village de l'Europe », la Haye est empreinte d'un certain charme aristocratique et passe pour être la plus mondaine et élégante des villes des Pays-Bas.

C'est la ville natale du grand physicien et astronome **Christiaan Huygens** (1629-1695) et des frères **Jan** (né en 1903) et **Nikolaas Tinbergen** (né en 1907) qui reçurent, l'un le Prix Nobel d'économie (1969), avec le Norvégien R. Frisch, l'autre le Prix Nobel de médecine (1973), avec les Autrichiens K. Lorenz et K. von Frisch.

UN PEU D'HISTOIRE

Un rendez-vous de chasse. – Jusqu'au 13e s., la Haye n'est qu'un rendez-vous de chasse aménagé par le comte Floris IV de Hollande, au milieu d'une forêt qui s'étend jusqu'à Haarlem.

Vers 1250, son fils Guillaume II qui avait été proclamé roi des Roumains (1247) par le pape en lutte contre l'empereur Frédéric II, fait construire un château à l'emplacement de l'actuel Binnenhof. Floris V achève l'œuvre de son père en y ajoutant le Ridderzaal.

A la fin du 14e s., abandonnant Haarlem, le comte de Hollande Albert de Bavière vient s'installer à la Haye, suivi par les nobles.

Un village... – 's-Gravenhage, la haie du comte ou Die Haghe, la haie, se développe rapidement sans être plus qu'un lieu de résidence et de repos. La petite industrie de draperie qui y naît au 15e s. ne suffit pas à en faire une ville marchande.

Dans la confédération de cités qu'étaient les Pays-Bas à l'époque, les autres villes ne l'admettent pas au sein de leur conseil. Cependant, c'est à la Haye que Philippe le Bon tient en 1432 et 1456, les chapitres (assemblées) de la Toison d'or.

L'absence de fortifications vaut à la cité de graves dommages : dès 1528, elle est attaquée et pillée par Maarten van Rossum, célèbre capitaine d'une troupe de mercenaires de Gueldre *(p. 61)*; pendant la guerre de 80 ans contre l'Espagne (1568-1648), elle est occupée par les troupes espagnoles.

... qui se développe. – Au 17e s., la Haye retrouve la paix et la prospérité. Siège des États généraux des Provinces-Unies, puis du gouvernement, elle devient un centre important de négociations diplomatiques. Là sont scellées les principales coalitions contre Louis XIV.

Du milieu du 17e s. à la fin du 18e s. s'élèvent autour du centre médiéval du Binnenhof, de riches hôtels de styles Renaissance et baroque.

Les Français pénètrent à la Haye en 1795. Onze ans plus tard, la ville doit céder son rang de capitale à Amsterdam où Louis Bonaparte a installé son gouvernement.

En 1814, le gouvernement et la cour reviennent à la Haye. Mais le titre de capitale reste à Amsterdam où a été intronisé le roi l'année précédente.

Le 19e s. confirme le caractère résidentiel de la ville devenue le lieu de séjour favori des colons de retour d'Indonésie. Cette époque la marque si profondément qu'elle est parfois considérée comme la dernière représentante du 19e s.

Spinoza. – C'est à la Haye que le grand philosophe passa les sept dernières années de sa vie; il y mourut en 1677.

Né à Amsterdam en 1632, ce juif d'origine portugaise fait de brillantes études. En 1656, il doit fuir la communauté juive d'Amsterdam. Parce qu'il a contesté la valeur des textes sacrés, on a tenté de l'assassiner. Il se réfugie pour un temps à Ouderkerk aan de Amstel, puis vient vivre à Rijnsburg, près de Leyde, en 1660. Pendant trois ans, il s'adonne à la philosophie, polissant des lentilles pour gagner sa vie.

Après quelques années passées à Voorburg, faubourg de la Haye, il s'installe en 1670 dans une modeste demeure du Paviljoensgracht (**AV**).

C'est seulement après sa mort que paraît en latin l'Opéra posthuma, dont une partie, l'**Éthique** (1677) allait devenir universellement célèbre. Sa doctrine panthéiste selon laquelle Dieu est une substance dont seuls deux attributs, la pensée et l'étendue, nous sont connus, fut alors violemment critiquée.

L'école de la Haye. – Entre 1870 et 1890, un groupe de peintres de la Haye tente, à l'instar de ceux de l'école de Barbizon en France, de renouveler la peinture et notamment l'art du paysage. Autour de leur chef de file, **Jozef Israëls** *(p. 102)*, auteur de scènes de pêche, de portraits, **J. H. Weissenbruch** (1824-1903), **Jacob Maris** (1837-1899) peignent des dunes et des plages, **H. W. Mesdag** de nombreuses marines et le fameux Panorama Mesdag *(p. 109)*, **Anton Mauve** (1838-1888), la bruyère du Gooi *(p. 124)*, **Albert Neuhuys** (1844-1914), des intérieurs d'habitation, **Bosboom** (1817-1891), des intérieurs d'église, **Blommers** (1845-1914), la vie des pêcheurs. Neuhuys et Mauve, pour avoir travaillé à Laren, sont parfois rattachés à l'école de Laren *(p. 124)*.

Les peintres de la Haye ne recherchent ni les éclats de couleur ni la virtuosité du dessin. Dans leurs tableaux, la teinte dominante est le gris ou le brun, expression d'une certaine mélancolie.

La ville diplomatique. – La Haye fut choisie à diverses reprises comme centre de négociations internationales : conférences de la Paix *(p. 109)* de 1899 à 1907 en particulier.

Enfin, la construction sur son sol du Palais de la Paix (1913) consacra sa vocation de ville diplomatique.

Elle est le siège de la Cour internationale de Justice, organisme dépendant de l'O.N.U., de la Cour permanente d'Arbitrage et de l'Académie de Droit international.

C'est également à la Haye que de nombreuses sociétés ont installé leur siège : Royal Dutch (Shell), Aramco, Esso, Chevron.

La ville moderne. – La Haye appartient au 20e s. par son extension. Les quartiers modernes situés principalement à l'Ouest témoignent d'un heureux effort architectural. Au Nord, le Palais néerlandais des Congrès (Nederlands Congresgebouw) est ouvert au public depuis 1969. Des espaces verts nombreux et vastes rappellent la forêt primitive aux marais transformés en plans d'eau. Les quartiers résidentiels s'étendent jusqu'aux dunes de la côte dans un paysage de boqueteaux et de prairies.

■ LE CENTRE *visite : 1/2 journée*

Autour du Binnenhof, les demeures aristocratiques s'alignent au bord de larges avenues. Tout près se groupent aussi les magasins, desservis par des rues piétonnes ou des passages couverts : la ville possède de nombreux commerces de luxe et d'antiquités.

Buitenhof (AUV **16**). – C'est la « cour extérieure » de l'ancien château des comtes de Hollande. Au centre se dresse la statue du roi Guillaume II.

Binnenhof★ (AUV). – On pénètre par la porte du Stathouder (copie de l'édifice original du 16e s.), dans une cour intérieure (binnenhof) au centre de laquelle s'élève le Ridderzaal. Autour, les bâtiments, d'époques diverses, sont en quelque sorte l'emblème de la continuité du régime néerlandais. Dans cette cour fut exécuté Oldenbarnevelt *(p. 42)*.

Salle des Chevaliers★ (Ridderzaal). – *Entrée porte Sud. Visite accompagnée : 10 h - 16 h; fermé dim., 1er janv., Pâques, Pentecôte, 25 et 26 déc.; 3,50 fl., billet valable pour la visite de la 1re et la 2e Chambre (en dehors des séances). S'adresser au 8 A.*

Construite par le comte Floris V vers 1280, dans le prolongement du château, c'était le siège des fêtes données en l'honneur de la noblesse. Sa façade à pignon pointu et ouvragé est flanquée de deux tourelles élancées.

A l'intérieur, la grande salle, restaurée, a retrouvé sa voûte gothique primitive à charpente apparente. Là a lieu depuis 1904 *(le 3e mardi de sept.)* l'ouverture solennelle de la session parlementaire : le discours du trône est lu par la reine venue en ce lieu dans un carrosse d'or.

En 1907 s'y déroula la deuxième conférence de la Paix.

L'arrière de l'édifice, visible de la deuxième cour du Binnenhof, constitue l'ancien château construit vers 1250 par le comte Guillaume II. Il devint en 1511 salle des sessions de la Cour de Hollande et de Frise-Occidentale, nommée par la suite Salle du Rôle (Rolzaal). Celle-ci fut remplacée sous Floris V par la salle des Chevaliers.

Première chambre (Eerste Kamer). – Située dans l'aile Nord (17e s.) du **Quartier** (ou demeure) **du Stathouder,** bordée par une galerie couverte, c'est l'ancienne salle des États de Hollande et de Frise-Occidentale (17e s.). Elle sert de salle de séances de la Première Chambre ou Sénat, composée de 75 membres élus pour six ans par les onze États provinciaux. Elle possède un plafond de bois peint de style baroque.

Salle des Trêves (Trêveszaal). – *On ne visite pas l'intérieur.* La salle des Trêves où fut préparée en 1608 une trêve de douze ans avec l'Espagne est utilisée actuellement par le Conseil des Ministres. Elle a été reconstruite en 1697 par D. Marot dans le style Louis XIV.

Par la Spuipoort (17e s.), sortir du Binnenhof.

Deuxième chambre (Tweede Kamer). – Dans l'aile ajoutée par le stathouder Guillaume V à la fin du 18e s., l'ancienne salle de bal sert de siège depuis 1815 à la Chambre des députés. Au nombre de 150, ces derniers sont élus pour quatre ans au suffrage universel. De style Louis XVI, la salle est surmontée d'un balcon et de plusieurs loges.

Revenir dans le Binnenhof et sortir par la porte des Grenadiers (Grenadierspoort), de 1634.

Mauritshuis★★★ (AU). – *Fermé pour travaux de restauration.*

Une partie de la collection est exposée provisoirement dans la maison Johan de Witt (Johan de Witthuis, Kneuterdijk 6).

DEN HAAG

Denneweg	AU	23
Hoogstr.	AV	48
Korte Poten	AV	71
Lange Poten	AV	
Noordeinde	AU	
Paleispromenade	AUV	115
de Passage	AV	118
Spuistr.	AV	
Venestr.	AV	156
Vlamingstr.	AV	161
Wagenstr.	AV	
Annastr.	AV	4
Buitenhof	AV	16
Fluwelen Burgwal	AUV	29
Herengracht	AV	42
Jan Hendrikstr.	AV	54
Kneuterdijk	AV	61
Korte Voorhout	AU	72
Korte Vijverberg	AU	73
Lange Vijverberg	AU	85
Lutherse Burgwal	AV	90
Molenstr.	AV	97
Nieuwstr.	AV	107
Papestr.	AV	116
de Plaats	AV	121
Prinsessegracht	AU	133
Tournooiveld	AU	154

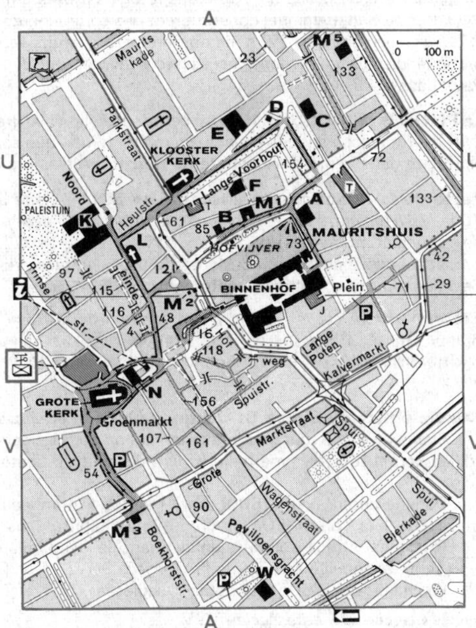

Plein (**AUV**). – Sur cette place, au centre de laquelle s'élève la statue de Guillaume le Taciturne (1848) se trouvent deux ministères : de la Défense (Defensie), des Affaires Étrangères (Buitenlandse Zaken), ce dernier étant installé dans un édifice construit au 18e s. d'après des plans de Daniel Marot. En hiver, se tient sur cette place, un marché d'antiquités.

Hofvijver (**Étang de la Cour**) (**AU**). – *Illuminations le soir en saison.* Du Korte Vijverberg on a une belle **vue★** sur ce bassin dans lequel se reflètent le Mauritshuis, la tour octogonale réservée au ministre de l'Intérieur, les fenêtres de la salle des Trêves et de la Première chambre.

Au milieu de l'étang, d'où jaillit un jet d'eau, se trouve une île plantée d'arbres.

Doelen (**AU A**). – A droite du Korte Vijverberg s'élève l'ancien local de la compagnie des archers de St-Sébastien (1636).

Emprunter le Lange Vijverberg. Au n° 8 (**AU B**), on remarque une façade due à Daniel Marot.

Musée du costume (**Het Nederlands Kostuummuseum**) (**AU M**[1]). – *Fermeture définitive prévue en 1984, ☎ 070-51 41 81.*

Aménagé dans deux maisons bourgeoises de 1757, il retrace l'évolution du costume et des accessoires depuis cette époque.

Dans des intérieurs reconstitués on peut admirer des costumes de mode, des maisons de poupées ainsi qu'une cuisine et une lingerie typique du 18e s. L'ensemble forme une courte rétrospective de la vie bourgeoise.

Lange Voorhout★ (**AU**). – Le long des allées ombragées du Lange Voorhout aux vastes pelouses s'élèvent certaines des plus belles demeures patriciennes de la Haye. La plupart sont occupées par des ambassades. A proximité se tient *(le jeudi de mai à sept. 9 h - 21 h)* un grand marché d'antiquités.

Au printemps, les pelouses se parent de crocus.

Paleis (**AU C**). – L'ancien palais de la reine Emma, épouse du roi Guillaume III, se dresse à l'extrémité de l'allée principale.

Son élégante façade, du 18e s., est l'œuvre de Pieter de Swart. C'était la demeure d'un banquier lorsque Napoléon y fut hébergé en 1811.

La reine Béatrix y réside.

Devant l'Hôtel des Indes (nos 54-56) on remarque la charmante statuette du **« Flâneur »** (**AU D**), due au chroniqueur Elias.

Numéro 34 (**AU E**). – Cet édifice fut construit en 1734-1736 par Daniel Marot.

Ici vécut en 1813-1814 Guillaume Ier, le premier roi des Pays-Bas.

Au n° 15, à gauche, s'élève l'immeuble acheté par Mesdag *(p. 109)* pour abriter la société **Pulchri Studio** (**AU F**) dont il était le président depuis 1889.

Kloosterkerk (**AU**). – Cette ancienne chapelle d'un couvent, construite aux 15e et 16e s., est utilisée pour des concerts d'orgue et des offices chantés.

Noordeinde (**AU**). – Cette grande rue, aux nombreux magasins d'antiquités, traverse la place où se dresse le **palais Noordeinde** (**AU K**), appelé aussi Het Oude Hof. Cet édifice des 16e-17e s., aux deux ailes en retour, fut occupé par Louise de Coligny, veuve de Guillaume le Taciturne, par les princes Maurice et Frédéric-Henri, fils de ce dernier, et par le roi Guillaume Ier.

En face, statue équestre de Guillaume le Taciturne.

Revenir vers le Sud.

Église réformée wallonne (**AU L**). – *On ne visite pas.*

Elle a été construite en 1807 par Louis Napoléon à l'usage de la communauté protestante francophone de la Haye qui se réunissait auparavant dans une chapelle du château. Après le milieu du 16e s., les réfugiés protestants fuyant les persécutions dans les Pays-Bas du Sud (Belgique) constituèrent des communautés paroissiales de langue française. Celles-ci s'accrurent au 17e s. de nombreux Huguenots venus de France. Ce culte est encore pratiqué de nos jours dans les **églises wallonnes** qui dépendent de l'Église réformée des Pays-Bas *(p. 23)*.

La Place (**De Plaats**) (**AU 121**). – Au centre de celle-ci se dresse la statue (1887) de Johan de Witt qui fut lynché sur cette place, en même temps que son frère Cornelis *(p. 83)*. L'épisode est relaté dans le premier chapitre du roman d'Alexandre Dumas père, la Tulipe Noire.

Porte de la Prison (**Gevangenpoort**) (**AUV M**[2]). – *Visite accompagnée : du lundi au vend. 10 h - 16 h (en outre du 1er avril au 30 sept. sam., dim. et j. fériés 13 h - 16 h); fermé les dim. de Pâques et de Pentecôte; 3,50 fl.*

Cette ancienne porte d'enceinte du château ducal, renferme un **musée,** le Rijksmuseum Gevangenpoort : collection d'instruments de torture.

Groenmarkt (**AV**). – C'est la place centrale de la Haye où voisinent l'hôtel de ville et la Grande église. De là partent de nombreuses rues piétonnes, notamment au Nord, la **Paleispromenade** (**AUV**) et, au Sud, le grand passage couvert construit en 1880 : **De passage** (**AV**).

Grande église ou église St-Jacques (**Grote- of St.-Jacobskerk**) (**AV**). – *On ne visite pas.*

Flanquée d'une tour pourvue d'un carillon de 51 cloches, cette grande église de brique, édifiée vers 1450, de type halle (trois nefs d'égale hauteur), est couverte d'une voûte en bois.

Dans le chœur (vers 1500), on remarque le tombeau d'un amiral et les armoiries des chevaliers de la Toison d'Or qui tinrent leur chapitre dans cette église en 1456.

Quelques vitraux sont à signaler dans le déambulatoire : sur l'un Charles Quint est représenté agenouillé au pied de la Vierge.

La chaire, de 1550, est finement sculptée.

Montée à la tour. – *S'adresser au VVV.*

Ancien hôtel de ville (Oude Raadhuis) (AV N). – Ce petit édifice conserve une jolie façade du 16e s. à pignons à redans. La façade latérale, du 18e s., montre une élégante décoration. Une aile moderne a été ajoutée à l'Est.

Musée Bredius★ (AV M³). – *Visite : mardi et jeudi 14 h - 17 h; fermeture définitive prévue en 1984/1985, ☏ 070-51 41 81.*

Ce musée offre, dans le cadre d'une riche maison bourgeoise, ancienne demeure du docteur Bredius, la collection de peintures que celui-ci légua à la ville.

Dans une excellente série du 17e s., on distingue une œuvre d'Hercules Seghers (Paysage montagneux), le célèbre Satyre chez le paysan de Jan Steen, une admirable Tête de Christ de Rembrandt, un Divertissement sur la glace de A. van der Neer, des œuvres d'Albert Cuyp, d'Adriaen van Ostade, de Willem Claesz Heda, de Willem Pieter Buytewech et de Van de Velde.

A l'étage, dessins de grands maîtres dont Rembrandt et Jacob van Ruysdael.

■ HORS DU CENTRE *visite : 1/2 journée*

Panorama Mesdag★ (DY Q). – *Visite : 10 h - 17 h (16 h nov. et déc.; 15 h janv. et fév.); dim. ouvert à 12 h; 2,50 fl.*

Installé dans une rotonde sur pilotis, éclairé par des fenêtres dissimulées, ce surprenant paysage de 120 m de circonférence sur 14 m de hauteur, représente Scheveningen en 1881. La commande de cette immense toile fut adressée en 1880 au peintre **Hendrik Willem Mesdag** *(p. 106)*. En 1879, du sommet de la dune la plus élevée de Scheveningen, il avait déjà reproduit ce paysage sur un cylindre de verre exposé ici.

Cette œuvre est rapidement menée : Mesdag peint le ciel, la mer, la plage avec les barques; sa femme, Sientje Mesdag van Houten, le village; Théophile de Bock, les dunes; Breitner, la cavalerie; Blommers, la femme en costume et son enfant.

Malgré la différence de facture, l'unité demeure; la perspective est merveilleuse, le ciel au-dessus de la mer d'une luminosité très douce, tandis que, derrière le village, pointent les cloches de la Haye. Le spectateur, à 14 m de cette peinture, croit admirer le panorama du haut d'une dune dont le vrai sable, jonché d'épaves, rejoint la base du tableau. En l'absence de port, les barques plates (bommen) étaient remorquées à l'aide de chevaux.

Dans le hall d'entrée, ajouté en 1910, sont exposées des peintures et aquarelles de Mesdag et de sa femme, dans de belles tonalités sombres.

Musée Mesdag★ (CY M⁴). – *Visite : 10 h - 17 h (dim. et j. fériés 13 h - 17 h); fermé lundi, 1er janv.; 3,50 fl.*

Mesdag avait fait construire cette demeure en 1869 pour abriter ses collections. Il légua l'ensemble à l'État en 1903.

Le musée permet de faire une intéressante comparaison entre l'école de Barbizon (milieu du 19e s.) avec Millet, Daubigny, Corot, Théodore Rousseau, Courbet et l'école de la Haye *(p. 106)* avec Bosboom, Mauve, les frères Maris, Jozef Israëls et naturellement Mesdag, peintre de marines. On retrouve dans les tableaux des deux écoles des tons assez sombres, souvent grisâtres et le goût de la nature et des paysages.

Palais de la Paix (Vredespaleis) (CY R). – *Visite accompagnée : 10 h, 11 h, 14 h et 15 h; fermé sam., dim et j. fériés et pendant les séances de la Cour internationale de Justice; 2 fl.*

Le palais de la Paix fut inauguré un an avant le déclenchement de la Première Guerre mondiale, le 28 août 1913.

Sur l'initiative du tsar Nicolas II la première **conférence de la Paix** s'était réunie à la Haye (à Huis Ten Bosch) en 1899 : on y décida la création d'une Cour permanente d'Arbitrage qui fut définie en 1907 lors de la deuxième conférence de la Paix qui se tint au Ridderzaal.

Entre-temps, l'Américain Carnegie offrit des fonds pour abriter cette Cour et l'équiper d'une bibliothèque, le gouvernement néerlandais proposa un parc, et l'architecte lillois Cordonnier fut chargé de la construction.

En 1922, le palais devint en outre le siège de la Cour permanente de Justice internationale, qui se transforma en 1946 en **Cour internationale de Justice.** Il abrite également l'Académie de Droit international de la Haye, fondée en 1923.

Chaque nation a contribué à l'ameublement et à la décoration du palais. La salle japonaise, tendue de somptueuses tapisseries, réunit le conseil administratif où le français est langue officielle, autour d'une immense table aux sièges ornés d'écussons des différents pays. Dans les galeries de marbre au rez-de-chaussée on peut voir le buste de Grotius *(p. 73)* et quelques documents autographes de lui.

Longer le **parc de Zorgvliet** *(accès interdit)* où l'on aperçoit **Het Catshuis** (CY S), maison du premier ministre, ayant appartenu à **Jacob Cats** *(p. 78). En suivant President Kennedylaan, gagner le musée municipal.*

Musée municipal★★ (Haags Gemeentemuseum) (CY M⁶). – *Visite : 10 h - 17 h (13 h - 17 h dim. et j. fériés); fermé lundi et 1er janv.; 2 fl.*

Berlage *(p. 47)* construisit en 1935 ce musée dont la structure en béton est masquée par un revêtement de brique. Une galerie mène aux salles qui, agencées d'une façon très étudiée, entourent une vaste cour intérieure. Les collections, très riches, ont trait principalement aux arts décoratifs anciens, à la sculpture et à la peinture des 19e et 20e s. Le musée possède aussi une section d'instruments de musique et une section d'histoire de la ville.

Un bâtiment annexe (1962) abrite des expositions temporaires et un cabinet d'estampes *(accès sur demande préalable).*

Rez-de-chaussée. – Dans la section des arts décoratifs, on admire des verreries de Venise (15e et 16e s.) et des Pays-Bas (17e et 18e s.), des céramiques de Delft et d'Italie, de l'argenterie (du 15e au 19e s.) et des porcelaines de la Haye (17e-19e s.), des intérieurs des 17e et 18e s. Des salles sont réservées à la céramique et à la verrerie de l'Antiquité, de l'Islam, de la Chine, au mobilier et à l'orfèvrerie de l'Indonésie de l'époque de la Compagnie des Indes orientales et du 19e s.

La collection d'instruments de musique (Europe à partir du 16e s. et monde entier) est remarquable (concerts).

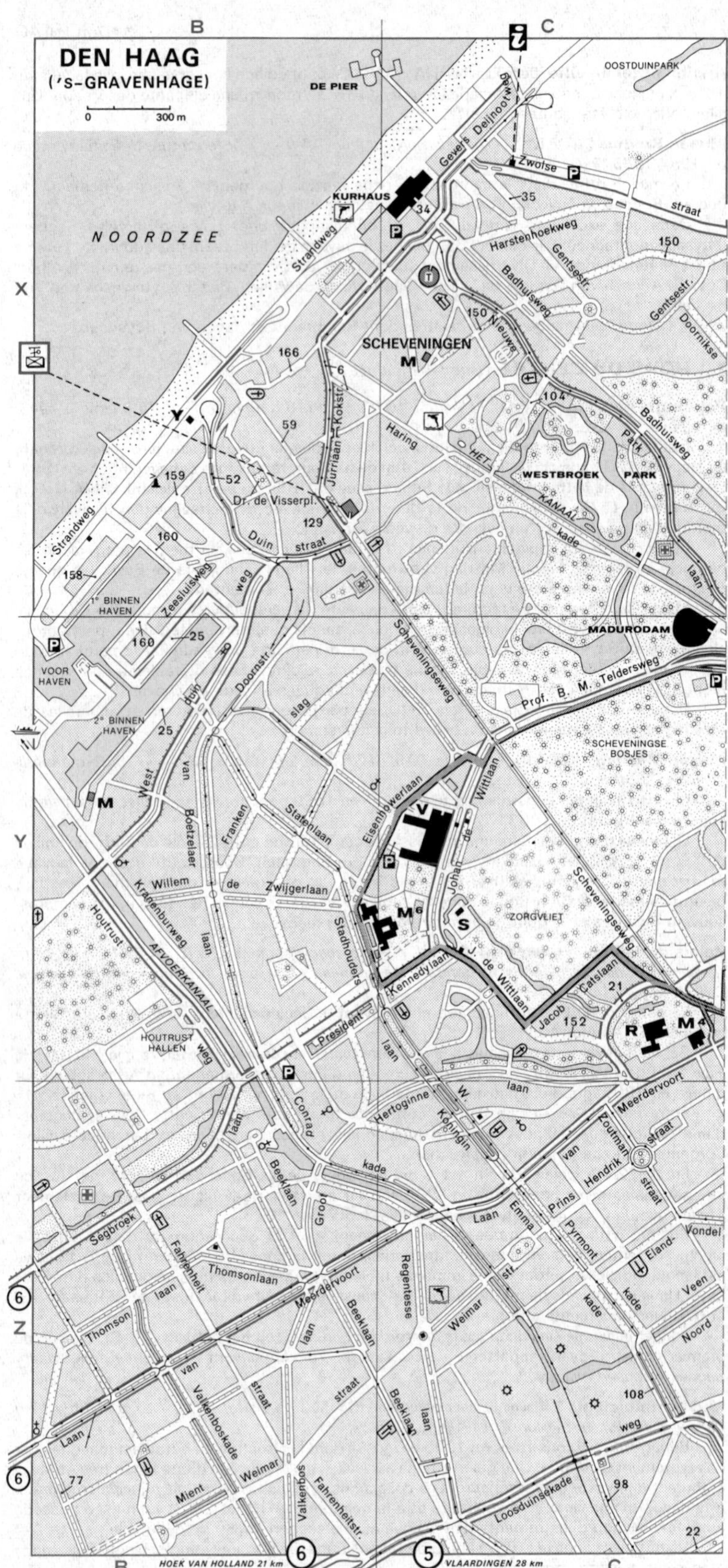

1er étage. – Le musée rassemble des œuvres de grands maîtres du 19e s. et du 20e s.

L'école française est bien représentée. On y voit un Courbet (Pont, maison et cascade) un Sisley (la Seine au Point-du-Jour) et trois Claude Monet (Quai du Louvre, les Filets et les Glycines), un Signac (Cassis, cap Lombard); de Van Gogh, un autoportrait (1886), les Champs de pavots et deux autres toiles. On remarque encore : Picasso (Femme au pot de moutarde, Arlequin, Sibylle), Braque, Léger, Marquet et deux peintres néerlandais devenus parisiens : Van Dongen et Jongkind.

Keizerstr. . . . . BX 59

Alexanderstr. . . . . DY 2
Badhuiskade . . . . BX 6
Buitenom. . . . . DZ 17
Burg. Patijnlaan . . . . DY 20
Carnegielaan . . . . CY 21
Delftselaan. . . . . CZ 22
Dr. Aletta Jacobsweg. . . . . DY 24
Dr. Lelykade . . . . BY 25
Gevers Deijnootplein. . . . . . CX 34
Gevers Deijnootstr. . . . . CX 35
Jacob Pronkstr. . . . . BX 52

Joseph Israëlslaan. . . . . . . DY 57
Juliana van Stolberglaan. . EZ 58
Koningin Julianaplein . . . . EZ 64
Koningin Marialaan . . . . . . EZ 68
Laan Copes van Cattenburch. . . . . DY 76
Laan van Eik en Duinen . . . . BZ 77
Monstersestr. . . . . CZ 98
Nassauplein . . . . DY 101
Nieuwe Duinweg. . . . . CX 104
Noord West Buitensingel . . . . CZ 108

Oude Waalsdorperweg. . . . DX 114
Plesmanweg . . . . DY 122
Pletterijkade. . . . . EZ 123
Pompstationsweg. . . . . . . DX 125
Prins Willemstr.. . . . . BX 129
Rijswijkseplein . . . . EZ 137
Rijswikseweg. . . . . EZ 138
Stevinstr. . . . . CX 150
Tobias-Asserlaan . . . . CY 152
Visafslagweg. . . . . BX 158
Vissershavenstr. . . . . BX 159
Vissershavenweg . . . . BCX 160
Wassenaarsestr. . . . . BX 166

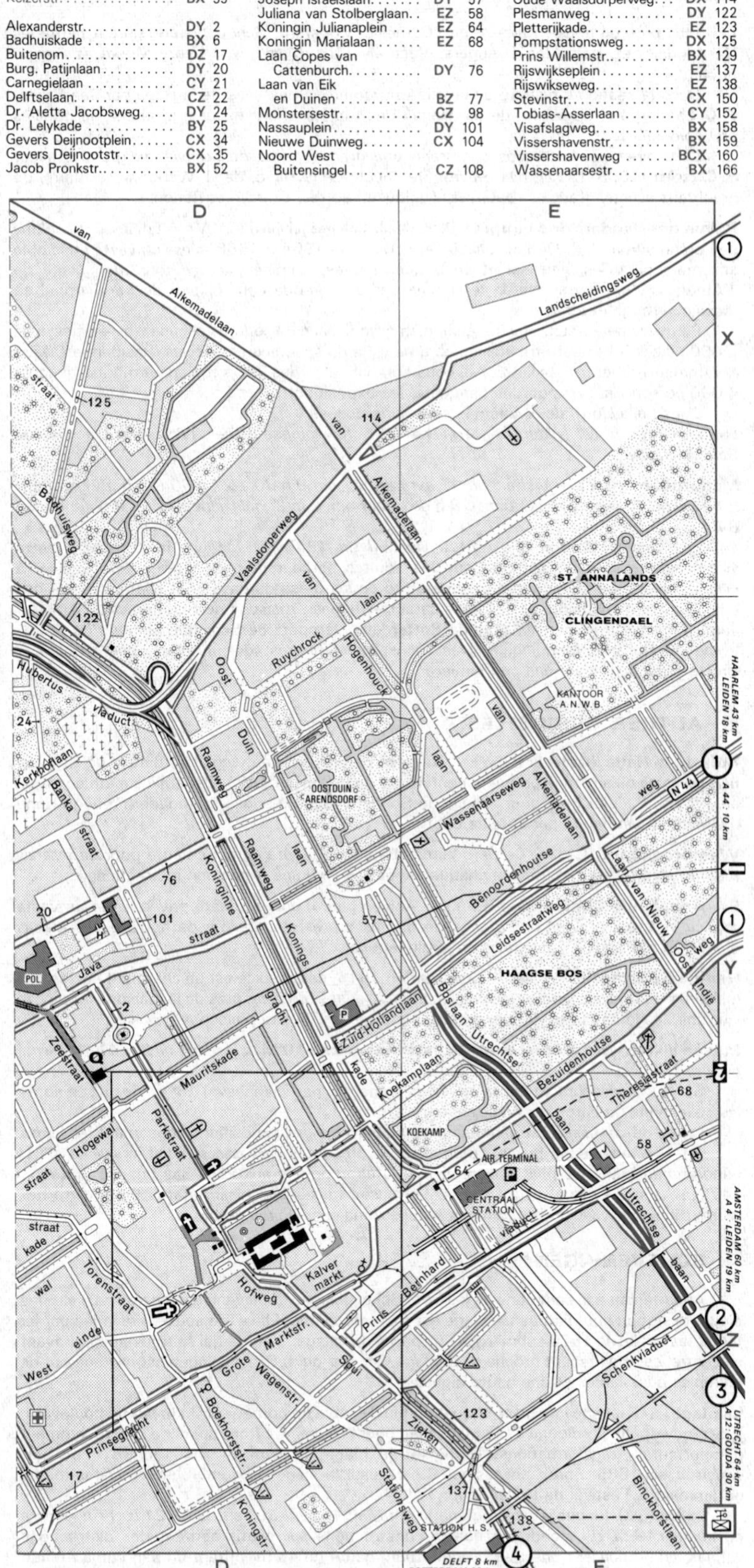

La remarquable collection d'expressionnistes comprend des œuvres de Kirchner, Jawlensky et de Kandinsky.

On peut approcher aussi la production picturale hollandaise du 19e s. à nos jours : les romantiques avec W. Nuyen, l'école de la Haye (les frères Maris, Jozef Israëls, Weissenbruch), l'école d'Amsterdam (Breitner, Verster), les modernes avec Jan Toorop, l'importante collection de **Piet Mondrian** l'un des pionniers de l'art abstrait, les artistes du mouvement De Stijl *(p. 42)*.

Plus près de nous : Karel Appel, Corneille, Constant, Schoonhoven figurent parmi les Néerlandais, et, parmi les étrangers, Vasarely, Arp, Max Ernst, Henry Moore et Francis Bacon.

Dans la section d'histoire de la ville, on remarque des vues de la Haye par Jan Steen, P. C. La Fargue, originaire de la Haye, des objets d'art et des produits de fouilles archéologiques.

Le cabinet des estampes comprend une grande partie de l'œuvre du grand graveur **M. C. Escher** (1898-1972), des œuvres de l'école de la Haye, de H. Werkman, et parmi de nombreux artistes français, Daumier, Toulouse-Lautrec, Bresdin et Redon.

Palais néerlandais des congrès (Nederlands Congresgebouw) (CY V). – Édifié sur les plans de l'architecte J. J. P. Oud et réalisé par son fils de 1964 à 1968, c'est un vaste ensemble aux murs de tuiles bleu ciel et de briques jaunes, dominé par une tour triangulaire de 17 étages. L'entrée, au Nord, se signale par une grande composition de Karel Appel en mosaïque rouge et bleue.

Parmi les nombreux lieux de réunion, la grande salle de congrès occupe trois étages avec 2 000 places. Elle peut être utilisée comme salle de spectacle : concerts (Residentie Orkest notamment), théâtre, ballets. Au sous-sol, la salle des fêtes qui peut abriter jusqu'à 4 000 personnes, sert pour les banquets, les expositions.

Dans l'aile Nord, deux cinémas sont superposés.

La route (Prof. B. M. Teldersweg) traverse les Scheveningse Bosjes qui séparent la Haye de Scheveningen.

Madurodam★ (CY). – *Visite : du 1er avril au 30 juin 9 h 30 - 22 h 30 (23 h en juil.-août; 21 h 30 du 1er sept. à début oct.; 18 h de début oct. à la 2e quinzaine d'oct.); 6 fl. (enfants : 3 fl.).*

En souvenir de son fils mort à Dachau en 1945, M. Maduro fit construire cette ville-miniature pour les enfants, que les adultes parcourent avec intérêt, tels Gulliver à Lilliput. La cité de Madurodam est une sorte de synthèse du pays dont elle rassemble des édifices, des monuments et des sites caractéristiques : maisons du Herengracht d'Amsterdam, moulins de Kinderdijk, port de Rotterdam, aéroport de Schiphol, champs de fleurs, ferme de Hollande-Méridionale. Des trains, des voitures, des autobus, des bateaux y circulent. La nuit, c'est une cité-lumière.

■ AUTRES CURIOSITÉS

Bois de la Haye (Haagse Bos) (EY). – Traversé par Leidsestraatweg, il entoure le palais royal **Huis ten Bosch** où se tint la première conférence de la Paix en 1899. Cet édifice a été construit au 17e s. par Pieter Post pour Amalia de Solms, veuve du prince-stathouder Frédéric-Henri d'Orange. Il est habité par la reine Beatrix.

Westbroekpark (CX). – Ce parc cerné d'étangs *(canotage)* est célèbre pour sa **roseraie** *(début juil. à fin sept.)* où a lieu chaque année *(en juin)* une exposition internationale.

St.-Annalands Clingendael (EXY). – Ancien parc d'une propriété privée, c'est un vaste espace vert aux prairies ombragées de grands arbres et parsemé de nombreuses pièces d'eau. On y découvre également un jardin japonais.

Heilige Geesthofje (AV W). – Construit en 1616, cet hospice est un charmant enclos aux maisonnettes basses surmontées de lucarnes à redans. En face, près de la maison où Spinoza vint finir ses jours *(au n° 74)*, se dresse la statue de l'illustre philosophe.

Musée (Rijkmuseum) Meermanno-Westreenianum (AU M^5^). – *Visite : 13 h - 17 h; fermé dim. et j. fériés.*

Sur le Prinsessegracht bordé de riches demeures patriciennes du 18e s., ce musée abrite les collections du baron de Westreenen.

Le rez-de-chaussée est généralement consacré à des expositions concernant les livres. Au 1er étage, dans la bibliothèque, sont présentés des **manuscrits et incunables** de la période médiévale, les plus anciens livres datés imprimés aux Pays-Bas ont été édités en 1473 à Aalst (Belgique) et à Utrecht. Le musée rassemble aussi : statuettes et livre des morts d'Égypte, vases grecs, lampes à huile romaines, ivoires gothiques.

■ SCHEVENINGEN★★

Appartenant à la commune de la Haye, Scheveningen (Scheveningue en français) est une élégante station dont l'immense plage est très fréquentée. Elle a été souvent ravagée par les tempêtes : celle de 1570 submergea une partie du village : l'église qui se trouvait auparavant au centre, est maintenant proche de la plage. De nos jours, Scheveningen est protégé par de multiples brise-lames et une haute digue.

La plage. – C'est une longue et large étendue de sable fin bordée sur 3 km par un boulevard, le Strandweg, que prolonge à l'Est une allée pour piétons. Ce front de mer a subi récemment d'importantes transformations. Dominant la plage, le **Kurhaus** (CX), édifice imposant, construit en 1885, abrite un casino. C'est aussi le siège de nombreuses manifestations notamment le Festival de Hollande *(p. 11)*.

Le **Pier** (BX), longue jetée-promenade *(entrée : 1er avril-30 sept. 9 h - 21 h, 17 h le reste de l'année; 3,50 fl.),* conduit à quatre constructions sur pilotis abritant des distractions variées, en particulier : une tour d'orientation, haute de 45 m, offrant un panorama étendu sur la côte et le large; un **aquarium** présentant des poissons de la mer du Nord, certains dans un grand bassin, et des espèces tropicales. *Visite : 10 h - 17 h (21 h en juil.-août); d'oct. à avril dim. et j. fériés seulement; 3,50 fl.*

Le port. – Au-delà du phare, vers l'Ouest, le port de pêche demeure très actif. Les deux bassins intérieurs (binnenhavens) abritent caboteurs, ferry-boats assurant la liaison avec l'Angleterre (Great Yarmouth), bateaux de plaisance et flottille de chalutiers.

L'**obélisque** (BX Y) rappelle l'endroit où Guillaume Ier débarqua en novembre 1813, en provenance d'Angleterre, pour prendre possession de son trône.

D'abord situé à l'Est du port près des dunes, autour de Dr. de Visserplein, ainsi qu'il est représenté sur le panorama Mesdag *(p. 109)*, le bourg des pêcheurs s'est agrandi de nouveaux quartiers construits au Sud et à l'Ouest du port : ce sont de vastes quadrilatères de briques, ordonnés autour d'une cour s'ouvrant par de larges porches.

Les femmes âgées sont fidèles au costume traditionnel : robe et tablier noirs, accompagnés d'une cape noire en hiver (le dimanche, elle est de ton pastel) ou d'un châle clair en été. La coiffe, posée sur un serre-tête en métal fixé à l'aide de deux épingles, est particulière : les extrémités du serre-tête, en forme de boucle ovale d'or filigrané, se dressent tout au sommet de la tête. Le dimanche, le bonnet est de dentelle.

Excursions en bateau. – *Journée de pêche sportive en mer ou promenade en mer du Nord : s'adresser à Rederij Jacques Vrolijk, Doorniksestraat 7* (**CDX**)*, Scheveningen.*

EXCURSIONS

Wassenaar. – 27 031 h. *12 km au Nord; sortir par ① du plan.*

Ville de la banlieue résidentielle de la Haye, Wassenaar dissimule parmi les arbres des villas opulentes. Elle possède un **jardin zoologique** (Dierenpark Wassenaar) *(Rijksstraatweg 667; visite : 8 h 30 - 18 h 30 (admission jusqu'à 17 h 30); 9 fl.; enfants : 6 fl.)* dont la steppe africaine, les maisons des gorilles et de la jungle ainsi que le parc à jeux figurent parmi les principales attractions.

Zoetermeer. – 71 742 h. *16 km à l'Est; sortir par ③ du plan.*

Cette ville nouvelle créée pour « décongestionner » la Haye devant atteindre 100 000 h en phase finale, se construit depuis 1966 autour d'un village dont l'**église** du 18e s. conserve une tour gothique surmontée d'une flèche en bois, de 1642.

Le lac de Zoetermeer, formé par l'extraction de la tourbe, fut asséché dès 1614.

Naaldwijk. – 25 584 h. *16 km au Sud, par ⑤ du plan.*

On traverse la région maraîchère du **Westland,** sillonnée de canaux, qui étend ses milliers de serres, ses vergers et ses jardins entre la Haye, Hoek van Holland et les dunes du littoral : on y cultive des fleurs, des légumes (tomates, salades, concombres).

Naaldwijk. – Au cœur du Westland, c'est un grand centre d'horticulture ainsi que de vente aux enchères de fleurs coupées et plantes en pot. *Visite accompagnée le matin : ☏ 01740-23333.*

Sur la Grand-Place (Wilhelminaplein), l'ancien **hôtel de ville** (raadhuis), du 17e s. présente un pignon baroque à volutes. Non loin, derrière l'église gothique, l'**hospice du Saint-Esprit** (Heilige Geest Hofje), groupe de pittoresques maisons basses du 17e s., à haute lucarne, alignées de part et d'autre d'une chapelle de même époque, transformée en **musée** *(visite : mardi, merc., vend. et j. fériés 8 h 30 - 12 h 30 et 14 h - 16 h 30; 0,25 fl.)* où est évoquée l'histoire du Westland.

HAARLEM ** Noord-Holland Ⓟ

Cartes Michelin nos 408 - pli 10 et 211 - pli 2 – *Schéma p. 71* – 156 025 h. – *Plan d'agglomération dans le guide Michelin Benelux.*

Capitale historique du comté de Hollande et chef-lieu de la province de Hollande-Septentrionale, Haarlem située sur la Spaarne, est la ville natale de Frans Hals. C'est le centre d'une grande région de culture des fleurs à bulbe.

UN PEU D'HISTOIRE

Haarlem fut fondée vers le 10e s., sur la bordure du cordon littoral, près des mers intérieures, aujourd'hui disparues, de Haarlem et de Wijk (actuel Wijk aan Zee).

C'est à **Spaarndam** *(à 8 km au Nord-Est)*, que d'après la légende, un jeune garçon boucha de son doigt, une nuit entière, la fissure qui venait de s'ouvrir dans la digue de protection et sauva ainsi sa ville de l'inondation menaçante; une statue lui a été élevée à Spaarndam. A l'origine de cette anecdote : un livre pour enfants écrit en 1873 par la romancière américaine Mary Mapes Dodge, Hans Brinker ou les Patins d'argent.

Fortifiée au 12e s., Haarlem fut la résidence des comtes de Hollande. Elle obtient ses droits de cité en 1245. Au 13e s., ses habitants participèrent à la 5e croisade et à la prise de Damiette en 1219. Les cloches de la Grande église s'appellent toujours damiettes en souvenir de ce haut fait. Au 14e s., Haarlem s'agrandit, mais il ne reste de ses fortifications que la porte d'Amsterdam, à l'Est (fin 15e s.).

Un siège sanglant. – Pendant le soulèvement contre les Espagnols, Haarlem soutint en 1572-1573 un siège de sept mois dirigé par Don Frédéric, fils du duc d'Albe.

Au cours de l'hiver, Guillaume le Taciturne parvint à faire ravitailler la ville par des Gueux venus en patins sur le lac de Haarlem mais, malgré la défense héroïque de toute la population, la ville dut capituler en juin 1573. Les habitants furent massacrés. C'est seulement en 1577 qu'Haarlem se range aux côtés des États-Généraux.

Le 17e s. marque l'apogée de Haarlem; la ville profita de la ruine des cités flamandes pour développer l'industrie du lin et fabriquer un tissu vendu dans toute l'Europe sous le nom de toile de Hollande.

Le lac de Haarlem (**Haarlemmermeer**). – Formé par l'exploitation de la tourbe, ce grand lac d'environ 18 000 ha représentait, par ses tempêtes, une menace pour Amsterdam et Leyde. Dès 1641, Leeghwater *(p. 15)* avait suggéré de l'assécher à l'aide de moulins à vent et d'en faire des polders. Les travaux ne furent entrepris que deux siècles plus tard. Les **pompes** à vapeur remplaçant alors progressivement les moulins à vent. Trois stations de pompage furent installées (dont celle de Cruquius, *p. 116*) et les travaux furent achevés en 1852.

Le territoire actuel du lac de Haarlem, qui est devenu une commune, est situé à 4 m en moyenne au-dessous du niveau de la mer, et l'aéroport de Schiphol, qui y a été aménagé, à 4,5 m *(p. 59)*. L'argile marine située sous les anciennes tourbières est très fertile.

Le rendez-vous des artistes. – Haarlem est la ville de **Claus Sluter** (vers 1345-1406), sculpteur qui, entré au service des ducs de Bourgogne, réalisa, à la Chartreuse de Champmol près de Dijon, des œuvres d'un grand réalisme. Le 15ᵉ s. voit naître à Haarlem le peintre **Thierry Bouts** qui s'installera à Louvain (Belgique), **Jan Mostaert** (vers 1475-1555/6), peintre religieux influencé par l'art italien, tandis que vient y résider Gérard de St-Jean *(p. 136)*.

Au 16ᵉ s. **Maarten van Heemskerck** (1498-1574) est l'élève de Van Scorel *(p. 167)* pendant le séjour de celui-ci à Haarlem, de 1527 à 1529. **Cornelis van Haarlem,** peintre maniériste (1562-1638), **Willem Claesz. Heda** (1594-1680), célèbre pour ses natures mortes *(p. 28)* naissent dans cette ville où le graveur **Hendrick Goltzius** (1558-1617), **Pieter Claesz.** (1597-1661), autre spécialiste de natures mortes, **Pieter Saenredam** (1597-1665), peintre d'architectures lumineuses, finissent leurs jours. Haarlem voit passer aussi **Hercules Seghers** (1589/90-1638), remarquable paysagiste.

Originaire de Haarlem, **Lieven de Key** (vers 1560-1627) est un grand architecte de la Renaissance.

Au 17ᵉ s. naissent à Haarlem le portraitiste **Bartholomeus van der Helst** (1613-1670), **Philips Wouwerman** (1619-1668), peintre de chevaux, imité par son frère Pieter, **Nicolas Berchem** (1620-1683) qui, contrairement à son père Pieter Claesz, peint des paysages et des troupeaux. **Salomon van Ruysdael,** né à Naarden (vers 1600-1670) s'est établi à Haarlem. Ce peintre serein, dont l'art est très proche de celui de Van Goyen *(p. 137)*, affectionne les rivages boisés, qui se reflètent dans des eaux calmes, et la monochromie. Son neveu et élève, **Jacob van Ruysdael** ou **Ruisdael** (1628/1629-1682) naît à Haarlem. Il peint des paysages plus tourmentés, déjà romantiques, avec des à-pics ténébreux, des cascades, des arbres menacés par l'orage, d'inquiétants clairs-obscurs. Il a pour élève **Meindert Hobbema** (1638-1708).

Frans Hals. – Ce peintre voit le jour vers 1580 à Anvers, mais sa famille se fixe en 1591 à Haarlem. Frans Hals devient portraitiste des bourgeois de la ville à une époque où le portrait et particulièrement le portrait collectif (guildes, confréries) est à la mode.

Frans Hals bouleverse les traditions. Dans des compositions auparavant guindées, il introduit un certain désordre, des attitudes naturelles. On traite volontiers de « débraillé » ce peintre qui n'hésite pas à surprendre les arquebusiers pendant leur banquet. Il égaye ses toiles de couleurs éclatantes, du bariolage des écharpes et des drapeaux. Sa touche rapide mais expressive, qui préfigure l'art moderne, donne à ses modèles une vie, une mobilité qui font de ses portraits de véritables « instantanés ».

Longtemps, une franche gaîté émane de ses tableaux, mais après 1640, c'en est fini dans les œuvres de Frans Hals de la verve et de la fantaisie. Dans les fameux groupes des Régents et des Régentes, le retour au noir et blanc, à la verticalité, les expressions grimaçantes, voire désabusées laissent une impression sinistre, un avant-goût de la mort qui allait emporter Frans Hals deux ans plus tard, en 1666.

On ne retrouve pas sa manière chez ses élèves : **Judith Leyster** (1609-1660), le Flamand Brouwer et **Adriaen van Ostade** (1610-1685), auteur de nombreuses scènes villageoises. Ce dernier eut pour élèves son frère Isaac ainsi que Jan Steen *(p. 137)*.

■ PRINCIPALES CURIOSITÉS *visite : 2 h 1/2*

Grand-Place* (Grote Markt) (BY 32). – Elle est bordée par la Grande église, l'hôtel de ville et l'ancienne Halle aux viandes. Une statue de **Laurens Coster** (1405-1484) considéré aux Pays-Bas comme l'inventeur de l'imprimerie vers 1430, soit une dizaine d'années avant Gutenberg, s'y élève.

Grande église ou église St-Bavon* (Grote- of St. Bavokerk) (BY A). – *Visite : 10 h - 16 h; fermé dim. et j. fériés; 1,50 fl.*

Cette vaste église du 15ᵉ s. qu'il ne faut pas confondre avec la cathédrale (catholique) St-Bavon *(Leidsevaart)*, est surmontée à la croisée du transept d'une élégante tour-lanterne, en bois recouvert de plomb, de 80 m de haut.

A l'intérieur on admire dans la courte nef et dans le chœur une belle voûte de cèdre à nervures.

On remarque aussi la chaire du 17ᵉ s., avec abat-voix gothique, les stalles du chœur (1512), en bois sculpté de sujets amusants, le lutrin en cuivre, en forme de pélican (fin du 15ᵉ s.), et surtout la belle **grille*** du chœur du début du 16ᵉ s., au remplage de laiton ouvragé.

Les **orgues***, construites par Christian Müller en 1738, ont été décorées d'après les dessins de Daniel Marot *(concerts : de mi-mai à début oct. mardi 20 h)*. Elles comptèrent longtemps parmi les meilleurs instruments du monde et virent jouer, dit-on, Haendel et Mozart enfant. Des concours d'orgue sont organisés tous les ans à Haarlem *(en juillet)*.

Hôtel de ville* (Stadhuis) (BY H). – *Visite accompagnée sur rendez-vous.*

Flanqué d'une tourelle, c'est un édifice gothique du 14ᵉ s., auquel furent apportées de nombreuses transformations : à droite, un avant-corps sur galerie surmonté d'un pignon à volutes (15ᵉ et 17ᵉ s.); à gauche, au-dessus du perron, une loggia renaissance.

A l'intérieur, au 1ᵉʳ étage, la **salle des comtes** (Gravenzaal) conserve son cachet ancien; les peintures qui l'ornent sont des copies anciennes de fresques du couvent des Carmélites et représentent les comtes de Hollande.

Halle aux viandes* (Vleeshal) (BY B). – *Visite : 10 h - 17 h (dim. et j. fériés 13 h - 17 h).*

Cet élégant bâtiment de style Renaissance, édifié en 1603 par Lieven de Key, est surmonté de lucarnes richement décorées.

A l'intérieur ont lieu des expositions organisées par le musée Frans Hals.

Musée Frans Hals* (Frans Halsmuseum)** (BZ M²). – *Visite : 10 h - 17 h (lundi, dim. et j. fériés 13 h - 17 h); fermé 1ᵉʳ janv., 25 déc.; 2,50 fl., gratuit de nov. à mars.*

Ce musée est installé depuis 1913 dans un ancien **hospice des Vieillards** construit en 1608 par Lieven de Key. La façade est caractéristique de ce type d'institution, avec, de part et d'autre du portail d'entrée, une succession de maisons basses surmontées de lucarnes à redans. La façade principale donne sur la cour d'honneur autour de laquelle sont disposées les salles.

HAARLEM

Anegang . . . . BY 4
Barteljorisstr . . . . BY 8
Grote Houtstr. . . . . BYZ
Kruisstr. . . . . BY 49
Zijlstr . . . . BY

Amsterdamse Vaart . . . . . . CY 3
Bakenessergracht . . . . CY 6
Barrevoetestr. . . . . BY 7
Botermarkt . . . . BY 13
Damstr. . . . . CY 21
Frans Halsstr . . . . CX 27
Gasthuisvest . . . . BZ 28
Ged. Voldersgracht . . . . . . BY 29
Groot Heiligland . . . . BZ 31
Grote Markt. . . . . BY 32
Hagestr. . . . . CZ 34
Hoogstr. . . . . CZ 38
Jacobstr. . . . . BY 39
Kampervest . . . . BZ 43
Keizerstr. . . . . BY 44
Kleine Houtweg. . . . . BZ 46
Klokhuispl. . . . . CY 47
Koningstr. . . . . BY 48
Lorentzpl. . . . . BZ 52
Nassaustr. . . . . BX 55
Oostvest . . . . CY 56
Oude Groenmarkt . . . . BY 57
Raaks. . . . . BY 62
Ridderstr. . . . . BY 64
Schalkwijkerstr. . . . . CZ 66
Schoterweg. . . . . CX 67
Smedestr. . . . . BY 68
Tuchthuisstr. . . . . BYZ 70
Verwulft . . . . BYZ 72
Zijlsingel. . . . . BY 80

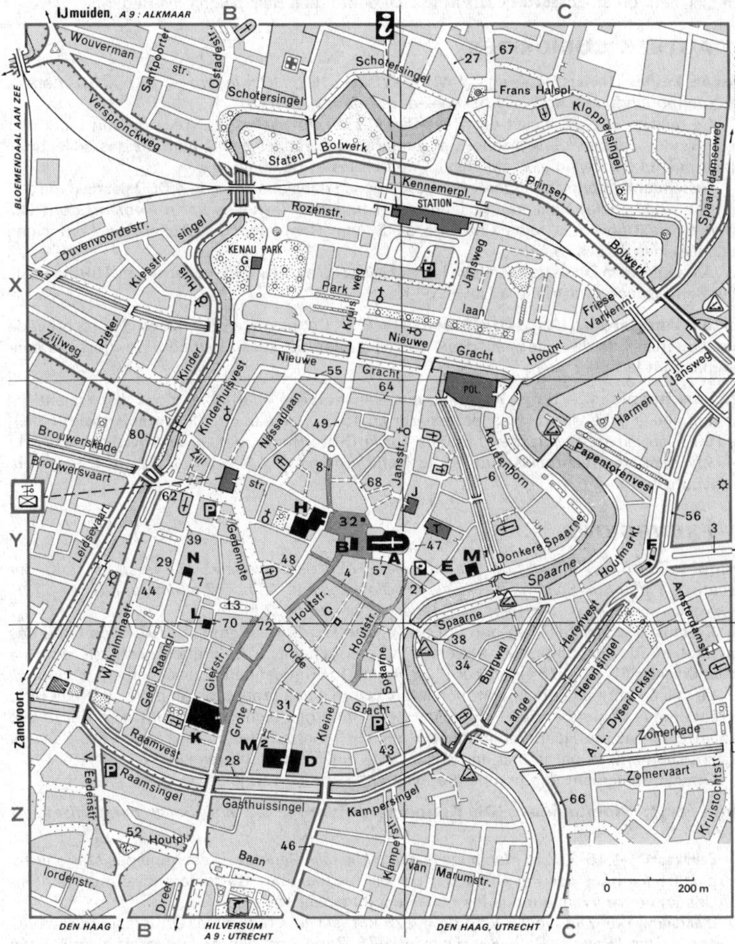

Œuvres de Frans Hals. – Les huit tableaux des gardes civiques et des régents par Frans Hals constituent une collection remarquable permettant de suivre l'évolution de sa peinture.

Le premier tableau qui marque les débuts déjà magistraux du peintre date seulement de 1616; Hals avait environ 36 ans. C'est le **Banquet des officiers du corps des archers de St-Georges** (n° 123). La mobilité des personnages, leur personnalité sont rendues d'une façon étonnante. L'atmosphère est plus débridée dans le Banquet des officiers du corps des archers de St-Georges (n° 124) et le Banquet des officiers du corps des archers de St-Adrien (n° 125), exécutés en 1627, riches de spontanéité et de couleurs.

C'est dans la **Réunion des officiers du corps des archers de St-Adrien** (n° 126), de 1633, que Frans Hals atteint sa plus grande virtuosité.

Le **tableau des officiers du corps des archers de St-Georges** (n° 127), de 1639, avec un auto-portrait de l'artiste (2e personnage à gauche, au 2e rang) est le dernier de ce genre.

En 1641, une tendance à la sobriété et à la solennité se fait jour chez Frans Hals et domine chez les Régents de l'hôpital Ste-Elisabeth (n° 128). La couleur sombre des vêtements y souligne l'expression des visages et l'attitude très étudiée des mains.

Dans le même style, les Régents de l'hospice des Vieillards (n° 129), peints en 1664, est une étude audacieuse, un peu cynique de ces six personnages parmi lesquels Frans Hals a été jusqu'à représenter un ivrogne au chapeau renversé.

Peintes la même année, les **Régentes de l'hospice des Vieillards** (n° 130), aux mains ravinées, aux visages osseux, au regard sans complaisance, communiquent un sentiment d'angoisse et de malaise.

Autres collections. – En dehors des Frans Hals, le musée possède de riches collections de peinture, de meubles et d'objets d'art.

Dans la série de **peintures anciennes,** on admire tout d'abord des œuvres de Jan van Scorel dont le célèbre Baptême du Christ, de Maarten van Heemskerck, de Cornelis van Haarlem (Baptême du Christ). Les principaux maîtres du 17e s. notamment ceux de l'école de Haarlem sont représentés avec des paysages de Van de Velde, Van Goyen, Van Ostade, Salomon et Jacob van Ruysdael, une scène de Terborch, des animaux de Wouwerman, Cuyp, des natures mortes de Pieter Claesz. Willem Heda, Floris van Schooten, Abraham van Beyeren. On verra aussi de beaux portraits de Verspronck (1597-1662).

On remarque par ailleurs une belle collection d'argenterie des 17e et 18e s.; un manuscrit peint d'une tulipe par Judith Leyster, élève de Frans Hals, la reconstitution d'une pharmacie avec des pots de faïence de Delft et, dans une salle de cuirs dorés de Hollande, une **maison de poupée** du 18e s.

Dans une aile moderne, sont rassemblées des **peintures modernes et contemporaines néerlandaises,** notamment par Isaac Israëls, Jan Sluyters (1881-1957) et le groupe Cobra.

En face du musée, les belles maisonnettes à pignons à redans appartenaient à l'hôpital Ste-Elisabeth ou **St.-Elisabeths Gasthuis** (BZ D) dont Frans Hals peignit les Régents.

■ AUTRES CURIOSITÉS

Musée Teyler (Teylers Museum) (CY M[1]). – *Visite : 10 h (13 h le dim.) - 17 h (16 h d'oct. à fév.); fermé lundi, le matin de l'Ascension, et j. fériés; 2,50 fl.*

Ce musée, le plus ancien des Pays-Bas (1778), fut, selon les vœux de son fondateur Pieter Teyler, consacré aux sciences et aux arts. De grandes salles abritent des collections d'instruments de physique et de chimie, de fossiles et de minéraux.

Cependant, le principal intérêt du musée réside dans une série de 4 000 **dessins*** du 16e au 19e s., des écoles italienne, hollandaise et française *(exposés par roulement)* dont une partie a appartenu à la reine Christine de Suède. Rembrandt et Michel-Ange ont signé quelques-unes de ces œuvres.

A l'angle de la Damstraat s'élève le **Poids public** (Waag) (CY E), construit en 1598 dans le style Renaissance et attribué à Lieven de Key.

Porte d'Amsterdam (Amsterdamse Poort) (CY F). – Cet ouvrage de la fin du 15e s., précédé vers l'intérieur de la ville par deux tourelles, faisait aussi fonction de porte d'eau, commandant la Spaarne.

Anciens hospices. – Parmi les nombreuses institutions charitables dont disposaient les habitants de la riche ville de Haarlem à partir du 15e s., on peut citer le **Proveniershuis** (BZ K), de 1592, qui ouvre par un grand porche sur la Grote Houtstraat, le **Brouwershofje** (BYZ L) (1472), dans la Tuchthuisstraat et le **Hofje van Loo** (BY N), de 1489, visible de la Barrevoetestraat.

EXCURSIONS

Cruquius Expo. – *7 km au Sud-Est par Dreef* (BZ). *Il se trouve au Sud d'un grand pont, sur la route de Vijfhuizen. Schéma p. 71. Visite : d'avril à sept. 10 h - 17 h (dim. et j. fériés 12 h - 17 h; oct.-nov. 10 h - 16 h (dim. et j. fériés 12 h - 16 h); 2 fl.*

Ce musée est installé, en bordure de l'ancien lac de Haarlem *(p. 113)*, dans l'une des trois stations de pompage qui ont servi à son assèchement. La station portait le nom de **Nicolas Cruquius** (1678-1754), auteur d'un projet (1750) destiné à l'assèchement du lac.

Le musée offre une documentation intéressante sur la protection du pays contre la mer, la création des polders et des barrages et l'évolution des techniques de lutte contre l'eau : maquette du lac de Haarlem, maquette animée montrant les parties des Pays-Bas qui seraient submergées par la mer en l'absence de digues et de barrages.

On voit également une pompe d'origine de la station Cruquius.

Zandvoort*; Bloemendaal; De Kennemerduinen. – *22 km. Sortir par Leidsevaart* (BYZ).

Zandvoort*. – 16 119 h. *Plan dans le guide Michelin Benelux.* C'est l'une des stations les plus fréquentées des Pays-Bas, surtout par les habitants d'Amsterdam et de Haarlem. Une immense avenue longe les dunes qui dominent la plage.

L'**autodrome** de Zandvoort, long de 4,226 km, est très renommé. On y dispute tous les ans le Grand Prix des Pays-Bas. Depuis 1976, Zandvoort possède un **casino** installé dans l'hôtel Bouwes, sur le Badhuisplein.

Plus au Nord, une annexe de cet hôtel héberge le **Dolfirama.** *Visite : 10 h - 17 h; 7 fl. (enfants : 4 fl.).* On y suit les jeux des otaries et des dauphins qui se déroulent sur piste ou dans l'eau. Dans le hall, au sous-sol, on peut voir un aquarium riche en poissons exotiques très colorés, un squelette de dauphin, des vitrines exposant des reproductions de carrosses royaux notamment le carrosse d'or utilisé par la reine lors de la rentrée parlementaire *(p. 107)*, ainsi qu'un moulin en réduction.

Bloemendaal aan Zee. – C'est la plage familiale de Haarlem.

Bloemendaal. – 17 597 h. En arrière du cordon de dunes, c'est un élégant centre résidentiel dont les villas se dispersent sur des collines boisées.

Dans le théâtre en plein air ou Openlucht Theater *(Hoge Duin en Daalseweg 2)* on donne des représentations l'été, entre autres, pendant le festival de Hollande *(p. 11)*. A côté se trouve la plus haute dune du pays, **Het Kopje** (50 m). Plus au Nord, se dressent les ruines du **château de Brederode,** détruit par les Espagnols en 1573.

Parc National (Nationaal Park) **De Kennemerduinen.** – *Visite : du lever au coucher du soleil; 1,25 fl. Pavillon d'accueil (Bezoekerscentrum) à l'entrée Sud-Est du parc.*

C'est un domaine de 1 250 ha situé dans le large cordon de dunes bordant la mer du Nord et sillonné de sentiers de promenade et de pistes cyclables. Près de petits étangs viennent couver de nombreux oiseaux.

IJmuiden; Beverwijk. – *23 km au Nord par Verspronckweg* (BX).

IJmuiden. – Célèbre par ses écluses, IJmuiden, situé à l'extrémité du canal de la mer du Nord est aussi une station balnéaire et le premier port de pêche de l'Europe occidentale. Une quarantaine de chalutiers y arment parfois pour la pêche au hareng. Les halles pour la vente à la criée sont très importantes.

Trois **écluses*** (Sluizen) permettent aux plus gros bâtiments de remonter jusqu'à Amsterdam. L'écluse du Nord, la plus récente, commencée en 1919, fut inaugurée le 29 avril 1930. Elle a 400 m de longueur, 40 m de largeur et 15 m de profondeur.

Beverwijk. – 35 534 h. Petit centre de villégiature boisé que de belles dunes couvertes de forêts séparent de la station balnéaire de **Wijk aan Zee.**

HARDERWIJK Gelderland

Cartes Michelin nos 408 - pli 11 et 211 - pli 5 - 31 485 h.

Harderwijk garde de son passé de ville hanséatique de l'ancien Zuiderzee quelques ruelles pittoresques, les vestiges de ses remparts de brique et son port où l'on déguste d'excellentes anguilles fumées.

Sur les bords du **Veluwemeer** *(p. 94)*, Harderwijk, qui dispose de deux ports de plaisance et d'une plage, connaît une grande affluence touristique. L'arrière-pays qui appartient à la Veluwe *(p. 13)* et où s'étendent dunes, forêts et landes de bruyères est très attrayant et comprend plusieurs réserves naturelles.

On évoque à Harderwijk le souvenir du célèbre botaniste suédois Carl von **Linné** (1707-1778) qui passa par son Université. Fondée en 1647, cette institution fut supprimée en 1811 par Napoléon.

Dans les environs on élève des canards blancs.

Promenades en bateau. – *Le long du Flevoland, d'avril à sept., toutes les heures: Départ près du port, Strandboulevard.*

■ CURIOSITÉS *visite : 1 h*

Dolfinarium★. – *Visite : de mi-mai à début sept. 10 h (11 h le dim.) - 17 h 30; le reste de l'année 11 h - 17 h; fermé 1er nov. - début mars; 8,50 fl. (enfants : 7 fl.).*

Situé près d'un port de plaisance, à côté d'un centre récréatif, le **Veluwestrand** qui comprend une plage, c'est un vaste chapiteau. Parmi les animaux marins présentés, on peut voir des dauphins, des lions de mer, des morses et une **orque** géante. Intéressante exposition sur les cétacés. On peut assister aux repas des phoques.

Vieille ville. – Elle conserve de nombreuses maisons Renaissance, restaurées, et des demeures patriciennes du 18e s., au portail rococo, qui témoignent d'un riche passé.

Vispoort. – Pénétrer à pied par cette charmante porte de rempart (14e-16e s.) qui se dresse près du Strandboulevard et donne accès au Vismarkt, ancien marché aux poissons.

Par Kleine Marktstraat à droite, on gagne le Markt.

Grand-Place (Markt). – Là se dresse l'**hôtel de ville** (1837) à portique, surmonté d'un clocheton blanc.

Suivre la **Donkerstraat,** rue piétonne où l'on remarque plusieurs grands hôtels particuliers du 18e s., au portail orné d'un décor rococo. On aperçoit dans une ruelle à gauche (Academiestraat) la tour de Linné ou **Linnaeustorentje** (16e s.) derrière laquelle se trouvait le jardin de l'Université.

A l'extrémité de Donkerstraat, au n° 4, se situe le **musée de la Veluwe** (Veluws Museum), installé dans une demeure du 18e s. *Visite : de mai à sept. 9 h -17 h (sam. 13 h - 16 h); le reste de l'année 9 h - 12 h et 14 h - 17 h; fermé sam. en hiver, dim. et j. fériés; 1,25 fl.*

En prenant à droite la Smeepoortstraat, rue commerçante, on passe devant la **Grande église** (Grote Kerk), haut édifice gothique du 14e s. *Visite : de mi-mai à mi-sept. mardi et merc. 10 h - 12 h et 14 h - 16 h 30; jeudi 10 h - 12 h.*

A l'extrémité de la rue, la Bruggestraat (jolis portraits du 18e s.) rejoint le Markt.

EXCURSION

Elburg. – 19 477 h. *20 km au Nord-Est.*

Cette petite ville qui était au 14e s. un port actif sur le Zuiderzee et appartenait à la Hanse, a gardé son caractère médiéval. Elle est encore enclose dans ses murailles en quadrilatère (14e s.) transformées en jardins et ceinturées de canaux. Ses rues en damier, notamment celle qui longe l'étroit canal central (De Beekstraat), sont bordées de belles maisons. Les trottoirs, étroits, sont tapissés de galets noirs et blancs.

Située au Nord et jadis ouvrant sur la mer, la **Vischpoort,** tour du 14e s. flanquée d'échauguettes, est la seule conservée des portes de la ville. *Visite : de mi-mai au 31 août 9 h - 12 h et 14 h - 16 h 30; fermé sam. (sauf juillet-août), dim. et j. fériés; 2,50 fl. (valable pour le musée municipal).*

A l'autre extrémité de la rue se dresse l'**hôtel de ville** (Stadhuis) qui occupe les imposants bâtiments d'un ancien couvent de 1418 (Agnietenklooster). Le **musée municipal** (Gemeentemuseum) est installé dans l'ancienne chapelle gothique et une partie des bâtiments du couvent. *Visite : 9 h - 12 h et 14 h - 17 h; fermé sam., dim. et j. fériés; 2,50 fl.*

L'**église St-Nicolas** (St.-Nicolaaskerk), du 15e s., aujourd'hui protestante, est dominée par une tour carrée massive. Dans la rue voisine, Van Kinsbergenstraat, on peut voir d'intéressantes maisons dont une du 15e s. qui a des allures de donjon, et se nomme De Burcht (le château fort) ou Arent toe Boecophuis.

HARLINGEN Friesland

Cartes Michelin nos 408 - pli 4 et 210 - pli 5 – *Schéma p. 178* – 15 663 h.

Harlingen, Harns en frison, qui existait déjà au 9e s. sous le nom d'Almenum, reçut ses droits de cité en 1234. La digue qui la protégeait ayant été submergée, elle fut consolidée en 1573 par Caspar (ou Gaspar) de Robles, gouverneur des régions du Nord des Pays-Bas.

L'unique port maritime de la Frise. – Harlingen était jadis un grand port de chasse à la baleine qui fut pratiquée au Groenland jusque vers 1850.

C'est aujourd'hui, au débouché du canal de Harinxma, un port assurant l'expédition de laitages vers l'Angleterre, le point de départ pour les îles de Terschelling *(p. 180)* et de Vlieland *(p. 181)*, un grand centre de pêche à la crevette.

Harlingen possède actuellement deux ports de plaisance.

Des industries se sont implantées au Nord et à l'Est de la ville; pour les desservir a été creusé un bassin pouvant accueillir de plus grandes unités. Harlingen possède une école de navigation fluviale et un institut d'enseignement de construction navale.

Chaque année ont lieu les Journées de la Pêche (Visserijdagen) *(fin août - début sept.)* avec une course à l'anneau (« ringrijderij », *p. 37*) et une revue navale.

■ CURIOSITÉS *visite : 1 h*

Le charme de ses vieilles rues fait de Harlingen une ville accueillante. On prendra plaisir à flâner le long de la rue principale, Voorstraat et sur les quais des deux ports anciens, le Noorderhaven et le Zuiderhaven. On y trouvera d'intéressants ensembles de façades du 16e au 18e s., témoins d'un passé prospère.

Noorderhaven*. – Ce bassin portuaire, devenu port de plaisance, est bordé de pittoresques maisons et d'entrepôts.

Sur le quai Nord, on remarque quelques jolies pierres de façade.

Côté Sud se dresse l'**hôtel de ville** (stadhuis), du 18e s., surmonté d'un bas-relief représentant l'archange saint Michel; sa façade postérieure donnant sur la Voorstraat est flanquée d'une tour possédant un carillon.

Musée Hannemahuis (Gemeentemuseum). – *Voorstraat 56. Visite : de mi-juil. au 31 août 10 h - 17 h (14 h - 17 h lundi); 1er avril - mi-juil. et sept. 14 h - 17 h; fermé dim., lundi (sauf en été), j. fériés (sauf les lundis de Pâques et de Pentecôte et le 26 déc. : 14 h - 17 h); 1 fl.*

Installé dans la Hannemahuis, demeure du 18e s., il est consacré à l'histoire de Harlingen et à son passé maritime.

Le mobilier régional, les marines de Nicolas Baur, peintre né à Harlingen (1767-1820), les gravures, les collections (porcelaine chinoise, argenterie frisonne, maquettes de bateaux) forment un bel ensemble. Une salle donnant sur le jardin renferme une bonne collection de carreaux de faïence groupés par motifs.

A l'extrémité de la rue, près du canal, on peut voir la statue d'un écolier, Anton Wachter, héros d'une série de romans de **Simon Vestdijk,** écrivain célèbre originaire de Harlingen (1898-1971).

De Stenen Man (L'homme de pierre). – Au sommet de la digue au Sud du port, un monument, couronné de deux têtes en fonte, a été élevé en 1774 à la mémoire du gouverneur Caspar de Robles. En arrière de la digue se situe la plage de Harlingen. Bonne vue sur le port.

HAUTE VELUWE (Parc national de la) ★★ (NATIONAAL PARK DE HOGE VELUWE) Gelderland

Cartes Michelin nos 408 - pli 12 et 211 - pli 16.

Le parc national de la Haute Veluwe qui couvre 5 400 ha est une réserve naturelle d'une grande beauté. Il abrite un célèbre musée.

VISITE *1/2 journée*

Parc*. – *Visite : de 8 h au coucher du soleil; 5,25 fl. par auto, 5,50 fl. par passager (enfants 2,50 fl). De Pâques au 31 oct., bicyclettes (fietsen) disponibles près du restaurant De Koperen Kop.*

De hautes futaies de hêtres et de chênes coupées de clairières, des bois de pins et de bouleaux alternent avec des landes couvertes de bruyères, des dunes sablonneuses, des étangs.

Une partie des animaux (cerfs, mouflons, sangliers) y vivent en liberté, d'autres sont groupés dans des enclos comme le **Hertenbos** près duquel un **mirador** (Wildkansel) (**A**) a été aménagé. *Période recommandée pour l'observation des animaux : hiver et printemps, jusqu'à fin mai, entre 13 h et 16 h.*

De bonnes routes sillonnent le parc, ainsi que des pistes cyclables et des sentiers agréables. *Il est interdit de s'écarter de certaines routes de mi-septembre à mi-octobre.*

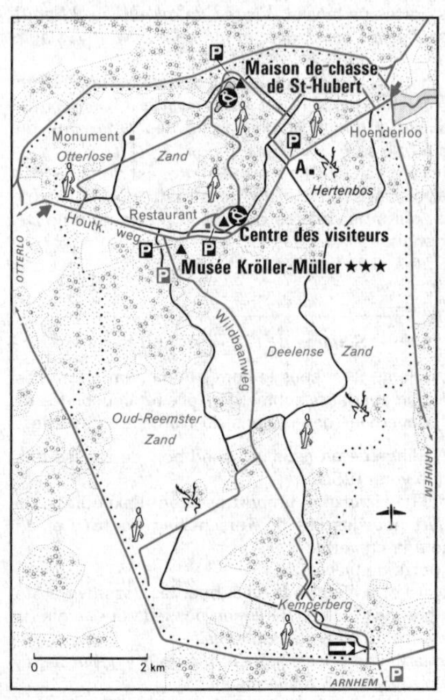

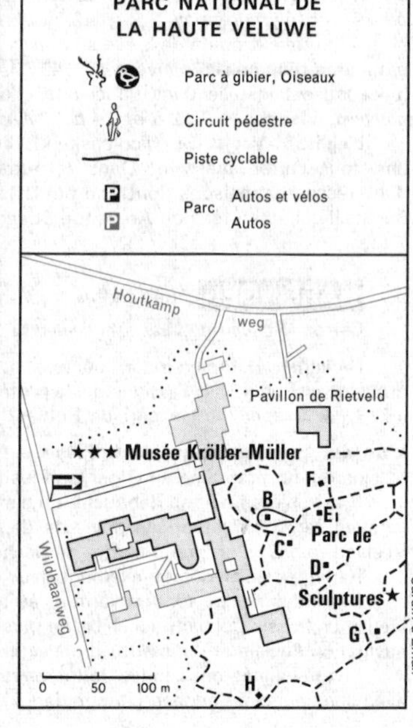

Musée national (Rijksmuseum) Kröller-Müller***. – *Visite : 10 h - 17 h (dim. et j. fériés 11 h - 17 h du 1er avril au 31 oct., 13 h - 17 h le reste de l'année); fermé lundi, 1er janv.*

Construit sur les plans de Henry van de Velde, ce musée, inauguré en 1938, doit son nom à sa fondatrice. On lui adjoignit un parc de sculptures en 1953 et une nouvelle aile en 1977. Il présente une importante collection de peinture et de sculpture comprenant en particulier de nombreuses œuvres de Van Gogh.

A droite de l'entrée principale se trouvent la collection Van der Leck et la **salle de Sculpture** (Beeldenzaal) : le Cavalier et son Cheval de **Marini** (1952) y voisinent avec des œuvres de Zadkine et une tapisserie de Fernand Léger.

Ensuite, une succession de salles permet d'admirer des peintures des 19e et 20e s.

De **Mondrian,** une composition bleutée de 1913 est suivie d'œuvres aux tons plus classiques chez cet artiste *(p. 42)*. Le **cubisme** est représenté par Picasso, Braque, Juan Gris, et Fernand Léger (Soldats jouant aux cartes, 1917). D'étranges **œuvres symbolistes** sont signées des Néerlandais Jan Toorop (les Trois mariées, 1893) et Thorn Prikker (la Mariée, 1893). Les œuvres de Kobro et de Strzeminsky représentent le **constructivisme.** D'autres sculptures se disséminent dans les salles (Arp, Lipchitz, etc.).

Autour du patio, on peut voir, outre quelques toiles pointillistes de Seurat (le Chahut) et de Signac (le Petit déjeuner), des œuvres d'Odilon Redon et des sculptures de Rodin et de Rosso. Une riche section présente des œuvres de **Van Gogh,** la plupart datant de 1889 et 1890 : l'Oliveraie, le Vieillard pleurant, le Bon Samaritain d'après Delacroix, le Cyprès à l'étoile, la Terrasse du café le soir, le Pont à Arles, les Saules têtards au soleil couchant, le Facteur Roulin, l'Arlésienne, copiée sur un dessin de son ami Gauguin. On admire aussi des œuvres de 1887 comme les Tournesols, première acquisition de Mme Kröller, et un Bouquet de fleurs au vase bleu ainsi que des dessins dont une étude de Tisserand, un Cimetière, des Cyprès. D'autres tableaux, d'une teinte plus sombre, témoignent de la première manière de Van Gogh : Mangeurs de pommes de terre, Atelier de tissage.

L'**école d'Amsterdam** ainsi que l'**école de la Haye** sont représentées par des œuvres de J. Israëls, de Breitner et de Mauve. Aux côtés des **impressionnistes français,** Cézanne, Renoir et Monet, figure un paysage de Jongkind.

Parmi les **œuvres du 15e au 17e s. :** Portrait de femme à l'œillet par Bruyn l'Ancien, avec une vanité au verso, une Vénus et Amour (1525) de Hans Baldung Grien, que l'on peut comparer à celle de Cranach, des peintures italiennes et hollandaises du Siècle d'Or (Avercamp, Van de Velde le Jeune, Van Goyen).

Le musée présente aussi de la céramique grecque, de la porcelaine chinoise et de la céramique du 19e s. (Mendes da Costa).

Dans les salles de la **nouvelle aile** sont rassemblées des sculptures contemporaines représentant diverses tendances comme l'Art minimal ou le groupe Zéro.

Parc de sculptures* (Beeldenpark). – *Accès par le musée Kröller-Müller. Visite : 1er avril-31 oct. 10 h - 16 h 30 (ouvert à 11 h dim. et j. fériés); fermé lundi et 1er janv.*

Il s'étend sur 10 ha, abritant sous des ombrages près de 90 sculptures réalisées par des artistes contemporains.

En sortant du musée, on peut voir : un polyester de Marta Pan (1961) (**B**), la Niobé, sanglotant sur le sol, de Permeke (1951) (**C**), la Pénélope pensive, de Bourdelle (1912) (**D**), l'Air de Maillol (1939) (**E**).

Plus loin, un **pavillon** conçu par Rietveld en 1954 rassemble des sculptures petites ou fragiles (Barbara Hepworth). A côté, Homme marchant de Giacometti (1960) (**F**).

Un grand nombre de sculptures sont dispersées dans les bois. Citons encore, parmi les réalisations les plus variées : les cinq Boules, éclatées, de Lucio Fontana (1965) (**G**), la Truelle, gigantesque de Claes Oldenburg (1971). On peut aussi arpenter le **Jardin d'Émail** de Dubuffet (1975), vaste construction blanche à alvéoles.

Enfin, on peut voir l'œuvre de Richard Serra, « Spin out », composé de trois plaques d'acier savamment disposées au creux d'une dune (**H**).

Centre des visiteurs (Bezoekers Centrum) De Aanschouw. – *Visite : 1er avril - 31 oct. 10 h - 17 h.*

Documentation sur la flore et la faune du parc. Derrière le bâtiment, un petit parc (Observatiepark) permet de se familiariser avec la nature, grâce à des panneaux explicatifs.

Maison de chasse St-Hubert (Jachtslot St.-Hubertus). – *Visite : 10 h -12 h et 14 h - 17 h; fermé sam. et dim.* Ce grand pavillon fut construit sur les plans de Berlage de 1914 à 1920, Mme Kröller y mourut en 1939, son mari en 1941.

Otterlo. – *A 1 km de l'entrée Ouest du parc de Haute Veluwe.*

Otterlo possède un **musée de carreaux de céramique** (Tegelmuseum « It Noflik Sté »). *Visite : 10 h - 12 h et 14 h - 17 h (dim. et j. fériés 14 h - 16 h seulement); fermé lundi, 1er janv., 25 déc.; 2 fl.*

Il rassemble environ 8 000 carreaux de faïence hollandais, de pavement et de revêtement, du 14e s. à nos jours : polychromes à partir de 1600 environ, bleus vers 1620, bleus et violets aux 18e et 19e s. (sujets bibliques, scènes de la vie quotidienne).

On admire en outre des tableaux de carreaux bleus, violets ou polychromes (18e au 20e s.) et une collection de carreaux de provenance étrangère.

(D'après photo Tegelmuseum, Otterlo)

Otterlo. — Musée de carreaux : carreaux des 17e et 18e s.

HAVELTE Drenthe

Cartes Michelin nos 408 - Nord du pli 12 et 210 - pli 17 - 5 766 h.

Ce village de la Drenthe, aux belles fermes régionales couvertes de chaume, possède deux hunebedden *(p. 128)*.

Hunebedden★ (D 53 et D 54). – *Prendre la route de Frederiksoord au Nord et, face à un café, une route à droite signalée « hunebedden ».*

Ces deux mégalithes s'allongent dans une belle clairière couverte de bruyère. L'un est encore surmonté de sept dalles énormes et précédé au Sud-Est d'une entrée très apparente. L'autre plus petit a une forme un peu incurvée.

La HAYE Voir Den Haag

HEERENVEEN Friesland

Cartes Michelin nos 408 - pli 5 et 210 - plis 16, 17 – 37 353 h.

Heerenveen fut fondé au 16e s. par des seigneurs frisons, d'où son nom qui signifie « tourbe des seigneurs ».

A 4 km au Sud, les maisons fleuries d'**Oranjewoud** se dissimulent parmi les arbres centenaires d'une ancienne propriété des Nassau frisons, au 17e s., traversée par de petits canaux. Deux manoirs *(on ne visite pas)*, **Oranjewoud** et **Oranjestein**, décorent ce magnifique paysage *(accès par la Prins Bernhardlaan)*. Le beau parc municipal « De Overtuin » et de nombreux sentiers dans les bois permettent d'agréables promenades.

HEERLEN Limburg

Cartes Michelin nos 408 - pli 26 et 212 - pli 2 (cartouche) – 91 291 h.

Cette ville était le centre principal du bassin houiller des Pays-Bas qui traverse le Limbourg, se prolongeant en Belgique dans la région de Maaseik et en Allemagne dans le bassin d'Aix-la-Chapelle. Exploité depuis 1896, le gisement a été abandonné en 1975.

En revanche, de nombreuses industries s'implantent dans la région. Heerlen est en outre un important centre commercial doté d'un quartier moderne bâti autour d'une vaste rue piétonne, la **Promenade** et d'un théâtre (Schouwburg) construit en 1961.

L'église romane St.-Pancratius a pour clocher l'ancien donjon d'un château construit en 1389 par le duc de Bourgogne Philippe le Hardi.

Coriovallum. – Heerlen, antique Coriovallum, était un camp romain, sur la grande voie allant de Boulogne à Cologne, et passant par Maastricht. Au 1er s., une autre voie vint la traverser (Xanten-Trèves). On a découvert à Heerlen les ruines d'importants thermes romains (2e-4e s.).

Musée des Thermes (Thermenmuseum). – *Visite : 10 h - 17 h (sam., dim. et j. fériés 14 h - 17 h); fermé lundi, 1er janv., carnaval, dim. de Pâques, 30 avril, dim. de Pentecôte, 25 déc., 1,50 fl.*

Une projection de diapositives précède la visite des thermes romains dont les vestiges s'observent depuis une passerelle. Le musée renferme également des objets livrés par les fouilles : monnaies, statuettes en bronze, poterie.

EXCURSION

Kerkrade. – 53 177 h. *10 km à l'Est d'Heerlen.*

Ville frontière, Kerkrade, centre minier remontant au Moyen Age, tend à s'industrialiser depuis l'abandon de ses activités minières.

Tous les quatre ans *(la prochaine fois en juillet 1985)* a lieu à Kerkrade le Concours Mondial de Musique qui réunit des groupes d'amateurs.

A l'Est s'élève l'ancienne **abbaye de Rolduc**★ (Abdij Rolduc). *Se diriger vers Herzogenrath et tourner à gauche avant la voie ferrée. Pour visiter s'adresser à M. Reynaerts, Centrum Rolduc, ☎ 045-45 77 44.*

Située au sommet d'un versant de la vallée de la Wurm qui forme frontière, elle est occupée aujourd'hui par un centre culturel, un gymnase, un séminaire et un musée.

L'**église abbatiale** est encadrée de bâtiments des 17e et 18e s. Commencée au début du 12e s., elle a été restaurée à plusieurs reprises, et en particulier au 19e s. par Cuypers qui remplaça le chœur gothique par un chœur roman. Elle présente à l'Ouest une façade constituée d'une tour-porche massive flanquée de deux tours carrées.

A l'intérieur, au niveau de la première et de la troisième travée de la nef, une sorte de transept s'ébauche dans les bas-côtés. Les **chapiteaux**★ de la nef sont d'une grande variété. Remarquer aussi la base de certaines colonnes engagées, dans les collatéraux. L'abside, surélevée, est construite en forme de trèfle, au-dessus d'une crypte romane (chapiteaux remarquables).

Dans l'abbaye est installé un **musée de la mine** (Mijnmuseum). *Visite : 9 h - 17 h; fermé mardi, sam. (sauf 1er mai - 31 oct. 13 h - 17 h), dim. (sauf juil. 13 h -17 h) et j. fériés; 2,50 fl.*

Intéressante documentation sur les mines de houille : informations géologiques (collections de minerais, de fossiles), évocation des activités de la mine par des machines, instruments, maquettes, photographies.

Le tableau de la page 38 donne la signification des signes conventionnels employés dans ce guide.

Den HELDER Noord-Holland

Cartes Michelin n°s 408 - pli 3 et 210 - pli 13 – *Schéma p. 178* – 63 364 h.

Den Helder doit son importance à la profondeur du détroit du Marsdiep qui la sépare de l'île de Texel.

A l'origine, **Huisduinen,** simple village de pêcheurs, s'agrandit vers l'Est. En 1500, la ville nouvelle prit le nom de Den Helder. Elle fut le théâtre du fait d'armes du commandant Lahure qui, franchissant le Marsdiep gelé, à la tête de 400 hussards de l'armée de Pichegru, captura la flotte hollandaise bloquée par les glaces, en janvier 1795.

Napoléon fit de Den Helder en 1811 une place forte. C'est aujourd'hui le grand port de guerre des Pays-Bas *(accès interdit).*

Musée de la Marine de guerre (Helders Marinemuseum). – *Visite : 10 h - 17 h (sam., dim. et j. fériés 13 h - 16 h 30); fermé lundi, dim. de Pâques, dim. de Pentecôte et 1er déc. - mi-janv.; 2 fl.*

Ce musée évoque la marine Royale depuis 1813 par un choix de maquettes, instruments, photos, uniformes, emblèmes, cartes, peintures et gravures.

A remarquer la coupe d'une torpille, une passerelle de commandement reconstituée, un périscope en état de marche. Des films sont projetés.

EXCURSION

Callantsoog; Schagen. – *27 km au Sud.*

La route longe une digue derrière laquelle sont établies de nombreuses plages.

Callantsoog. – 2 698 h. Au Sud se trouve une réserve naturelle, **Het Zwanenwater** (le lac des Cygnes). *Visite : du lever au coucher du soleil; 1 fl. Circuit de promenade fléché autour de l'étang Nord : environ 1 h 1/2.*

La réserve s'étend sur 580 ha, parmi les dunes côtières et les landes autour de deux étangs qui attirent de nombreux oiseaux. La période la plus favorable pour visiter se situe vers mi-mai, à l'époque des nids. On peut apercevoir, de loin, les terrains de couvée, généralement dans les roseaux. Les spatules *(illustration p. 181)* arrivent d'Égypte ou d'Espagne fin février pour repartir en juillet et août.

Schagen. – 16 891 h. Dans ce bourg se tient le jeudi matin en été *(p. 11)* un **marché** coloré (Westfriese markt) où l'on peut rencontrer les costumes de la Frise-Occidentale.

's-HERTOGENBOSCH (BOIS-LE-DUC) Noord-Brabant Ⓟ

Cartes Michelin n°s 408 - pli 18 et 212 - plis 7, 8 – 89 601 h. - *Plan d'agglomération dans le guide Michelin Benelux.*

Capitale de la province du Brabant-Septentrional et siège d'un évêché catholique, Bois-le-Duc diffère des autres villes du pays par son caractère plus méridional qui se manifeste par sa haute cathédrale de pierre et par son carnaval bruyant *(p. 11).*

UN PEU D'HISTOIRE

De vastes forêts qui s'étendaient là étaient le lieu de chasse du duc Godefroy de Brabant, d'où le nom de 's-Hertogen Bosch, le Bois du Duc. De nos jours, la ville est souvent appelée **Den Bosch,** le Bois. Mais des prairies marécageuses ont remplacé les forêts.

Le château bâti à la fin du 12e s. fut le noyau autour duquel se constitua l'agglomération. Bois-le-Duc reçoit ses droits de cité vers 1185 de Henri Ier, duc de Brabant. La ville doit sa prospérité au commerce de la laine et des draps.

En 1561, Philippe II d'Espagne, qui règne sur les Pays-Bas, fait de Bois-le-Duc le siège d'un évêché dépendant de l'archevêque de Malines. Acquise aux Espagnols en 1579, la ville ne se rend au prince d'Orange Frédéric-Henri, fils de Guillaume le Taciturne, qu'en 1629, après un long siège. Son enceinte fortifiée du 17e s. est encore nettement marquée par une ligne de bastions et de canaux occupant les anciens fossés.

Prise en 1794 par Pichegru, après 18 jours de siège, Bois-le-Duc devint le chef-lieu du département des Bouches-du-Rhin.

La ville moderne. – Bois-le-Duc important nœud routier et ferroviaire est bien située sur le canal Zuid-Willemsvaart et à proximité de la Meuse. De nombreux établissements commerciaux et industriels s'y sont développés, en particulier une manufacture de pneumatiques Michelin créée en 1947.

Le marché au bétail hebdomadaire, qui se tient le mercredi dans les **Brabanthallen,** revêt une importance particulière.

Les habitants disposent de plusieurs zones de loisir : le **Zuiderplas** (64 ha) où l'on peut se baigner, faire de la voile, de l'aviron, pêcher, etc., **De Oosterplas** (65 ha), doté d'un grand lac (baignade) et le **Prins Hendrikpark** (Y) où se trouvent un enclos à cerfs et un autre grand lac, **De IJzeren Vrouw** (Y).

Une nouvelle **maison provinciale** (Provinciehuis) a été édifiée en 1968-1971 au Sud-Est de la ville.

L'art d'un magicien. – Bois-le-Duc est la patrie de **Jérôme Bosch** (vers 1450-1516) dont le vrai nom est Jérôme van Aken. Bien mal connue est la vie de ce peintre dont on sait seulement qu'il mena une vie bourgeoise dans cette ville.

Génie solitaire, Jérôme Bosch ne se rattache à aucune école. Tout au plus reconnaît-on une influence flamande dans ses paysages aux lointaines perspectives, dans le ton naturaliste donné aux scènes qu'il représente (précision des plantes, étude des animaux), dans le trait net, le dessin un peu archaïque de ses personnages.

Mais chez ce peintre visionnaire, la réalité est mise au service d'une imagination prodigieuse. Les objets, les animaux prennent des formes bizarres, hommes et bêtes peuplent des scènes fantastiques d'un univers de rêve, voire de cauchemar où rien ne permet de distinguer l'enfer du paradis. Stigmatiser le mal, dénoncer les méfaits du péché, tel fut probablement le propos de cet artiste mystérieux qui était aussi féru d'alchimie que de morale, à en juger par la présence, dans ses œuvres, de nombreux symboles.

's-HERTOGENBOSCH

Hinthamerstr. . . . . Z
Hoge Steenweg. . . . . Z 23
Schapenmarkt. . . . . Z 51
Visstr. . . . . Z 63
Vughterstr. . . . . Z

Bethaniestr. . . . . Z 3
de Bossche Pad. . . . . Z 4
Burg. Loeffpl. . . . . YZ 7
Emmaplein. . . . . Y 8
Geert van Woustr. . . . . Y 10
Graafseweg. . . . . Y 17
Hinthamereinde. . . . . Z 21
Jan Heinsstr. . . . . Y 26
Kerkstr. . . . . Z 27
Koninginnenlaan. . . . . Y 28
Muntelbolwerk. . . . . Y 34
van Noremborghstr. . . . . . . Y 35
Oostwal. . . . . Z 38
Oranje Nassaulaan. . . . . Z 39
Orthenstr. . . . . Y 43
St. Jacobstr. . . . . Z 54
St. Josephstr. . . . . Z 55
Spinhuiswal. . . . . Z 57
Stationsweg. . . . . YZ 58
Torenstr. . . . . Z 61
Vlijmenseweg. . . . . Z 64
Vughterweg. . . . . Z 66
van der Weeghensingel. . . . Y 67
Wilhelminaplein. . . . . Z 69

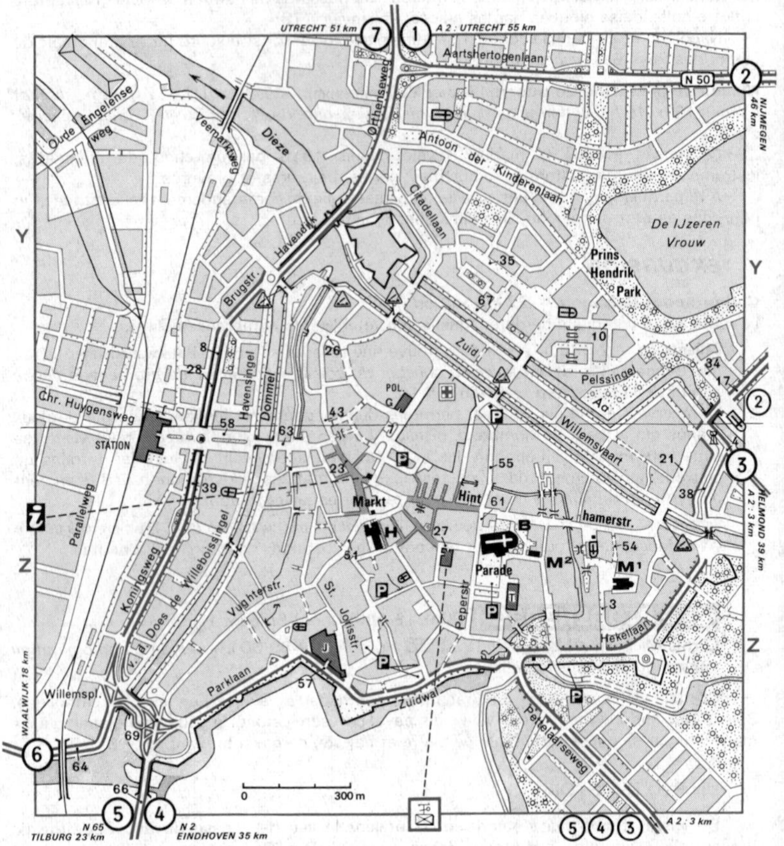

D'harmonieux coloris, appliqués par fines couches successives, un peu transparentes mettent en valeur sa peinture audacieuse.

Les œuvres de ses débuts sont plutôt simples et sobres, par la suite les compositions deviennent plus complexes et les sujets de plus en plus étranges, ainsi dans la plus extraordinaire de ses réalisations, le Jardin des Délices, où le peintre n'a rien à envier aux surréalistes. Ce dernier tableau se trouve au musée du Prado à Madrid, mais on peut voir, au musée Boymans-van Beuningen, à Rotterdam, plusieurs œuvres de Jérôme Bosch.

Il n'eut d'autre continuateur que Pierre Brueghel l'Ancien qui, dans ses œuvres de jeunesse, manifeste aussi un certain sens de la satire et de l'insolite.

■ PRINCIPALES CURIOSITÉS *visite : 1 h 1/2*

Cathédrale St-Jean (St.-Janskathedraal)** (Z B). – *Visite : 1er mai - 31 août 10 h - 17 h 30 (sam. 10 h - 11 h 30 et 13 h 30 - 17 h 30; dim. et j. fériés 13 h 30 - 17 h 30); le reste de l'année 10 h - 12 h et 14 h - 17 h (sam. 10 h - 11 h 30 et 14 h - 17 h; dim. et j. fériés 14 h - 17 h); fermé carnaval, 24 déc.*

C'est l'un des plus beaux édifices religieux des Pays-Bas. Elle fut affectée au culte protestant de 1629 à 1810, date de la visite de Napoléon qui la rendit au culte catholique. Depuis 1929, elle porte le titre de basilique.

Construite entre 1330 et 1550, dans le style gothique brabançon, elle a été très restaurée depuis le 19e s. Elle conserve un clocher-porche du 13e s. dont le carillon, monté en 1925, est rendu célèbre par ses concerts.

La cathédrale présente, vue de la place au Sud, la **Parade,** d'impressionnantes proportions et une grande richesse d'ornementation. Le monde fantastique des personnages grotesques montés à califourchon sur le sommet des arcs-boutants a peut-être inspiré Jérôme Bosch. D'autres personnages amusants garnissent les écoinçons des gâbles des chapelles latérales.

L'abside est superbe avec ses nombreuses chapelles rayonnantes autour du déambulatoire. Une tour-lanterne surmonte la croisée du transept.

L'**intérieur** offre un aspect grandiose avec ses cinq nefs, ses 150 colonnes qui, contrairement à la coutume brabançonne, sont à faisceau de colonnettes et ne portent pas de chapiteaux.

La chaire avec des bas-reliefs Renaissance (16e s.), un buffet d'orgues également Renaissance (17e s.) dû à Florens Hocque, et, dans le collatéral droit, les fonts baptismaux, en cuivre (1492) sont intéressants.

Deux toiles attribuées à Jérôme Bosch, Vierge à l'Enfant et Saint Jean ornent le bras gauche du transept où a été placé, en 1965, un beau vitrail exécuté par Marius de Leeuw.

La cathédrale possède un beau **retable★** *(en restauration)* de l'école anversoise, du 15e s., provenant d'un village de la province. Son panneau central illustre l'Adoration des Mages. Les stalles du 15e s. *(en restauration)* sont intéressantes.

La chapelle Notre-Dame, à gauche de la tour-porche, renferme une statue miraculeuse de la Vierge, du 14e s. De nombreuses dalles funéraires jonchent le sol de la cathédrale.

Grand-Place (Markt) (Z). – Au cœur de la ville se trouve cette place très animée, où débouche l'une des principales rues commerçantes piétonnes, la **Hinthamerstraat** (Z). Devant l'hôtel de ville se dresse la statue de Jérôme Bosch (1929).

Hôtel de ville (Stadhuis) (**Z H**). – Du 15e s., il a reçu une façade classique en 1670. Son carillon est dû en partie aux frères Hemony *(concerts : merc. 10 h)*.

Au rez-de-chaussée, la salle des mariages (Trouwkamer) est tapissée de belles tentures en cuir de Cordoue.

La cave (kelder), voûtée, du 16e s. a été transformée en café-restaurant.

De Moriaan (Z). – Cet édifice qui abrite l'Office de Tourisme (VVV) montre, au Nord du Markt, une façade en brique à pignon à redans, du 13e s.

■ AUTRES CURIOSITÉS

Musée du Brabant-Septentrional★ (Noordbrabants Museum) (**Z M**[1]). – *Visite : 10 h - 17 h (sam., dim. et j. fériés 13 h - 17 h); fermé 1er janv., dim. de Pâques, 25 déc.*

Il évoque l'histoire de cette province : la ville médiévale, les guildes, la guerre de Quatre-Vingts ans, les cultes, les traditions populaires, l'archéologie.

Parmi les produits des fouilles, on remarque une **statue** d'ambre de Bacchus (vers 200 après J.-C.), trouvée dans une tombe de femme à Esch, des œuvres de Van Gogh (Étude d'une paysanne brabançonne) et de David Teniers le Jeune (les Quatre Saisons). On admire aussi des sculptures, des objets d'art décoratifs (orfèvrerie de guildes, bijoux rustiques des 18e et 19e s.) et des costumes.

Musée (Museum) Slager (**Z M**[2]). – *Visite : 14 h - 17 h; fermé lundi, sam. (sauf 1er du mois), dim. (sauf 1er du mois), 1er janv., les dim. de Pâques et de Pentecôte, 25 déc.*

Il renferme des œuvres d'une famille de peintres, de Petrus Marinus Slager (1841-1912) à Tom Slager, né en 1918.

EXCURSIONS

Heeswijk-Dinther. – 7 828 h. *14 km au Sud-Est par ③ du plan.*

Un peu au Nord-Ouest du bourg on aperçoit de la route le **château de Heeswijk** (Kasteel Heeswijk), isolé dans les bois et entouré de douves. Du 14e s., il a été remanié à plusieurs reprises. Il contient un intéressant mobilier et des collections d'objets d'art. *Visite seulement sur demande : ☎ (04139) 2352.*

A Heeswijk, une ferme musée, **De Meierijsche Museumboerderij,** retrace la vie des paysans brabançons en 1900. *Meerstraat 20. Visite : mai-sept. dim., lundi, merc., sam. 14 h - 17 h; 1,50 fl.*

Drunen; Waalwijk; De Efteling★. – *25 km à l'Ouest. Sortir par ⑥ du plan.*

Drunen. – 15 873 h. Au Sud de la localité s'étendent les **dunes de Drunen** qui font partie d'une vaste région sablonneuse.

Le musée de voitures ou **Lips Autotron★** est installé dans un bâtiment dessiné par Anton Pieck, célèbre illustrateur de livres. *Visite : de début avril à fin sept. 10 h - 17 h, sam. et dim. 11 h - 17 h (en juil.-août fermeture à 18 h); de fin sept. à la fin déc. sam et dim. seulement; de début janv. à début avril dim. seulement; fermé lundi de début avril à fin sept., 25 et 31 déc.; 8 fl.*

Le musée présente, autour de deux cours centrales, 300 modèles de véhicules (Peugeot de 1891, Mercédès de l'ex-empereur d'Allemagne Guillaume II, neuf modèles de la marque néerlandaise Spijker).

Waalwijk. – 29 059 h. Principal centre de l'industrie du cuir et de la chaussure aux Pays-Bas, Waalwijk abrite le **musée de l'Industrie de la Chaussure et du Cuir** (Nederlands Museum van Schoenen-Leder en Lederwaren). *Grotestraat 148. Visite : 1er avril - 30 sept. 10 h - 12 h et 14 h - 17 h (sam. 13 h - 16 h seulement); fermé dim. et j. fériés; 2 fl.* Collection de chaussures d'époques et de provenances variées, objets de cuir, peaux tannées, etc.

De Efteling★. – *Au Sud de Kaatsheuvel. Visite : de fin mars à début oct. 10 h - 18 h, 12,50 fl.*

Ce parc récréatif de 68 ha comprend, autour de ses restaurants, de nombreuses attractions : un étang où l'on peut canoter, une piscine, des aires de jeux etc.

Un petit train à vapeur *(départs toutes les 1/2 h aux deux gares)* fait le tour du domaine.

Le **bois de contes de fée** *(circuit fléché)* est un monde magique. Ici les nains pleurent autour du cercueil en verre de Blanche-Neige, les animaux chantent, les champignons géants diffusent un air de clavecin. Plus loin, devant un palais oriental, un fakir traverse l'air sur un tapis volant. Enfin, on visite un grand château... hanté.

Zaltbommel. – 8 798 h. *15 km au Nord. Sortir par ① du plan.*

Cette ancienne place forte près du Waal reçut ses droits de cité en 1229.

Sur la Grand-Place (Markt), l'**hôtel de ville** (stadhuis), restauré, date de 1763. On remarque au no 18 de la rue principale (Boschstraat), à côté d'une pharmacie, une maison Renaissance à cariatides. Cette rue mène à la **Waterpoort** ou porte d'eau, du 14e s.

Dans Nonnenstraat, à l'Ouest de la rue principale, la **maison de** (Huis van) **Maarten van Rossum** *(p. 61)* a été transformée en **musée régional.** *Visite : 10 h - 16 h 30 (sam., dim. et j. fériés 14 h - 16 h 30); fermé lundi, 1er janv., Vend. saint, dim. de Pâques, Ascension, dim. de Pentecôte, 5 mai, 25 déc.; 1.50 fl.* Elle présente une pittoresque façade de 1535 à tympans ornés de médaillons, à tourelles d'angle et créneaux. A l'intérieur sont exposés des produits de fouilles de l'époque romaine.

A l'extrémité de Nieuwstraat se trouve la **Grande église ou église St-Martin** (Grote- of St.-Maartenskerk), du 14e s., restaurée, dont l'imposant clocher-porche, du 15e s., sobrement décoré, s'élève à 63 m.

Les digues bordant le Waal offrent de belles vues sur le fleuve.

Heusden. – 5 694 h. *19 km au Nord-Ouest par ⑥ du plan.*

Au bord de la Meuse qui devient ici le Bergse Maas, Heusden est une ancienne place forte, fortifiée en 1581. Elle faisait partie, comme Woudrichem, de la région de Heusden et d'Altena. Le bourg a été restauré. A l'intérieur de ses remparts aménagés en promenade, il présente de jolies façades. Voir au n° 4 de Hoogstraat (rue principale), une maison du 17e s. aux volutes très recherchées.

L'**hôtel de ville** (stadhuis), réédifié en 1956, possède un carillon automatique *(concerts : jeudi ap.-midi)* et un jaquemart *(en action tous les 1/4 h).*

Le **Vismarkt,** marché au poisson, près du bassin portuaire, est entourée de maisons du 17e s. Une halle (Visbank) de 1796 s'y dresse encore.

Heusden possède trois **moulins à vent** à pivot.

HILVERSUM Noord-Holland

Cartes Michelin nos 408 - pli 11 et 211 - pli 4 - 90 883 h. – *Plan dans le guide Michelin Benelux.*

Hilversum, dans les landes et les bois pittoresques du Gooi, est en quelque sorte la grande banlieue résidentielle d'Amsterdam. La ville forme une agglomération très étendue dont les villas se dispersent parmi les arbres. A Hilversum et dans les environs, au Nord, en direction de Bussum, se trouvent les groupes de radio-diffusion et, depuis 1951, les installations de la télévision des Pays-Bas, avec leurs studios.

Hôtel de ville★ (Raadhuis). – *Au Nord de la ville, Hoge Naarderweg.*

Construit entre 1928 et 1932, il est l'œuvre de **Dudok** (1884-1974). C'est un étagement de masses cubiques pour la plupart dont les volumes, tous différents, se superposent ou se juxtaposent harmonieusement, offrant à l'œil un jeu de lignes horizontales et verticales, sur lequel règne une haute tour d'horloge. Côté Sud, cette dernière se reflète dans un bassin. Les murs, nus, sont en brique d'une teinte jaune assez discrète. A l'intérieur domine le souci du fonctionnel et du rationnel.

Le GOOI★ (HET GOOI)

Circuit de 62 km – environ une journée – schéma ci-dessous

Quitter Hilversum par ② du plan.

Soestdijk. – Au Nord de la ville s'élève le **palais royal** (Koninklijk Paleis), résidence de la reine mère (Juliana). Cet ancien pavillon de chasse fut occupé l'été par les souverains des Pays-Bas jusqu'au mariage de la princesse Juliana avec le Prince Bernhard de Lippe-Biesterfeld dont il devint alors la demeure.

Baarn. – 24 822 h. Agréable villégiature à proximité de forêts de conifères.

Près de Laren, on pénètre dans le **Gooi.** Cette région très boisée de la province de Hollande-Septentrionale n'est en fait qu'une immense agglomération, peuplée de résidences cossues, enfouies dans de beaux parcs, où ont élu domicile beaucoup de Néerlandais travaillant à Amsterdam. Quelques landes de bruyère s'y disséminent.

Laren. – 12 560 h. Ville résidentielle dans un site très agréable, Laren est le rendez-vous des peintres. A la fin du 19e s., l'**école de Laren** rassemble plusieurs peintres sous la direction de Neuhuys ou d'Anton Mauve, qui firent partie également de l'école de la Haye. Au centre de la localité, autour de la villa (1911) du peintre américain William Henry Singer (1868-1943), un centre culturel (Singer-museum en Concertzaal) a été édifié en 1956 par la veuve du peintre. Il comprend une salle de concert et un musée. *Visite : 10 h - 17 h (dim. et j. fériés 13 h - 17 h); fermé lundi, Vend. saint, dim. de Pâques, 30 avril, dim. de Pentecôte, 25 déc.; 3,50 fl.*

Le **musée Singer,** où sont présentées des expositions, groupe d'intéressantes collections *(exposées par roulement)* : œuvres de Singer, à tendances impressionnistes, peintures hollandaises, du 17e s. (Van Goyen, Jan Steen), des écoles de Laren, d'Amsterdam et la Haye (Maris, Bosboom, Jozef Israëls, Breitner), et toiles de Van Gogh (Printemps à Asnières). Dans le musée et le jardin sont dispersées quelques sculptures.

Blaricum. – 11 477 h. Charmante localité résidentielle au cœur du Gooi.

Huizen. – 31 975 h. Depuis la fermeture du Zuiderzee, cette ville s'est industrialisée et s'est équipée d'un important port de plaisance.

Naarden. – 16 533 h. C'était la capitale du Gooi. Baignée par le Zuiderzee, la cité fut engloutie au 12e s. Naarden, recontruite au 14e s., devint une importante place forte, prise par les Espagnols en 1572, par les Français en 1673 et assiégée en 1813.

C'est aujourd'hui une cité paisible encore entourée de son important système de **fortifications★** en étoile à 12 branches, avec six bastions. Datant du 17e s., elles sont environnées de marécages. Les casemates de l'un des bastions (Turfpoort) ont été transformés en musée, le **Vestingmuseum**. *Westwalstraat. Visite : du lundi Saint à la fin des vacances d'automne 10 h - 16 h 30 (sam., dim. et j. fériés 12 h - 17 h; 2,50 fl.*

On conserve à Naarden le souvenir de **Comenius** (1592-1670). Né en Moravie, cet humaniste tchèque devint en 1648 évêque des Frères bohêmes ou Frères moraves *(p. 172)*. Persécuté, il s'enfuit en Pologne, puis en 1656 vint terminer à Amsterdam son existence agitée. Il se consacra principalement à des recherches sur l'éducation. Fondant la pédagogie sur le développement de l'observation individuelle de l'enfant, partisan de méthodes gaies, il fut l'un des premiers à réclamer l'instruction pour tous. Il est enterré dans l'ancienne église wallonne de Naarden (Comenius Mausoleum, *Kloosterstraat 29; visite : 16 h - 17 h sauf lundi; s'adresser au musée Comenius)*.

La **Maison espagnole** (Het Spaanse Huis) dont la pierre de façade évoque le massacre des citoyens par les Espagnols en 1572, abrite le **musée Comenius** (Comeniusmuseum). *Turfpoortstraat. Visite accompagnée : 14 h - 16 h; fermé lundi.*

L'**hôtel de ville** (Stadhuis), de 1601, est un bel édifice Renaissance, à pignons à redans. *Visite : 14 h - 16 h; fermé sam., dim.*

L'intérieur, meublé à l'ancienne, est orné de tableaux du 17e s. et contient une maquette des fortifications au 17e s.

Muiden★. – 7 134 h. Près de ce petit port très fréquenté par les plaisanciers se dresse au bord de l'IJmeer et à l'embouchure de la Vecht, le **château de Muiden★** (Muiderslot), vieille forteresse de brique, aux lourdes tours d'angle, entourées de douves, dont l'œil découvre de très loin la massive silhouette. *Visite accompagnée : 1er avril - 30 sept. 10 h - 16 h (dim. et j. fériés 13 h - 16 h); le reste de l'année fermé à 15 h; fermé 1er janv., 25 et 26 déc.; 3,50 fl.*

(D'après photo Aerophoto-Schiphol b.v.)

Muiden. — Le Muiderslot

Édifié vers 1205 pour défendre l'embouchure de la Vecht, il fut reconstruit par le comte Floris V de Hollande. Celui-ci y fut assassiné en 1296 par les nobles, pour avoir appuyé son autorité sur la bourgeoisie.

A partir de 1621, le château hébergea un cercle intellectuel et littéraire, le **Muiderkring**, qui, autour du propriétaire des lieux, l'historien et poète **P. C. Hooft** (1581-1647), réunit des musiciens ou des écrivains comme Maria Tesselschade et Anna Roemersdr. Visscher, filles de l'écrivain Roemer Visscher, et reçut des célébrités comme Vondel et Constantin Huygens.

Le château renferme des meubles, peintures, armes, armures du 17e s.

Bussum. – 34 252 h. Ville résidentielle importante située au bord du Gooi.

A la sortie de Bussum, tourner à droite vers 's-Graveland.

's-Graveland. – 8 987 h. Dans les environs de ce bourg s'admirent de nombreux manoirs. Le **château de Tromp** (Trompenburg) est le plus élégant. Construit par l'amiral Cornelis Tromp, fils du célèbre amiral Maarten Tromp *(p. 70)*, il se compose d'un édifice rectangulaire relié à un pavillon couvert d'une coupole qui reflète dans les eaux d'un étang sa silhouette gracieuse.

Rentrer à Hilversum par ④ du plan.

HINDELOOPEN Friesland

Cartes Michelin nos 408 - pli 4 et 210 - pli 15 – *Schéma p. 164* – 846 h.

Cette petite ville (Hynljippen) au bord de l'IJsselmeer, est l'une des « onze cités » de la Frise. Membre de la hanse, elle fut jadis très prospère grâce à son commerce avec la Norvège.

A l'écart de la route, avec ses sentiers serpentant entre maisons et jardins, ses passerelles enjambant de petits canaux, Hindeloopen coule des jours paisibles, animés l'été par la présence de nombreux plaisanciers.

Meubles et costumes. – Depuis le 18e s., les meubles d'Hindeloopen sont couverts de peintures aux riches coloris où dominent un rouge et un vert sombre. Les couleurs, ainsi que les motifs et les formes, sont inspirées de styles empruntés par les marins en Orient et en Scandinavie au cours de leurs voyages. La communauté d'Hindeloopen vivait en milieu fermé et chaque dessin avait un sens rituel. Les costumes devaient aussi à l'Orient leurs tissus de coton aux grands feuillages rouges, verts ou bleus sur fond blanc (« sits », *p. 33)*.

Musée★ (Hidde Nijland Stichting). – *Visite : 15 mars - 1er nov. 10 h - 17 h (dim. et j. fériés 13 h 30 - 17 h); fermé lundi; 2 fl.*

Situé près de l'église, ce musée séduit par ses nombreuses reconstitutions d'intérieurs locaux aux meubles et objets usuels peints, ses collections de riches costumes traditionnels et ses séries de carreaux ou de tableaux de faïence évoquant les grands navires disparus.

HOORN ★ Noord-Holland

Cartes Michelin nos 408 - plis 10, 11 et 210 - Sud du pli 14 – 44 003 h.

L'un des ports les plus caractéristiques de l'ancien Zuiderzee, Hoorn, situé au bord de l'IJsselmeer, face au futur polder de Markerwaard, se consacre à la navigation de plaisance. C'est aussi un centre commercial très actif.

Entre Hoorn et Medemblik fonctionne un **train touristique** (Stoomtram Hoorn Medemblik) : *2 départs quotidiens tous les jours de mi-mai à fin juin; en mai, juin et septembre tous les jours, sauf le lundi; 15 fl. AR. Le trajet peut être combiné avec une excursion en bâteau de Medemblik à Enkhuizen (p. 89).* Le matériel, pittoresque et varié (locomotives à vapeur et autorails) constitue une sorte de « musée roulant ».

Les mercredis en saison *(p. 11)* a lieu un **marché folklorique** (Folkloristische Markt) : artisanat typique, danses folkloriques, promenades en bateau.

UN PEU D'HISTOIRE

Fondée au 14e s. autour d'un havre naturel, Hoorn devient rapidement la localité principale de la Frise-Occidentale. Elle doit sa prospérité au commerce d'outre-mer et à la pêche. C'est à Hoorn qu'est tissé, en 1416, le premier grand filet à harengs, origine de l'industrie florissante des filets de pêche. Au Nord, de larges canaux, aménagés en jardins, marquent l'emplacement des fossés des remparts édifiés au début du 16e s.

En octobre 1573 a lieu au large du port la fameuse bataille navale dite « bataille du Zuiderzee » à l'issue de laquelle des flottes de Hoorn, Enkhuizen, Edam et Monnikendam, villes acquises aux Gueux *(p. 67)* défont l'amiral espagnol Bossu.

Au 17e s., Hoorn connaît sa splendeur comme centre administratif et commercial de toute la Hollande au Nord d'Amsterdam. C'est aussi l'un des six ports ou « chambres » (kamer) de la Compagnie des Indes Orientales *(p. 23)*.

C'est l'époque de **Willem Schouten** (1580-1625) : le premier à contourner, au Sud du détroit de Magellan, l'extrémité méridionale de l'Amérique, il donne à l'ultime îlot de la Terre de Feu le nom de sa ville natale : cap Horn.

Jan Pieterszoon Coen (1587-1629), né lui aussi à Hoorn, est gouverneur général des Indes néerlandaises de 1617 à 1623 et de 1627 à 1629. Créateur de Batavia (aujourd'hui Djakarta), il est considéré comme le fondateur de l'empire colonial des Indes néerlandaises (Indonésie).

La décadence hollandaise du 18e s. est particulièrement ressentie par la ville de Hoorn qui doit attendre deux siècles pour se relever.

■ LE VIEUX QUARTIER★ *visite : 3 h*

C'est le noyau primitif de la ville. Des vieilles façades s'y succèdent, beaucoup étant ornées de belles pierres sculptées qui ont pour la plupart rapport avec la navigation.

Onder de Boompjes (Y 34). – A l'extrémité Est de ce quai, un ancien entrepôt (Y A) de 1606 est orné d'une pierre de façade sculptée de deux navires de la Compagnie des Indes.

A l'extrémité Ouest, les **Doelen** (Y), local de la guilde des archers, montrent une façade centrale de 1615 avec un beau porche surmonté d'un bas-relief (martyre de saint Sébastien, patron des archers).

HOORN

Breed . . . . Y
Gedempte Turfhaven . . . . Y 10
Gouw . . . . Y
Grote Noord . . . . YZ
Lange Kerkstr. . . . . Z 24
Nieuwsteeg . . . . Y 30

Achterstr. . . . . Y 2
Bierkade . . . . Z 6
Breestr. . . . . Z 7
Joh. Messchaertstr. . . . . Y 12
Keern . . . . Y 15
Kerkpl. . . . . Z 16
Kerkstr. . . . . Z 18
Koepoortspl. . . . . Y 19
Korenmarkt . . . . Z 21
Korte Achterstr. . . . . Y 22
Muntstr. . . . . Y 27
Nieuwendam . . . . Z 28
Nieuwstr. . . . . YZ 31
Noorderstr. . . . . Y 33
Onder de Boompjes . . . . Y 34
Oude Doelenkade . . . . Z 35
Scharloo . . . . Y 38
Slapershaven . . . . Z 40
Spoorsingel . . . . Y 41
Stationspl. . . . . Y 42
Vale Hen . . . . Y 44
Veermanskade . . . . Z 45
Vismarkt . . . . Z 47
Westerdijk . . . . Z 48
Wijdebrugsteeg . . . . Z 49
Zon . . . . Z 51

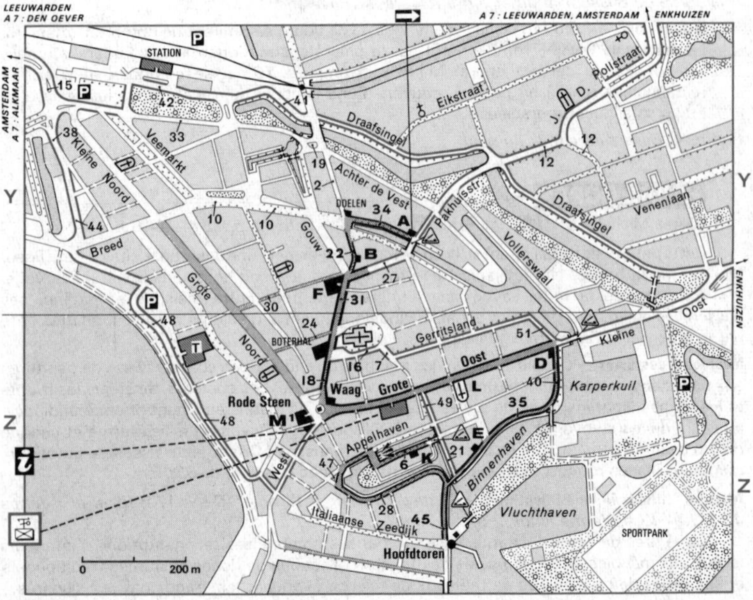

Korte Achterstraat (Y 22). – Rue étroite où l'on voit au n° 4 le porche de l'ancien orphelinat ou **Weeshuis** (Y **B**), surmonté d'une licorne, emblème de Hoorn (hoorn signifie corne).

Non loin, dans la Muntstraat, au n° 4, on remarque une maison à pignon à volutes où figurent les lettres V.O.C., rappelant qu'elle a appartenu à la Compagnie des Indes. Elle est actuellement occupée par les bureaux de police.

Nieuwstraat (YZ 31). – Dans cette rue commerçante se dresse l'**ancien hôtel de ville** (oude stadhuis) (Y **F**), à double façade à redans de 1613. Au n° 17, une maison présente une balustrade couronnée de poissons.

Kerkplein (Z 16). – Au n° 39, face à une église désaffectée, **De Boterhal** ou halle au beurre, autrefois hospice St-Jean (St.-Jans Gasthuis), est une gracieuse demeure de 1563, au pignon orné de sculptures.

Kerkstraat (Z 18). – Au n° 1, jolie façade de 1660.

Rode Steen★ (Z). – Cette place pittoresque est dominée par le musée de la Frise-Occidentale, et par le Poids public. Au centre, statue (19e s.) de Jan Pieterszoon Coen. La maison occupée par l'Office de Tourisme ou VVV, porte une pierre de façade représentant un maréchal ferrant, d'où son nom : « In dyser Man » (A l'homme de fer).

Musée de la Frise-Occidentale (Westfries Museum) (Z **M**[1]). – *Visite : 11 h - 17 h (sam., dim. et j. fériés 14 h - 17 h); 1,50 fl.*

Construit en 1632, c'est un élégant édifice de style baroque dont la haute **façade**★ est imposante avec ses grandes fenêtres, ses blasons très colorés (maison d'Orange et Frise-Occidentale) ses corniches surmontées de lions tenant les armoiries de sept villes de la région. Le bâtiment était en effet le siège du Collège des États. Constitué des délégués de sept villes importantes, celui-ci gouvernait la Frise-Occidentale et le Noorderkwatier (quartier du Nord).

On remarque à l'entrée une belle grille de 1729.

Le sous-sol évoque la préhistoire par des tombes de l'âge du bronze, une maquette de tumulus; petite section de peinture naïve contemporaine régionale.

Au rez-de-chaussée on admire la grande salle (Grote Voorzaal), ornée d'une belle cheminée et de tableaux de guildes; les poutres sont soutenues par des corbeaux sculptés aux armes des villes de la région.

Au 1er étage, des salles décorées de beaux meubles et d'objets d'art reproduisent le cadre raffiné des intérieurs cossus des 17e et 18e s., comprenant un grand nombre de pièces rapportées d'Orient par la Compagnie des Indes.

Le 2e étage est dédié aux activités maritimes de Hoorn. On y voit un **portrait de l'amiral De Ruyter** par Ferdinand Bol (1667). Parmi les maquettes de bateau figure celle d'une flute, navire construit à Hoorn en 1595.

Au grenier, enseignes, maquettes de moulins et de bateaux, céramique.

(D'après photo Westfriesmuseum)

Musée de la Frise Occidentale
Portrait de l'amiral de Ruyter, par F. Bol

Poids public (Waag) (Z). – Œuvre présumée de Hendrick de Keyser, c'est une belle construction de 1609, en pierre bleue, qui abrite de nos jours un restaurant. Dans une niche, une licorne tient un écu où figure une corne d'abondance.

Grote Oost (Z). – Dans cette rue, les maisons proches de la place sont extrêmement inclinées et surmontées d'imposantes balustrades sculptées, de style rococo.

Oosterkerk (Église de l'Est) (Z **L**). – Cette église restaurée date des 15e et 16e s.; elle est plaquée d'une façade du début du 17e et surmontée d'un charmant clocheton de bois. Des concerts y ont lieu.

Maisons Bossu (Bossuhuizen) (Z **D**). – Sur leurs façades, des frises en relief polychrome illustrent la bataille navale de 1573 qui vit la défaite de l'amiral Bossu. La façade de gauche est très caractéristique des anciennes boutiques de Hoorn, avec un rez-de-chaussée surmonté de hautes baies étroites séparées par des pilastres en bois sculpté.

Oude Doelenkade (Z 35). – Sur ce quai du Binnenhaven ou port intérieur, où s'alignent d'anciens entrepôts, on remarque, aux n°s 21 et 19 (Z **E**), des pierres de façade ayant trait à la navigation. Plus loin, le pignon de la maison natale du navigateur Willem **Bontekoe** (1587-1630) arbore une vache tachetée (koe : vache; bonte : tachetée).

Veermanskade★ (Z 45). – Ce quai est bordé d'un bel ensemble de maisons restaurées. Pour la plupart anciens magasins, elles présentent la façade caractéristique de Hoorn, avec des montants de bois sculpté. Quelques-unes portent de jolies pierres de façade et sont surmontées de pignons à redans ou en cloche *(p. 50)*.

Hoofdtoren (Z). – Construite en 1532 pour surveiller l'entrée « principale » (hoofd) du port, elle fut surmontée en 1651 d'un clocheton en bois. Au revers de la tour, une sculpture représente une licorne. Depuis 1968, un trio de mousses – sculpture de bronze de Jan van Druten – contemple le port, du pied de la tour. Ce sont les héros d'un roman pour enfants de Johan Fabricius consacré à Bontekoe.

Bierkade (Z 6). – D'intéressantes façades (n°s 10 et 13) (Z **K**) s'alignent sur ce « quai de la bière ».

HULST Zeeland

Cartes Michelin nos 408 - pli 16 et 212 - pli 14 – 18 616 h.

Aux portes de la Belgique, Hulst, petite ville aux maisons pimpantes et colorées, aux rues pavées de brique rose, est une ancienne place forte qui était située sur une importante ligne de défense composée de 13 bastions. C'était jadis la capitale de la région dite des Quatre-Métiers, comprenant Axel, Assenede et Boechout, ces deux dernières cités devenues belges en 1830. Hulst conserve du 17e s. des remparts herbeux, aux nombreux bastions, couronnés de beaux arbres, ceinturés de fossés et aménagés en promenade.

« La ville de Renard ». - Les environs de Hulst sont évoqués dans la version néerlandaise du Roman de Renart (milieu du 13e s.). Près de la porte de Gand (Gentsepoort), un monument en l'honneur de Renard a été érigé (Reinaertmonument).

■ CURIOSITÉS *visite : 3/4 h*

Grand-Place (Grote Markt). – L'**hôtel de ville** (Stadhuis), à perron, flanqué d'une tour carrée, date du 16e s. La **basilique St-Willibrord** (St.-Willibrordusbasiliek) est un bel édifice gothique. Sa tour, restaurée, possède un excellent carillon. Pendant plus d'un siècle (1807-1931), l'église servit à la fois aux cultes catholique et protestant, le chœur et le déambulatoire étant réservés au premier, la nef au second.

Dubbele Poort. – Près d'une des portes de la ville nommée Dubbele Poort, d'importantes fouilles ont mis au jour les vestiges de cette porte du début du 16e s. Également porte d'eau, elle surmontait un tunnel navigable donnant accès à un port militaire. Du haut des remparts voisins, on aperçoit le pignon à redans et la tourelle octogonale d'un ancien **refuge de l'abbaye des Dunes** dont les ruines se trouvent en Belgique.

Moulin à vent (Stadsmolen). – Sur les remparts, il fut construit par la garnison en 1792.

EXCURSION

Terneuzen. – 35 606 h. *24 km au Nord-Ouest.*

Ce port des bouches de l'Escaut commande l'entrée du canal de Gand à Terneuzen.

Accessible à des navires de 70 000 t, celui-ci possède trois **écluses,** la plus importante mesurant 290 m de long sur 40 m de large.

Dans ce complexe d'écluses, on peut observer de près le fonctionnement de ces dernières.

Les HUNEBEDDEN ★ Drenthe-Groningen

Cartes Michelin nos 408 - plis 6, 13 et 210 - plis 8, 9, 18, 19.

Monument funéraire de la préhistoire, un « hunebed » *(illustration p. 88)* est une espèce d' « allée couverte », formée en quelque sorte d'un alignement de plusieurs dolmens. Il possède une entrée latérale, généralement située au Sud. Les mégalithes de ce type existant aux Pays-Bas sont groupés dans la Drenthe où on en a recensé et numéroté 53. Un seul échappe à cette règle : celui de Noordlaren, qui se trouve dans la province de Groningue.

Des dimensions imposantes. – Les plus petits des hunebedden ne mesurent pas moins de 7 m de long tandis qu'une longueur de 25 m est tout à fait courante. La plus grande allée couverte se situe près de Borger : les blocs qui la composent pèsent plus de 2 tonnes. Les rochers utilisés pour construire les hunebedden sont des blocs erratiques appartenant au **Hondsrug** (Dos de chien), moraine frontale d'un glacier scandinave qui s'étend de Groningue à Emmen.

A l'heure actuelle, les hunebedden ont perdu leur présentation originelle. Primitivement, en effet, le hunebed était dissimulé sous un petit tumulus, la terre étant retenue par une ceinture de pierres dressées entre lesquelles les ouvertures étaient bouchées à l'aide de petites pierres. On peut voir à Emmen *(p. 88)* et surtout au Sud de Schoonoord *(p. 88)* des hunebedden reconstitués.

Hunebed reconstitué d'Emmen (détail)

Une fonction funéraire. – Les hunebedden témoignent de l'existence, dans la Drenthe, d'une vie préhistorique dès l'an 3000 ou 2000 avant J.-C. Ils servaient à enterrer les morts, en groupe. Vaisselle, outils et même bijoux y étaient placés à côté des corps. Aussi les fouilles pratiquées sous les hunebedden ont-elles été très fructueuses *(p. 64)*. Les objets découverts, notamment les poteries, ont permis de rattacher les hunebedden à la civilisation dite « du gobelet en entonnoir ».

ROUTE DES HUNEBEDDEN★

D'Emmen à Noordlaren – *52 km – environ une journée – schéma p. 129.*

Emmen. – *Page 88.*

Klijndijk. – *Suivre la direction de Valthe à droite.* A la sortie du village, prendre à droite un chemin de sable, puis à gauche. En longeant le bois on aboutit à un long hunebed dont subsistent deux dalles de couverture.

Valthe. – A la sortie du village vers le Nord-Est, à droite, avant un poste d'essence, un chemin signalé « hunebed » mène *(400 m environ)* au hunebed D 37, entouré de chênes. Il s'agit en fait de deux allées couvertes, dont l'une a été bousculée par trois gros chênes.

En se dirigeant vers Odoorn, on trouve à gauche après un bois un petit chemin signalé « hunebed » qui conduit au hunebed D 34. Située dans la bruyère, c'est une petite allée couverte conservant deux dalles à moitié écroulées.

Odoorn. – 12 203 h. A Odoorn, centre d'une région d'élevage de moutons se tient un marché annuel très important d'ovins *(4e merc. de sept.)*. A **Exloo** *(à 2 km au Nord d'Odoorn)* ont lieu chaque année la fête des bergers (Schaapscheerdersfeest, *le sam. précédant la Pentecôte*) et un festival d'artisanat ancien *(p. 11)*.

A la sortie d'Odoorn, le hunebed D 32, accessible par un petit chemin, signalé « hunebed », se dissimule derrière un rideau d'arbres. Il est surmonté de quatre dalles.

Borger. – 12 474 h. *Dans la rue principale, prendre la route de Bronneger.* A l'embranchement se trouve le Musée (Museum) **'t Flintn' hoes,** consacré aux « hunebedden » et à la vie au temps de la préhistoire.

Un peu plus loin, entouré d'arbres, se dresse le **hunebed★** de Borger (D 27), le plus grand de tous. Il est encore surmonté de neuf énormes dalles. Son entrée au Sud est bien visible.

Bronneger. – *Dans le hameau, un chemin signalé « hunebed » mène à un bois de chênes.* On y trouve cinq petits hunebedden (D 23/25 et D 21/22).

Drouwen. – Les hunebedden (D 19/20) se trouvent sur une butte peu boisée, à proximité de la grand route d'où on les aperçoit. L'un est entouré d'un cercle de pierres.

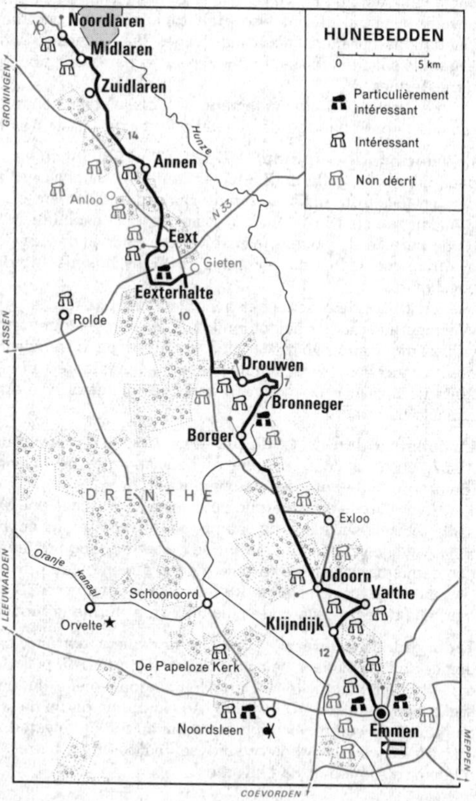

A 6 km au Nord de Drouwen, prendre la direction d'Assen à gauche puis tourner à droite vers Eext, avant une petite gare (« halte »).

Eexterhalte. – Peu après la bifurcation, sur la droite, s'allonge un **hunebed★** (D 14), surmonté de six tables. On peut encore voir quelques pierres qui l'encerclaient.

Eext. – Dans le village, à hauteur d'un virage, un chemin à gauche mène à un hunebed (D 13) qui conserve son aspect d'origine. Situé dans une excavation au sommet d'un tertre, il est constitué d'un carré de pierres serrées les uns contre les autres, et conserve l'une des dalles plates qui faisaient office de toit. Deux pierres plus écartées marquent l'entrée, située exceptionnellement à l'Est.

Annen. – Petit hunebed (D 9) à gauche de la route.

Zuidlaren. – 9 582 h. Important centre touristique.

Midlaren. – Le village possède deux « hunebedden ». *Prendre à gauche entre deux maisons un chemin de terre nommé « Hunebedpad ».* A 200 m, après avoir traversé une route, on trouve derrière deux maisons rustiques, à l'ombre de grands arbres, deux allées couvertes (D 3/D 4) composées chacune de plusieurs énormes dalles.

Noordlaren. – *Avant d'atteindre le moulin, suivre à gauche un chemin signalé « hunebed », qui mène à un bosquet.* Là se trouve un hunebed (G 1) dont il subsiste deux dalles posées sur cinq pierres verticales. C'est le seul de la province de Groningue.

IJSSELMEER Friesland - Gelderland - Noord-Holland - Overijssel

Cartes Michelin nos 408 - plis 4, 10, 11 et 210 - plis 14, 15 – *Schéma p. 130.*

IJsselmeer, ou lac de l'IJssel est le nom donné au Zuiderzee depuis son isolement de la mer par la construction d'une grande digue en 1932.

UN PEU D'HISTOIRE ET DE GÉOGRAPHIE

L'ancien Zuiderzee. – La rivière IJssel (ou Yssel en français) s'écoulait jadis dans un ensemble de petits lacs intérieurs. S'agrandissant progressivement, ils formèrent un vaste lac appelé **lac Flevo** par les Romains puis au Moyen Age **Almeri** ou Almari. En 1287, un raz de marée détruisit une partie de la côte Nord, élargit les embouchures de la Vlie, émissaire du lac, et envahit les régions de basse altitude qui l'entouraient, le transformant en un large golfe ouvert sur la mer du Nord. Il devrait aux Danois son nom de Zuiderzee ou mer du Sud.

Du 13e au 16e s. se développèrent sur ses rives ou à proximité, des ports de commerce comme Staveren, Kampen, Harderwijk, affiliés à la **hanse,** association des villes du Nord de l'Europe qui détenait le monopole du trafic dans les régions nordiques. Aux 17e et 18e s., le commerce, tourné vers l'Orient, fit la prospérité de villes comme Amsterdam, Hoorn, Medemblik, Enkhuizen, etc.

La création de l'IJsselmeer. – L'idée de fermer le Zuiderzee par une digue remonte à 1667 lorsque **Henri Stevin** publia un ouvrage dans lequel il proposait ce moyen pour lutter contre les ravages de la mer du Nord. En 1825, une violente tempête ravagea les côtes du Zuiderzee. En 1891 un projet fut présenté par l'ingénieur **Lely** (1854-1929). Il ne fut adopté par le Parlement qu'en 1918, à la suite des terribles inondations de 1916, alors que Lely était devenu ministre. Le but visé était triple : par la construction d'une digue, mettre fin aux inondations qui menaçaient les rivages du Zuiderzee, constituer une réserve d'eau douce évitant la salinité croissante des terres, et par la création de polders, gagner 225 000 ha de terres fertiles.

Les travaux d'aménagement de l'IJsselmeer commencèrent en 1919 : en 1924 fut terminé le petit barrage de Westerland reliant l'**île de Wieringen** au continent.

Le Wieringermeerpolder. – De 1927 à 1930 fut créé ce polder qui s'étend sur 20 000 ha dans un ancien golfe du Zuiderzee, entre Medemblik et l'ancienne île de Wieringen. Cette dernière avait été utilisée comme camp d'internement pour les prisonniers français évadés d'Allemagne en 1914-1918. Aussitôt après l'exondation, le polder se présenta sous forme d'une surface de boue argileuse, aussi, pour permettre la poursuite des travaux, dut-on, avant même la fin du pompage (600 millions de m^3 d'eau), drainer les futurs canaux collecteurs.

En 1945, deux semaines avant leur capitulation, les Allemands firent sauter la digue du Wieringermeerpolder qui fut inondé. L'eau, en s'engouffrant avec violence par deux brèches, creusa deux entonnoirs de plus de 30 m de profondeur, engloutissant une ferme. Ces gouffres ne purent être comblés et la digue, restaurée, dut être détournée : c'est le lieu dit **De Gaper** (le bailleur). De nouveau asséché, et remis en état, le polder constitue une région agricole florissante.

La construction de la digue. – La « digue de fermeture » (Afsluitdijk) fut entreprise en 1927, entre la côte frisonne et l'ancienne île de Wieringen, grâce à une île artificielle (Breezand) bâtie entre les deux points.

Avec l'argile tirée du fond du Zuiderzee, on éleva une digue contre laquelle on déversa du sable recueilli sur place par pompage, le sable étant doublé d'une couche d'argile. Plus le travail avançait, plus le courant se resserrait, augmentant de violence. Aussi, la fermeture des dernières passes ne fut-elle menée à bien qu'au prix d'énormes difficultés.

La digue fut achevée le 28 mai 1932. Longue de 30 km, large de 90 m au niveau de la mer, elle domine celle-ci de plus de 7 m et forme un nouveau lac, l'IJsselmeer.

Trois grands polders. – Une fois la digue construite, on entreprit la création du second polder de l'IJsselmeer, le **polder du Nord-Est** *(p. 150)* puis du **Flevoland**★ *(p. 94)*.

A l'heure actuelle on étudie l'aménagement du dernier polder de l'IJsselmeer, le **Markerwaard** (environ 40 000 ha). Au Nord, une partie de la digue de pourtour, achevée, sert de moyen de communication entre Enkhuizen et Lelystad.

Au cas où le Markerwaard se réaliserait, d'autres liaisons seraient créées à partir d'Edam, d'Almere et de Lelystad.

■ LA DIGUE DU NORD★★ (Afsluitdijk) *30 km*

Du côté de **Den Oever,** à l'entrée de la digue se dresse à gauche la **statue** de l'ingénieur Lely.

La digue comporte, du côté de la mer, un brise-lames, protégeant une piste cyclable et une route à chaussées séparées. En contrebas de la digue, du côté de l'IJsselmeer, les pêcheurs viennent poser des nasses sur le fond du lac, principalement pour la pêche à l'anguille.

Les **Stevinsluizen,** qui portent le nom de l'ingénieur Stevin, forment le premier groupe d'écluses permettant aux bateaux de pêche de gagner la mer du Nord. Elles servent aussi à l'évacuation des eaux.

Au lieu même où en 1932 se rejoignirent les deux tronçons de la digue s'élève aujourd'hui une **tour** portant cette inscription : « Un peuple qui vit construit son avenir ». Du haut de ce monument, **panorama** sur le Waddenzee et sur l'IJsselmeer. Près de cet édifice une passerelle pour piétons enjambe la route.

Plus loin, un viaduc créé en 1970 permet un trafic transversal entre les deux ports de **Breezanddijk** et offre une possibilité aux automobilistes de faire demi-tour.

Au-delà des **Lorentzsluizen,** deuxième groupe d'écluses, franchies par un viaduc, la digue rejoint la côte Est de l'IJsselmeer.

Les cartes et les plans de ville dans les guides Michelin sont orientés le Nord en haut.

KAMPEN ★ Overijssel

Cartes Michelin n°s 408 - pli 12 et 211 - pli 6 – 30 989 h. – *Plan dans le guide Michelin Benelux.*

Kampen s'allonge sur la rive gauche de l'IJssel, près de son embouchure. Au Moyen Age, port très prospère grâce au commerce du hareng, Kampen fit partie de la hanse *(p. 129)* et ses relations commerciales s'étendaient à tout le bassin de la Baltique.

Au 16e s. la décadence de la ville fut très rapide, provoquée par les guerres qui ruinèrent l'arrière-pays et par l'ensablement de l'IJssel. Au 19e s. on aménagea un chenal menant au Zuiderzee mais la fermeture de cette mer réduisit Kampen au rôle de port fluvial.

Hendrick Avercamp (1585-1634). – Cet artiste, surnommé « le muet de Kampen » vint travailler dans la ville au début du 17e s. Auprès de son maître flamand Gilles Van Coninxloo, il aurait appris la manière de Brueghel. Mais, par la délicatesse des tons employés, par la présence d'innombrables personnages, par la sérénité de l'atmosphère, ses scènes hivernales offrent une étonnante originalité. Il eut pour élève son neveu **Barent Avercamp** (1612-1679) qui fut son fidèle imitateur.

Point de vue★. – De la rive droite de l'IJssel, on a une vue d'ensemble de la ville, particulièrement belle au coucher du soleil. Au centre se détachent la tourelle à bulbe de l'ancien hôtel de ville et la Nieuwe Toren, à droite la Buitenkerk (14e s.) (1), à gauche la Bovenkerk et les grosses tours de la Koornmarktspoort.

Promenades en bateau. – *Vers Urk, Enkhuizen ou sur l'IJssel, en juil.-août. Renseignements auprès du VVV.*

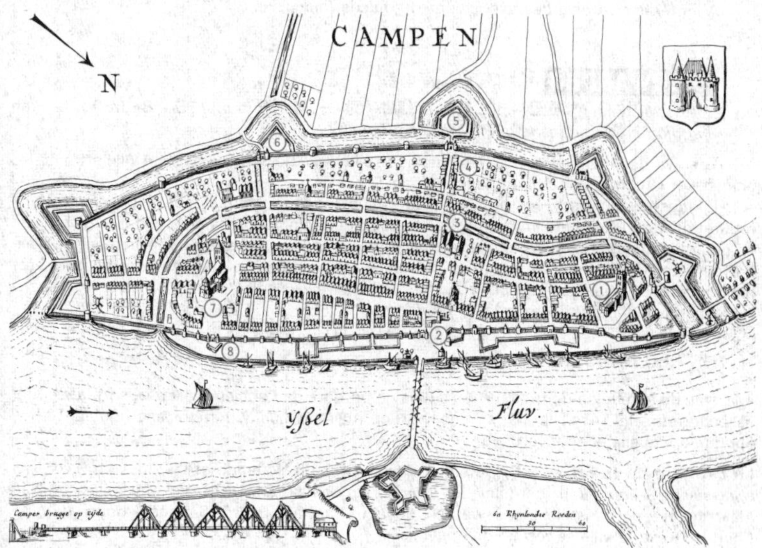

(D'après photo Stedelijk Museum, Kampen)

CURIOSITÉS *visite : 3 h*

Ancien hôtel de ville (Oude Raadhuis) (2). – *Visite : 9 h - 12 h et 14 h - 17 h; fermé sam., dim. et j. fériés; 0,50 fl.* Un peu écrasé par le nouvel hôtel de ville du 18e s., c'est un petit édifice de 1543 couronné de galeries et flanqué à l'arrière d'une tour octogonale un peu inclinée, à bulbe ajouré. Son pignon à pinacles est encadré d'échauguettes. Sur la façade, les statues ont été remplacées au début du siècle.

La **salle des échevins★** (Schepenzaal) aux lambris de chêne sombre formant des sièges (16e s.) renferme un **banc** en chêne, décoré de riches reliefs de style Renaissance, à côté d'une **cheminée★** monumentale de Colijn de Nole (1545). Dominée par la tête et le blason de Charles Quint, celle-ci porte en son centre une gracieuse statue de la Charité.

Ancienne boucherie (Oude Vleeshuys). – *Oudestraat n° 119.* Sur sa façade de pierre de 1596 s'inscrivent les armes de la ville : deux lions encadrant une porte fortifiée.

Nouvelle tour (Nieuwe Toren). – *Visite accompagnée : 1er mai - 30 sept., merc. et sam. à 14 h, 15 h et 16 h; 1 fl.* C'est une haute tour carrée édifiée au 17e s., surmontée d'un clocher octogonal. Elle possède un carillon fondu par les célèbres frères Hemony.

Maison gothique (Gotische huis). – *A droite de la Nouvelle tour.* Élégante demeure à très haute façade couronnée de pinacles et percée de nombreuses fenêtres.

Passer sous la tour et suivre le Nieuwe Markt jusqu'au Burgwal, quai longeant le Burgel, canal qui traverse la ville. Là, prendre à gauche.

Broederkerk (3). – 15e s. C'est l'ancienne église des Frères-Mineurs (Franciscains).

Broederweg. – On remarque dans cette rue à droite une chapelle gothique, ancienne église wallonne *(p. 108)* devenue en 1823 **église mennonite** (4).

Broederpoort (Porte des Frères) (5). – *Visite : de Pâques à fin oct. 10 h - 17 h; fermé lundi, dim. et j. fériés; 1 fl.*

Cette belle porte à pignon à volutes (1465) flanquée de gracieuses tourelles, abrite le **musée municipal** (Stedelijk Museum). On y voit notamment une collection d'argenterie de la guilde des bateliers avec un beau **hanap★** en corne et argent de 1369, et, au grenier, des costumes de la région (Kampereiland) dont faisait partie l'ancienne île de Schokland.

Au-delà de la porte, prendre à gauche.

Plantsoen. – Ainsi est dénommé le parc agréable qui suit la ligne des anciens remparts : les fossés forment un plan d'eau, le Singelgracht.

Cellebroederspoort (Porte des Frères Cloîtrés) (6). – Élégante construction flanquée de tours aux toitures élancées, cette porte qui faisait partie des murailles du 15e s. a été modifiée au 17e s. dans le style Renaissance.

Franchir la porte et suivre la Cellebroedersweg puis la Geerstraat. Par la Boven Nieuwstraat à droite, on parvient au Muntplein.

Église St-Nicolas (St-Nicolaas) ou Bovenkerk (7). – *Visite : de mi-juin à début sept. 10 h - 12 h 30 et 13 h 30 - 17 h (en outre sam. et juil. et août 15 h - 17 h); fermé lundi matin et mardi matin, sam. et dim.*

C'est un vaste édifice gothique du milieu du 14e s., dominé par une tour de 70 m.

L'intérieur est remarquable par ses vastes proportions : cinq nefs, large transept, grand déambulatoire à chapelles rayonnantes.

Sont à signaler en particulier la grille du chœur, du 16e s. et une chaire en calcaire de la fin du gothique.

Les orgues de 1676 ont été modifiées en 1741 par Hinsz *(concerts sam. en juil.-août).*

Koornmarktspoort (8). – C'est la plus ancienne porte de la ville. Du 14e s., située sur l'ancien marché au blé (Koornmarkt), près de la Bovenkerk, elle a gardé son caractère défensif avec un massif donjon central encadré, depuis le 15e s., par deux tours trapues.

A l'intérieur ont lieu des expositions du musée municipal.

LEEUWARDEN * Friesland P

Cartes Michelin nos 408 – plis 4, 5 et 210 - pli 6 – *Schéma p. 135* – 84 689 h. – *Plan d'agglomération dans le guide Michelin Benelux.*

Leeuwarden – Ljouwert pour les Frisons –, sillonnée de canaux, est une ville attrayante, animée, et le centre culturel du peuple frison.

L'industrie laitière y est prospère. La vache frisonne, dont l'espèce bénéficie d'une réputation mondiale, a été immortalisée, sur le Zuiderplein, par une célèbre statue de bronze, un peu plus grande que nature, que les habitants de la ville appellent familièrement **Us Mem,** notre mère (Z **A**). Sous le toit de l'immense Frieslandhal, le marché aux bestiaux (Z) hebdomadaire *(vendredi)* et un concours de taureaux sélectionnés *(1er merc. d'oct.)* témoignent de l'importance de l'élevage frison.

UN PEU D'HISTOIRE

Née de la réunion de trois tertres situés en bordure de l'ancien **Middelzee,** sorte de golfe, asséché entre le 14e et le 18e s., Leeuwarden n'acquit quelque importance qu'au 12e s., époque à laquelle elle fut fortifiée.

La capitale de la Frise. – Disputée par les comtes de Hollande et les ducs de Saxe, qui obéissaient à l'empereur germanique, la Frise est remise en 1498 par Maximilien au duc **Albert de Saxe,** qui s'installe à Leeuwarden, devenue capitale. En 1516, sous la domination de Charles Quint, la ville se fortifie de nouveau.

Après l'indépendance des Provinces-Unies, Leeuwarden devient en 1584 la résidence des **stathouders** de Frise et de Groningue. Le premier est **Guillaume Louis** de Nassau (1560-1620), fils de Jean de Nassau, frère de Guillaume le Taciturne. En 1675, sous Casimir Henri (1657-1696), le stathoudérat frison devient héréditaire. **Johan Willem Friso** (1684-1711) reçoit en legs du stathouder de Hollande Guillaume III le titre de prince d'Orange. Son fils **Guillaume IV** (1711-1751), stathouder de Frise, est choisi comme premier stathouder héréditaire de tout le pays en 1747. De lui est issue la dynastie actuelle des Pays-Bas dont le premier roi fut son petit-fils Guillaume Ier.

En 1580, Leeuwarden reçoit une nouvelle enceinte et, au début du 17e s., quelques bastions au Nord et à l'Ouest. Ces dernières fortifications furent rasées au 18e s. et sont aujourd'hui transformées en promenades bordées par le Stadsgracht.

En 1876 est née dans la ville Margarethe Geertruida Zelle. Ayant appris la danse lors d'un séjour aux Indes néerlandaises (Indonésie), elle vint à Paris en 1903 et devint célèbre comme danseuse sous le nom de **Mata Hari** (en malais : œil du jour). Elle fut fusillée pour espionnage au profit des Allemands, en 1917.

Leeuwarden est depuis 1909 le point de départ du fameux **Circuit des onze villes** (Elfstedentocht) que disputent les patineurs sur une distance d'environ 200 km, lorsque les canaux de Frise sont gelés. La dernière course remonte à 1963.

■ CURIOSITÉS *visite : 1/2 journée*

Chancellerie (Kanselarij) (Z **B**). – De style Renaissance (1566), cet ancien palais de justice offre sur le Turfmarkt (marché à la tourbe) une large façade au décor chargé, surmontée d'une haute lucarne portant la statue de Charles Quint. Le perron est flanqué de lions héraldiques. L'ensemble rappelle les hôtels de ville de Bolsward et de Franeker.

Musée frison** **(Fries Museum)** (YZ **M**3). – *Visite : 10 h - 17 h (13 h - 17 h dim. et j. fériés); fermé lundi, 1er janv., 30 avril; 3 fl.*

Installé dans un hôtel de la fin du 18e s., agrandi aux 19e et 20e s., ce musée donne une excellente idée de la civilisation frisonne.

Au rez-de-chaussée, la section d'**orfèvrerie** est remarquable, avec des pièces de Leeuwarden du 16e s., un nautile monté en hanap au 17e s., rare en Frise, des coupes à brandevin, le trésor de Popta qui montre l'élégance du 17e s., l'argenterie rococo du 18e s.

La section d'**archéologie** concerne l'époque des « hunebedden » *(p. 128),* la civilisation des champs d'urnes funéraires, la période des tertres *(p. 135).*

LEEUWARDEN

Naauw . . . . Z 29
Nieuwestad . . . . Z
Over de Kelders . . . . Z 33
Peperstr. . . . . Z 34
Voorstreek . . . . Y
Wirdumerdijk . . . . Z 54

Alma Tademastr. . . . . Z 2
Bote van Bolswertstr. . . . . Z 3
de Brol . . . . Z 4
Druifstreek . . . . Z 9
Harlingerstraatweg . . . . Y 17
Hoeksterend . . . . Y 18
Hofpl. . . . . YZ 19
Keizersgracht . . . . Z 23
Kleine Kerkstr. . . . . Z 24
Monnikemuurstr. . . . . Y 27

Nieuwe Kade . . . . Y 32
Schoenmakersperk . . . . Y 39
St. Jacobsstr. . . . . Z 40
Tesselschadestr. . . . . Z 43
Torenstr. . . . . Z 44
Turfmarkt . . . . Y 47
Tweebaksmarkt . . . . Z 48
Vredeman de Vriesstr. . . . . Z 49
Vijzelstr. . . . . Y 52
Westerplantage . . . . Z 53

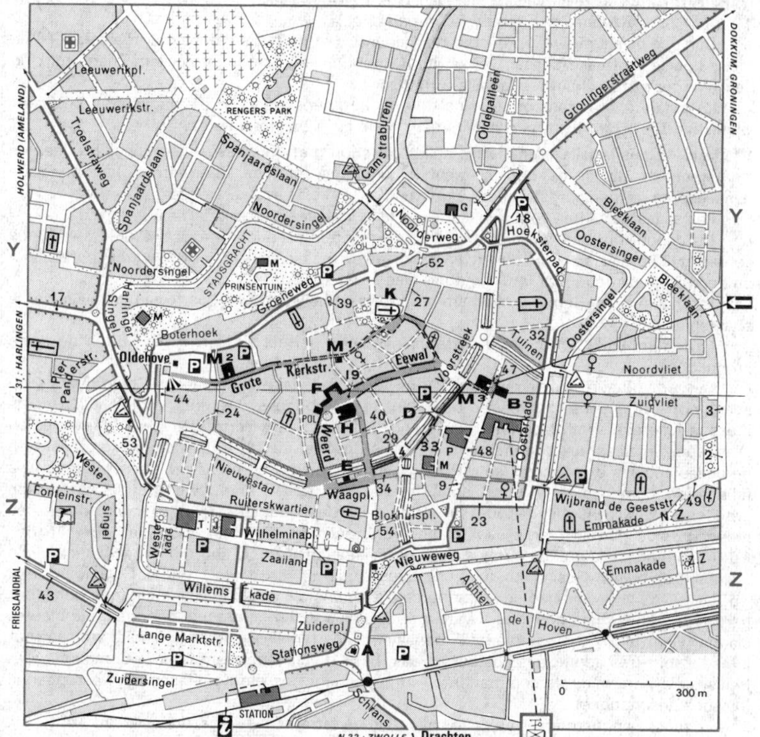

Au rez-de-chaussée des intérieurs ont été reconstitués, certains ornés de **carreaux de faïence** du 17e s. fabriqués à Makkum, Bolsward et Harlingen.

Dans la salle de peintures (Schilderijenzaal) au 1er étage figure un **Rembrandt :** portrait de **Saskia** van Uilenburg, fille du bourgmestre de Leeuwarden et fiancée du peintre.

Plusieurs salles sont consacrées au peintre C. Bisschop, du 19e s., l'une à la porcelaine chinoise et aux produits de l'artisanat frison. Les **meubles** d'Hindeloopen et d'Ameland sont peints de couleurs vives.

Au 2e étage : boutiques anciennes (pharmacie, épicerie, tabac), intérieur de Workum aux murs tapissés de carreaux dans le style Louis XVI, **costumes** des 18e et 19e s. dont certains d'Hindeloopen, atelier d'orfèvrerie, poteries frisonnes (17e-19e s.).

Dans les caves, sculptures médiévales et cuisine frisonne des 18e-19e s.

Une nouvelle aile est consacrée à des expositions temporaires.

Over de Kelders (Z 33). – Un des quais de ce canal est creusé de caves (kelders). Du pont au Nord, jolie vue sur les quais du Voorstreek et le clocher de l'église St-Boniface. La petite **statue de Mata Hari** (Z D), élevée en 1976 pour l'anniversaire de sa naissance, la représente en train d'esquisser un pas de danse.

Poids public (**Waag**) (Z E). – C'est, au centre de la ville, sur le Waagplein, une construction de 1598 en briques rouges, cantonnée à l'étage de lions héraldiques. Au-dessus de ceux-ci court une frise sculptée de motifs alternés (fleurs, animal, angelot). La pesée du beurre et du fromage s'est pratiquée ici jusqu'en 1884.

Weerd (Z). – Cette rue étroite qui s'enfonce dans le vieux quartier de Leeuwarden est bordée de jolies boutiques.

Hofplein (YZ 19). – Sur cette place se dresse l'**hôtel de ville** (Z H), sobre construction classique (1715), surmontée d'un carillon du 17e s. Remarquer au n° 34 de la place une jolie pierre de façade datée de 1666 et représentant la Fortune.

Dans la partie annexe de l'hôtel de ville, ajoutée en 1760, la salle du Conseil (Raadzaal) offre une façade à décoration rococo surmontée du lion figurant sur le blason de la ville. En face de celle-ci se trouve le **« Hof »** (YZ F), ancienne résidence des stathouders frisons. Au centre de la place, statue de Guillaume Louis, le premier stathouder héréditaire, surnommé par les Frisons « Us Heit » (notre père). Au n° 35, pierre de façade : une cigogne.

Eewal (Y). – Cette large artère est bordée d'élégantes demeures du 18e s. Certaines portent encore de belles pierres de façade (n° 52 : un voilier, n° 58 : saint Jacques pèlerin).

Grande église ou église des Jacobins (**Grote- of Jacobijnerkerk**) (Y K). – *Visite : de juin à août 10 h - 11 h et 14 h - 16 h; fermé lundi, sam.*

Du 13e s., cette église a été reconstruite aux 15e et 16e s. Dévastée par les révolutionnaires en 1795, elle a été restaurée, notamment en 1976.

Dans cette église furent enterrés à partir de 1588 les Nassau frisons.

L'orgue a été construit en 1724-1727 par Christian Müller *(concerts : vend. en mai-juin).*

Grote Kerkstraat (Y). – La haute maison où aurait vécu Mata Hari a été transformée en **musée** (Fries letterkundig Museum) (Y **M**[1]).

On remarque ensuite au n° 43 une belle pierre de façade représentant un lion et un château fort, puis, près de l'angle de Doelestraat, au n° 17, un joli portail baroque orné de guirlandes de style frison.

Musée municipal (Gemeentelijk Museum) Het Princessehof★★ (Y **M**[2]). – *Visite : 10 h - 17 h (14 h - 17 h dim. et j. fériés); fermé lundi et 1er janv.; 2 fl.*

Dans ce palais du 17e s., décoré de guirlandes et de têtes d'angelots, résida au 18e s. Marie-Louise de Hesse-Cassel, veuve du stathouder de Frise Johan Willem Friso, dont on peut voir au rez-de-chaussée la salle à manger.

Le palais a été transformé, ainsi que le bâtiment adjacent (Papingastins), en **musée international de la céramique,** particulièrement riche en pièces orientales.

1er étage. – Dans la **salle indonésienne,** belle collection d'étoffes tissées (certaines brodées ou incrustées de mica), de batiks, meubles sculptés, statues, d'orfèvrerie (couronne de danseuse en or, poignards), de marionnettes.

Les salles suivantes sont consacrées à la **céramique.**

Du Japon, on peut voir un échantillonnage de la production avec les grès aux lignes sobres et la porcelaine bleu et blanche, exportée en masse sous le nom de « kraakporselein » ou porcelaine caraque, par la Compagnie des Indes *(p. 23)*.

La Thaïlande, la Corée, le Vietnam ont fourni de belles œuvres, parfois influencées par le style chinois.

La remarquable collection de **céramique chinoise** permet de suivre l'évolution de cette production.

Ce sont d'abord les terres cuites, dès le 3e millénaire avant Jésus-Christ. Vers 200 avant notre ère, sous la dynastie des Han, sont fabriqués des grès vitrifiés. Les objets d'usage funéraire sont empreints d'un grand réalisme. Les **« martavanen »,** grandes jarres en grès, sont vendues aux commerçants javanais du 4e s. au 11e s. Les dernières présentent de belles coulées d'émail, qui se retrouvent sur les pièces de **porcelaine** translucide dont la fabrication commence au 9e s., sous la dynastie des T'ang. Une grande variété de production caractérise la période suivante, celle des Sung (960-1279), aux porcelaines monochromes parfois craquelées (blanc, vert, céladon, flammé). Sous les **Ming** (1368-1644) commence la grande époque de la porcelaine chinoise. D'abord bleue et blanche, elle s'enrichit de beaux dessins aux tons chatoyants (jaune, vert, violet, rouge). Cependant, aux 16e et 17e s., la production se limite au bleu et blanc avec la porcelaine caraque dont font partie les grands plats dits « de Swatow ». Sous les Ching, après une période où le bleu se clarifie, vient le 18e s. Les coloris s'intensifient : les familles « verte », « noire » et surtout « rose » sont très appréciées des Européens. Les Chinois fabriquent pour la Compagnie des Indes de la porcelaine de commande où interviennent des motifs d'inspiration européenne (blasons, inscriptions).

Le musée contient une très riche collection de **carreaux de faïence,** du milieu du 16e s. aux environs de 1900. Au 1er étage sont exposés les carreaux fabriqués aux Pays-Bas, les uns à motifs géométriques, les autres décorés de personnages ou de scènes de la vie quotidienne. On peut voir également les briques moulées qui tapissaient le fond des cheminées ou formaient pavement.

2e étage. – Collections secondaires de céramique et carreaux de faïence.

Rez-de-chaussée. – Bel ensemble de **céramique européenne :** porcelaine du 18e s., majolique italienne de la Renaissance, céramique de Delft.

On admire également une salle d'art nouveau (18), des galeries de céramique moderne où se remarquent deux dessins de Chagall.

Dans la section consacrée à l'art néerlandais du 20e s. on relève parmi les peintres, les noms du groninguois Jozef Israëls, de Toorop, Corneille et Karel Appel.

Sous-sol. – Y sont exposés les **carreaux de faïence** de France (terre cuite en relief ou aux rainures couvertes d'une glaçure blanche), de Perse et de Turquie (l'oxyde de cobalt bleu et le manganèse marron y forment des coulées en relief). Les « azulejos » espagnols, influencés par l'art musulman, sont réalisés suivant deux procédés principaux : d'abord la « cuerda seca » (couleurs séparées par une traînée de manganèse) puis la « cuenca » (carreau en relief, moulé).

Oldehove (Y). – *Visite : 1er mai - 31 août 10 h - 12 h et 13 h 30 - 16 h 30; fermé lundi, dim. et j. fériés; 1 fl.*

Cette puissante tour gothique, en briques, n'a jamais pu être achevée en raison de l'instabilité du sol, à laquelle elle doit sa forte inclinaison.

Le plan d'une église voisine qui a été démolie en 1595 est signalée sur la place par un pavement de couleur.

Du sommet de la tour, **vue** générale sur la ville et ses principaux monuments.

A proximité, les anciens remparts boisés permettent une agréable promenade au bord du **Stadsgracht** (Y), large canal qui épouse les contours des bastions.

EXCURSIONS

Marssum. – *5 km à l'Ouest par Harlingerstraatweg* (Y).

Le **château Popta** (Poptaslot) ou Heringastate, précédé d'un portail du 17e s. à pignon à volutes renferme un mobilier des 17e et 18e s. *Visite accompagnée sur demande préalable, ☏ 05107-1231 : 1er avril - 30 sept. 9 h - 12 h et 14 h - 17 h; fermé sam., dim. et j. fériés; 2 fl.*

A proximité, l'**ancien hospice** ou Popta-Gasthuis, fondé en 1711, est un pittoresque ensemble de maisons basses ouvrant par un portail monumental.

Drachten. – *27 km au Sud-Est par Schrans* (Z).

Dans la campagne frisonne aux riches prairies bordées de peupliers, Drachten étend ses grands ensembles et ses pavillons de brique. Cette ville est un centre commercial et industriel aux rues animées, aux allées piétonnes, agrémentées de statues. Elle possède de nombreuses écoles.

Région des tertres (Terpenland). – *Circuit de 118 km – schéma ci-dessous. Sortir par Groningerstraatweg (Y). Tourner à gauche après 9 km.*

Dès le début du 5e s. avant J.-C. et jusqu'au 12e s. après J.-C., dans les régions basses soumises aux inondations marines ou fluviales, les Frisons établirent leurs fermes et plus tard leurs églises sur des tertres artificiels. Il en existe près de mille dont les deux tiers se trouvent dans la province de Frise, et le reste dans celle de Groningue où ils sont nommés « wierden ». Leur hauteur moyenne est de 2 à 6 m, leur superficie de 1 à 12 ha. Les fouilles y ont été très fructueuses.

L'itinéraire fait parcourir une région où la plupart des villages possèdent un tertre portant une église de tuf et de brique au charme rustique, dont le clocher à toit en bâtière émergeant d'un rideau d'arbres signale la présence.

La campagne typiquement frisonne est parsemée de belles fermes, au pignon décoré d'un « uilebord » *(p. 34)*, et de quelques moulins.

Oenkerk. – Le beau parc du château nommé **Stania State,** aux allures de forêt, est accessible aux visiteurs.

Oudkerk. – Ce village possède un château et une église sur tertre.

Rinsumageest. – L'église, bâtie sur un tertre, possède une crypte romane avec deux chapiteaux élégamment sculptés. L'intérieur est caractéristique des églises frisonnes.

Pour la clé, s'adresser au sacristain, maison à côté de l'église.

Dokkum. – *Page 81.*

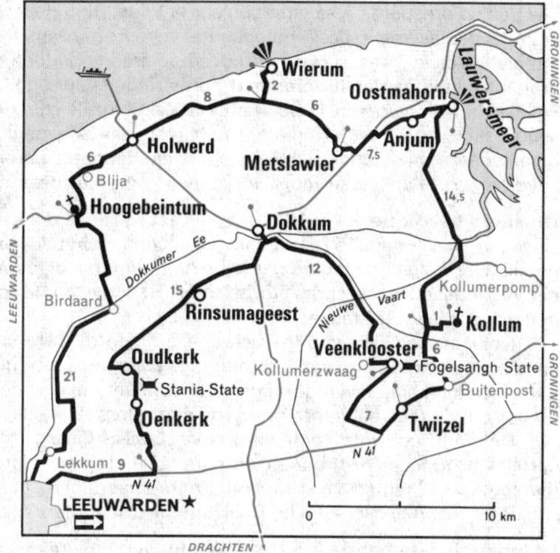

Suivre le canal au Sud-Est.

La route s'élève bientôt, le canal bordé d'arbres devient plus agréable. *Prendre à droite vers Kollumerzwaag.*

Veenklooster. – Charmant village aux chaumières dispersées autour d'un « brink » *(p. 64)*. Une belle allée mène au **château Fogelsangh,** construit en 1725 à l'emplacement d'une abbaye (musée).

Twijzel. – Le long de la grand-route qui traverse ce bourg sur plusieurs kilomètres sont alignées de magnifiques **fermes***. Derrière la façade avenante, plus citadine que rurale, se dissimule une énorme grange souvent couverte d'un toit de chaume *(illustration p. 34)*.

A Buitenpost, tourner à gauche.

Kollum. – Ce bourg possède une église gothique du 15e s., précédée d'une tour du 13e s. *Pour visiter, s'adresser à Van Bootsmalaan 6 ou Witteveenstraat 13.* La nef principale est séparée du bas-côté par des colonnes trapues. Les voûtes aux nervures peintes sont décorées de fresques naïves, de même que le mur Nord où l'on reconnaît un saint Christophe.

Oostmahorn. – Du sommet de la digue, vue d'ensemble sur le **Lauwersmeer** *(p. 104)*. Comme le Zuiderzee, cette région basse a été envahie par la mer au 13e s. Pour éviter les inondations et créer de nouveaux polders, on a construit une digue de fermeture. C'est devenu un lac de plaisance.

Anjum. – Ce village conserve un moulin de 1889. Sur un petit tertre s'élève une église romane, agrandie dans le style gothique.

Prendre la route de Dokkum puis tourner à droite vers Metslawier.

Metslawier. – Groupées autour de la vieille église gothique, des maisons basses, remarquablement restaurées, forment un bel ensemble.

Wierum. – Petit port aux maisons modestes dont l'église est construite sur un tertre ovale et entourée d'un cimetière.

Un escalier mène au sommet de la digue : **vue** sur le Waddenzee *(p. 177)* qui, à marée basse, apparaît ici comme une immense grève. Les îles d'Ameland et de Schiermonnikoog se profilent à l'horizon.

Holwerd. – C'est le point de départ des bateaux pour l'île d'Ameland *(p. 179)*.

Après Blija, tourner à gauche vers Hoogebeintum.

Hoogebeintum. – Ce village possède, sur le plus haut tertre de la Frise (près de 9 m au-dessus du niveau moyen de la mer), une église caractéristique du Nord des Pays-Bas avec son clocher à toit en bâtière et le cimetière qui l'entoure. De là s'offre une belle vue sur la campagne environnante.

L'intérieur est intéressant pour la série de **16 armoiries funéraires*** (du 17e s. au début du 20e s.) qui ornent les murs. Sur ces tableaux en bois sculpté figure un blason, enjolivé de motifs baroques, de symboles de la mort (faux, sablier, crânes et ossements), de têtes d'angelots, de facture naïve et rustique.

On remarque également de beaux bancs seigneuriaux de bois, et, sur le sol, de nombreuses dalles funéraires.

Gagner Birdaard au Sud et suivre le canal (Dokkumer Ee) vers le Sud.

On arrive à Leeuwarden par le village de Lekkum, puis par Prof. Mr. P. S. Gerbrandyweg et Groningerstraatweg.

LEIDEN ★★ (LEYDE) Zuid-Holland

Cartes Michelin n°s 408 - pli 10 et 211 - pli 12 - *Schéma p. 71* – 103 457 h. – *Plan d'agglomération dans le guide Michelin Benelux.*

Bâtie sur le Vieux Rhin (Oude Rijn), à l'Ouest de Rijnland, Leyde est une ville agréable sillonnée de canaux. Elle est célèbre pour son Université, la plus ancienne du pays, et possède un grand nombre de musées. C'est aussi une ville prospère dont les industries métallurgiques sont importantes ainsi que les industries graphiques et de la construction. Au Sud de la ville s'étend le « Vlietland », grande zone récréative.

Promenades en bateau. – *Sur le vieux Rhin jusqu'à Avifauna (p. 140), sur les canaux de la région, en saison. Départ : Kort Galgewater* (CY)*; s'adresser à la compagnie Avifauna.*

UN PEU D'HISTOIRE

Leyde se nomme à l'époque romaine Lugdunum Batavorum. La ville médiévale se développe au pied d'un château fort, le Burcht, édifié dès le 9e s. sur une colline artificielle. Elle doit sa prospérité à sa situation sur le Vieux Rhin qui est alors le bras principal du fleuve mais le déplacement de l'embouchure vers Rotterdam réduit la ville au rôle de marché intérieur. Dès le 14e s., Leyde retrouve une grande période d'opulence grâce à l'industrie du drap introduite par les tisserands d'Ypres réfugiés lors de la grande peste.

Leyde voit naître en 1509 **Jean de Leyde.** Ce fut le chef des anabaptistes, membres d'une secte religieuse qui se réfugièrent à Münster en Allemagne en 1534 et formèrent là une communauté théocratique. Assiégés, les anabaptistes durent se rendre en 1535 et Jean de Leyde mourut l'année suivante après avoir subi d'atroces tortures.

Un siège héroïque. – Au 16e s., la ville est assiégée deux fois par les Espagnols. Le premier siège (fin 1573-mars 1574) échoue. Le second, commencé un mois plus tard, est terrible. La population, réduite de moitié par la peste et la famine se révolte contre le bourgmestre Van der Werff qui offre son corps aux affamés. Ranimés par le courage de leur chef, les habitants poursuivent leur résistance.

Finalement, Guillaume le Taciturne a l'idée de faire sauter les digues pour inonder la campagne environnante. Le 3 octobre, les Espagnols, attaqués par les Gueux, venus sur des bateaux à fond plat, lèvent le siège, abandonnant, au pied des remparts, une marmite remplie de pot-au-feu. Les habitants de Leyde sont alors ravitaillés en pain et en harengs.

Dès lors, une fête commémorative, **Leidens Ontzet,** a lieu chaque année *(p. 11),* avec cortège historique, distribution de hareng et de pain blanc et dégustation de pot-au-feu (hutspot, *p. 32*) en souvenir de la marmite abandonnée par les Espagnols.

Pour récompenser la ville, Guillaume le Taciturne y fonde une Université.

L'Université de Leyde (1575). – Elle fut la première des Pays-Bas libérés de l'Espagne et rivalisa longtemps avec celle de Louvain demeurée catholique; elle acquit très vite une réputation européenne grâce à son esprit relativement tolérant et les grands esprits qu'elle sut s'attacher : l'humaniste flamand Juste Lipse (1547-1606), le philologue Daniel Heinsius (1580-1655), les célèbres théologiens Gomar, Arminius et Episcopius *(p. 83),* les Français Saumaise (1588-1653), philologue, et Joseph Scaliger (1540-1609), philosophe, fils du célèbre médecin italien, le médecin et botaniste **Boerhaave,** maître de l'enseignement clinique (1668-1738), et **Van Musschenbroek,** inventeur en 1746 de la bouteille de Leyde, le premier condensateur électrique.

En 1637, **René Descartes** (1596-1650) qui vivait en Hollande depuis 1628, publia à Leyde, sans nom d'auteur, le Discours de la Méthode, rédigé à Utrecht, où il résidait auparavant. Au rayonnement de l'Université contribua le fait que Leyde devint, au 17e s., un grand centre de l'imprimerie grâce à l'illustre famille **Elzevier** dont le premier membre, Louis, venu de Louvain (Belgique), s'était installé à Leyde en 1580.

Le refuge des protestants. – Leyde accueillit aux 16e et 17e s. de nombreux protestants flamands, français (chassés en 1685 par la révocation de l'Édit de Nantes) ou anglais.

En 1609 arrivèrent une centaine de puritains anglais dirigés par le pasteur John Robinson, qui avaient quitté leur pays sous la menace de persécutions. Anciens fermiers, ils durent s'adapter à leur nouvelle condition urbaine et s'adonnèrent à différents métiers artisanaux. Une imprimerie publiait des ouvrages religieux exportés en Angleterre et en Écosse. Leur séjour devenant difficile, les puritains se décidèrent à quitter Leyde pour se rendre en Amérique. Partis de Delfshaven *(p. 157),* ils gagnèrent l'Angleterre et s'embarquèrent à Plymouth sur le Mayflower. Les 102 émigrants au nombre desquels figuraient 41 puritains ou **Pilgrim fathers** (Pères pèlerins) débarquèrent en décembre 1620 sur la côte au Sud-Est de Boston et y fondèrent Plymouth.

En 1793, Leyde, prise par les Français, devint le chef-lieu du département des Bouches-de-la-Meuse.

LES PEINTRES DE LEYDE

L'école de Leyde. – Du 15e au 17e s., un grand nombre de peintres naissent à Leyde.

Geertgen tot Sint Jans dit **Gérard de St-Jean** (v. 1465-v. 1495), mort à Haarlem, est le peintre le plus doué de la fin du 15e s. Encore tourné vers le Moyen Age, il montre cependant une grande virtuosité dans le traitement des drapés et donne une grande importance au paysage.

Cornelis Engebrechtsz. (1468-1533) reste lui aussi gothique, avec des compositions chargées, une peinture linéaire assez tourmentée (musée De Lakenhal).

Son élève, **Lucas de Leyde** (van Leyden) (1489 ou 1494-1533) est le grand peintre de la Renaissance. Influencé par l'art italien, son Jugement dernier, visible au musée De Lakenhal, est une très grande œuvre, par l'équilibre de sa composition, son sens de la profondeur, son dessin élégant et ses fins coloris. Lucas de Leyde est aussi à l'origine de la scène de genre dont il fit le sujet de nombreuses estampes.

Au début du 17e s., quelques peintres de l'école de Leyde peignent des « vanités », natures mortes à intention philosophique, où figurent souvent les livres, rendus avec une grande précision. Ces sujets plurent à Jan Davidsz. de Heem *(p. 167),* lorsqu'il séjourna dans la ville avant de gagner Anvers.

Jan van Goyen, né à Leyde en 1596, s'installe en 1631 à Haarlem où il finit ses jours (1656). C'est un grand peintre de paysages monochromes et pâles, aux immenses ciels chargés de nuages, aux eaux frémissantes, miroitant dans de savants contre-jours.

Fils de **Willem van de Velde le Vieux** (v. 1611-1693), **Willem van de Velde le Jeune** (1633-1707) se spécialise comme son père dans les combats navals. Le soleil, perçant à travers les nuages, inonde de lumière les voiles et les poupes dorées des grands navires de guerre et scintille sur une mer calme. Les Van de Velde terminent leur vie à Londres où ils ont été appelés à la cour de Charles II.

Gérard Dou (1613-1675) est peut-être le plus consciencieux de tous les maîtres intimistes de Leyde. Il a pris goût au clair-obscur au contact de son maître Rembrandt, mais il s'attache surtout à rendre, avec une patience de miniaturiste, et une touche évoquant l'émail, des scènes de la vie bourgeoise (Jeune femme à sa toilette, musée Boymans-van Beuningen, à Rotterdam).

Son élève **Frans van Mieris** (1635-1681) montre des personnages souriants dans des intérieurs raffinés.

Gabriel Metsu (1629-1667), peintre de genre, virtuose dans sa manière de rendre les étoffes et la matière des objets, traite avec une grande sensibilité des sujets un peu sentimentaux (L'Enfant malade, Rijksmuseum, Amsterdam).

Contrairement à ses contemporains, **Jan Steen** (1626-1679) représente avec humour des scènes très animées. Ses tableaux sont le théâtre de toute une comédie humaine où des personnages un peu débraillés s'adonnent à des plaisirs variés : ils jouent de la musique, boivent, mangent et jouent dans une atmosphère très désordonnée (L'Auberge, Mauritshuis à la Haye).

Rembrandt. – Rembrandt Harmensz. van Rijn naît à Leyde en 1606. Fils d'un meunier, il habite près du Rhin, d'où son nom de Van Rijn. Son enfance reste mystérieuse. En 1620, il s'inscrit à l'Université de Leyde, mais, attiré par la peinture, il entre bientôt en apprentissage chez Jacob van Swanenburg, puis en 1623 à Amsterdam, chez **Pieter Lastman** (1583-1633), grand admirateur de l'Italie et de Caravage.

S'il peint de nombreux portraits et même des autoportraits, Rembrandt, dès ses débuts, montre un penchant pour l'histoire sainte qu'il dépeint d'abord avec la minutie caractéristique de l'école de Leyde.

L'artiste, qui n'étudia jamais en Italie, contrairement à de grands peintres de son époque, adopte un style très personnel. Son clair-obscur n'est pas celui de Caravage : on n'y observe pas de contrastes rudes entre l'ombre et la lumière, mais un passage insensible de la pénombre aux personnages nimbés d'une lumière chaude qui occupent le centre du tableau. Une atmosphère mystérieuse baigne ainsi ses œuvres d'où se dégage une émotion intense et une spiritualité profonde.

Dès 1628, il s'est adonné à la gravure et au dessin, s'inspirant parfois de personnages populaires (mendiants, etc.).

Fin 1631, il se fixe à Amsterdam : c'est alors qu'il peint la fameuse **Leçon d'Anatomie du docteur Tulp** (1632). Ce portrait collectif apporte la gloire au jeune peintre de 26 ans. Les commandes affluent.

Rembrandt rencontre Saskia *(p. 133)* qu'il épouse en 1634. Il en aura plusieurs enfants dont Titus, né en 1641. En 1639 il s'installe dans une demeure du quartier juif, actuelle « maison de Rembrandt ».

En 1642 il peint sa plus grande composition, la **Ronde de nuit,** portrait collectif de membres de la garde civique. Ce genre qui a déjà été renouvelé par Frans Hals est traité par Rembrandt avec une audace et une recherche jusqu'ici inégalées. Pourtant on accorde peu d'intérêt à ce qui deviendra sa plus célèbre toile. En outre, l'année 1642 marque le début des désastres pour le peintre : alors qu'il a déjà vu mourir ses parents (en 1630 et 1640), il perd sa femme Saskia.

Il exécute de nombreux portraits dont celui du jeune Titus (1655), un autoportrait grave (1652), mais les riches amateurs d'art commencent à le délaisser, à l'exception du bourgmestre Jan Six. En 1657 et 1658, il est incapable de faire face à ses échéances et doit vendre maison et biens. On lui refuse en 1661 la Conjuration de Claudius Civilis, commandée pour l'hôtel de ville (musée national de Stockholm).

En 1662, il voit disparaître sa maîtresse Hendrickje Stoffels.

Les Syndics des drapiers (1662) représentent son ultime tableau de groupe, mais il crée encore de merveilleuses peintures comme la Fiancée juive avant de s'éteindre, dans l'oubli, un an après son fils Titus, en 1669. Il vient d'achever son dernier autoportrait.

Le Rijksmuseum d'Amsterdam présente une collection exceptionnelle d'œuvres du maître.

Rembrandt a eu parmi ses nombreux élèves à Amsterdam le paysagiste **Philips Koninck** (1619-1688) et plusieurs peintres originaires de Dordrecht *(p. 83)* ou de Leyde comme Gérard Dou.

■ PRINCIPALES CURIOSITÉS *visite : 4 h*

Moulin (Molen) De Valk (CY M[1]). – *Visite : 10 h - 17 h (dim. et j. fériés 13 h - 17 h); fermé lundi, 1er janv., 3 oct. et 25 déc.; 1,50 fl.*

Ce moulin de rempart, le dernier de Leyde, construit en 1743, porte un nom d'oiseau de proie (valk : faucon). Il compte sept étages dont les premiers servent d'habitation; dix générations de meuniers s'y sont succédé jusqu'en 1964. Restauré, il est devenu musée. En saison *(1er avril – 15 sept. 13 h - 17 h sauf lundi),* ses ailes tournent, mais il ne moud plus de blé.

On peut voir l'atelier de réparation, la forge, le salon d'honneur (Zondagkamer), et une rétrospective des moulins néerlandais.

Musée national d'Ethnologie★★ (Rijksmuseum voor Volkenkunde) (CY M[4]). – *Visite : 10 h - 17 h (dim. et j. fériés 13 h - 17 h); fermé lundi, 1er janv., 3 oct.; 3,50 fl.*

Situé dans l'ancien hôpital de l'Université, ce musée renferme de riches collections concernant les civilisations non-occidentales. Les départements asiatiques et américains se signalent par des œuvres d'art remarquables.

LEIDEN

Breestr.	CYZ	
Donkersteeg	CY	12
Haarlemmerstr.	CDY	
Aalmarkt	CY	2
Apothekersdijk	CY	3
Beestenmarkt	CY	4
Binnenvestgracht	CY	7
Burgsteeg	DZ	8
Geregracht	DZ	13
Hooglandse Kerkgracht	DY	17
Hoogstr.	CY	18
Houtstr.	CZ	19
Kloksteeg	CZ	22
Kort Rapenburg	CY	24
Maarsmansteeg	CYZ	29
Nieuwe Beestenmarkt	CY	32
Nieuwsteeg	CZ	33
Oude Herengracht	DY	37
Papengracht	CYZ	38
Pieterskerkgracht	CZ	40
Pieterskerkhof	CY	42
Pieterskerkkoorsteeg	CZ	43
Plantagelaan	DZ	44
Plesmanlaan	CY	46
Prinsessekade	CY	47
Steenstr.	CY	52
Turfmarkt	CY	53
Utrechtsebrug	DZ	54
Varkenmarkt	CY	55
Vismarkt	CZ	57
Voldersgracht	DY	58
Volmolengracht	DY	59

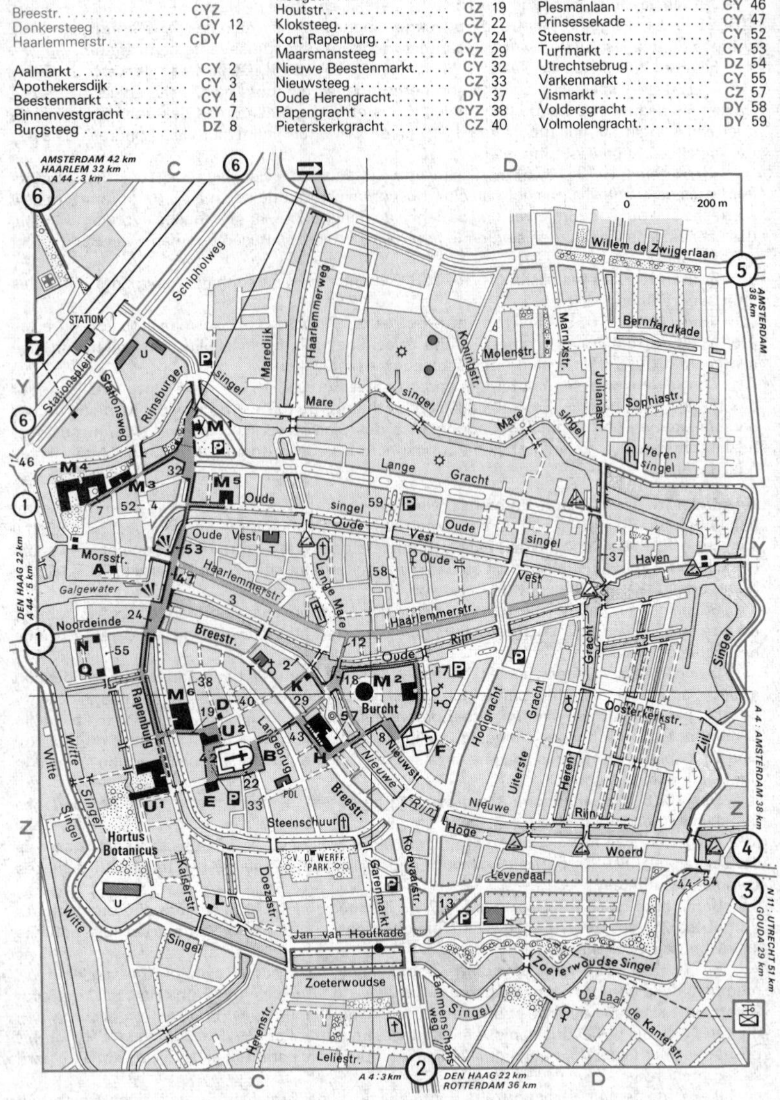

Rez-de-chaussée. – La partie droite est consacrée à **Java et Bali** : instruments de musique (gamelan), marionnettes ajourées (wayang), peintures sur papier; grandes statues en basalte du 13e s. : **Ganeça,** dieu éléphant sur couronne de crânes, Durça abattant un démon-buffle.

A gauche revivent les mœurs des peuplades des **îles indonésiennes et océaniennes** : vie quotidienne évoquée par le mobilier, les ustensiles, mais aussi rites et coutumes (sculptures sur bois, pirogue de sultan, etc.).

1er étage. – La partie droite *(en venant de l'escalier)* a trait aux **civilisations d'Extrême-Orient** : céramique de Chine, personnages pour théâtre d'ombre chinois, objets de culte tibétains. Le culte bouddhique a fourni de belles œuvres d'art : les **cinq bouddhas de bronze** du Japon, des 17e et 18e s., la statue de bois polychrome chinoise, du 13e s., du bodhisattva (futur bouddha) **Kuan Yin.**

A gauche, après la section africaine où se remarquent de beaux **bronzes du Bénin** (Guinée) suit le **département américain** : momies péruviennes, poteries mexicaines. A côté d'une stèle maya de 766 av. J.-C., la fameuse **plaque de Leyde,** minuscule pierre de jadéite gravée d'une divinité datant de l'an 320 de notre ère, provient de Tikal au Guatemala. Elle a été déchiffrée en 1900.

Face à l'escalier, le **trésor** abrite, parmi de belles pièces d'argenterie, de fins poignards décorés, fabriqués à Java et à Bali. La déesse **Prajnaparamita** (sagesse suprême) trône sous les traits de la déesse Ken Dedes, du 13e s. Bijoux d'or ornés de filigranes ou de pierres précieuses grossièrement taillées.

Au 1er étage, on visite aussi une salle consacrée au Japon, une autre à la Corée. Des expositions temporaires sur les estampes japonaises y ont lieu également.

Musée municipal (Stedelijk Museum) De Lakenhal★★ (CY M5). – *Visite : 10 h - 17 h (dim. et j. fériés 13 h - 17 h); fermé lundi, 1er janv. et 26 déc.; 2 fl.*

Installé dans l'ancienne halle aux draps (lakenhal), c'est un musée d'arts décoratifs (meubles, argenterie, étains) qui renferme également une belle section de peinture. Toute l'histoire de la ville revit dans ses nombreuses salles.

Au 1er étage sont reconstituées des salles de **guildes** : chambre (kamer) des chirurgiens, salle des milices, des tailleurs, des fabricants de bière, des drapiers.

Au 2e étage l'histoire religieuse de la ville est évoquée avec une chapelle du culte Vieux-Catholique *(p. 167)*, l'exécution des remontrants *(p. 83)* en 1623.

Au rez-de-chaussée, belle collection de verrerie, pièces meublées (stijlkamers) dans le style Louis XV, Louis XVI et Renaissance.

Dans la **section de peinture,** de nombreux maîtres de Leyde sont présentés.

Cornelis Engebrechtsz. nous livre (salle 17) deux triptyques : Crucifixion et Descente de Croix, ainsi qu'un petit Portement de Croix, œuvres admirables dans le détail. Mais les œuvres de **Lucas de Leyde** dominent. Dans son lumineux triptyque du **Jugement dernier** dont le dessin est plein d'aisance, le peintre a su libérer les corps de la contrainte et de toute raideur. Le panneau central montre le Fils de l'Homme siégeant dans les nuées pour le Jugement suprême. Sur les volets sont peints le ciel et l'enfer; au verso, saint Pierre et saint Paul.

Parmi les peintres de Leyde du 17e s. figurent Gérard Dou, Jan Steen (scènes animées) et Mieris, avec des œuvres raffinées.

Le musée compte encore de bons tableaux du 17e s. : nature morte de J. Davidsz. de Heem, Marché aux chevaux de Salomon van Ruysdael, Vue de Leyde par Van Goyen et une œuvre de jeunesse de Rembrandt.

Au Sud du **Turfmarkt** (CY **53**), jolie **vue** sur le bassin et le moulin.

Plus loin, du **Prinsessekade** (CY **47**), on aperçoit un ancien entrepôt (CY **A**), restauré, donnant sur le bassin de Galgewater.

Rapenburg★ (CZ). – C'est le plus joli canal de Leyde, enjambé par des ponts à trois arches et bordé d'arbres et, côté Ouest, de belles maisons (nos 19, 21, 25, 29, 31, 61, 65).

Université (Academie) (CZ **U**1). – Le siège de l'Université est installé depuis le 16e s. dans la chapelle d'un ancien couvent.

Elle conserve des salles anciennes et, notamment, au 1er étage, une salle « de transpiration », où les étudiants attendent, angoissés, le moment de passer leur examen.

Jardin botanique (Hortus botanicus) (CZ). – *Visite : 9 h - 17 h (dim. et j. fériés 10 h - 16 h); fermé sam. et j. fériés 1er oct. - 31 mars; 0,50 fl.*

Ce jardin botanique fondé par l'Université en 1587 est un endroit charmant, agrémenté de fleurs, de plantes rares et de grands arbres. On peut visiter l'orangerie et les serres *(9 h - 12 h 30 et 13 h 30 - 16 h 30; sam. et dim. 10 h 30 - 12 h 30 et 13 h 30 - 15 h; fermé sam. 1er oct. - 31 mars.*

Pieterskerkhof (CZ **42**). – Au centre de cette place, ancien cimetière (kerkhof), s'élève l'église St-Pierre.

Église St-Pierre (Pieterskerk) (CZ **B**). – *Pour visiter, s'adresser au VVV ou téléphoner au 071-12 43 19.* C'est une vaste et lourde église gothique à cinq nefs, terminée en 1426.

Elle abrite des pierres commémoratives du peintre Jan Steen et du professeur Boerhaave ainsi que du pasteur des puritains, John Robinson *(p. 136)*.

Jean Pesijnshofje (CZ **E**). – Construit en 1683 à l'emplacement de la maison de John Robinson et destiné aux membres de l'église wallonne *(p. 108)* cet hospice prit le nom de son fondateur, Jean Pesijn, marchand d'origine huguenote. Une plaque y a été apposée à la mémoire de John Robinson.

Gravensteen (CZ **U**2). – Ancienne prison, cet édifice, actuellement faculté de droit, offre, du côté de l'église, une belle façade classique.

École latine (Latijnse School) (CZ **D**). – Fondée en 1324, elle montre une façade Renaissance de 1599.

Par une étroite ruelle, Pieterskerkkoorsteeg, gagner la Breestraat.

Breestraat (CZ). – Principale rue commerçante de la ville, elle est très animée. A l'endroit où on la traverse, on peut voir la **pierre bleue** où avaient lieu les exécutions.

Hôtel de ville (Stadhuis) (CZ **H**). – Construit vers 1600 et incendié en 1929, il a été reconstruit dans le style d'origine. Précédé d'un perron, il est surmonté d'un pignon très décoré et d'un campanile.

Vismarkt (CZ **57**). – C'est l'ancien marché aux poissons.

Au début de la Nieuwstraat, on aperçoit le portail d'entrée (17e s.) du **Burcht** surmonté d'un lion qui présente le blason de la ville (deux clés). Au confluent du Vieux et du Nouveau Rhin, c'était une forteresse élevée sur un tertre artificiel. Il en subsiste une large enceinte à créneaux et meurtrières; son chemin de ronde offre un panorama sur la ville. *Visite : 10 h - 23 h; fermé 1er janv. et 3 oct.*

Église St-Pancrace (St.-Pancraskerk) ou Hooglandsekerk (DZ **F**). – Du 15e s., elle possède, à l'extérieur des bras du transept, d'intéressants portails sculptés flamboyants.

Hooglandse Kerkgracht (DY **17**). – Près de ce canal comblé, l'ancien **orphelinat** (Weeshuis) abrite le musée national de Géologie et de Minéralogie *(p. 140)*. Le portail est surmonté d'un bas-relief représentant des orphelins.

Poids public (Waag) (CY **K**). – Il a été édifié par Pieter Post en 1657-1659.

■ AUTRES CURIOSITÉS

Musée national des Antiquités★★ **(Rijksmuseum van Oudheden)** (CY **M**6). – *Visite : 10 h - 17 h (dim. et j. fériés 13 h - 17 h); fermé lundi, 1er janv. et 3 oct.; 3,50 fl.*

Outre des sections d'égyptologie et d'antiquités classiques particulièrement riches, ce musée présente des collections d'antiquités préhistoriques et orientales.

Rez-de-chaussée. – Dans le hall a été reconstruit le temple de Taffeh (Nubie), don de l'État égyptien aux Pays-Bas. Il date de l'époque d'Auguste. Dans une salle à part, on peut voir des stèles romaines, découvertes dans l'Escaut (Zélande) dédiées à la déesse Nehalennia. On remarque également des sculptures grecques et romaines, notamment le sarcophage de Simpelveld (Limbourg), un remarquable ensemble de sculpture égyptienne avec la reconstitution de deux tombes de la 5e et de la 19e dynastie, des bas-reliefs provenant de la tombe d'Horemheb (environ 1330 avant J.-C.) et les célèbres statues de Maya et de Merit (environ 1300 avant J.-C.).

1er étage. – Ici sont rassemblées des collections de verrerie (égyptienne, romaine, syrienne et perse) et de céramiques (Grèce et Italie du Sud), dont les vases peints de scènes mythologiques de la période classique constituent l'apogée. Le culte des morts en Égypte est évoqué par un grand nombre de sarcophages peints, de momies d'hommes et d'animaux, de mobilier et de vases funéraires.

Des statuettes en bronze, des bijoux, des amulettes, des poteries... donnent un aperçu assez complet des arts décoratifs de l'Ancienne Égypte. L'art égyptien de l'époque romaine et l'art copte sont aussi évoqués. Dans une salle, un « Panorama » archéologique, présenté sur des gradins, rassemble des objets de toutes les civilisations représentées au musée, classés par régions dans un ordre chronologique.

2e étage. – Les objets de fouilles exposés ici (sculptures, objets utilitaires en bronze, verreries, poteries, etc.) illustrent l'archéologie néerlandaise. On remarque, entre autres, de l'époque romaine, le casque en argent doré du marais du Peel, le trésor mérovingien de Wieuwerd et la fibule de Dorestad (8e s. après J.-C.).

Musée royal de l'Armée et des Armes des Pays-Bas* (Koninklijk Nederlands Leger- en Wapenmuseum). – *Pesthuislaan 7, par Plesmanlaan* (CY). *Visite : 9 h 30 - 17 h (dim. 13 h - 17 h); fermé sam., 1er janv., 30 avril, 3 oct. et 25 déc.; 2,50 fl.*

Près de l'hôpital universitaire se dresse une ancienne prison de femmes (1874), séparée par une cour d'une maison de pestiférés (1658).

Dans ces bâtiments est installé un remarquable musée concernant les luttes des Pays-Bas, depuis la préhistoire jusqu'à nos jours.

On y voit des soldats grandeur nature en uniforme, des armes néerlandaises et étrangères parmi lesquelles un canon à chargement par culasse de la 2e moitié du 15e s. trouvé dans la région de Venlo. Des armures, des tableaux et des maquettes illustrent les événements importants qui ont marqué l'histoire militaire des Pays-Bas.

Musée national de Géologie et de Minéralogie (Rijksmuseum van Geologie en Mineralogie) (DY M2). - *Visite : 10 h - 17 h (dim. 14 h - 17 h); fermé sam. et j. fériés.*

Il est installé dans un ancien orphelinat *(p. 140).*

Au 1er étage, belle **collection*** de météorites, pierres précieuses, fluorescentes, volcaniques.

Au 2e étage, la section de paléontologie comprend de nombreux fossiles de plantes ou d'animaux. Section de géophysique (phénomènes affectant la surface terrestre).

Musée Boerhaave (Rijksmuseum voor de Geschiedenis der Natuurwetenschappen en van de Geneeskunde) (CY M3). – *Visite : 1er juin-30 sept. 10 h - 17 h (dim. 13 h - 17 h); fermé à 16 h le reste de l'année; fermé lundi, 1er janv., 3 oct. et j. fériés; 3,50 fl.*

Il renferme des instruments scientifiques et des documents concernant le développement de la science et de la médecine, notamment à partir du 17e s. Parmi les nombreux objets exposés, citons la collection Christiaan Huygens, des instruments astronomiques, chirurgicaux, des microscopes dont celui de Van Leeuwenhoek, etc.

Pilgrim Fathers Documentatie Centrum (CZ L). – *Visite : 9 h - 12 h et 14 h - 16 h 30; fermé sam., dim. et j. fériés.*

A l'arrière du Bureau des Archives municipales, une maisonnette renferme des objets et documents ayant trait aux Pères pèlerins *(p. 136)* : presse à imprimer, livres de théologie, maquette du Mayflower.

Loridanshofje (CY N). – Au n° 1 du Varkenmarkt (marché aux porcs) s'ouvre cet **hospice** de 1656 dont la cour intérieure reste sobre. A proximité, la **Doelenpoort** (CY Q) est un portail de 1645 couronné par la statue équestre de saint Georges, patron de l'ancienne société de tir (doelen).

EXCURSIONS

Alphen aan de Rijn. – 53 182 h. *17 km à l'Est par ③ du plan. Accès en bateau p. 136.*

Cette petite ville industrielle bâtie sur les bords du Vieux Rhin (Oude Rijn), possède un grand parc d'oiseaux exotiques, l'Avifauna. *Visite : 9 h - 21 h; 3 fl.*

Nombreuses volières d'oiseaux rares, grand étang où barbotent les canards, bassins pour les flamants roses. *Promenade en bateau sur le Braassemermeer au Nord; 3 fl.*

Katwijk aan Zee; Noordwijk aan Zee. – *18 km au Nord-Ouest – schéma p. 71. Sortir par ⑥ du plan.*

Katwijk aan Zee. – A proximité des champs de fleurs, c'est une station balnéaire très fréquentée possédant une longue plage et un arrière-pays de dunes sauvages.

Noordwijk aan Zee. – Station balnéaire mondaine très bien équipée, dont la magnifique plage de sable est située au pied de hautes dunes. Noordwijk est le point d'arrivée de corsos fleuris *(p. 11).*

LEYDE

voir Leiden

Gourmets
la page 32 de ce guide
vous documente sur les spécialités gastronomiques
les plus appréciées du pays.
Et chaque année
le guide Rouge Michelin Benelux
vous propose un choix révisé de bonnes tables.

MAASTRICHT ★★ Limburg Ⓟ

Cartes Michelin n°s 408 - pli 26 et 212 - pli 1 – 111 487 h. – *Plan d'agglomération dans le guide Michelin Benelux.*

Au contact de trois pays, Maastricht (nommé jadis en français Maëstricht) commande la « botte » du Limbourg néerlandais dont elle est la capitale. Située sur la rive gauche de la Meuse, elle est séparée de la Belgique par le canal Albert. Elle se distingue du reste du pays par ses maisons en pierre, de type mosan, ses environs vallonnés, son caractère « méridional ». C'est une ville très animée, aux nombreuses rues piétonnes.

UN PEU D'HISTOIRE

Maastricht doit son origine à un pont fortifié construit par les Romains sur la grande voie de Bavay à Cologne, d'où son nom qui signifie passage de la Meuse (Mosae Trajectum).

Saint Servais la trouvant plus sûre que Tongres (Belgique) y transféra en 382 son évêché. En 722, saint Hubert implanta celui-ci à Liège. La ville appartenait déjà aux rois francs. En 1204, elle passa sous la tutelle du duc de Brabant qui, en 1283, partagea son pouvoir avec le prince-évêque de Liège.

Elle reçut ses premières murailles en 1229.

Les sièges de Maastricht. – En 1579, Maastricht s'étant ralliée au soulèvement, les Espagnols, conduits par le duc de Parme, assiégèrent la ville, s'en emparèrent par surprise, la saccagèrent et ne laissèrent en vie que 400 personnes.

Les Provinces-Unies annexèrent la ville en 1632.

En 1673 parurent devant Maastricht 40 000 Français commandés par Louis XIV. Le siège fut terrible, la défense hollandaise farouche. Mais Vauban qui dirigeait les opérations donna la victoire aux Français qui laissèrent 8 000 hommes sur le champ de bataille et parmi eux, d'**Artagnan,** officier des mousquetaires.

Les Français prirent une nouvelle fois Maastricht en 1748, grâce à une feinte habile du maréchal de Saxe. Au cours de ce siège, le comte d'Anterroches qui s'était déjà distingué à Fontenoy en invitant les Anglais à tirer les premiers, prononça une autre parole historique. A un soldat qui jugeait la ville imprenable, il répondit : « Ce mot-là, Monsieur, n'est pas français ».

Prise par Kléber en 1794, Maastricht fut annexée à la France, de même que Breda, et devint le chef-lieu du département de la Meuse-Inférieure.

En 1814, la ville fit partie du royaume des Pays-Bas.

En 1830, la garnison résista avec acharnement aux Belges, ce qui lui valut de rester aux Pays-Bas, mais elle ne leur fut définitivement attribuée qu'à la signature du traité de Londres, en 1839.

Les fortifications furent démolies en partie en 1867.

Durant l'occupation, Maastricht fut le centre des communications allemandes à l'Ouest.

Une des premières villes libérées, en septembre 1944, elle ne subit de dommages que dans ses ponts.

Maastricht aujourd'hui. – C'est un important centre industriel spécialisé dans la céramique, la papeterie, le ciment.

Le **carnaval★** *(p. 11)* attire chaque année des foules nombreuses venues assister à ces débordements de gaîté populaire. Nuit et jour, facéties et jeux burlesques se succèdent.

Promenades en bateau. – *Sur la Meuse, d'avril à sept. : s'adresser à Rederij Stiphout, Maaspromenade 27, 6211 HS Maastricht, ☏ 043-54 15 1; Rederij De Bok-Balduin, embarcadère : Maasboulevard, ☏ 043-14 80 0 ou 13 73 9.*

■ PRINCIPALES CURIOSITÉS *visite : 1/2 journée*

Vrijthof (AY). – C'est la plus importante place de la ville, vaste esplanade entourée de cafés et de restaurants et dominée par deux églises, St-Servais et St-Jean.

On y voit au Sud la façade gothique du **Gouvernement espagnol** (AY **A**) où Guillaume le Taciturne fut déclaré hors-la-loi par Philippe II d'Espagne *(p. 73).*

De cette place partent de nombreuses rues piétonnes commerçantes.

Église St-Servais★★ (St.-Servaaskerk). – *Visite : 10 h 30 - 17 h (dim. 12 h 30 - 17 h); 3,50 fl.*

Cet imposant monument, un des plus anciens des Pays-Bas, bien que très remanié, a été commencé vers l'an 1000, à l'emplacement d'un sanctuaire du 6e s. Il possédait alors trois nefs, un transept et un chevet plat.

Au 12e s., il fut agrandi, d'une part, du chœur actuel, flanqué de deux tours carrées et d'une abside, d'autre part, d'un **avant-corps** monumental situé à l'Ouest. Ce dernier est caractéristique du style roman mosan *(p. 24)* dont il fut l'un des premiers exemples. Surmonté de deux tours et d'un clocher central reconstruit par P. J. H. Cuypers en 1886 (et en partie incendié en 1955), il est décoré de bandes lombardes entre lesquelles s'inscrivent des arcs géminés. Son carillon est excellent.

Au 13e s. fut érigé le beau portail Sud ou **Portail royal★** peint de couleurs vives aujourd'hui et dont le tympan illustre la vie de la Vierge.

Le 15e s. vit apparaître les chapelles latérales et le portail Nord. Celui-ci donne sur un cloître construit aussi au 15e s.

L'ensemble subit une profonde restauration à la fin du 19e s.

Intérieur. – *Pénétrer par le portail Nord du cloître et suivre la galerie sur laquelle s'ouvre le trésor.*

Au portail d'entrée de l'église, on remarque une statue de saint Pierre, du 15e s.

L'intérieur souffre de la polychromie néo-gothique apportée au 19e s. Cependant les voûtes du **chœur★**, restaurées, ont retrouvé leurs peintures du 16e s. Celui-ci est harmonieux avec ses hauts piliers et sa galerie superposée au déambulatoire.

A l'intérieur de l'avant-corps, à l'étage, se trouve la « salle de l'Empereur », surmontée d'une coupole. Les **chapiteaux★** de l'avant-corps sont intéressants par leur riche ornementation.

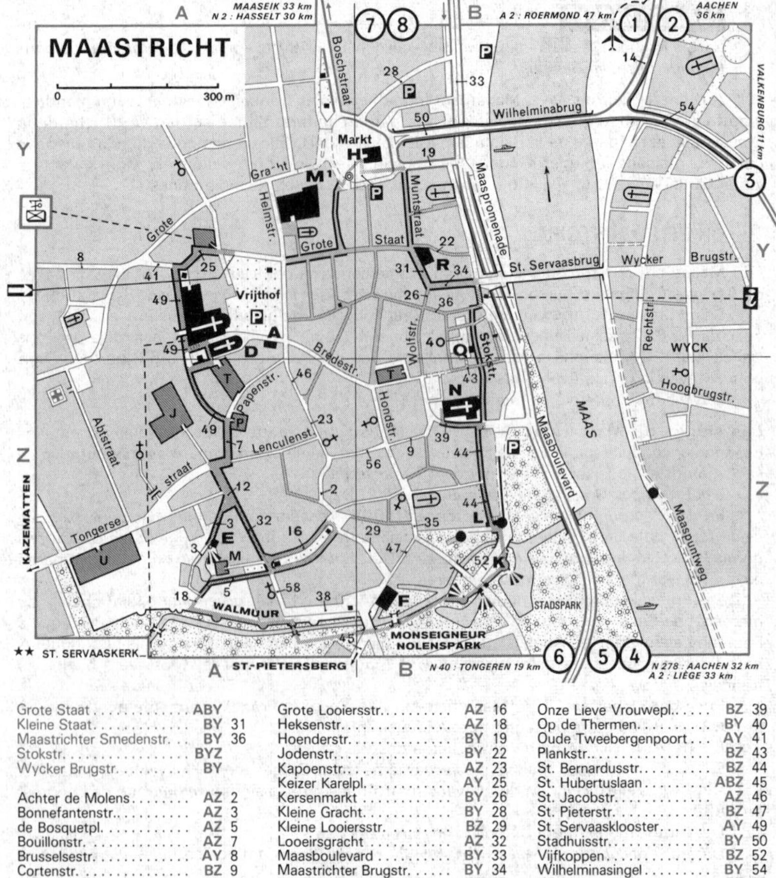

Grote Staat	ABY		Grote Looiersstr.	AZ	16	Onze Lieve Vrouwepl.	BZ	39
Kleine Staat	BY	31	Heksenstr.	AZ	18	Op de Thermen	BY	40
Maastrichter Smedenstr.	BY	36	Hoenderstr.	BY	19	Oude Tweebergenpoort	AY	41
Stokstr.	BYZ		Jodenstr.	BY	22	Plankstr.	BZ	43
Wycker Brugstr.	BY		Kapoenstr.	AZ	23	St. Bernardusstr.	BZ	44
			Keizer Karelpl.	AY	25	St. Hubertuslaan	ABZ	45
Achter de Molens	AZ	2	Kersenmarkt	BY	26	St. Jacobstr.	AZ	46
Bonnefantenstr.	AZ	3	Kleine Gracht	BY	28	St. Pieterstr.	BZ	47
de Bosquetpl.	AZ	5	Kleine Looiersstr.	BZ	29	St. Servaasklooster	AY	49
Bouillonstr.	AZ	7	Looiersgracht	AZ	32	Stadhuisstr.	BY	50
Brusselsestr.	AY	8	Maasboulevard	BY	33	Vijfkoppen	BZ	52
Cortenstr.	BZ	9	Maastrichter Brugstr.	BY	34	Wilhelminasingel	BY	54
Ezelmarkt	AZ	12	Maastrichter Heidenstr.	BZ	35	Witmakersstr.	BZ	56
Franciscus Romanusweg	BY	14	Nieuwenhofstr.	AZ	38	Zwingelput	AZ	58

Derrière la statue moderne de Charlemagne, jadis vénéré dans cette église après sa canonisation en 1165, on peut voir les restes d'un autel en pierre du 12e s.

La dernière chapelle du bas-côté gauche, vers le transept, abrite une Sedes Sapientiae (Siège de la Sagesse), Vierge à l'Enfant assise, de type mosan, du 13e s. A côté, une porte, autrefois accès principal de l'église, donne sur une galerie du cloître. Elle est surmontée à l'extérieur d'un beau tympan représentant le Christ en majesté.

La **crypte,** située sous la nef, renferme le tombeau de saint Servais, derrière des grilles, le sarcophage de Charles de Lorraine, fils du roi carolingien Louis IV d'Outremer, mort en 1001 et, sur l'ancien autel de St-Pierre, le sarcophage des évêques Monulphe et Gondulphe, fondateurs de l'église primitive du 6e s., et de deux autres évêques, Candide et Valentin.

La crypte voisine, aux piliers carrés, sous le chœur, appartient à l'église primitive du 6e s.

Trésor★★ (Kerkschat). – Le rez-de-chaussée (ancienne sacristie) et le 1er étage de la chapelle collégiale (12e s.) abritent le trésor : riche collection d'objets liturgiques, orfèvrerie surtout, ivoires, ornements sacerdotaux, peintures, retables, statues.

On admire notamment le buste de saint Servais, une clé symbolique en argent, ornée de rinceaux, qui lui aurait été remise par saint Pierre, la croix pectorale dite de saint Servais (fin du 10e s.), des fragments d'étoffes orientales (vers l'an 600), un retable bruxellois du 15e s., ainsi qu'un grand nombre de reliquaires et de châsses de la fin du 12e s.

La plus remarquable est la **châsse de saint Servais** nommée Noodkist. En chêne revêtu de cuivre doré, émaillé, ciselé et décoré de pierres précieuses, c'est une œuvre importante de l'école mosane (vers 1160); aux extrémités figurent le Christ *(illustration p. 24)* et saint Servais, sur les faces latérales, les apôtres.

Église St-Jean (St.-Janskerk) (**AY D**). – Cette église gothique, de culte protestant depuis 1632, fut construite par les chanoines de St-Servais, pour servir d'église paroissiale. Du 12e s., elle fut agrandie au 15e s. d'un chœur et d'une tour de 70 m de haut, décorée dans le style de celle d'Utrecht.

Faire quelques pas dans la rue Bonnefanten : joli point de vue sur une maison de 17e s. à pignons à redans (**AZ E**) et le jardin botanique du musée d'histoire naturelle, situé sur l'autre berge du canal. *Revenir sur ses pas pour prendre Looiersgracht.*

Grote Looiersstraat (**AZ 16**). – Sur cette charmante place ombragée entourée de vieilles maisons, un groupe sculpté représente des enfants écoutant le conteur populaire de Maastricht, Fons Olterdissen.

Remparts Sud★ (Walmuur) (**ABZ**). – Encore conservées au Sud de la ville, les murailles imposantes, dominées par de nombreuses tours, ombragées de beaux arbres et entourées d'agréables jardins, sont un des charmes de Maastricht. On peut, sur les deux sections qui subsistent, parcourir le chemin de ronde d'où l'on a de jolies vues.

Suivre le chemin de ronde, puis le quitter pour emprunter une passerelle traversant le canal de ceinture.

Monseigneur Nolenspark (BZ). – Joli parc aménagé au pied des remparts. Des animaux (chevreuils, etc.) sont abrités dans des enclos.

Reprendre le chemin de ronde. Du sommet de la première tour, on domine les étangs où évoluent cygnes et canards. Du côté Nord des remparts, on aperçoit le bâtiment du **Bejaardencentrum Molenhof** (BZ **F**). A côté, près du Jeker, se dissimule un ancien moulin à eau.

En continuant, on atteint la **tour des Cinq Têtes** (De Vijf Koppen) (BZ **K**) d'où l'on domine une vaste pièce d'eau.

Helpoort (BZ **L**). – Cette « porte de l'enfer », encadrée de deux tours rondes, est un vestige de l'enceinte du 13e s.

Basilique Notre-Dame* (Onze Lieve Vrouwebasiliek) (BZ **N**). – *Visite : de Pâques à mi-sept. 11 h - 17 h (dim. et j. fériés 13 h - 17 h); 2 fl.*

C'est le plus vieux monument de la ville. On pense qu'elle est située à l'emplacement d'un ancien temple romain où l'on construisit une cathédrale du temps où Maastricht était siège d'un évêché.

L'édifice existait déjà en l'an 1000. De cette époque date le très haut **avant-corps** qui précède l'église, comme à St-Servais. Il est flanqué de deux tourelles circulaires; sa partie supérieure, ajoutée vers 1200, est décorée d'arcatures romanes.

La nef et l'abside, qui est très belle, datent du 12e s.

Parmi d'intéressantes sculptures groupées sous le porche gauche de l'avant-corps, remarquer l'effigie d'un évêque (vers 1200).

A l'intérieur, le **chœur**** avec un déambulatoire surmonté d'une galerie, formant ainsi deux rangées de colonnes superposées, comme à St-Servais, est remarquable. En outre, les chapiteaux, richement décorés, sont d'une grande variété.

La nef présente, comme celle de Kerkrade *(p. 120)*, une alternance de piliers épais et minces portant la voûte refaite au 18e s. Le transept a été voûté d'ogives au 15e s. Le buffet d'orgues remonte à 1652.

L'église possède deux cryptes romanes, l'une sous la croisée (1018), l'autre sous l'avant-corps, et un cloître du 16e s.

Trésor (Kerkschat). – *Pour visiter, s'adresser au VVV ou auprès de J. Goessen, Onze Lieve Vrouweplein 20.*

Le trésor renferme de précieux reliquaires et châsses, des ivoires, des ornements liturgiques dont la dalmatique de l'évêque saint Lambert, du début du 8e s.

Stokstraat (BYZ). – C'est une agréable rue piétonne dont les belles maisons, restaurées, des 17e et 18e s., ornées de frontons, de pierres de façade, d'enseignes, abritent des magasins d'art, d'antiquités, d'estampes.

Au n° 28, on admire une façade ornée de frises sculptées.

A l'Ouest, sur une petite place, nommée **Op de Thermen** (BY **Q**), un pavage indique l'emplacement des anciens thermes romains découverts ici en 1840.

Dinghuis (BY **R**). – Ancienne Cour de justice du 16e s., étroite et pittoresque.

Grand-Place (Markt) (ABY). – Sur cette place animée se déroule le marché *(les merc. et vend. matin).*

L'**hôtel de ville** (stadhuis) (ABY **H**), construit entre 1659 et 1665 par Pieter Post, auteur de la Huis ten Bosch à la Haye, est un imposant quadrilatère précédé d'un grand perron et surmonté d'un campanile abritant un carillon *(concerts : en soirée en juil. et début août; sam. 12 h 30).*

Regagner le Vrijthof par des rues piétonnes traversant le quartier commerçant.

■ AUTRES CURIOSITÉS

Musée des Bons Enfants* (Bonnefantenmuseum) (AY **M**1). – *Visite : 10 h - 12 h et 13 h - 17 h (sam., dim. et j. fériés 14 h - 17 h); fermé : 1er janv., Carnaval, Vendredi saint, 25 déc.; 2,50 fl. (gratuit sam.).*

Ce musée d'archéologie, d'histoire et d'art est installé dans un édifice nommé « Entre-Deux ». Le deuxième étage abrite des collections relatives à la ville et à ses environs. Le premier étage est réservé aux expositions temporaires.

La section archéologique offre une bonne vue d'ensemble de l'époque préhistorique (céramique rubannée, mines de silex), romaine (restes du pont romain de Maastricht) et du haut Moyen Age dans le Limbourg.

Dans la section historique : vestiges d'édifices romans, poteries et porcelaines provenant de manufactures locales (collection Sphinx), copie de la maquette de Maastricht réalisée pour Louis XV sous l'occupation française (1748-1749).

La section artistique présente, outre quelques œuvres de Pierre Brueghel le Jeune (Recensement à Bethléem), Rubens, Henri Blès (Répudiation d'Hagar), Brueghel de Velours, des toiles de peintres régionaux des 17e s. et 18e s., et une importante collection de sculpture mosane du Moyen Age (belles statues de saints en bois).

Pour l'art moderne et contemporain, citons les peintres Charles Eyck (Limbourgeois né en 1897), Aad de Haas (1920-1972), Ger Lataster (né en 1920). La Belgique est représentée par des œuvres d'Ensor (1860-1949), Permeke (1886-1952) et du sculpteur flamand Oscar Jespers (1887-1970).

Casemates (Kazematten). – *Visite accompagnée : de début juil. à fin août à 14 h 30 et 16 h; 3,30 fl. Par Tongersestraat* (AZ).

Situées dans le Waldeckpark, elles appartenaient à un système de fortifications aménagé entre 1575 et 1825. Une grande partie des ouvrages de surface ont disparu en 1867, mais il subsiste des casemates dont les galeries s'étendent sur près de 10 km.

On peut visiter une partie, comprenant notamment le **Bastion Waldeck,** avec des voûtes en coupole, des réserves à poudre et des postes d'écoute, desservis par de nombreux couloirs et escaliers.

A proximité, près des murailles, se dresse une petite statue en bronze de d'Artagnan *(p. 141).*

EXCURSIONS

St.-Pietersberg*. – *2 km au Sud par Sint Hubertuslaan et Luikerweg* (**ABZ**).
Entre la vallée de la Meuse et du Geer (Jeker), la colline de St.-Pietersberg ou « montagne St-Pierre » s'élève à plus de 100 m d'altitude.
Elle est surtout célèbre pour ses **grottes,** dues à d'anciennes carrières exploitées depuis l'époque romaine. La pierre, une sorte de marne, se durcit à l'air et a été utilisée pour la construction de nombreux édifices de Maastricht. De nos jours, les galeries s'étendent sur plus de 200 km et atteignent 12 m de haut. Elles ont été excavées par abaissement du niveau du sol, si bien que les plus anciens des dessins au charbon de bois couvrant les parois sont situés près du plafond. La roche, qui est d'origine sédimentaire, renferme d'innombrables fossiles. On a retrouvé en 1780 la tête d'un animal préhistorique qui fut nommé Mosasaurus ou mosasaure (Mosa : la Meuse). De tout temps, en périodes troublées, les grottes ont servi de refuge aux habitants de Maastricht : elles conservent des traces d'habitation.
Leur température est d'environ 10° et leur humidité très importante.

Fort St-Pierre (Fort St.-Pieter). – *Visite accompagnée : renseignements auprès du VVV.*
De la terrasse de ce fort, construit en 1701, vue générale sur la ville.

Grottes de Marne - Galerie Nord (Mergelgrotten - Noordelijk Gangenstelsel). – *Visite accompagnée : début juil.-fin août 10 h - 17 h; 1er avril-début juil. et fin août-1er oct. à 14 h et 15 h 30 (sam. et dim. à 12 h 30 et 15 h 30, j. fériés 11 h - 17 h); le reste de l'année sam. à 14 h; 3,30 fl.*
Ces grottes ont abrité pendant la dernière guerre le tableau de Rembrandt, la Ronde de Nuit. On y voit de nombreux graffiti, et d'amusants bas-reliefs comme celui du Mosasaurus.

En continuant la route, puis en prenant la deuxième à gauche, on atteint d'autres grottes.

Grottes du Zonneberg (Gangenstelsel Zonneberg). – *Visite accompagnée : fin mai à début sept. 10 h 45 - 15 h 45; 3,30 fl.*
Elles sont très semblables aux précédentes, possèdent une histoire chargée et présentent des corridors hauts de 10 à 12 m couverts de nombreux graffiti.

Meerssen; Stein; Sittard; Susteren. – *35 km. Sortir par ① du plan.*

Meerssen. – 20 085 h. Ancienne résidence des rois francs. On y signa en 870 un traité qui partageait la Lotharingie, domaine du roi Lothaire II (855-869) entre Louis le Germanique et le roi de France Charles le Chauve (en 879, la Lotharingie toute entière revint aux mains de l'empereur germanique).
Meerssen attira au 13e s. des moines venus de l'abbaye St-Remi de Reims. Ils y construisirent la belle **basilique** du Saint-Sacrement (13e-14e s.). Le chœur abrite un tabernacle de pierre, de style gothique flamboyant (début du 16e s.), richement décoré, mais malheureusement très restauré.

Stein. – 26 308 h. Stein possède un petit **musée archéologique** (Archeologisch reservaat). *Schepersgats 6. Visite : 16 h - 18 h (1er oct.-30 avril sam. et dim. seulement).*
Construit pour abriter une tombe mégalithique, le musée renferme également des collections ayant trait aux sites préhistoriques, romains et mérovingiens de la région.
Le **Dolfirado** permet de suivre les évolutions des dauphins *(1er avril-1er nov. 10 h - 16 h, dim. 12 h - 16 h; 4 spectacles par jour; 6,50 fl.).*

Sittard. – 43 856 h. Sittard qui obtint ses droits de cité en 1243, fut une place forte très disputée. C'est actuellement une active cité commerçante et industrielle (chimie, électrotechnique, automobile avec Volvo). Elle est dotée de rues piétonnes et d'un théâtre (Stadsschouwburg) dont la grande salle contient 800 places *(Wilhelminastraat, près de la gare).* Parmi les nombreuses festivités de la ville, citons le carnaval *(p. 11).*
Sur la **Grand-Place** (Markt) s'élèvent l'église St-Michel (St.-Michielskerk), de style baroque du 17e s. et une pittoresque maison à pans de bois et pignon en encorbellement, construite vers l'an 1500.
Dans la Rosmolenstraat, la **Kritzraedthuis** est une belle maison bourgeoise de 1620 où ont lieu des expositions temporaires.
La **Grande église** (Grote- of St.-Petruskerk), du 14e s., renferme des stalles gothiques en bois sculpté qui seraient les plus anciennes du pays. *Visite : 9 h - 17 h (dim. et j. fériés 7 h - 18 h, sauf pendant les offices).*

Susteren. – 12 453 h. L'**église Ste-Amelberga** (St.-Amelbergakerk), ancienne abbatiale, a été édifiée dans le style roman vraisemblablement pendant la deuxième moitié du 11e s. *Visite : 15 h - 18 h 30; s'adresser à M. W. Schulpen, Feurthstraat 25, ☎ 04499-2089 ou à L. M. G. Pesgens, Past. Tyssenstraat 5, ☎ 04499-1473.*
La nef principale, très simple, couverte d'un plafond plat, s'appuie sur des piliers carrés alternant avec des colonnes trapues. La poutre de gloire porte un calvaire du 14e s. La crypte, extérieure à l'abside, est inspirée de celle de la cathédrale d'Essen, en Allemagne.

Cadier en Keer. – *5 km à l'Est par ④ du plan.*
Le **musée africain** (Afrika-Centrum) contient d'intéressantes collections artistiques et ethnographiques concernant l'Afrique occidentale. *Visite : 10 h - 12 h (sauf sam., dim.) et 14 h - 17 h; fermé les j. de fêtes religieuses; 2 fl.*

MARKEN * Noord-Holland

Cartes Michelin nos 408 - pli 11 et 211 - pli 4 – 2 136 h.

Séparée du continent au 13e s. lors de la formation du Zuiderzee, Marken était, jusqu'en 1957, une île située à 2,5 km du rivage. Rattachée maintenant à la côte, elle est située au bord du Gouwzee, sorte de mer intérieure.

De tout temps, Marken, dont la population est protestante, a constitué un cercle fermé. Elle a conservé un cachet ancien avec ses maisons de bois et ses habitants revêtent, en saison, le costume traditionnel. Avant la création de l'IJsselmeer, la population tirait ses ressources de la pêche; aujourd'hui, Marken vit en partie du tourisme.

Le village★. – *Parking obligatoire payant.* Le village comprend deux quartiers : Havenbuurt, près du port et Kerkbuurt, autour de l'église. Pour se protéger des hautes eaux, les maisons sont groupées sur de petits tertres et construites sur des pilotis qui, avant la fermeture du Zuiderzee, étaient apparents, pour laisser passage aux vagues. Elles sont pour la plupart en bois peint, d'un vert sombre, avec des pignons latéraux légèrement en encorbellement.

Les intérieurs *(on peut en visiter quelques-uns sur le port)*, peints et cirés, sont richement décorés de vaisselle et de bibelots. Les lits sont aménagés dans les alcôves où se trouve également un petit tiroir qui servait de berceau.

Les costumes★. – Les femmes superposent un jupon rayé, une large jupe et un tablier noir. Le corsage à rayures, porté en été est couvert d'un corselet et d'un plastron imprimé. La coiffure se réduit à une calotte en dentelle et coton bariolé, d'où sort parfois sur le front une frange de cheveux empesés en forme de visière. Les hommes portent un gilet court, une culotte bouffante serrée aux genoux et des chaussettes noires. Les enfants sont plus rarement en costume : garçons et filles portent la jupe et le bonnet, seules les formes et les couleurs diffèrent.

Le costume des jours de fête et, en particulier, celui de la Pentecôte, est plus raffiné.

MIDDELBURG ★ Zeeland P

Cartes Michelin nos 408 - pli 15 et 212 - pli 12 – *Schéma p. 76* – 38 655 h.

Middelburg fut autrefois la perle de Walcheren. Centre touristique très fréquenté, cette ville ancienne est entourée de canaux et de fossés marquant les limites de son enceinte fortifiée. Deux moulins de remparts du 18e s. (A) s'y dressent encore.

UN PEU D'HISTOIRE

Jadis, Middelburg, cité commerciale et prospère, s'adonnait au commerce du drap et à l'importation des vins d'Argenteuil et de Suresnes, qui transitaient par le port de Rouen et arrivaient au Rouaansekaai.

Les Gueux s'en emparèrent en 1574. En 1595 et 1692 la ville reçut une ligne de fortifications à bastions. Celle-ci est demeurée à peu près intacte jusqu'à nos jours, mais, des anciennes portes, seule subsiste la **Koepoort** (B A) au Nord.

C'est un lunetier de Middelburg, Zacharias Jansen, qui aurait inventé le microscope en 1590 et la lunette d'approche en 1604. Cependant certains préfèrent attribuer l'invention du microscope à Van Leeuwenhoek.

Middelburg continua de prospérer aux 17e et 18e s. grâce à la Compagnie des Indes qui y possédait un comptoir. En 1940 un violent bombardement allemand détruisit le centre historique de la ville. Ses monuments reconstruits, elle reste le grand marché de Walcheren.

Le 30 avril, sur le Dam et, en juillet et août, sur le Molenwater, on peut assister à un **« ringrijden »**, sorte de parade à cheval dont l'enjeu consiste à décrocher un anneau. Sur le Vismarkt se déroule en été *(jeudi)* un marché d'antiquités et le premier samedi de chaque mois, un marché aux puces.

■ PRINCIPALES CURIOSITÉS *visite : 2 h*

Hôtel de ville★ (Stadhuis) (A H). – *Visite accompagnée : du lundi avant Pâques au 30 sept. 10 h - 12 h et 13 h 30 - 16 h 30 (jeudi 13 h - 17 h); fermé sam., dim. et j. fériés; 1,50 fl.*

Dominant la **Grand-Place** (Markt) (A) où se déroule le marché *(jeudi)*, cet édifice majestueux, commencé en 1452 par deux architectes de la famille des Keldermans, de Malines (Belgique), est inspiré de l'hôtel de ville de Bruxelles. Détruit en partie en mai 1940, il a été reconstruit.

La façade principale est remarquable avec son premier étage percé de dix fenêtres gothiques aux tympans ouvragés. Entre chaque fenêtre, des doubles niches abritent les statues adossées, refaites au 19e s., des comtes et comtesses de Zélande. Le toit est orné de 24 lucarnes et, à gauche, la façade s'y prolonge en pignon à pinacles. Le perron central ainsi que la partie arrière de l'édifice ont été ajoutées au 18e s.

Une tourelle octogonale, finement décorée et flanquée au 17e s. d'une balustrade ajourée s'élève à droite.

Un beffroi de 55 m, cantonné de quatre clochetons, domine l'ensemble.

L'intérieur a été meublé à l'ancienne, en particulier l'immense **Burgerzaal**, ancienne halle aux draps.

A l'arrière de l'hôtel de ville s'élève une jolie chapelle restaurée, nommée **Église anglaise** (Engelse kerk) (A B).

Abbaye★ (Abdij) (B D). – Aujourd'hui siège du gouvernement provincial de Zélande, ce vaste ensemble conventuel était au 12e s. une abbaye de Prémontrés (ordre fondé par saint Norbert en 1120) qui dépendait de St-Michel d'Anvers. Elle fut sécularisée après la prise de la ville par les Gueux.

A l'Est, la porte de l'enceinte ou **Gistpoort** (B E) montre, sur le Damplein, une belle façade du 16e s. encore marquée par le gothique.

Son et lumière : de mi-juin à fin août merc., jeudi et vend. 21 h et 21 h 30; 3,75 fl.

Églises abbatiales (B F). – *Visite : 1er avril-30 sept. 9 h 30 - 12 h et 13 h 30 - 17 h; fermé sam., dim. et j. fériés.*

Au Sud de l'abbaye, deux églises se font suite.

La **Koorkerk** ou Église chorale, à une nef et abside, du 14e s., contient un orgue du 15e s. dont le buffet a été rénové au 16e s. Dans la **Nieuwe Kerk** ou Nouvelle église, du 16e s., ont lieu en été des concerts d'orgue.

Contre la Koorkerk est adossée la **tour Lange Jan.** Construction octogonale en pierre du 14e s., couronnée d'un petit bulbe du 18e s. elle s'élève à 85 m. *Visite : de fin mars à début oct. 10 h - 17 h; fermé dim. et j. fériés; 1,15 fl.* Du sommet, belle vue sur l'abbaye, la ville et ses canaux. *Concerts de carillon en été; renseignements auprès du VVV.*

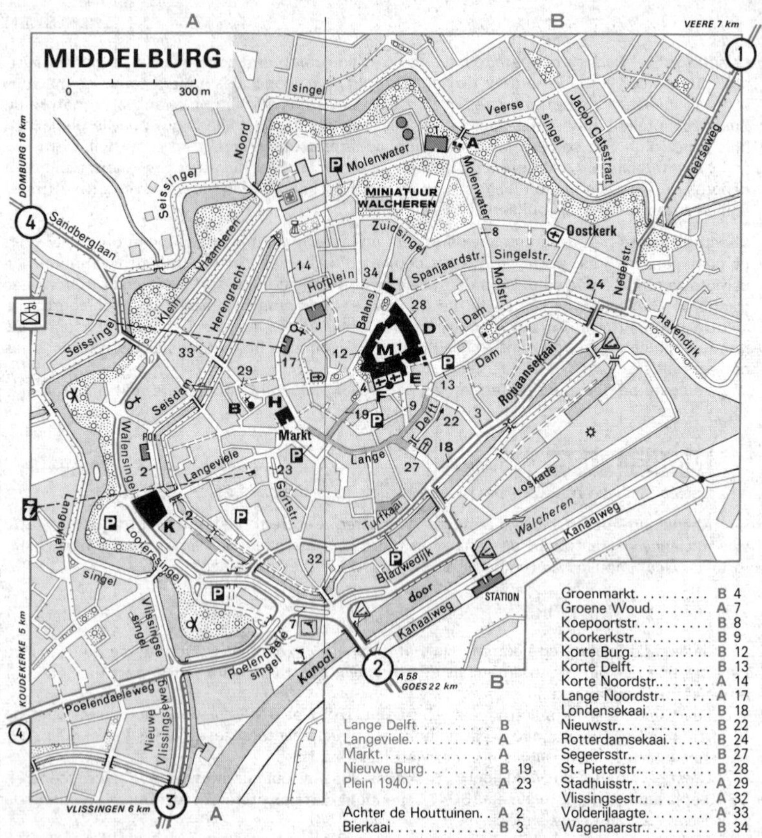

Musée de Zélande★ (Zeeuws Museum) (B M[1]). – *Visite : 10 h - 17 h (13 h 30 - 17 h sam., dim. et j. fériés); fermé sam. (sauf mai et sept.), dim. de sept. à mai, j. fériés sauf le 2e jour en cas de fêtes doubles; 2,50 fl.*

Il a été aménagé dans l'ancien quartier des hôtes, flanqué de gracieuses tourelles et abrite des collections régionales très variées.

Dans la section archéologique, une salle est consacrée à la déesse celte **Nehalennia** dont on a trouvé en 1647 à Domburg et en 1970 à Colijnsplaat (île de Noord-Beveland) plusieurs stèles votives datant de l'époque romaine. La déesse est souvent représentée assise, vêtue d'une longue robe et d'une capeline, accompagnée d'un chien, et portant une corbeille de fruits.

Au rez-de-chaussée, collection d'ossements d'animaux (cerf, mammouth) découverts dans les embouchures de l'Escaut et « cabinet de curiosités » où l'on peut voir notamment un planétarium.

Au 1er étage est exposée, dans une grande salle, une belle série de **tapisseries** de la fin du 16e s. et du début du 17e s.; plusieurs illustrent les victoires navales des Zélandais sur les Espagnols.

Après avoir traversé des salles d'arts décoratifs des 17e s. et 18e s. où l'on admire meubles et argenterie de Zélande, porcelaine chinoise, faïence de Delft, on gagne le grenier, qui contient une remarquable collection de **costumes** et de coiffes de Zélande; dans une vitrine rotative sont reconstituées des scènes d'intérieur.

■ AUTRES CURIOSITÉS

Kloveniersdoelen (A K). – C'est l'ancien hôtel des arquebusiers, construit en 1607 et 1611 dans le style de la Renaissance flamande. Il fonctionna, à partir de 1795, comme hôpital militaire. Il offre une très large façade en brique striée de pierre blanche et égayée de volets peints.

Le pignon central à volutes porte un bas-relief sculpté d'arquebuses, de boulets de canon et surmonté d'une aigle. Le haut toit d'ardoises est percé de lucarnes aux volets peints. En arrière s'élève une tourelle octogonale à bulbe portant une girouette en forme d'arquebusier.

Miniatuur Walcheren★ (B). – *Visite : 1er avril-30 sept. 9 h 30 - 17 h; 3,50 fl.*

C'est une maquette en plein air représentant l'île de Walcheren avec ses routes, ses digues, ses ports et ses principaux édifices, réalisée à l'échelle de 1/20e.

En face s'élève l'austère Koepoort, de 1735.

Les quais (B). – Les quais **Rotterdamsekaai, Rouaansekaai, Londensekaai** sont bordés d'une belle rangée de maisons du 18e s., témoins de la prospérité de l'époque.

Oostkerk (B). – Cette église octogonale à bulbe est d'un type assez courant parmi les édifices protestants du 17e s. Parmi les architectes qui l'édifièrent entre 1646 et 1667 figurait Pieter Post.

St.-Jorisdoelen (B L). – Cet ancien local de garde civique datant de 1582 a été reconstruit dans le style primitif en 1970. Semblable à celui de l'ancien hôpital, son pignon central à volutes est surmonté de la statue de saint Georges (Sint Joris).

EXCURSION

Domburg; Westkapelle; Vlissingen. – *Circuit de 49 km – schéma p. 76. Sortir par ④ du plan.*

Domburg. – 3 902 h. Cette station balnéaire disposant d'une vaste plage située au pied de hautes dunes est très fréquentée. A l'Ouest, le sommet de la plus haute dune offre une **vue** intéressante sur Domburg et le littoral.

La route suit les dunes qui isolent l'île de Walcheren de la mer. Quelques fermes, entourées d'un rideau d'arbres, jalonnent le parcours. Elles sont souvent accompagnées d'une grange en bois aux portes et fenêtres encadrées de blanc.

Westkapelle. – 2 558 h. Ce bourg est situé à la pointe occidentale de l'île de Walcheren, où les dunes, insuffisantes pour résister aux courants, sont consolidées par des **digues.** Celles-ci s'étendent sur 4 km et leur crête la plus haute s'élève à 7 m au-dessus du niveau de la mer. En 1944, elles furent bombardées par les Alliés, ce qui provoqua l'inondation de l'île et permit d'en expulser les Allemands. Les brèches ont été comblées en 1945. Westkapelle, station balnéaire familiale, jouit d'une plage exposée au Sud. Le **phare** est installé au sommet du clocher d'une ancienne église gothique, disparue lors d'un incendie.

Zoutelande. – Petite station balnéaire.

Vlissingen. – 46 348 h. Seul grand port sur la mer, à l'embouchure de l'Escaut, Flessingue acquit de l'importance dès le 14ᵉ s. pour le commerce et la pêche au hareng. Philippe II s'y embarqua en 1559 lorsqu'il quitta définitivement les Pays-Bas pour l'Espagne. De 1585 à 1616 la ville fut donnée en gage à l'Angleterre en garantie des frais engagés par l'armée de Leicester pour soutenir les Provinces-Unies après l'assassinat de Guillaume le Taciturne.

A Flessingue naquit l'**amiral De Ruyter** (1607-1676) qui se distingua pendant la troisième guerre contre l'Angleterre (1672-1674) et fut mortellement blessé lors d'une bataille près de Syracuse. Le dessinateur français **Constantin Guys** (1802-1892) surnommé par Baudelaire « le peintre de la vie moderne » vit aussi le jour dans cette ville.
Port de pêche, Flessingue, qui commande l'entrée du canal de Walcheren, est un centre industriel avec d'importants chantiers navals. Des bateaux de guerre y sont amarrés. Une gare maritime assure la liaison avec l'Angleterre (Sheerness) et avec la Flandre zélandaise (Breskens, *p. 163*). Flessingue possède une École supérieure de Navigation.
Promenades en bateau le long de Walcheren : s'adresser en juil.-août au VVV.
La façade maritime de la ville est constituée par une longue avenue doublée d'une promenade et nommée **Boulevard.** On y remarque la **Gevangentoren,** ou tour de la prison, du 15ᵉ s. En contrebas s'étend une grande plage abritée des vents du Nord. A l'extrémité du Boulevard, sur un ancien bastion construit par Charles Quint, s'élèvent un petit phare et la statue de l'amiral De Ruyter. De là, **vue** sur le port en contrebas et sur l'**ancienne Bourse** de 1635, joli bâtiment à volets verts, surmonté d'un clocheton.

Rentrer à Middelburg par ③ du plan.

NIJMEGEN * (NIMÈGUE) Gelderland

Cartes Michelin nᵒˢ 408 - 19 et 211 - pli 16 – 147 172 h. – *Plan d'agglomération dans le guide Michelin Benelux.*

Seule ville des Pays-Bas bâtie sur plusieurs collines, Nimègue est la porte de la région des fleuves, grâce à sa situation sur le Waal, bras principal du Rhin, et à proximité du Maas-Waalkanaal.

UN PEU D'HISTOIRE

Ancien oppidum des Bataves, Nimègue fut conquise par les Romains sous l'empereur Auguste puis incendiée en 70 après J.-C. par le Romain Cerialis, général de l'empereur Vespasien qui s'efforçait de réduire la **révolte des Bataves** fomentée, l'année précédente, par **Claudius Civilis.** Elle devint ensuite une prospère cité romaine nommée Ulpia Noviomagus. Charlemagne, dont c'était l'un des séjours favoris, s'y fit construire un palais, sur l'actuel Valkhof. La ville du Moyen Age se développa à l'Ouest de ce palais. Elle s'affilia au 14ᵉ s. à la ligue hanséatique. Tombée aux mains d'Alexandre Farnèse en 1585, elle fut reprise en 1591 par Maurice de Nassau.

La paix de Nimègue. – Après que les Français conduits par Turenne s'en furent emparés sans difficulté en 1672, Nimègue donna son nom aux trois traités qui furent signés là entre la France, les Provinces-Unies, l'Espagne (1678) et l'empire germanique (1679). Ils marquent l'apogée du règne de Louis XIV qui, à l'issue d'une guerre commencée en juin 1672 contre les Provinces-Unies, annexait à la France la Franche-Comté et une partie de la Flandre. Les Provinces-Unies restaient intactes.

C'est au cours des conférences préparatoires de ces traités que la langue française commença à s'imposer comme langue diplomatique (les traités furent néanmoins rédigés en latin, selon l'usage). Le premier traité rédigé en français fut celui de Rastatt en 1714.

En février 1944, la ville fut bombardée par les Américains. Au moment de la bataille d'Arnhem *(p. 60)*, en septembre, Nimègue fut témoin de durs combats. Le pont sur le Waal (Waalbrug), construit en 1936, menacé de destruction par les Allemands, fut sauvé par un jeune habitant de la ville, Jan van Hoof. Une plaque a été érigée à sa mémoire au centre du pont, côté Est. Un monument (**Y A**), à l'entrée Sud du pont, commémore la libération de la ville.

L'Université catholique des Pays-Bas, fondée en 1923, est installée depuis 1949 dans un campus situé au Sud de la ville, sur la route de Venlo.

Nimègue est la ville natale de **saint Pierre Canisius** (1521-1597), docteur de l'Église.

Promenade en bateau (**Y**). – *Sur le Waal (à Ewijk et Millingen), en saison : s'adresser à Rederij Tonissen, Waalkade.*

NIJMEGEN

Augustijnenstr. . . . . Y 2
Bloemerstr. . . . . Y
Broerstr. . . . . Y
Burchstr. . . . . Y
Lange Hezelstr. . . . . Y
Molenstr. . . . . YZ

Passage Molenpoort. . . . . . . YZ 29
Plein 1944. . . . . Y 32
Ziekerstr. . . . . Y

Bisschop Hamerstr. . . . . Z 3
van Broeckhuysenstr. . . . . . . YZ 4
Doddendaal. . . . . Y 7
Grote Markt. . . . . Y 14
Keizer Karelpl. . . . . Z 18

Mariënburg. . . . . Y 22
Mr. Franckenstr. . . . . Z 24
Nieuwe Ubbergseweg. . . . . Y 25
van Oldenbarneveltstr. . . . . Z 27
Prins Hendrikstr. . . . . Z 33
van Schevichavenstr. . . . . Z 34
Stikke Hezelstr. . . . . Y 42
van Triestst. . . . . Z 43
Voerweg. . . . . Y 44

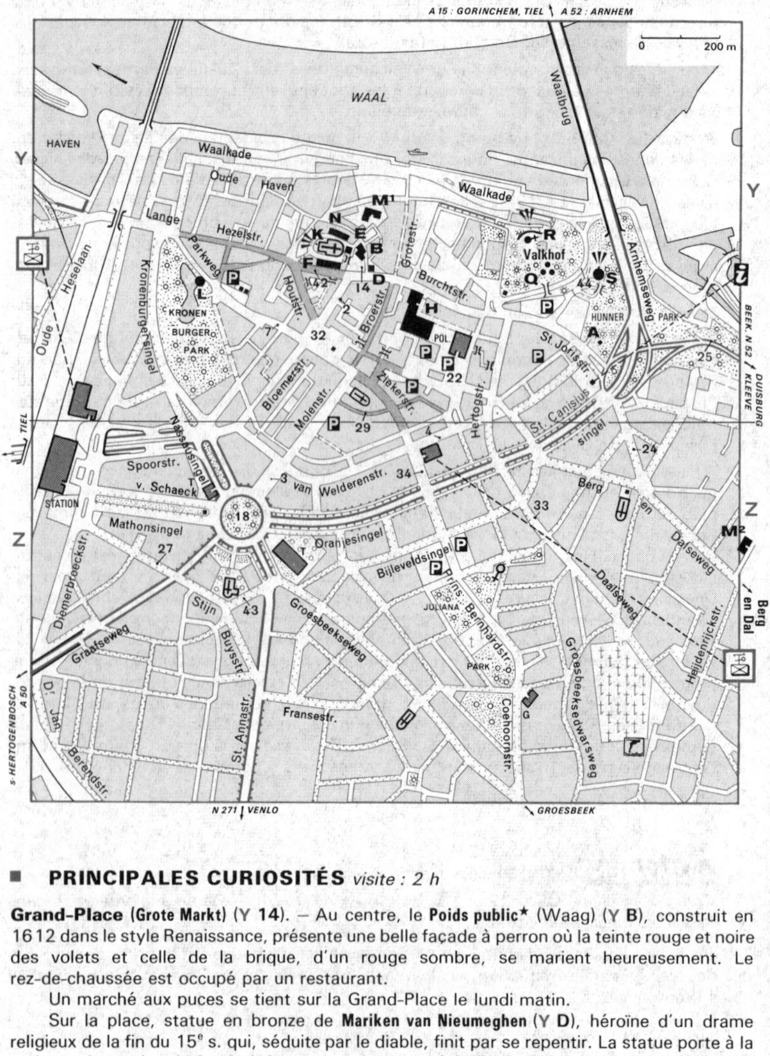

■ PRINCIPALES CURIOSITÉS *visite : 2 h*

Grand-Place (Grote Markt) (Y 14). – Au centre, le **Poids public**★ (Waag) (Y B), construit en 1612 dans le style Renaissance, présente une belle façade à perron où la teinte rouge et noire des volets et celle de la brique, d'un rouge sombre, se marient heureusement. Le rez-de-chaussée est occupé par un restaurant.

Un marché aux puces se tient sur la Grand-Place le lundi matin.

Sur la place, statue en bronze de **Mariken van Nieumeghen** (Y D), héroïne d'un drame religieux de la fin du 15e s. qui, séduite par le diable, finit par se repentir. La statue porte à la mains trois cercles de fer dont le pape avait ordonné à Mariken de ceindre son cou et ses bras. Ils se détachèrent d'eux-mêmes lorsqu'elle eut expié sa faute.

Près du Poids public se trouve un ensemble de quatre maisons du 17e s. (Y E). L'une est percée d'un passage voûté à pignon décoré (1605), le **Kerkboog**, qui conduit à l'église St-Étienne. Près du chevet de l'église, l'ancienne **École latine** (Latijnse School) (Y F) est une belle construction de 1554.

Église St-Étienne (St.-Stevenskerk) (Y K). – *Visite : 15 juin - 15 août 10 h - 17 h (sam. 10 h - 13 h; dim. 14 h - 17 h); 15 mai - 15 juin et 15 août- fin sept. 10 h - 12 h 30 et 13 h 30 - 17 h (sam. 10 h -13 h; fermé dim.); 0,60 fl.*

Cette vaste église gothique du 13e s., agrandie au 15e s., est flanquée d'une massive tour carrée surmontée d'un clocheton octogonal à bulbe (1604) où se trouve un carillon du 18e s. *(concerts : juil.-sept. jeudi 19 h 30).*

L'intérieur renferme un beau **mobilier** : le tambour du bras droit du transept (1632), le « banc des seigneurs », de style Renaissance, par le Niméguois Cornelis Hermansz Schaeff, et, par Joost Jacobs, la chaire, Renaissance.

On admire aussi le banc des princes du 18e s., orné des armoiries de la ville (aigles) et de la province (lions), l'orgue construit au 18e s. par König *(concerts, en particulier en saison)* et les lustres en cuivre.

Tour (Toren). – *Accès par la façade Ouest. Visite : 0,25 fl.*

Du sommet *(183 marches),* panorama sur la ville et sur le Waal. Remarquer, dans le Kronenburgerpark, une ancienne tour d'enceinte (Y L), du 15e s.

Les abords de l'église ont été restaurés. Au Nord se dressent de jolies maisons à pignon, les **Kannunikenhuizen** ou maisons des chanoines (Y N).

Musée municipal (Nijmeegs Museum « Commanderie van St.-Jan ») (Y M1). – *Visite : 10 h - 17 h (dim. et j. fériés 13 h - 17 h); fermé 25 déc.*

Cet édifice de brique des 15e et 16e s., restauré, dominant le Waal, est un ancien hôpital. Fondé au 13e s. pour héberger les pèlerins se rendant en Terre sainte, celui-ci devint au 13e s. possession de l'ordre des Hospitaliers de St-Jean de Jérusalem.

Des gravures, objets, maquettes, peintures, agréablement exposés, permettent de se documenter sur l'histoire de la ville. Le triptyque anonyme représentant un calvaire de 1526 avec la famille de saint Pierre Canisius, la vue du Waal avec le Valkhof, par Van Goyen, le tableau de la Paix de Nimègue, peint pour Louis XIV en 1678, et les collections ayant appartenu aux corporations ou guildes (colliers d'argent, pots en étain) sont particulièrement remarquables.

Hôtel de ville (Stadhuis) (Y H). – *Visite accompagnée : 15 mai - 30 sept. à 14 h et 15 h 30; fermé sam. et dim.; 0,50 fl.* Ce bel édifice des 16ᵉ et 17ᵉ s., en partie détruit par les bombardements, a été restauré en 1953. Il est flanqué d'une tourelle à bulbe. L'extérieur est orné de statues sculptées par Albert Termote et représentant des empereurs qui favorisèrent Nimègue ou qui ont joué un rôle dans son histoire. A l'angle, statue de la Vierge.

A l'intérieur, on peut voir de belles salles décorées à l'ancienne, la salle des Échevins (Schepenhal), la salle des Mariages (Trouwzaal). Dans la **Trèveszaal** dont les murs sont ornés de verdures (tapisseries représentant des paysages) furent signés les traités de 1678 et 1679. Dans la salle du Conseil (Raadzaal) et la grande salle (Burgerzaal) sont exposées des tapisseries.

(D'après photo Nijmeegs Museum « Commanderie van St. Jan »

Musée municipal. – Collier de guilde

Valkhof (Y). – Ce parc est aménagé sur l'emplacement d'une résidence construite par Charlemagne. Elle portait le nom de « tour du faucon » parce que Louis le Débonnaire, fils de Charlemagne, y possédait un élevage de faucons pour la chasse. Le palais reconstruit par l'empereur Frédéric Barberousse au 12ᵉ s., a été détruit au 18ᵉ s.

Chapelle St-Martin (St.-Maartenskapel) (Y Q). – Au centre du parc se trouvent les vestiges de la chapelle romane du palais de Frédéric Barberousse. Il en subsiste une belle abside en cul-de-four ornée, à l'entrée du chœur, de deux colonnes à chapiteaux à feuillages, et à l'extérieur, d'arcatures aveugles.

Chapelle St-Nicolas* (St.-Nicolaaskapel) (Y **R**). – Près d'une terrasse d'où la **vue** est intéressante sur le Waal, se dissimule, dans les arbres, cette ancienne chapelle du palais carolingien, probablement remaniée au 11ᵉ s. Elle compte 16 pans; elle est coiffée d'une tourelle octogonale. On aperçoit, à l'intérieur, les piliers qui circonscrivent un espace central en forme d'octogone; à l'étage court une galerie à baies géminées.

Belvédère (Y S). – C'est le nom d'une ancienne tour de guet (1640) de l'ancienne enceinte, aménagée en restaurant, dont la terrasse offre une belle **vue** sur le Waal.

■ AUTRE CURIOSITÉ

Musée (Rijksmuseum) G. M. Kam (Z M²). – *Visite : 10 h - 17 h (dim. et j. fériés 13 h - 17 h); fermé lundi et 25 déc.; 3 fl.* Il renferme des antiquités romaines provenant principalement des fouilles effectuées à Nimègue et dans les environs.

Le rez-de-chaussée évoque Nimègue aux époques romaines (poteries, bronzes, maquettes) et franque (épées). On remarque dans le hall une collection de céramique ainsi qu'une coupe en argent finement travaillée, trouvée dans la Meuse près de Stevensweert (Sud de Roermond), un portrait de bronze de l'empereur Trajan, un grand gobelet orné de gladiateurs. Au 1ᵉʳ étage, belle collection de verres romains et d'objets de la vie quotidienne.

EXCURSIONS

Heilig Land Stichting. – *4 km au Sud-Est par Groesbeekseweg* (Z).

Au Nord de **Groesbeek,** le Heilig Land Stichting (Fondation Terre Sainte) est une sorte de musée biblique en plein air.

Deux circuits fléchés font parcourir un bois de 45 ha où des reconstitutions évoquent la Palestine des temps bibliques. Le circuit A est consacré à la vie quotidienne : tentes de bédouins, fermes, villages et quartiers urbains. Le long du circuit B sont reproduits les lieux de la Passion du Christ : jardin des Oliviers, palais de Pilate, Calvaire, Saint-Sépulcre.

Une église néo-byzantine s'élève à proximité.

Berg en Dal. – *6 km à l'Est par Berg en Dalseweg* (Z).

Cette localité est située dans une région appréciée pour son paysage boisé et vallonné. Un **musée africain** (Afrika Museum) est installé au Sud. *Postweg 6. Visite : 10 h - 17 h (1ᵉʳ avril - 30 sept. dim et j. fériés 11 h - 17 h; 1ᵉʳ oct. - 31 mars, sam., dim. et j. fériés 13 h - 17 h); fermé 1ᵉʳ janv., 25 déc.; 2,50 fl.*

Il comprend une collection de sculptures dont des masques et des objets usuels, aménagée dans un édifice moderne et un village africain (Afrikadorp) reconstitué en plein air.

Le **Duivelsberg,** colline boisée de 76 m d'altitude, est sillonné de sentiers. En suivant les panneaux « Pannekoeken » (indiquant un restaurant), on atteint un parking. De là, une promenade balisée mène à un belvédère : **vue** sur la plaine allemande et le lac de Wijlermeer.

Doornenburg. – *18 km au Nord-Est. Sortir par Waalbrug* (Y) *et tourner vers Bemmel et Gendt.*

Ce village possède un **château** (Kasteel), du 14ᵉ s., reconstruit après la Deuxième Guerre mondiale. *Visite accompagnée : s'adresser à Mr. Derksen, ☏ (0) 8812-1456.*

Il se compose d'une haute forteresse carrée, entourée d'eau, couronnée de tourelles et reliée par une passerelle à une cour fortifiée où se trouvent la chapelle et la ferme.

NUENEN Noord-Brabant

Cartes Michelin nos 408 - pli 18 et 212 - Nord du pli 18 (8 km au Nord-Est d'Eindhoven) – 17 699 h.

Ce bourg garde le souvenir de **Vincent van Gogh** *(p. 54)* qui, après avoir passé quelques mois dans la Drenthe, vint séjourner dans le presbytère où habitait son père, de décembre 1883 à novembre 1885. C'est là qu'il attaqua vraiment la peinture à l'huile avant de partir pour Anvers. Il brossa de nombreux portraits de paysans qui lui servirent d'études pour sa grande toile : Les mangeurs de pommes de terre.

■ CURIOSITÉS *visite : 1/2 h*

Monument à Van Gogh. – *Sur une petite place triangulaire à l'embranchement de la route de Mierlo, près d'un grand tilleul entouré de rejets.* Réalisée par Hildo Krop en 1932, c'est une sobre stèle en pierre noire, gravée d'un soleil et reposant sur un socle rond portant une inscription relative au séjour de Van Gogh.

Le presbytère. – *On ne visite pas.* A quelques pas au Sud du monument, au n° 26 de la grand-rue, la maison où le père de Vincent van Gogh finit sa vie, en mars 1885, est telle que l'artiste la peignit, avec ses grands volets verts, et la haie qui la sépare de la rue.

Centre de Documentation sur Van Gogh (Van Gogh Documentatiecentrum). – *Visite : 9 h - 12 h et 14 h - 17 h; fermé sam. et dim.; 1 fl.*

Près de la nouvelle mairie (Gemeentehuis), un petit bâtiment construit à cet effet abrite une exposition de photos et de documents concernant le séjour du peintre à Nuenen.

Moulin. – *Au Nord, prendre à droite de la rue principale la direction de 't Weefhuis (maison de tisserand).* Près d'un étang, un moulin est perché sur une butte.

POLDER DU NORD-EST (NOORDOOSTPOLDER) Overijssel

Cartes Michelin nos 408 - plis 11, 12 et 210 - plis 15 à 17 – *Schémas p. 130* – 37 545 h.

C'est le second polder réalisé dans un plan d'assèchement du Zuiderzee *(p. 129)*.

Assèchement. – Le polder couvre plus de 48 000 ha. Sa digue de ceinture, construite de 1937 à 1940, a une longueur de 55 km. Le polder fut asséché, à partir de 1941, à l'aide de trois stations de pompage situées à Vollenhove, Urk et Lemmer, qui évacuèrent 1,5 milliard de m^3 d'eau. Des canaux de drainage furent creusés et l'exondation achevée en 1942.

Le polder est rattaché à un ancien îlot du Zuiderzee, Urk (alt. 9 m) et englobe celui de Schokland (alt. 3,5 m) qui est aujourd'hui le point culminant de ce territoire dont le niveau le plus bas est à 5 m au-dessous de la mer.

Mise en valeur. – Après l'assèchement, on construisit 500 km de routes. On édifia au centre du polder une capitale, **Emmeloord.** Le polder du Nord-Est est surtout consacré à l'agriculture. De 1942 à 1962 on l'assainit, le fertilisa et on y construisit 1 650 fermes. Les exploitations les plus petites sont groupées près des villages; les plus importantes comportent une habitation reliée à une grange par une étable. Les lotissements donnent au paysage un aspect géométrique. Dans les prés se mêlent vaches et moutons; les cultures de blé, de pommes de terre, de betteraves à sucre alternent avec quelques champs de fleurs.

■ QUELQUES CURIOSITÉS

Emmeloord. – La capitale du polder a été édifiée selon les conceptions de l'urbanisme contemporain. Au centre, le **château d'eau,** édifié en 1957, alimente en eau potable tout le polder et possède un carillon de 48 cloches. Du sommet *(visite : 1er juin - 31 août 11 h - 12 h et 13 h - 16 h; 10 h - 16 h le jeudi; fermé lundi, dim et j. fériés; 1 fl.)* la **vue** s'étend jusqu'à la côte frisonne, Urk et la centrale électrique de Flevoland-Est.

Schokland. – *Entre Ens et Nagele.* Jadis île du Zuiderzee, de forme allongée, elle comprenait trois villages qui ont été abandonnés en 1859 : en raison de sa faible altitude, l'île était difficile à défendre contre la mer. L'ancienne église qui se dresse au centre et ses abords ont été aménagés en un **musée des polders de l'IJsselmeer** (Museum voor de IJsselmeerpolders). *Visite : 10 h - 17 h; fermé lundi de novembre à mars, 1er janv., 25 déc.; 1,50 fl.*

On s'y documente sur le milieu naturel des polders, reproduit à l'aide d'animaux naturalisés, sur le passé médiéval de la région évoqué par les découvertes archéologiques effectuées au cours des travaux d'aménagements (bâtiment 1), sur son peuplement à l'époque préhistorique (chapelle) et son évolution géologique (bâtiment 3).

Derrière le presbytère est conservée une partie de la palissade en bois qui protégeait l'île des assauts de la mer. Deux stèles scellées sur les murs de l'église et du presbytère montrent le niveau atteint par les différentes inondations.

Urk*. – 10 696 h. Cette ancienne île est rattachée à la terre depuis la création du polder du Nord-Est dont elle est séparée administrativement. C'est aujourd'hui un petit port très fréquenté par les touristes. Urk est reliée par bac à Enkhuizen : *début mai-15 juil. et fin août-10 sept. deux fois par jour; 16 juil.-fin août trois fois par jour; pas de service le dim.; aller simple : 8 fl., aller-retour 13 fl.; pour passer une voiture, téléphoner au (0) 2280-3164.*

Jadis spécialisée dans la pêche à l'anguille, Urk dont les habitants pêchent à la fois dans l'IJsselmeer et dans la mer du Nord, possède à l'heure actuelle le plus grand marché aux poissons du pays. Les **bassins portuaires** ont conservé leur aspect pittoresque, avec les chalutiers trapus, peints de couleurs vives, des pêcheurs d'anguille.

Urk garde de son passé insulaire quelques particularismes. Les habitants âgés portent encore le costume traditionnel : pour les hommes, habit noir dissimulant une chemise rayée; pour les femmes, jupe noire agrémentée d'un plastron fleuri ou brodé, coiffe de dentelle placée sur un serre-tête en métal terminé par des têtes d'animaux.

Près de l'église située au sommet de la butte, une terrasse offre une **vue** sur l'IJsselmeer et la digue qui protège le polder. Des plaques apposées au parapet évoquent la mémoire des pêcheurs d'Urk disparus depuis 1816.

ROERMOND Limburg

Cartes Michelin n°s 408 - pli 19 et 212 - pli 20 – 38 192 h. – *Plan dans le guide Michelin Benelux.*

Au confluent de la Meuse et de la Roer, près de la frontière germano-néerlandaise, Roermond, nommée jadis Ruremonde en français, est une ville industrielle (Philips, isolants, papier, chimie, produits laitiers), la plus importante cité du centre du Limbourg.

Par son évêché fondé en 1559, elle est en outre la capitale religieuse de cette province très catholique.

Roermond était jadis le chef-lieu de la Haute-Gueldre. Elle obtint ses droits de cité en 1232 et reçut bientôt une enceinte dont subsiste la **Rattentoren,** du 14e s., sur le Buitenop.

Roermond est l'une des premières villes prises en 1572, en juillet, par Guillaume le Taciturne venu de Dillenburg et entrant dans le pays mais elle fut reprise par les Espagnols dès le mois d'octobre. Roermond appartint ensuite à l'Autriche, à la France, et ne revint qu'en 1815 au royaume des Pays-Bas.

La ville, qui a beaucoup souffert de la dernière guerre, a été en partie reconstruite. Elle possède deux ports de plaisance, et de vastes plans d'eau situés entre la Meuse et un canal latéral.

■ CURIOSITÉS *visite : 3/4 h*

Église Notre-Dame (O. L. Vrouwekerk) ou Munsterkerk. – *Munsterplein, au centre de la ville. Visite : vend. et sam. 14 h - 17 h.*

C'est l'ancienne église d'une abbaye de cisterciennes. De style rhénan, elle a été commencée en 1218 dans le style de transition du roman au gothique et restaurée à la fin du 19e s. par Cuypers.

Elle est flanquée à l'Ouest d'un porche massif encadré de deux tours à flèche et surmontée, à la croisée du transept, d'une coupole flanquée de deux tourelles.

Le plan tréflé de la partie orientale, avec les bras du transept terminé par des hémicycles, la galerie extérieure de l'abside, les toitures des tours et des tourelles, en forme de mitres, le décor de bandes lombardes, sont caractéristiques des édifices rhénans.

L'église renferme un retable brabançon, en bois, sculpté et peint vers 1530 et, à la croisée du transept, le tombeau des fondateurs de l'abbaye, le comte de Gueldre Gérard IV et son épouse Marguerite de Brabant.

A proximité de l'église, à l'angle de Pollartstraat, le **Prinsenhof,** construit en 1665-1670, est l'ancien palais des stathouders de Haute-Gueldre, à l'époque de la domination espagnole.

Emprunter la principale rue commerçante, piétonne, Steenweg.

Cathédrale (Kathedrale Kerk). – Dédiée à saint Christophe, elle s'élève près de la Grand-Place (Markt). Construite en 1410, dans le style gothique régional, elle a été endommagée pendant la dernière guerre, et restaurée depuis.

En face de la cathédrale, on remarque une petite **maison baroque** de 1764 (transformée en restaurant).

EXCURSION

Thorn★. – 2 603 h. *14 km au Sud-Ouest de Roermond. Sortir par ⑤ du plan.*

Non loin de la frontière belge, cette bourgade aux briques roses souvent peintes de blanc a un charme particulier.

Près de la place De Wijngaard, au pavement décoré de motifs géométriques, s'élève l'**église** (Abdijkerk) précédée d'une haute tour en brique rayée de pierre blanche. *Visite : 1er mars - 1er nov. 9 h - 17 h 30 (dim. et j. fériés 11 h - 17 h 30); le reste de l'année 10 h - 17 h sur demande; 1,50 fl.*

C'est l'ancienne église d'une abbaye de femmes fondée à la fin du 10e s. par Ansfried qui devint évêque d'Utrecht en 995 et par son épouse Hilsondis. Reconstruite à la fin du 13e s. dans le style gothique, elle conserve de l'époque romane deux tourelles d'escalier et une crypte, à l'Ouest. Elle a été agrandie au 15e s., puis fut transformée à la fin du 18e s. dans le style baroque. Elle a été restaurée par Cuypers à la fin du 19e s.

L'intérieur est surprenant de blancheur. Le chœur oriental, surélevé, orné d'un retable baroque, domine une crypte gothique.

Les chapelles des bas-côtés abritent d'intéressants bas-reliefs. Dans le bas-côté droit, charmantes statues de saints d'art populaire, des 17e et 18e s.

Au fond de la nef, un escalier à double volée mène au chœur des chanoinesses. De là on accède à un petit **musée,** installé dans l'ancienne salle capitulaire et la chambre d'archives des 14e et 15e s. : trésor (reliquaires, couronnes), gravures, documents.

Dans la crypte occidentale, romane, on remarque une cuve baptismale en pierre, sculptée, du 15e s.

Prendre la rue principale (Akkerwal, Akker, Boekenderweg). Au deuxième oratoire (St.-Antoniuskapel), tourner à gauche.

Sur une placette ombragée, la **chapelle sous les Tilleuls** (Kapel onder de Linden), de 1673, a été agrandie en 1811. A l'intérieur, la partie la plus ancienne, à l'Est, montre une riche ornementation baroque (stucs, peintures) tandis que la partie du 19e s. a été décorée dans le style Empire.

Pour organiser vous-même vos itinéraires :

- ***Tout d'abord consultez la carte des p. 4 à 6. Elle indique les parcours décrits, les régions touristiques, les principales villes et curiosités.***
- ***Reportez-vous ensuite aux descriptions, à partir de la p. 39. Au départ des principaux centres, des buts de promenades sont proposés sous le titre « Excursion ».***
- ***En outre les cartes Michelin indiquées sur le schéma de la p. 3 signalent les routes pittoresques, les sites et les monuments intéressants, les points de vue, les rivières, les forêts...***

ROTTERDAM ★★ Zuid-Holland

Cartes Michelin n°s 408 - plis 17, 24 et 25 et 211 - pli 12 – *Schémas p. 76, 158 et 160* – 568 167 h. – *Plan d'agglomération dans le guide Michelin Benelux.*

Seconde ville du royaume par sa population, Rotterdam est le premier port du monde. Établie sur la **Nieuwe Maas** (Nouvelle Meuse), avec un plan d'eau de 2 148 ha, c'est, à 30 km de la mer du Nord, le point de rencontre des navigations maritime et fluviale, au débouché des régions industrielles drainées par le Rhin, la Meuse et leurs affluents.

La commune de Rotterdam s'étend sur les deux rives du fleuve reliées par des tunnels, des ponts, et le métro. Elle appartient au **Rijnmond** (embouchure du Rhin), ensemble de 23 communes dont elle est la plus grande. Rotterdam fait également partie de la **Randstad Holland**, vaste zone urbaine d'une densité très forte, située à l'Ouest du pays *(p. 16)*.

L'Université, qui porte le nom d'Érasme, est née en 1973 de la réunion de l'école des Hautes-Études économiques et des Sciences sociales et de la faculté de Médecine.

Détruite pendant la dernière guerre, Rotterdam a été reconstruite selon un schéma d'urbanisme avant tout fonctionnel.

Promenades en bateau. – *Visite du port, p. 158. Excursion dans le Nord du Delta (juil.-août 4 fois par semaine; 37,50 fl.). S'adresser à Spido, Willemsplein ☎ 010-13 54 00.* Rotterdam est en outre le point de départ de croisières sur le Rhin *(Keulen-Düsseldorfer German Rhine Line, Groenendaal 49).*

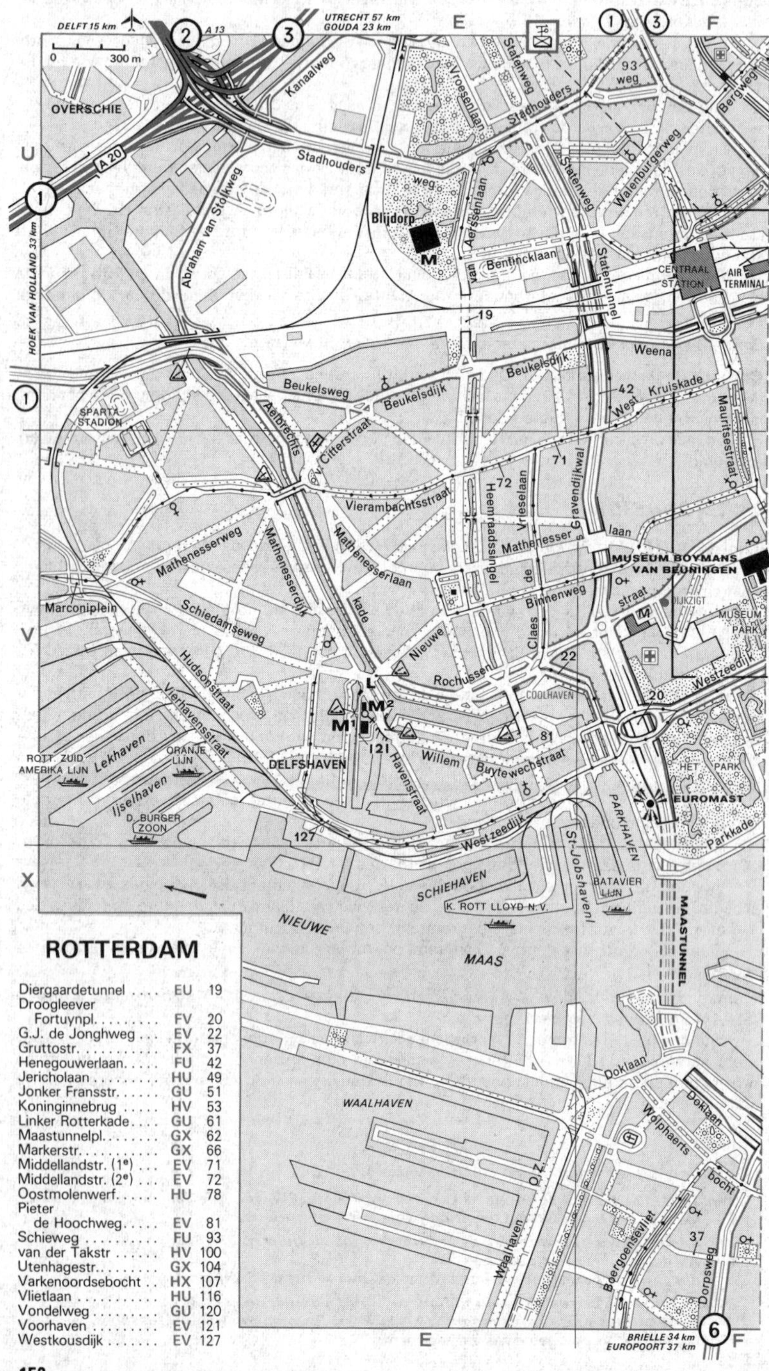

ROTTERDAM

Diergaardetunnel	EU	19
Droogleever Fortuynpl.	FV	20
G.J. de Jonghweg	EV	22
Gruttostr.	FX	37
Henegouwerlaan	FU	42
Jericholaan	HU	49
Jonker Fransstr.	GU	51
Koninginnebrug	HV	53
Linker Rotterkade	GU	61
Maastunnelpl.	GX	62
Markerstr.	GX	66
Middellandstr. (1e)	EV	71
Middellandstr. (2e)	EV	72
Oostmolenwerf	HU	78
Pieter de Hoochweg	EV	81
Schieweg	FU	93
van der Takstr	HV	100
Utenhagestr.	GX	104
Varkenoordsebocht	HX	107
Vlietlaan	HU	116
Vondelweg	GU	120
Voorhaven	EV	121
Westkousdijk	EV	127

UN PEU D'HISTOIRE

Rotterdam doit son origine à un modeste village installé sur la digue (dam) construite sur une petite rivière, la Rotte.

La ville n'avait encore que peu d'importance lorsque Erasme y naquit.

Erasmus Roterodamus. – Ainsi signa sa vie durant le grand humaniste Geert Geertsz qui vit le jour en 1469 à Rotterdam mais y séjourna peu. Enfant, Erasme demeure à Gouda, étudie à Utrecht, ensuite à l'école des Frères de la Vie commune de Deventer, puis de Bois-le-Duc.

Orphelin, désemparé, il devient moine en 1488 au couvent de Steyn, près de Gouda et profite de sa réclusion pour perfectionner sa connaissance de l'Antiquité.

En 1493, sorti du couvent, il est choisi comme secrétaire de l'évêque de Cambrai qu'il accompagne dans ses déplacements. Mais les études l'attirent : il réussit à entrer comme boursier à la Sorbonne pour suivre des cours de théologie. Parallèlement, il travaille à de nombreuses œuvres.

Durant un séjour en Angleterre en 1499, il rencontre Thomas More, l'auteur de l'Utopie, qui deviendra son meilleur ami. En 1502, fuyant la peste qui s'est répandue sur la France, il arrive à l'Université de Louvain dont il est bientôt professeur.

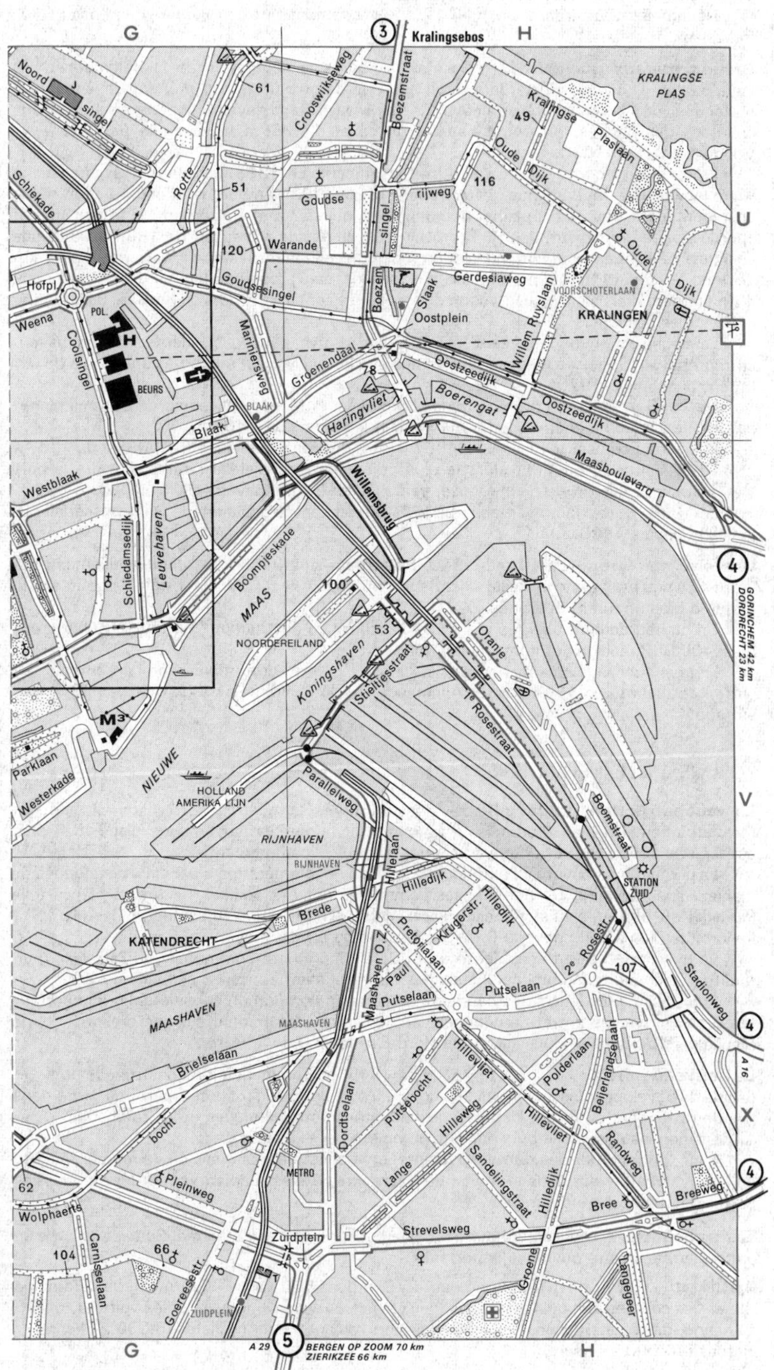

Infatigable voyageur, Erasme se retrouve en 1506 en Italie où il fait éditer les **Adages,** commentaires sur des citations et maximes de l'Antiquité, puis à Londres (1509). Là, il écrit son célèbre **Éloge de la Folie,** qui paraît deux ans plus tard.

A Bâle en 1514, Erasme fait connaissance avec Holbein qui illustre en 1515 une édition de l'Éloge de la Folie et fait de lui plusieurs portraits.

Lorsque Luther affiche, en 1517, les 95 thèses qui marquent le début de la Réforme, Erasme est à Louvain. Il s'abstient de prendre part aux querelles religieuses mais sa neutralité, au moment où la Faculté de théologie condamne les thèses de Luther, lui attire des ennuis. Il se réfugie quelques mois à Anderlecht, près de Bruxelles, en 1521, puis gagne la Suisse. Il poursuit là, dans le calme, son œuvre littéraire et publie en 1526 une édition augmentée de ses **Colloques,** scènes dialoguées satiriques qui connaissent le plus grand succès.

Le prince des humanistes meurt à Bâle en 1536.

L'expansion. – En 1572, les Espagnols, pourchassés par les Gueux qui venaient de prendre Brielle, supplièrent les habitants de Rotterdam qu'on les laissât entrer; aussitôt dans la place, l'amiral Bossu livra la ville au pillage de ses troupes. A la suite de cette trahison, Rotterdam rallia le soulèvement.

De 1576 à 1602, la ville fut pourvue de ports et servit de base à la flotte des Gueux, dépassant rapidement sa rivale Dordrecht et devenant la deuxième ville hollandaise.

Néanmoins, Rotterdam, prise en 1794, vit son activité très ralentie sous l'occupation française.

Grands travaux portuaires. – Ce n'est qu'après la séparation de la Belgique et des Pays-Bas en 1830 que Rotterdam reprit son rôle de port de transit rhénan. Cependant, la profondeur de l'embouchure du fleuve (Brielse Maas) étant devenue inadaptée au tonnage croissant des navires, on dut construire un canal d'accès à travers l'île de Voorne, le Voornsekanaal en 1830.

Le canal de Voorne devint à son tour insuffisant. En 1863, les plans dessinés par un jeune ingénieur en hydraulique, **Pieter Caland** (1826-1902), en vue de la construction d'une voie maritime à travers les plaines sablonneuses qui séparent Rotterdam de la mer, furent approuvés par le ministre Jan R. Thorbecke. On se décida à creuser de 1866 à 1872 une voie fluviale assurant une communication rapide avec la mer : le **Nieuwe Waterweg,** de 18 km de long et de 11 m de profondeur aux basses eaux, comparable au Noordzeekanaal d'Amsterdam mais sans écluse. A son débouché fut construit le port de **Hoek van Holland** pour le trafic des passagers.

La construction de nouveaux bassins, sur la rive gauche du fleuve, (Binnenhaven, Entrepothaven, Spoorweghaven), plus vastes que les anciens, et raccordés au chemin de fer, fut entreprise vers 1870.

De 1876 à 1878 furent ouverts deux ponts sur la Meuse (Willemsbrug et Koninginnebrug) et le viaduc de chemin de fer qui franchit le fleuve sur 1 400 m.

Puis furent creusés le Rijnhaven (1887-1894), le Maashaven (1898-1909) et de 1907 à 1931 le Waalhaven qui était alors le plus grand port artificiel du monde. Ensuite le port s'étendit sur la rive droite de la Meuse, vers l'Ouest (Merwehaven, 1923-1932).

En 1886, Rotterdam avait absorbé le **Delfshaven,** petite enclave que Delft possédait sur le fleuve depuis 1400.

Une cité martyre. – Le 14 mai 1940, Rotterdam subit un bombardement allemand qui détruisit à peu près toute la vieille ville. Seuls l'hôtel de ville, la poste centrale, la bourse et la statue d'Erasme furent épargnés.

Un bombardement allié, en mars 1943, acheva sa destruction : en tout 280 ha furent rasés, 30 000 maisons et immeubles incendiés.

Le port subit également, pendant la dernière guerre, de terribles bombardements, en outre il fut saboté en 1944 par les Allemands qui détruisirent 7 km de quais et 20 % des entrepôts.

UNE VILLE NEUVE

La reconstruction de la ville. – Aussitôt après la guerre, Rotterdam entreprit sa reconstruction. Un plan d'urbanisme rationnel fut adopté prévoyant une disposition plus espacée qu'auparavant et un noyau central culturel et commerçant.

La population a émigré à l'extérieur de la ville : l'agglomération s'est ainsi développée de manière spectaculaire. De nombreuses communes ont été édifiées de toutes pièces telle **Hoogvliet** au Sud et à l'Est **Alexanderpolder,** situé dans le Prins Alexanderpolder (1871) à l'endroit le plus bas du pays, à 6,50 au-dessous du niveau moyen de la mer.

Le quartier au Sud de la Meuse a été doté d'un centre commercial, le **Zuidplein,** d'un théâtre, ainsi que d'un immense Palais des Sports, l'**Ahoy** (concerts, expositions).

Pour faciliter les loisirs des habitants de cette agglomération considérable, d'importantes aires récréatives ont été aménagées aux environs, notamment sur une presqu'île de la Meuse près de Brielle, à l'Ouest et, au Nord-Est, le long de la Rotte.

Le nouveau port. – *Voir aussi p. 158.* Dès 1945, on commença à reconstruire le port. On décida de développer les industries : un nouveau port, le **Botlek,** fut créé à partir de 1954 dans l'île de Rozenburg où furent installées les industries pétrochimiques et les raffineries.

Devenu insuffisant, le port dut être complété par l'**Europoort.**

Enfin, pour abriter des pétroliers géants, on a construit des quais en haute mer, au Sud du Nieuwe Waterweg, dans la région de **Maasvlakte** où s'est implantée, autour des bassins portuaires, une zone industrielle.

Les transports. – La liaison routière urbaine entre la rive Nord et la rive Sud est assurée en particulier par quatre ouvrages importants :

Maastunnel. – Ouvert en 1942. Long de 1 070 m dont 550 sous l'eau, revêtu de céramique jaune, il se compose de quatre galeries, deux jumelées à sens unique pour les voitures (6 000 à l'heure), deux superposées, avec huit escaliers roulants, pour cyclistes (8 000 à l'heure) et piétons (40 000 à l'heure).

Beneluxtunnel. – Il a été créé en 1967 pour décharger le Maastunnel devenu insuffisant et permettre la liaison entre les deux rives en évitant le centre de l'agglomération. De 1 300 m de long, il a été creusé jusqu'à 22,5 m de profondeur dans le lit du fleuve.

Willemsbrug. – Ce pont a été mis en service en 1982.

Van Brienenoordbrug. – A l'Est, ce pont a été inauguré en 1965. Son arche unique de 297 m s'élève à 25 m au-dessus de l'eau. Il se termine au Nord par un pont à bascule.

D'autre part, la ville a reçu une gigantesque ceinture autoroutière en forme de quadrilatère qui permet de traverser l'agglomération en évitant le centre.

Le métro de Rotterdam, inauguré en 1968, est le premier du pays.

■ LE CENTRE

De la gare au musée Boymans-van Beuningen *visite : une 1/2 journée*

Le centre est hérissé de grands immeubles qui abritent banques, bureaux, commerces. De nombreuses statues s'y disséminent.

Stationsplein (DY). – En tournant le dos à la **gare centrale,** édifiée en 1957, on voit à droite le **Palais du commerce de gros** (Groothandelsgebouw) (**DY A**) : construit en 1952, il dresse sa masse imposante sur 2 ha; ses 200 entreprises occupent 5 000 personnes.

Kruisplein (**DY 60**). – A droite s'élève le **Bouwcentrum** ou **Centre du Bâtiment** (DY). Devant la façade, un immense panneau reproduit la **Sylvette** de Picasso. A l'intérieur de l'édifice, on peut voir des expositions sur l'architecture. Sur la façade latérale donnant sur la Weena, on remarque un **Relief,** en brique, de Henry Moore (1955).

De Doelen (DY). – C'est un immense centre de concerts et de congrès construit en 1966. La grande salle compte 2 222 places.

Au Nord du Westersingel se dresse une statue symbolisant la résistance à Rotterdam.

Place du Théâtre (Schouwburgplein) (**DY 92**). – Aménagé sur un parking souterrain, c'est une immense esplanade aux nombreux bancs, propice à la détente. Le théâtre date de 1947.

Sur le Korte Lijnbaan (**DY 57**) qui s'embranche au Nord-Est de la place se dresse l'**Homme qui marche,** statue sans tête de Rodin.

Lijnbaan★ (DY). – C'est la principale artère d'un quartier commerçant aux allées piétonnes parsemées de parterres fleuris, construit par Jacob B. Bakema en 1952-1954. On y flâne le long de jolies boutiques, dont les vitrines sont protégées de la pluie par des auvents; on s'y attarde aux terrasses de cafés.

Traverser le Lijnbaan pour atteindre l'hôtel de ville. Remarquer une charmante petite sculpture d'Anne Grimdalen : **Les Oursons** (De Beertjes, 1956).

Sur la place face à l'hôtel de ville se dresse le **Monument aux victimes de guerre** réalisé par Mari Andriessen en 1957 : trois générations y sont représentées.

(D'après photo VVV, Rotterdam)

Les oursons, par Anne Grimdalen

Coolsingel (DY). – C'est l'artère principale de la ville où sont groupés l'hôtel de ville, la poste et la bourse. Elle présente de nombreuses compositions modernes sur les trottoirs ou sur les façades, ainsi que plusieurs statues. Des pelouses ombragées en font un lieu de promenade.

Hôtel de ville (Stadhuis) (**DY H**). – *Visite : 9 h - 16 h; fermé sam., dim. et j. fériés.*

Construit entre 1914 et 1920, bon exemple du style de l'époque, c'est un des rares édifices épargnés par les bombardements. Il possède un excellent carillon *(récitals : juin-sept. mardi 12 h).*

Devant la façade, se trouve, parmi d'autres, la statue du juriste Grotius par Hettema (1970). En face, un immeuble arbore, sur sa façade, une mosaïque de Van Roode (1954) (**DY C**) représentant Erasme en route pour Bâle.

La **poste,** de même époque que l'hôtel de ville, montre à l'intérieur, une remarquable charpente métalllique.

Passer au Sud de la poste, en longeant la Bourse.

La **Bourse** (Beurs) (DY), construite en 1936-1940, est surmontée d'un campanile.

Traverser la Rotte canalisée.

Sur la place de l'église St-Laurent, la **statue d'Erasme** est l'œuvre d'Hendrick de Keyser, réalisée en 1622 après la mort de ce dernier. Erasme est né l'année même où la construction de l'église était entreprise (1469).

Église St-Laurent (Grote- of St.-Laurenskerk) (**DY D**). – *Visite : 10 h - 16 h; fermé lundi, jeudi, dim. et j. fériés.*

Terminée en 1646 avec sa tour tronquée encastrée dans l'axe de la nef, cette église gothique a été détruite en mai 1940 puis restaurée.

Elle a retrouvé son aspect avec un nouveau portail de bronze (1968) par Giacomo Manzù (Guerre et Paix) et son chevet à remplages gothiques.

L'**intérieur★** *(entrée par le transept Sud)* forme un large vaisseau d'architecture brabançonne dont la rigueur est atténuée par une voûte lambrissée aux tonalités chaudes, des lustres en cuivre, les grandes orgues rouges et or (1973), et la grille dorée (18e s.) du sanctuaire. Le transept peu saillant abrite des mausolées d'amiraux du 17e s. et un gracieux buffet du 16e s.; le buffet des petites orgues du chœur date de 1725. Fonts baptismaux en bronze de Han Petri (1959).

Revenir au Coolsingel. Devant le grand magasin De Bijenkorf (la Ruche), la gigantesque **« Construction »** métallique (DY E) réalisée en 1957 par Naum Gabo illustre la reconstruction de la ville.

Sur le Blaak, à l'extrémité Nord du Leuvehaven, se dresse une statue du sculpteur français Zadkine, né en Russie, **« Pour une cité dévastée »** (1953) (DZ F) dont la silhouette torturée d'un homme au cœur arraché symbolise le martyre de la ville. Sur le Leuvehaven est ancré le bateau-musée « Buffel » *(p. 157).*

Reprendre le Coolsingel.

Sur le Coolsingel une amusante statue représente **Monsieur Jacques** (DZ K), type de l'habitant de Rotterdam, par Wenckebach (1959).

Binnenwegplein (DZ 6). – On y remarque **Het Ding** (le Truc), grande sculpture mobile de George Rickey, artiste américain (1969).

Westersingel (DYZ). – Par cette avenue jalonnée d'une chaîne de pièces d'eau entourées de jardins, vestiges d'un canal de ceinture, on gagne le musée Boymans - van Beuningen.

Musée (Museum) Boymans-van Beuningen★★★. – *Visite : 10 h - 17 h (dim. et j. fériés 11 h - 17 h); fermé lundi (sauf lundis de Pâques et de Pentecôte et le 25 déc. s'il tombe un lundi), 1er janv. et 30 avril; 2,50 fl.*

Situé à la lisière d'un **parc,** ce musée des Beaux-Arts contient une exceptionnelle section d'art ancien, installée dans un édifice inauguré en 1935. Une nouvelle aile ajoutée en 1972 abrite une importante collection d'œuvres modernes et contemporaines ainsi que des expositions de caractère international. Le musée s'est enrichi en 1958 du legs de D. G. van Beuningen.

Art ancien. – *Aile droite, 1er étage.* La collection de primitifs est remarquable. Les Trois Marie au tombeau sont une œuvre capitale de **Van Eyck.** Admirables tableaux de **Jérôme Bosch,** les Noces de Cana, Saint Christophe et surtout le Fils prodigue où l'on reconnaît la spirituelle poésie du peintre, la fantaisie de son imagination et son talent de coloriste. Le prophète Isaïe constitue le volet gauche du célèbre retable du **maître de l'Annonciation d'Aix** (Aix-en-Provence).

ROTTERDAM

Rue		
Beurspl.	DY	5
Binnenweg	DZ	
Hoogstr.	DY	44
Karel Doormanstr.	DY	
Korte Hoogstr.	DY	56
Lijnbaan	DY	
Stadhuispl.	DY	95
Binnenwegpl.	DZ	6
Churchillpl.	DZ	17
Goudsesingel	DY	31
Haagseveer	DY	39
Keizerstr.	DY	52
Korte Lijnbaan	DY	57
Kruispl.	DY	60
Mathenesserlaan	DZ	68
Plein 1940	DZ	82
Posthoornstr.	DZ	83
Rochussenstr.	DZ	86
Scheepstimmermanslaan	DZ	89
Schiekade	DY	91
Schouwburgpl.	DY	92
St. Laurenspl.	DY	94
Westewagenstr.	DY	126
Westzeedijk	DZ	128
Witte de Withstr.	DZ	129

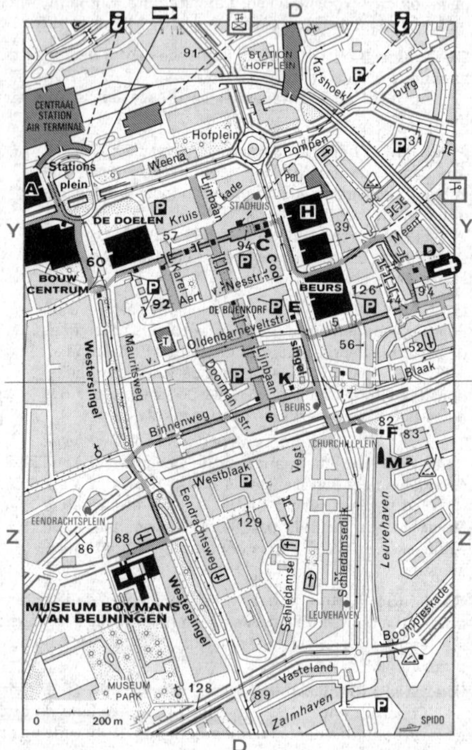

La Tour de Babel de **Brueghel l'Ancien,** le délicieux Portrait d'un jeune écolier (1531) au béret rouge de **Jan van Scorel,** des œuvres de **Lucas de Leyde,** de **Pieter Aertsen,** etc. représentent le 16e s.

La peinture du 17e s. retient particulièrement l'attention.

On remarque **Avercamp** avec une charmante Scène d'hiver, **Frans Hals, Pieter Saenredam** avec des intérieurs d'église où joue la lumière, **Rembrandt** avec un portrait de son jeune fils Titus, **Hercules Seghers** et **Van Goyen,** peintres des horizons lointains, **Hobbema** et **Jacob van Ruysdael,** observateurs de la nature.

On remarque aussi des marines de **Van de Velde** et des églises d'**Emmanuel de Witte,** des scènes d'intérieur par **Jan Steen, Van Ostade** et **Gérard Dou.**

La collection de **Rubens** comprend, entre autres esquisses, une remarquable série sur le thème de la vie d'Achille.

Dans le bel ensemble de peintures italiennes du 15e au 17e s. figurent des œuvres des Vénitiens : Titien, Tintoret, Véronèse.

Le musée possède aussi des toiles de Van Gogh, Gauguin et d'artistes impressionnistes comme Pissaro, Monet, Renoir.

Collection (Verzameling) **Willem van der Vorm.** – Elle comprend notamment une intéressante série de peinture du 17e s. où figurent Rubens et Van Dyck, Rembrandt (Tobie et son épouse) et de nombreux maîtres hollandais comme Gérard Dou, Terborch (la Fileuse) et Van de Velde.

La peinture française du 19e siècle est représentée par les artistes de l'école de Barbizon; on peut voir notamment des œuvres de Daubigny, Théodore Rousseau et Corot (Ville-d'Avray).

Du 18e s., il faut signaler Hubert Robert, Chardin, Watteau, pour la France, et Francesco Guardi, peintre de Venise, pour l'Italie.

Le musée Boymans-van Beuningen a acquis en 1978 le legs Vitale Bloch : intéressante collection de tableaux et dessins de maîtres hollandais, français et italiens, du 15e s. au milieu du 20e s.

Art moderne et contemporain. – *Ancien bâtiment, 1er étage.* Il couvre la période de 1850 à 1950. L'impressionnisme, l'école de la Haye, ainsi que Kokoschka, Mondrian et Kandinsky sont représentés.

Des sculptures se disséminent parmi les tableaux.

Dans la salle des surréalistes sont exposées des œuvres de Salvador Dali (Shirley Temple, 1939; la Guerre, 1950), René Magritte (Reproduction interdite, 1937), et Giorgio de Chirico.

La collection d'art contemporain est exposée pendant les mois d'été.

Arts décoratifs. – Le musée offre, en outre, de très riches collections de meubles et surtout d'objets d'art *(en partie rassemblées au rez-de-chaussée) :* verrerie ancienne (17e s.), faïences persanes et turques (13e s.), espagnoles, hollandaises et italiennes (15e-16e s.) et de Delft.

Au rez-de-chaussée, importante collection d'estampes et de dessins.

■ DELFSHAVEN

De Delfshaven, ancien port de Delft *(p. 154)* embarquèrent en 1620 les Pères pèlerins en route vers l'Angleterre d'où ils repartirent pour le Nouveau Monde *(p. 136)*.

Ici naquit en 1577 **Piet Hein,** amiral qui s'illustra au Mexique en 1628 contre les Espagnols et en 1877, le peintre **Van Dongen** qui s'installa à Paris en 1897, fit carrière comme portraitiste de figures féminines aux coloris violents et mourut en 1968.

Voorhaven (EV 121). – C'est un quai pittoresque, avec une chapelle à clocheton dite église des Pères pèlerins et un charmant pont mobile.

Musée historique (**Historisch Museum**) **« De Dubbelde Palmboom »**★ (EV M1). – *Visite : 10 h - 17 h (11 h - 17 h dim. et j. fériés); fermé lundi, 1er janv. et 30 avril; 2,50 fl. (entrée valable pour la Maison des Portefaix et le musée Atlas van Stolk).*

Ce musée a été remarquablement aménagé dans d'anciens entrepôts.

Sur cinq niveaux, il retrace, à l'aide d'une multitude d'objets d'art ou d'artisanat, de photographies ou d'estampes, l'histoire de Rotterdam.

Du dernier étage, vue panoramique sur la ville à l'Est *(table d'orientation) :* remarquer en contrebas, face au Coolhaven, la statue de Piet Hein (1870). Au loin se dresse l'Euromast.

Maison des Portefaix (**Zakkendragershuisje**) (EV L). – *Mêmes conditions de visite que le musée « De Dubbelde Palmboom ».*

Au Nord du Voorhaven, cette ancienne maison de portefaix, restaurée, abrite une fonderie d'étain où se perpétuent les techniques anciennes.

Aux nos 34 et 36, voir d'intéressantes pierres de façade sculptées d'animaux.

Atlas van Stolk (EV M2). – *Mêmes conditions de visite que le musée « De Dubbelde Palmboom ».*

Ce musée de Delfshaven présente des expositions temporaires de gravures et de dessins provenant de la collection Atlas van Stolk et évoquant l'histoire des Pays-Bas.

■ AUTRES CURIOSITÉS

Euromast★ (FV). – *Ouvert : 9 h - 22 h (sommet accessible seulement 1er oct. - 28 février 9 h - 18 h); 6,50 fl. jusqu'à la terrasse, 9,50 fl. jusqu'au sommet.*

Cette construction hardie a été érigée en 1960, dans le parc de Rotterdam, près du Parkhaven.

De la terrasse située à 100 m d'altitude, **vue**★ remarquable sur la ville et le port.

Depuis 1970, la tour (Space Tower) s'élève jusqu'à 180 m par un axe sur lequel tourne un ascenseur. Dans cet anneau vitré, 32 personnes peuvent admirer un **panorama**★★ s'étendant jusqu'à 30 km à la ronde vers l'immense delta formé par la Meuse et le Rhin en enserrant l'Europoort, et sur la plaine hollandaise.

La nuit, le spectacle est éblouissant.

Bateau-musée (**Museumschip**) **« Buffel »** (DZ M2). – *Visite : 10 h - 17 h (dim. et j. fériés 11 h - 17 h); fermé lundi, 1er janv. et 30 avril.*

Installé dans le Leuvehaven (DZ), cet ancien navire de la Marine Royale, datant de 1868, restauré, renferme des collections concernant la navigation au 19e s. : machines à vapeur, maquettes, photographies, documents.

Musée d'Ethnographie (**Museum voor Land- en Volkenkunde**) (GV M3). – *Fermé pour travaux.*

Sur les quais de la Nieuwe Maas, ce musée, installé dans l'ancien cercle nautique royal, est consacré aux cultures des peuples non-occidentaux.

Zoo (**Diergaarde**) **Blijdorp** (EU). – *Visite : 9 h - 18 h (1er oct. - 31 mars 9 h - 17 h, sauf j. fériés 9 h - 18 h); 9,75 fl. (enfants : 5 fl.).*

Dans un parc fleuri, ce zoo renferme une intéressante collection de plus de 2 000 animaux dont certaines espèces rares (okapis, etc.).

Le Riviera-Hal comprend des aquariums, un vivarium (reptiles), une serre tropicale, des volières.

Kralingsebos (HU). – Ce bois entoure un grand lac (Kralingseplas) au Nord duquel se dressent deux **moulins.**

Dans l'un, **De Ster,** ancien moulin à épices, datant de 1740 et reconstruit en 1969, on peut voir la fabrication du tabac à priser. *Visite exclusivement sur demande auprès de Mr. van Harrewijen, ☎ 010-89 47 56.*

■ LE PORT***

L'activité portuaire. – Rotterdam est, avec un trafic total de marchandises d'environ 250 millions de tonnes en 1981, le premier port du monde (ensemble du trafic des ports français pour la même année : 300 millions de tonnes).

Le **pétrole** et ses dérivés comptent pour 126 millions de tonnes dans le mouvement total du port, soit environ 50 %. Cinq importantes raffineries (Shell, Esso, Chevron, Gulf, BP) sont installées entre Rotterdam et la mer, au bord de bassins accessibles à des pétroliers de 280 000 tonnes. Elles sont en mesure de produire 90 millions de tonnes de produits pétroliers et ont donné naissance à une puissante industrie chimique. 33 millions de m^3 sont réservés au stockage du pétrole brut et des produits dérivés du pétrole.

L'activité maritime est complétée par un intense **trafic fluvial** sur le Rhin grâce à la situation de Rotterdam au débouché naturel des pays rhénans. Rotterdam a reçu en 1981 180 000 bateaux rhénans opérant un mouvement de 122,7 millions de tonnes de marchandises; 20 km de quais leur sont réservés autour des 766 ha de bassins. Une partie des marchandises est transbordée directement sur des chalands rhénans.

En outre, Rotterdam, port d'attache ou d'escale de plus de 300 **lignes régulières d'outre-mer,** a vu passer en 1981 environ 29 436 navires de haute mer. Les installations portuaires pour ces navires ont un caractère impressionnant : 500 d'entre eux peuvent amarrer le long de 37 km de quais et 200 autres sur appontements et bouées. Ils peuvent utiliser 387 grues dont 20 flottantes.

Les installations portuaires ont dû s'adapter au développement du transport par **conteneurs,** ainsi que les compagnies maritimes qui exploitent notamment entre Rotterdam et les ports britanniques des ferries spécialement équipés pour les recevoir en grand nombre. On utilise aussi beaucoup la nouvelle technique de la **manutention horizontale** des marchandises (roll on-roll off), les cales de navires étant directement accessibles aux camions par des portes.

L'ensemble des hangars et entrepôts représente 1 130 400 m^2.

Cependant, Rotterdam possède aussi des installations très mécaniques et de vastes capacités de stockage pour les **marchandises en vrac** (minerais, céréales, charbon, engrais).

La Meuse (Nieuwe Maas)

Petite excursion en bateau. – *Jusqu'au Beneluxtunnel. Durée : 1 h 1/4. Départ : 1er avril - 30 sept. 9 h 30 - 15 h 30, tous les 3/4 h et à 17 h; mars et oct. 10 h, 11 h 30, 13 h, 14 h 30; le reste de l'année 11 h et 14 h; 10,50 fl. S'adresser à Spido, Willemsplein, ☎ 010-13 54 00.*

La bateau se dirige vers l'Ouest, en longeant la rive droite. Il passe à droite le parc dominé par l'Euromast; des bouches de ventilations signalent la présence du Maastunnel.

Lloyd Kade. – Ici s'amarraient les navires spécialisés dans le trafic avec l'Indonésie.

Delfshaven. – C'est l'ancien port de Delft *(p. 157)*.

Merwehaven. – C'est le plus grand bassin pour marchandises diverses, sur la rive droite.

Schiedam. – *Page 161.*

Wilhelminahaven. – Réparations navales sur dock flottant.

On aperçoit à l'Ouest le golf, puis le **bassin Wilton** (Wiltonhaven), voué à la construction et à la réparation navale.

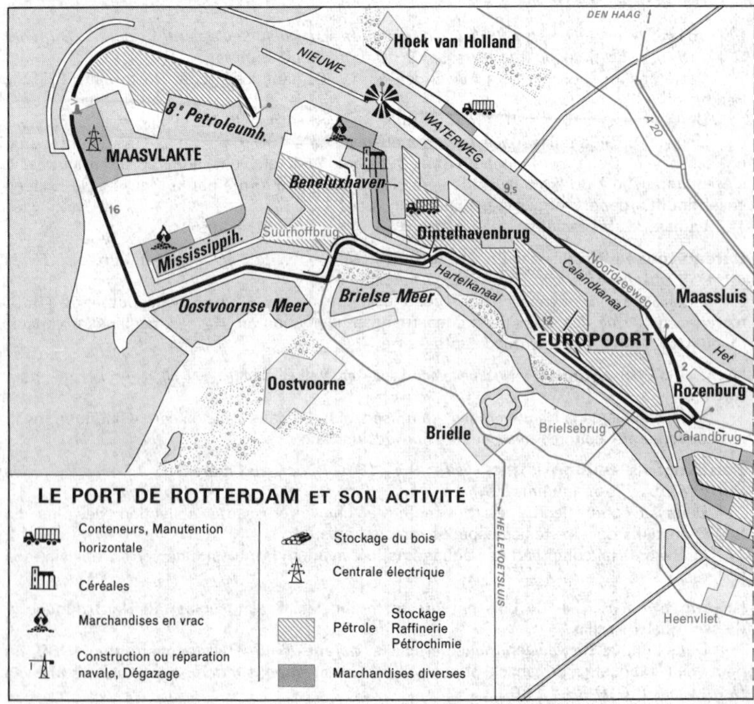

Ici le bateau fait demi-tour et traverse alors le fleuve pour longer la rive opposée en revenant vers Rotterdam.

Pernis. – Nombreux réservoirs pétroliers et raffineries.

Eemhaven. – Le bateau pénètre à l'intérieur de ce vaste ensemble de bassins où se sont installées quelques entreprises industrielles.

Waalhaven. – A l'origine port minéralier, le Waalhaven a actuellement des activités variées (transports de conteneurs, de marchandises diverses).

Maashaven. – Au-delà du Maastunnel, ce port de céréales, actuellement supplanté par le Botlek et par le Beneluxhaven, assure aussi le trafic des marchandises diverses.

Rijnhaven. – Il est bordé par les quais où amarraient autrefois les grands paquebots de la Holland-Amerika Lijn. On y voit de belles unités de lignes régulières.

Grande excursion en bateau. – *Jusqu'au Botlek. Durée : 2 h 1/4. Départ : 1er avril - 30 sept. à 10 h et 12 h 30; 15,50 fl. Description de Vlaardingen p. 160 et du Botlek, ci-dessous.*

L'Europoort (Porte de l'Europe)

Les vastes installations de l'Europoort, créées entre 1958 et 1975, couvrent 3 600 ha sur la rive gauche du Nieuwe Waterweg; l'Europoort est prolongé à l'Ouest par le Maasvlakte dont les aménagements se poursuivent depuis 1965. Les deux ports accueillent des cargos d'un tirant d'eau de 21,95 m.

Visite en voiture. – *79 km jusqu'au Maasvlakte. Sortir par ① du plan et emprunter le Beneluxtunnel à gauche.*

A la sortie Sud, une belle vue se déploie sur le port pétrolier de **Pernis.**

Emprunter à droite l'autoroute, longée par une voie ferrée.

Botlektunnel. – Ouvert en 1980 sous l'Oude Maas ou Vieille Meuse, qui vient de Dordrecht, ce tunnel comprend une chaussée de 500 m de long qui se trouve à 21 m au-dessous du niveau de la mer. Il complète un pont plus ancien.

Botlek. – C'est un port céréalier et pétrolier. Il possède, outre des installations pour l'industrie chimique et le mouvement des marchandises en vrac, des entreprises de construction navale.

Laisser en face la route de l'Europoort et continuer vers la droite pour rejoindre le fleuve.

Rozenburg. – La rive opposée du fleuve nommé ici **Het Scheur,** groupe les industries de Maassluis *(p. 160).* Près de l'église de Rozenburg se dresse un **moulin à vent** nommé De Hoop (l'espérance).

Laisser bientôt à gauche la route de l'Europoort pour prendre le Noordzeeweg qui s'avance entre le Nieuwe Waterweg et le Calandkanaal.

On aperçoit à gauche les installations de déchargement pour pétroliers desservant différentes compagnies.

La route encercle un radar à son terminus : **vue** sur Hoek van Holland *(p. 160),* sur l'Europoort et sur l'embouchure, séparée en deux par une digue : au Nord, c'est l'entrée du Nieuwe Waterweg vers Rotterdam, au Sud, se situe l'entrée de l'Europoort : 33 000 bateaux entrent chaque année par cette embouchure.

Revenir par la même route et emprunter le pont sur le canal ou Calandbrug, puis passer sous le pont de Brielle (Brielsebrug) pour gagner l'Europoort.

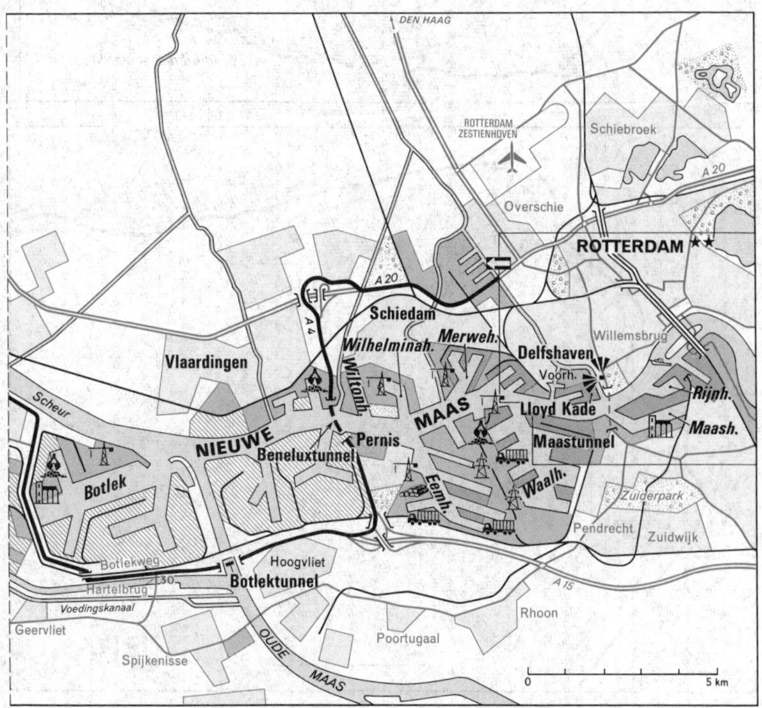

On longe, à droite, les installations pétrolières déjà entrevues, à gauche, le **Hartelkanaal.** Celui-ci est bordé par des terrains aménagés en zone récréative, au bord du **Brielse Meer,** lac réservé à la navigation de plaisance qui a été créé à partir d'un ancien bras de la Meuse, le Brielse Maas.

Dintelhavenbrug. – Pont sur un canal d'accès au Dintelhaven, port minéralier. De ce pont, on distingue parfois un ferry dans le **Beneluxhaven,** port terminal des ferries pour l'Angleterre (Kingston-upon-Hull), comme Hoek van Holland.

Une fois franchi le Suurhoffbrug, tourner à droite vers Maasvlakte.

Oostvoornse Meer. – C'est le lac d'Oostvoorne, bassin formé par la fermeture du Brielse Gat en 1965 et aménagé pour la baignade et la pratique de la voile.

Maasvlakte (Plaine de la Meuse). – Ce sont 2 700 ha de terrains sablonneux pris sur la mer du Nord. A l'heure actuelle, sur le **8e Petroleumhaven,** sont implantés une centrale thermique (Gemeentelijk Energiebedrijf ou GEB), un terminal pétrolier (Maasvlakte Olie Terminal); on y construit un terminal pour conteneurs (Europe Container Terminus B. V.). Sur le **Mississipihaven** se trouvent des installations pour le stockage et le transbordement des minerais (E.M.O.).

Un phare remplace celui de Hoek van Holland qui, depuis l'aménagement de Maasvlakte, se trouve trop éloigné de la mer. Une plage (strand) s'est constituée à l'Ouest.

Visite en bateau. – *Vend. juil.-août 11 h; durée : 5 h 30; 32 fl. S'adresser à Spido, Willemsplein, ☏ 010-13 54 00.*

EXCURSIONS

Schiedam; Hoek van Holland. – *31 km par* ① du plan.

Schiedam. – *Page 161.*

Vlaardingen. – 78 124 h. Ce grand port fluvial et maritime était jadis spécialisé dans la pêche aux harengs. C'est aussi de nos jours un important centre industriel et commercial. Du bord de la Nieuwe Maas, on peut contempler le trafic incessant des navires de haute mer venant de Rotterdam ou s'y rendant. Le long de la rive Sud en aval, s'étendent les installations du port pétrolier de Botlek.

Maassluis. – 33 241 h. Port situé sur le Scheur, entre la Nieuwe Maas et le Nieuwe Waterweg.

Hoek van Holland. – Au débouché du Nieuwe Waterweg, c'est l'avant-port de Rotterdam pour les passagers et un point de départ de ferries pour l'Angleterre (Harwich). Le spectacle de l'important trafic de bateaux vers Rotterdam ou la mer du Nord est impressionnant. En face se trouvent les aménagements de l'Europoort.

Au Nord de Hoek van Holland a été créée en 1971 une plage artificielle.

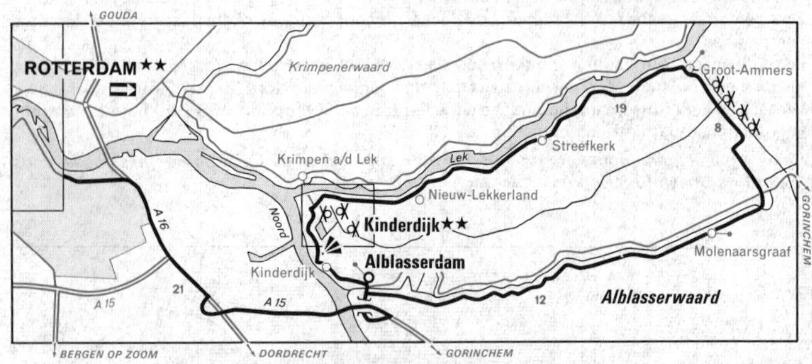

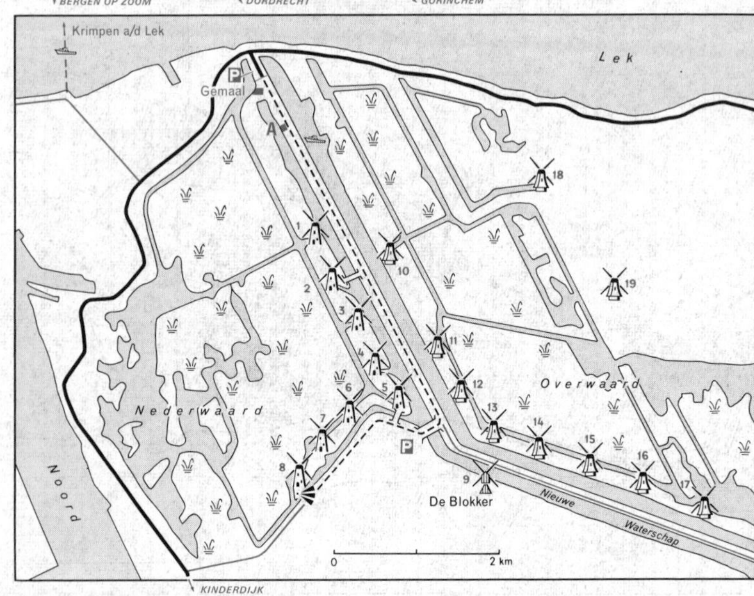

Brielle; Oostvorne. – *41 km au Sud-Ouest. Sortir de Rotterdam par ⑥ du plan.*

Brielle. – *Page 70.*

Oostvoorne. – Station balnéaire située près d'un long cordon de dunes. Une réserve de 311 ha, **Duinen van Voorne,** aménagée dans les dunes, est sillonnée de sentiers de promenade. Un centre d'accueil (bezoekerscentrum) permet de se documenter sur la flore et la faune de la réserve.

Kinderdijk; Alblasserwaard. – *Circuit de 81 km. Schéma p. 160. Sortir de Rotterdam par ④ du plan, suivre la direction Gorinchem et sortir vers Alblasserdam.*
La route de digue, étroite, longe le Noord, bras d'eau très animé. Entre le Noord et le Lek se trouve l'**Alblasserwaard.** Cet ancien **« waard »** (terre basse entourée de rivières) est ceinturé de digues et transformé en polder.

Alblasserdam. – 17 198 h. Cette localité possède des ateliers de construction navale.

Kinderdijk. – Kinderdijk signifie « la digue de l'enfant ». On raconte en effet, que, lors de la grande inondation de la Ste-Elisabeth en 1421, la mer déposa sur la digue un berceau contenant un enfant en pleurs et un chat.

A la sortie du village, une échappée entre les maisons à droite offre une jolie **vue** sur une quinzaine de moulins qui parsèment la plaine.

Moulins de Kinderdijk**. – *Illumination le soir pendant la semaine des moulins (généralement en septembre).* Près de la station de pompage (gemaal) du Nederwaard, au bord des canaux, parmi les prairies et les roseaux, se dressent 19 moulins. Leur nombre exceptionnel, leurs dimensions, la beauté de la plaine marécageuse ont fait leur renommée. Ils ont servi à l'assèchement de l'Alblasserwaard jusqu'en 1950. Aujourd'hui leurs ailes ne tournent plus que pour les touristes, lors des Journées des moulins *(sam. juil.-août 13 h 30 - 17 h 30).*
On peut se promener à pied le long des digues ou faire une excursion en bateau *(Rondvaart, s'adresser au pavillon De Molenhoek, A sur le schéma).*
Les huit moulins alignés à l'Ouest sont de hauts moulins de brique tronconiques, à calotte tournante *(p. 36),* datant de 1738. On peut visiter le deuxième *(1er avril - 30 sept. 9 h 30 - 17 h 30; fermé dim.; 1,50 fl.*
Un peu plus loin, on remarque un moulin plus petit, du type « wipmolen » *(p. 36)* nommé De Blokker.
Le long de l'autre canal s'élèvent également huit moulins à calotte tournante mais à corps octogonal couvert de chaume. Ils datent de 1740. Deux autres moulins construits en 1740 et 1761 se dissimulent derrière ces derniers.

(D'après photo A.L.W. Hoenderkamp, Gorinchem)

Kinderdijk. — Moulin tronconique

Reprendre en voiture la route de digue qui longe le Lek. A partir de Nieuw-Lekkerland apparaissent en contrebas de la digue, à droite, de grandes fermes souvent en forme de T, couvertes de chaume et accompagnées d'une meule de foin protégée par un petit toit *(illustration p. 35).* Les abords des fermes sont cultivés en vergers.
On aperçoit bientôt d'autres moulins.

A Groot-Ammers, prendre la route de Molenaarsgraaf. Bientôt se profilent quatre **moulins** en enfilade le long d'un canal. Trois sont des « wipmolen », le quatrième est un moulin de polder octogonal.

Rejoindre plus loin un grand canal qui traverse l'Alblasserwaard et le suivre côté Sud jusqu'à Alblasserdam.

La **route***, qui se trouve presque au niveau de l'eau, est pittoresque. De grandes fermes de type « fermes-halles » *(p. 34)* et quelques moulins jalonnent le parcours, dans un paysage très verdoyant. Certaines des fermes possèdent, un peu au-dessus du niveau du sol, une « porte de secours » qui donnait accès au salon et était jadis utilisée en cas d'inondation.

SCHIEDAM Zuid-Holland

Cartes Michelin nos 408 - plis 17 et 24 (agrandissement) et 211 - pli 12 - *Schéma p. 158* – 72 903 h.

Schiedam (prononcer sridam) est une petite ville typique dont le centre est encore entouré de canaux au bord desquels se dressent plusieurs moulins.

Des chantiers navals et de nombreuses industries lui donnent beaucoup d'animation. Mais c'est surtout le genièvre qui a fait sa renommée.

UN PEU D'HISTOIRE

Vers 1260, Schiedam se construit un château dont on peut voir une tour près du nouvel hôtel de ville. Elle reçoit ses droits de cité en 1275. En 1574 le château est détruit par les habitants pour éviter qu'il tombe aux mains des Espagnols.

Schiedam est la patrie de **sainte Lidwine** (1380-1433), mystique dont J. K. Huysmans retraça la vie (Sainte Lydwine de Schiedam, 1901).

La ville possède un grand parc, **Beatrixpark,** au Nord, comprenant des étangs et à proximité de celui-ci, la piscine de plein air de **Groenoord.**

La ville du genièvre. – A l'origine, vers l'an 1600, les habitants de Schiedam commencèrent à produire de l'alcool à partir de vins de seconde qualité venus de France. Puis ils fabriquèrent de l'eau-de-vie de grain, et enfin, ils se spécialisèrent dans la distillation du genièvre (jenever). Schiedam posséda jusqu'à trois cents distilleries. De nos jours, une dizaine de distilleries y élaborent du jeune genièvre (jonge jenever) et du vieux genièvre (oude jenever), plus corsé.

■ CURIOSITÉS *visite : 1 h 1/2*

Musée municipal (Stedelijk Museum). – *Hoogstraat 112. Visite : 10 h - 17 h (dim. et j. fériés 12 h 30 - 17 h); fermé 1er janv., 25 déc.*

Installé au centre de la Hoogstraat, principale rue piétonne de la ville, dans un ancien hôpital de 1787 (St.-Jacobs Gasthuis), important édifice précédé d'un portique, c'est un musée régional dont les collections concernent la préhistoire, l'histoire de la ville, l'art moderne (groupe Cobra, l'Art systématique, le Pop'art, la Nouvelle figuration).

Dans les caves du musée se trouve le **musée national de la Distillerie** (Nationaal Gedistilleerd Museum). *Mêmes heures de visite que le musée municipal.*

Des instruments, des documents, des maquettes évoquent la fabrication du genièvre au 19e s. Collection de bouteilles miniatures.

Moulins. – La ville était entourée jadis d'une couronne de 18 moulins, utilisés principalement pour moudre le grain destiné aux distilleries.

Quatre hauts moulins à balustrade, du 18e s., subsistent le long du Noordvest, canal marquant l'emplacement des anciens remparts.

De Walvisch (la baleine). – Daté de 1794, c'est le moulin qui se trouve le plus au Sud.

En continuant le quai vers le Nord, on peut voir les trois autres moulins.

De Drie Koornbloemen (les trois fleurs de blé). – Ce moulin de 1770 était utilisé pour moudre les aliments du bétail.

De Vrijheid (la liberté). – *Visite accompagnée : sam. 10 h 30 - 16 h.*

Commencé en 1785, il moud encore le grain.

De Noord (le Nord). – Ce moulin de 1803 passe pour être le plus haut d'Europe (33,33 m, calotte comprise, 44,56 m, hauteur maximale des ailes). Il sert de local de dégustation à une importante distillerie dont les bâtiments sont situés en face.

Maison des Portefaix (Zakkendragershuis). – *Prendre la rue face au musée municipal et traverser le Lange Haven, canal central de la ville :* jolie vue sur les quais pittoresques. *Puis suivre le quai à droite (Oude Sluis).* Derrière l'ancienne bourse aux grains ou **Korenbeurs,** se dresse ce gracieux édifice de 1725, à pignon sinueux, et surmonté d'une tourelle.

Maasboulevard. – De ce boulevard, près du port de plaisance, la **vue** est intéressante sur l'important trafic de bateaux transitant entre Rotterdam et la mer.

Sur la rive opposée reliée à Schiedam par le Beneluxtunnel, s'étend le port de Pernis.

SLUIS Zeeland

Cartes Michelin nos 408 - pli 15 et 212 - pli 12 – 3 030 h.

Cette petite ville touristique, plaisante et animée, située à proximité de la frontière belge, était avec Damme un avant-port de Bruges au 14e s., alors qu'elle se trouvait à l'embouchure du Zwin, aujourd'hui ensablée. Son ancien nom français, l'**Écluse,** évoque la bataille navale qui y fut livrée en 1340, au début de la guerre de Cent Ans. La flotte anglaise d'Edouard III y repoussa 190 nefs françaises.

Les tertres herbeux que l'on aperçoit en pénétrant dans la ville sont les vestiges des anciens remparts dont une petite partie (au Nord-Ouest) a été aménagée en promenade.

■ CURIOSITÉS *visite : 1/2 h*

Hôtel de ville (Stadhuis). – *Visite : 1er juil.-15 août 10 h - 12 h et 14 h - 17 h; en juin et 16 août-15 sept. 10 h - 12 h et 14 h - 16 h; fermé lundi; 0,70 fl.*

Il est dominé par un haut **beffroi** du 14e s., le seul existant aux Pays-Bas. Celui-ci est orné de quatre tourelles et d'un jaquemart. Du sommet du beffroi, on peut admirer une **vue** étendue sur la plaine. Dans l'escalier sont présentés des souvenirs de la cité. La Salle du Conseil possède une belle grille du 18e s.

Moulin (Molen) De Brak. – *Visite : du dim. précédant les Rameaux au 15 oct. 8 h 30 - 18 h; 1,50 fl.* Ce moulin de rempart, détruit en 1944, a été reconstruit en 1951. Ses trois étages desservis par des échelles raides permettent de comprendre son mécanisme. De la balustrade, la **vue** s'étend sur les environs et sur le Zwin.

EXCURSIONS

St.-Anna ter Muiden. – *2 km au Nord-Ouest, près de la frontière.*

Au pied de l'imposante tour de brique (14e s.) de l'église, la petite **place** triangulaire, les maisons rustiques et la fontaine composent un charmant tableau. Remarquer, à l'extrémité de la place, une grange de bois couverte de chaume.

Aardenburg. – 3 943 h. *8 km au Sud-Est.*

Sa belle église gothique **St-Bavon** (St.-Bavokerk), relevant du style gothique scaldien qui s'est développé en Belgique, renferme des sarcophages des 14e et 15e s. dont les faces intérieures présentent d'intéressantes peintures. *Visite : 1er avril - 30 sept. 10 h - 12 h et 14 h - 17 h (dim. et j. fériés 14 h - 17 h); le reste de l'année 14 h - 16 h (fermé dim. et matin des j. fériés). Fermé mardi après-midi toute l'année.*

IJzendijke. – *22 km à l'Est.*

Cette ancienne place forte ne garde de sa ceinture de remparts qu'un petit bastion en demi-lune ou ravelin couvert de terre, et entouré d'eau. A proximité, joli moulin à vent.

Le clocheton, surmonté d'un coq doré, qu'on aperçoit au centre de la bourgade appartient au plus ancien temple protestant de Zélande (1612).

Au no 28 de la Grand-Place se trouve le **musée régional** (Streekmuseum West Zeeuws Vlaanderen). Outre un intérieur rustique de Cadzand de 1850, où l'on remarque un beau poêle, on peut voir des instruments servant à la culture du lin et de la garance ainsi qu'une section consacrée au cheval de labour zélandais. *Visite : 10 h - 12 h et 13 h 30 - 17 h (sam., dim. et j. fériés 14 h - 17 h); 1 fl.*

Breskens. – *29 km au Nord.*

Port de pêche à l'embouchure de l'Escaut occidental, Breskens est le point de départ du bac pour Flessingue (Vlissingen) *(départ toutes les 1/2 h, toutes les heures seulement le dim. hors saison; 7,50 fl. pour une voiture et son conducteur, 5,50 fl. hors saison)* et possède aussi un port de plaisance. De la « Promenade » pour piétons aménagée au sommet de la dune, entre le port de pêche et l'embarcadère du bac de l'Ouest, on a de belles **vues** sur les plages et l'Escaut; on distingue Flessingue et son clocher.

SNEEK Friesland

Cartes Michelin n°s 408 - pli 4 et 210 - plis 6, 16 – *Schéma p. 164* – 28 431 h. – *Plan dans le guide Michelin Benelux.*

Sneek (Snits pour les Frisons) est une petite ville active, très touristique. C'était au Moyen Age un port sur le Middelzee, mer intérieure aujourd'hui disparue.

La porte des lacs Frisons. – Sneek est située au centre d'une région très appréciée pour ses lacs, en particulier le Sneekermeer, où l'on pratique différents sports nautiques.

Sneek dispose elle-même d'un port de plaisance et de plusieurs écoles de voile. On peut y louer des bateaux à moteur, des voiliers ou participer, en saison à des excursions en bateau *(s'adresser au VVV).* Tous les ans des régates animent la **Grande Semaine de Sneek** (Sneekweek) *(début : vend. avant. le 1er sam. d'août).*

En outre, chaque été *(en juillet ou août),* pendant 15 jours, on peut assister sur plusieurs lacs et sur l'IJsselmeer à des **« skûtsjesilen »,** régates de « skûtsjes ». Plusieurs villes de Frise possèdent un de ces anciens bateaux de commerce, aux voiles marron foncé et à la coque large et aplatie, flanquée de deux dérives latérales. *S'adresser au VVV pour les dates et lieux des manifestations.*

La porte d'eau

■ CURIOSITÉS *visite : 3/4 h*

Porte d'eau★ (Waterpoort). – Cette élégante construction datant de 1613, en brique décorée de grès, protégeait l'entrée du port. Sa partie centrale, formant pont sur la Geeuw, est flanquée de deux tourelles que coiffent des toits effilés et percée d'arcades.

Hôtel de ville (Stadhuis). – *Visite accompagnée : 9 h - 12 h et 14 h - 16 h; fermé sam., dim. et j. fériés.* Du 16e s., transformé au 18e s., il présente une belle façade rococo, avec de hautes fenêtres à volets verts et un perron richement sculpté et surmonté de lions héraldiques.

Musée de la Navigation et des Antiquités (Fries Scheepvaart Museum en Sneker Oudheidkamer). – *Kleinzand nº 14. Visite : 10 h - 12 h et 13 h 30 - 17 h; fermé dim. et j. fériés; 1,50 fl.*

Ce musée présente des collections d'argenterie frisonne, en particulier de Sneek et de peinture des 17e, 18e et 19e s., ainsi que des modèles de bateaux utilisés en Frise aux 18e et 19e s. Au 1er étage a été reconstituée la pièce d'honneur d'une ferme des environs, décorée de naïves peintures de paysages hollandais, du 18e s.

LES LACS FRISONS★

Circuit au départ de Sneek. – *134 km – environ une journée – schéma p. 164.*

Quitter Sneek par ④ du plan en direction de Bolsward. On remarque çà et là une église sur tertre *(p. 135),* dissimulée derrière un rideau d'arbres.

Bolsward. – *Page 66.*

A proximité du carrefour de Workum, prendre une petite route vers Exmorra. Exmorra est situé sur l'itinéraire touristique connu sous le nom de Aldfaers Erf route.

Exmorra. – Dans le petit **musée** *(visite : 1er avril - 31 oct. 9 h - 18 h; 1,75 fl.)* sont reconstituées une épicerie de campagne, une demeure rurale et une classe de 1885. Plus loin, la charmante église sur tertre, entourée d'un cimetière, a été restaurée.

Allingawier. – Près de l'église au clocher à toit en bâtière, on peut visiter *(mêmes conditions de visite que le musée d'Exmorra)* une **ancienne ferme** nommée « Izeren Kou » et typique de la Frise : un grand bâtiment abrite la grange immense et l'étable; le logis annexe est surélevé pour laisser la place à la laiterie.

Makkum. – C'est un pittoresque port de pêche, situé au bord de l'IJsselmeer et traversé par un canal. Il possède des chantiers navals.

Makkum. — Dans le port

Depuis le 17e s., on y produit de la faïence à émail stannifère et surtout des carreaux dont le style rappelle, en plus rustique, celui de Delft.

Sur la Grand-Place, le **Poids public** (Waag) est une jolie construction de 1698. Il abrite l'Office de Tourisme (VVV) et un **musée de la Céramique frisonne** (Fries Aardewerkmuseum « De Waag »). *Travaux en cours.*

Dans la **fabrique de faïence** Tichelaars Aardewerk- en Tegelfabriek, on peut voir une exposition de faïence *(9 h - 17 h 30, sam. 9 h - 16 h; fermé dim. et j. fériés)* et visiter les ateliers *(visite accompagnée : 10 h - 16 h sauf sam., dim. et j. fériés et vacances annuelles; 2,50 fl.).*

Une route étroite, bordée d'un côté par la digue, de l'autre par un canal hébergeant parfois des hérons, mène à Workum.

A Gaast, tourner à gauche pour gagner Ferwoude.

Ferwoude. – Dans cette localité une ancienne ferme et son atelier de menuiserie (1845) est ouverte au public. *Mêmes conditions de visite que le musée d'Exmorra (p. 164).* En face, l'église du village, surmontée d'un clocheton pointu, a été coquettement repeinte.

Workum. – *Page 182.*

Hindeloopen. – *Page 125.*

Stavoren. – *8,5 km au départ de Koudum.* Village de pêcheurs, Stavoren (Starum en frison) possède deux ports de plaisance. Elle est reliée à Enkhuizen, en saison, par un service de bateaux *(p. 89).* Stavoren fut autrefois capitale des rois frisons puis ville hanséatique.

Évangélisée au 9e s. par saint Odulphe, elle devint florissante dès le 11e s. Son port était remarquable au 14e s. Puis il s'ensabla, par la faute, dit la légende, d'une riche veuve de Stavoren. Celle-ci avait ordonné au capitaine de l'un de ses navires de lui rapporter une marchandise précieuse. Ce dernier revint à Stavoren avec du blé : par dépit, la dame fit rejeter tout le blé dans le port.

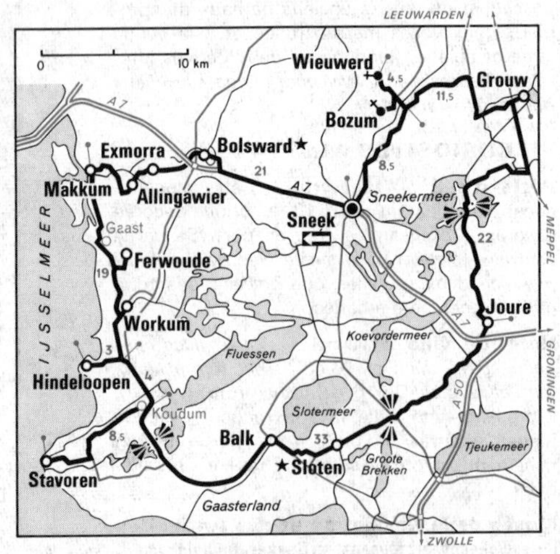

Passé Koudum, une belle **vue** s'offre, depuis le pont mobile, sur les deux lacs de part et d'autre de la route.

On traverse bientôt la région boisée du **Gaasterland** qui s'étend au Sud-Ouest de Balk.

Balk. – A proximité du Slotermeer, cette localité est traversée par un canal bordé de quelques jolies maisons du 18e s., témoignant d'une ancienne prospérité due au commerce du beurre dont Balk était le centre.

Sloten★. – 650 h. Près du Slotermeer et à la limite de la région boisée du Gaasterland, Sloten (Sleat pour les Frisons), ancienne cité fortifiée, semble construite à une échelle réduite, ce qui accentue son charme : rues étroites, maisonnettes anciennes (17e-18e s.) disposées le long d'un petit canal bordé de tilleuls.

En suivant les quais où les canards se dandinent, on atteint la **Lemsterpoort,** ancienne porte d'eau et son **moulin** de 1755 : jolie vue sur le canal et sur les lacs animés, en saison, de voiliers.

Du pont mobile près de Spannenburg, belles **vues** sur un large canal qui fait la jonction entre deux lacs.

Joure. – Cette ville a pour spécialité depuis le 17e s. la fabrication d'horloges. Elle possède aussi une grande entreprise traitant le tabac, le thé et le café.

Quelques kilomètres au Nord de Joure, la route emprunte une étroite langue de terre entre deux lacs sur lesquels elle offre de belles **vues.** Celui de gauche, le **Sneekermeer,** est l'un des lacs frisons les plus fréquentés.

Grouw. – Près d'un lac, c'est un centre de sports nautiques très animé.

Wieuwerd. – Dans ce hameau, l'**église** possède une crypte aux curieuses propriétés. *Visite : d'avril à oct. 9 h - 12 h et 13 h - 16 h 30 (16 h le sam. et en sept.); fermé dim. et j. fériés.*

Bâtie au 14e s. sur un petit tertre, entourée d'un cimetière, cette modeste église, remaniée au 19e s., a servi de tombeau, aux 17e et 18e s., à onze personnes. Les cadavres auraient été préservés de la décomposition par un gaz « antimonieux » qui se dégageait du sol : quatre des momies sont exposées sous une plaque de verre. Pour illustrer ce phénomène, plusieurs oiseaux, dont, en 1897, un perroquet ont été suspendus à la voûte.

Bozum. – Ce coquet village possède une **église romane** des 12e et 13e s., restaurée, faite de tuf et de brique que précède une tour coiffée d'un toit en bâtière, et bordée à l'Ouest par un hémicycle de charmantes maisons basses. L'intérieur *(s'adresser au sacristain ou koster Altaplein 2)* est rustique : les peintures du chœur (vers 1300) sont très effacées. Dans l'étang voisin barbotent souvent une multitude de canards sauvages.

Rentrer à Sneek par ① du plan.

STADSKANAAL Groningen

Cartes Michelin nos 408 - pli 6 et 210 - Sud du pli 9 – 34 334 h.

Dans ce pays de tourbières devenues terres de labours et de pâturages, les villages se succèdent le long des canaux principaux, formant une rue continue. Telle apparaît Stadskanaal (ville-canal) qui mérite bien son nom.

EXCURSIONS

Ter Apel. – *20 km au Sud-Est.*

Ter Apel, possède, au milieu d'un parc aux grands hêtres, un **ancien couvent** (Museum-Klooster) dont subsistent l'église et deux ailes du cloître. *Visite : 9 h - 12 h et 13 h 30 - 17 h 30; fermé dim. matin, lundi; 2,50 fl.*

On visite le cloître, le réfectoire et sa cave où sont alignés des sarcophages découverts dans l'ancienne cour du cloître. L'**église** abrite un jubé gothique en bois sculpté (1501), des stalles de même époque, de lignes sobres mais dont les miséricordes sont ornées de figures pittoresques. On remarque dans le chœur une jolie tribune.

Nieuweschans. – *35 km au Nord-Est.*

A l'Est de la province de Groningue, près de la frontière allemande, ce petit village tranquille aux maisons basses a été l'objet d'une importante restauration.

STAPHORST ★ Overijssel

Cartes Michelin nos 408 - pli 12 et 210 - Sud du pli 17 – 12 837 h.

Les localités voisines de Staphorst et de **Rouveen** forment un monde à part aux Pays-Bas. La vie s'y déroule selon les principes d'un protestantisme sévère, véritable rempart contre les innovations de la vie moderne : ainsi en 1971 les vaccinations y furent-elles interdites, et de nos jours les voitures y sont-elles proscrites le dimanche à l'heure des offices. Femmes, jeunes filles, et fillettes portent le costume traditionnel, mais se refusent catégoriquement à être photographiées.

Les fermes★. – Les deux bourgs s'étalent dans l'axe d'une longue rue. De part et d'autre s'alignent, sur plus de 8 km, de plaisantes fermes au toit de chaume toutes identiques, mais néanmoins pittoresques. Très pimpantes, avec leurs parties en bois peint en vert (portes) ou en bleu (encadrement des fenêtres, étagères pour les bidons de lait), elles sont du type ferme-halle *(p. 34)*, avec pour particularité, plusieurs portes en alignement sur une longue façade latérale. Sur le côté droit de la ferme, l'étagère servant à ranger les bidons de lait vides, joliment sculptée, témoigne du goût des habitants pour la décoration.

Le costume★. – Le costume féminin, très gracieux, est porté assez couramment. En partie sombre (chaussures et bas noirs, jupe à plis noire, tablier bleu ou noir) il s'égaye d'un plastron ou « kraplap », à fond noir parsemé de fleurettes en pointillé, et sur la tête, d'un béguin assorti. Par-dessus le plastron, un fichu écossais à dominante rouge (ou bleue en cas de deuil). L'hiver, le costume se dissimule sous un cardigan bleu. Les femmes les plus âgées portent encore le serre-tête à antennes en spirale *(p. 33)* qui remplaçait jadis le bonnet, alors réservé aux fillettes. Lors de la sortie des classes *(vers 12 h et 16 h)* on voit fillettes et jeunes filles, habillées du costume traditionnel, évoluer à bicyclette.

TIEL Gelderland

Cartes Michelin nos 408 - Nord du pli 18 et 211 - pli 15 – 29 614 h.

Tiel est bien située, au bord du Waal, au centre de la **Betuwe,** région riche en cultures fruitières dont les vergers forment au printemps un éblouissant spectacle. Jadis, elle appartenait à la hanse. De nos jours, une importante fabrique de confiture, des verreries, des fonderies d'étain contribuent à sa prospérité.

Un corso célèbre les fruits et la moisson *(p. 11)*.

EXCURSION

Buren; Culemborg. – *19 km au Nord-Ouest.*

Buren. – 8 979 h. Cette petite ville enserrée dans ses remparts a été restaurée. Elle devint en 1492 le centre d'un comté, qui, par la première épouse de Guillaume le Taciturne, Anne d'Egmont, entra dans les possessions de la maison d'Orange.

L'ancien **orphelinat,** de 1613, est un bel édifice aux volets verts et rouges précédé d'un porche sculpté. Il abrite un **musée de la Maréchaussée** (Museum der Koninklijke Marechaussee), retraçant l'histoire de la gendarmerie et de la police aux Pays-Bas. *Entrée côté droit. Visite : 1er mai - 30 sept. 10 h - 12 h et 13 h 30 - 16 h (sam., dim. et j. fériés 13 h 30 - 17 h seulement); fermé lundi; 3,50 fl.*

Non loin, une partie de l'enceinte qui longe le fleuve a été transformée en promenade : jolies **vues** sur le fleuve et les vergers de la Betuwe.

La rue principale (Voorstraat) est dominée par l'**église** dont le clocher carré, du 15e s., se termine par une partie octogonale de style Renaissance, surmontée d'un clocheton. L'**hôtel de ville,** reconstruit au 18e s., présente un portail rococo. A proximité, adossé aux murailles, petit **musée de la Charrette** (Boerenwagenmuseum). *Achter Boonenburg 1. Visite : 1er mai - 30 sept. 13 h 30 - 17 h 30; fermé lundi; 2 fl.*

A l'extrémité de la Voorstraat subsiste une **porte de ville,** en brique, et un **moulin** de rempart nommé Le prince d'Orange (De Prins van Oranje) et datant de 1716.

Culemborg. – 19 300 h. Cette cité ancienne, qui obtint ses droits en 1318 et devint le centre d'un comté en 1555, conserve quelques vestiges de ses murailles. C'est la ville natale de **Jan van Riebeeck** (1619-1677) qui fonda, en 1652, pour le compte de la Compagnie des Indes orientales, la colonie du Cap, étape sur la voie des Indes. Sur la **Grand-Place** s'élève l'hôtel de ville (stadhuis) de style gothique flamboyant, précédé d'un perron surmonté de lions héraldiques.

La **Binnenpoort** ou porte intérieure est la seule porte subsistant des anciens remparts.

TILBURG Noord-Brabant

Cartes Michelin n°s 408 - plis 17, 18 et 212 – pli 7 – 153 957 h. – *Plan dans le guide Michelin Benelux.*

Sur le canal Wilhelmine (Wilhelminakanaal), Tilburg est une des villes les plus importantes du pays par sa population. C'est un grand centre d'industrie textile. Elle possède une Université catholique comprenant des facultés de sciences économiques, droit, sciences sociales, théologie.

Le roi Guillaume II qui résida surtout dans cette ville, y mourut en 1849.

■ CURIOSITÉS *visite : 1 h 1/2*

Stadhuisplein. – C'est la place centrale de Tilburg d'où partent au Nord les rues commerçantes piétonnes. Ville dont l'expansion est récente, Tilburg s'est dotée de monuments modernes qui se dressent autour de cette place.

Théâtre municipal (Stadsschouwburg). – Construit en 1961 par les architectes Bijvoet et Holt, il présente une partie vitrée, à côté de grandes surfaces de brique aveugles, en plans superposés et aux lignes incurvées.

Hôtel de ville (Stadhuis). – Un édifice aux lignes sobres couverts de granit noir, dû à l'architecte Kraayvanger, a été accolé en 1971 à l'ancien hôtel de ville, construction crénelée, qui, terminée en 1849, était destinée à devenir le palais du roi Guillaume II.

Musée d'ethnographie (Volkenkundig Museum). – *Kloosterstraat 24 (à l'arrière du théâtre). Visite : 10 h - 12 h (sauf dim.) et 14 h - 17 h; fermé sam., 1er janv., week-end de carnaval, Pâques, 30 avril, 5 mai, Ascension, Pentecôte, 25 déc. et pendant la préparation des expositions; 1 fl.*

Ce petit musée groupe d'intéressantes collections d'objets d'art ou usuels d'Indonésie, d'Amérique latine (Mexique surtout), d'Afrique et de Nouvelle-Guinée.

Musée du Textile (Nederlands Textielmuseum). – *Gasthuisring 23, au Nord de la gare. Visite : 10 h - 17 h (sam. 14 h - 17 h; dim. et j. fériés 12 h - 17 h); fermé 1er janv., Pâques, Pentecôte, 25 déc. et lors de la préparation d'une exposition; 1 fl.*

Ce musée offre un intéressant panorama sur l'industrie textile : machines et instruments de filature et de tissage, tissus anciens et exotiques, tapisseries, dentelle, outils utilisés pour le travail à domicile dans le Brabant aux 18e et 19e s. *(démonstrations et expositions temporaires).*

EXCURSIONS

Beekse Bergen★. – *4 km au Sud-Est par ② du plan – schéma ci-dessous.*

Au Nord d'Hilvarenbeek, ce domaine récréatif s'étend sur 420 ha. Il comprend un parc d'attractions, une réserve d'animaux sauvages et un petit zoo.

Safaripark. – *Ouvert à 10 h; fermé entre 15 h 30 et 18 h suivant la saison; fermé 25 déc.; 7,50 fl. par personne.*

La réserve abrite sur 100 ha, près de 800 animaux répartis en six enclos séparés par des sas : lions, rhinocéros, hyènes, guépards, antilopes, zèbres, babouins et de nombreuses sortes d'oiseaux.

Près du Safari-park, un petit **jardin zoologique** (Dierenland) rassemble, pour les enfants, de jeunes animaux.

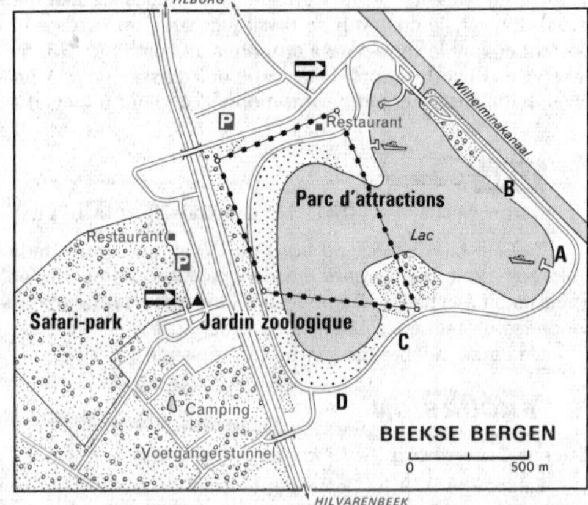

Parc d'attractions (Recreatiepark). – *Visite : de début avril à fin sept. 10 h - 18 h; 10 fl.* Le plan d'eau de 70 ha (pédalos, canots, baignade), les animaux de la ferme pour enfants (A), du parc aux cerfs (B), les jardins comme le jardin de bruyère (C) de 4 ha ou le labyrinthe (D) offrent d'innombrables possibilités de distraction.

Un petit train (Boulevardtrein) dessert les lieux d'attractions autour du lac, un téléphérique (kabelbaan) survole l'ensemble du domaine et permet de débarquer sur la rive opposée à l'entrée, et un bateau (rondvaartboot) parcourt le lac.

Oisterwijk★. – 16 796 h. *10 km à l'Est. Sortir par ① du plan.*

C'est une villégiature agréable et ombragée, à proximité de dunes boisées, de champs de bruyère et de 60 petits lacs.

Une **maison ancienne** (1633), à pignon gracieusement découpé, est à signaler dans Kerkstraat *(n°s 88-90).* Devant l'hôtel de ville, **De Lind** est une charmante place plantée de tilleuls qui dessinent une traditionnelle « allée des mariages ».

A 1 km au Sud-Est, route de Oirschot, près du théâtre de plein air, un **parc à oiseaux** (Vogelpark) a été aménagé dans la pinède : nombreux oiseaux exotiques. *Visite : de Pâques aux vacances d'automne comprises, 9 h - 18 h; 5 fl.*

Aimer la nature,
c'est respecter la propreté des rivières, des forêts, des landes...
c'est laisser les emplacements nets de toute trace de passage.

UTRECHT ★★ Utrecht Ⓟ

Cartes Michelin n°s 408 - pli 11 et 211 - pli 14 — *Schéma p. 172* — 234 543 h. *Plan des voies d'accès et de contournement dans le guide Michelin Benelux.*

Utrecht est une métropole religieuse — le primat catholique des Pays-Bas y réside —, intellectuelle, par son Université, commerciale, grâce au renom de sa foire internationale, fondée en 1917. C'est aussi un important nœud de voies de communication.

Chaque année *(fin août - début sept.)*, à Utrecht, se tient, dans le cadre du Festival de Hollande *(p. 11)*, le festival de musique ancienne.

UN PEU D'HISTOIRE

Fondée, au début de notre ère sur le Rhin (devenu Oude Rijn) qui la traversait alors, Utrecht portait sous les Romains le nom de Trajectum (gué), d'où son nom actuel.

Elle fut choisie dès le 7e s. comme foyer des missions en pays frison. **Saint Willibrord** (658-739), Anglo-Saxon nommé en 695 évêque des Frisons, s'installa à Utrecht, la Frise étant alors jugée dangereuse. Il mourut à Echternach au Luxembourg.

A l'époque de Charlemagne, qui étend son empire vers le Nord, la région entre dans l'empire carolingien. Après le traité de Meerssen *(p. 144)*, Utrecht est soumise aux empereurs d'Allemagne. Sous leur domination, l'évêque Balderik (918-976) réussit à agrandir le territoire de l'évêché. Devenus très puissants, les évêques étendent leur souveraineté sur les actuelles provinces d'Utrecht, d'Overijssel, de Drenthe et de Groningue. Leur territoire se nomme le **Sticht.** La ville reçoit ses droits de cité en 1122 et s'entoure de remparts qui sont reconstruits au 14e s.

Né à Utrecht en 1459, **Adrien VI,** précepteur de Charles Quint puis professeur à Louvain (Belgique) fut le seul pape néerlandais (1522-1523).

Charles Quint prend possession du Sticht en 1528. Transformé en archevêché par Philippe II d'Espagne, en 1559, l'évêché d'Utrecht coiffe dès lors les principales villes du pays, sauf Bois-le-Duc. Cependant, la prospérité de la ville touche à sa fin, le centre du commerce s'étant déplacé vers les côtes.

En 1577, les habitants chassèrent la garnison espagnole.

L'Union d'Utrecht. — En janvier 1579, les représentants des États de Hollande, de Zélande, des territoires de Groningue et d'Utrecht, le stathouder de Gueldre, se réunirent pour signer l'Union d'Utrecht : ils décidèrent qu'aucun accord séparé ne serait conclu avec Philippe II et que la religion protestante serait la seule autorisée en Hollande et Zélande; dans les autres régions, la pratique de la religion catholique ne donnerait pas lieu à des poursuites.

Les signataires furent rejoints, la même année, par l'Overijssel, la Frise et la Drenthe et quelques villes du Sud comme Anvers.

Ce traité, faisant suite à l'Union d'Arras par laquelle Alexandre Farnèse avait forcé les États du Sud à se soumettre à l'Espagne, est à l'origine de la séparation entre les Pays-Bas du Sud et les Pays-Bas du Nord qui devinrent par la suite les Provinces-Unies.

En 1635, Descartes séjourne à Utrecht (Maliebaan 36-38) et y écrit le Discours de la Méthode qui sera publié à Leyde. L'année 1636 est marquée par la fondation de l'Université d'Utrecht, la deuxième du pays après celle de Leyde.

Le schisme des Vieux-Catholiques. — Dès le 15e s. un premier schisme ébranla l'évêché d'Utrecht dont le chapitre avait conservé le privilège d'élire ses évêques. En 1423 l'opposition d'un candidat pontifical engendra une lutte acharnée entre les partisans des deux évêques en compétition.

En 1702 l'archevêque d'Utrecht Petrus Codde, accusé de jansénisme, fut démis de ses fonctions par le pape. Le chapitre d'Utrecht lui élut un successeur, Cornelis Steenoven, sans l'accord pontifical, en 1723. Ainsi se forma à Utrecht, en 1724, l'Eglise dite des Vieux-Catholiques. De cette église indépendante, de tendance janséniste, firent partie un grand nombre de jansénistes français qui s'étaient réfugiés aux Pays-Bas après la condamnation de leur religion par la bulle papale Unigenitus en 1713.

En 1870, un groupe d'Allemands, refusant le dogme de l'infaillibilité pontificale, adhère à l'Eglise des Vieux-Catholiques d'Utrecht. Une grande réunion des membres de cette Eglise venus de plusieurs pays se tint à Utrecht en 1889. Cette religion est toujours pratiquée aux Pays-Bas où elle compte environ 10 000 fidèles.

L'école de peinture d'Utrecht. — A Utrecht s'est développée dès le 16e s. une école de peinture très marquée par l'influence italienne. **Jan van Scorel** (1495-1562) naît près d'Alkmaar. En dehors d'un voyage en Italie, d'un séjour à Haarlem *(p. 114)*, c'est à Utrecht qu'il réside. Il contribue à répandre l'influence italienne dans son pays. Le Baptême du Christ (musée Frans Hals à Haarlem) est l'une de ses meilleures œuvres. **Maarten van Heemskerck** *(p. 114)*, son élève, fut lui aussi un peintre romaniste. Excellent portraitiste (Portrait de jeune écolier au musée Boymans-van Beuningen, Rotterdam), Jan van Scorel aurait eu aussi pour élève **Antoon Mor** (1517-1576) qui fit surtout carrière en Espagne où il peignit, non sans talent, tous les personnages de la cour de Philippe II, sous le nom d'**Antonio Moro.**

Au début du 17e s., **Abraham Bloemaert** (1564-1651), né à Gorinchem, transmet son goût pour la peinture italienne à de nombreux élèves : Hendrick Ter Brugghen ou **Terbrugghen** (1588-1629) qui, né à Deventer, travaille surtout à Utrecht et, à son retour d'Italie, est l'un des premiers à se réclamer du caravagisme; **Gérard van Honthorst** (1590-1656), né à Utrecht, qui devient, lui aussi, après un voyage en Italie, un fidèle émule de Caravage; **Cornelis van Poelenburgh** (vers 1586-1667), qui peint avec une touche précise des paysages lumineux parsemés de ruines romaines. Étranger à ces influences, **Jan Davidsz. de Heem** (1606-1683/4) qui, né à Utrecht, vécut à Leyde puis à Anvers, se spécialisa dans la nature morte et surtout dans le « déjeuner », table chargée d'assiettes, de verres et de mets. Son fils Cornelis de Heem l'imita dans ses sujets, comme dans sa manière raffinée.

Du 17e s. à nos jours. — Au 17e s. Utrecht est une place forte importante : une ceinture de canaux marque aujourd'hui l'emplacement des fortifications. Elle est occupée par les armées de Louis XIV de 1672 à 1674 et en 1712. Préparée dans l'hôtel de ville d'Utrecht dès janvier 1712, la **paix d'Utrecht** fut conclue en 1713 au château de Zeist *(p. 172)* et mit fin à la guerre de Succession d'Espagne qui, causée par l'accession de Philippe V, petit-fils de Louis XIV, au trône de ce pays, avait éclaté en 1701.

En 1806 le roi de Hollande Louis Bonaparte séjourne à Utrecht avec sa cour, dans un hôtel particulier *(au n° 31 du Drift - BX)*.

On ne fabrique plus dans la région le célèbre **velours d'Utrecht,** tissu d'ameublement à long poil et à ornements frappés, qu'on utilisait aussi pour tapisser les murs. C'était un velours tissé avec du lin, du poil de chèvre (qui remplaçait la soie) et du coton.

Ville en expansion depuis le milieu du siècle, Utrecht s'est construit de nouveaux quartiers et édifices. Parmi de multiples réalisations, il faut signaler le grand centre commercial Hoog Catharijne *(p. 169),* le théâtre municipal (1941) par Dudok, la maison Schröder par Rietveld *(p. 171),* le quartier de Kanaleneiland ou île des canaux, à l'Ouest, près de l'Amsterdam-Rijnkanaal.

De nombreuses statues ont été disposées dans la ville. A leur nombre : la fontaine de la Fête des Muses (1959), par J. C. Hekman, devant le théâtre municipal, la reine Wilhelmine par Mari Andriessen, dans le Wilhelminapark (1968). D'autres sont citées dans le texte de l'itinéraire de visite.

L'Université d'Utrecht, installée dans un vaste campus à l'Est (De Uithof) compte environ 23 500 étudiants.

Les « spritsen », sortes de sablés, figurent parmi les spécialités d'Utrecht.

Promenades en bateau. – *Sur les canaux (1 h), de fin mars à oct., sur la Vecht (8 h) et le Kromme Rijn (1 h 1/2). S'adresser à Utrechts Rondvaartbedrijf ☏ (030) 31 93 77. Embarcadère sur l'Oudegracht.*

Sur les étangs de Loosdrecht : renseignements auprès de : Watersportbedrijf Wolfrat, Oud Loosdrechtsedijk 165, 1231 LV Loosdrecht, ☏ (02158) 3309.

UTRECHT

Lange Viestr. .... AX 28
Nachtegaalstr. .... BY
Oudegracht .... AXY
Steenweg .... AY
Voorstr. .... AX 58
Vredenburg .... AY

Achter de Dom .... BY 2
Acther St. Pieter .... BY 3
Amsterdamsestraatweg .... AX 4
van Asch van Wijckskade .... BX 5
Bakkerbrug .... AY 7
Bleekstr. .... BZ 8
Catharijnebaan .... AY 9
Domplein .... BY 14
Domstr. .... BY 15
Jansbrug .... AY 17
Kleinesingel .... BX 18
Korte Jansstr. .... BY 19
Korte Nieuwstr. .... BY 22
Kromme Nieuwegracht .... BY 23
Lange Jansstr. .... AX 24
Lange Smeestr. .... AZ 27
Ledig Erf .... BZ 29
Leidseveer .... AY 32
Maliesingel .... BYZ 33
Mariaplaats .... AY 34
Moreelselaan .... AY 37
Moreelsepark .... AY 38
Oudkerkhof .... ABY 39
Pausdam .... BY 42
Pierterskerkhof .... BY 43
Potterstr. .... AX 44
Predikherenkerkhof .... AX 47
Servetstr. .... ABY 48
Stationsplein .... AY 49
Twijnstr. .... BZ 52
Venuslaan .... BZ 53
Vismarkt .... AY 54
Voetiusstr. .... BY 57
Wittevrouwenstr. .... BX 59
Wolvenplein .... BX 62
Zuilenstr. .... BY 63

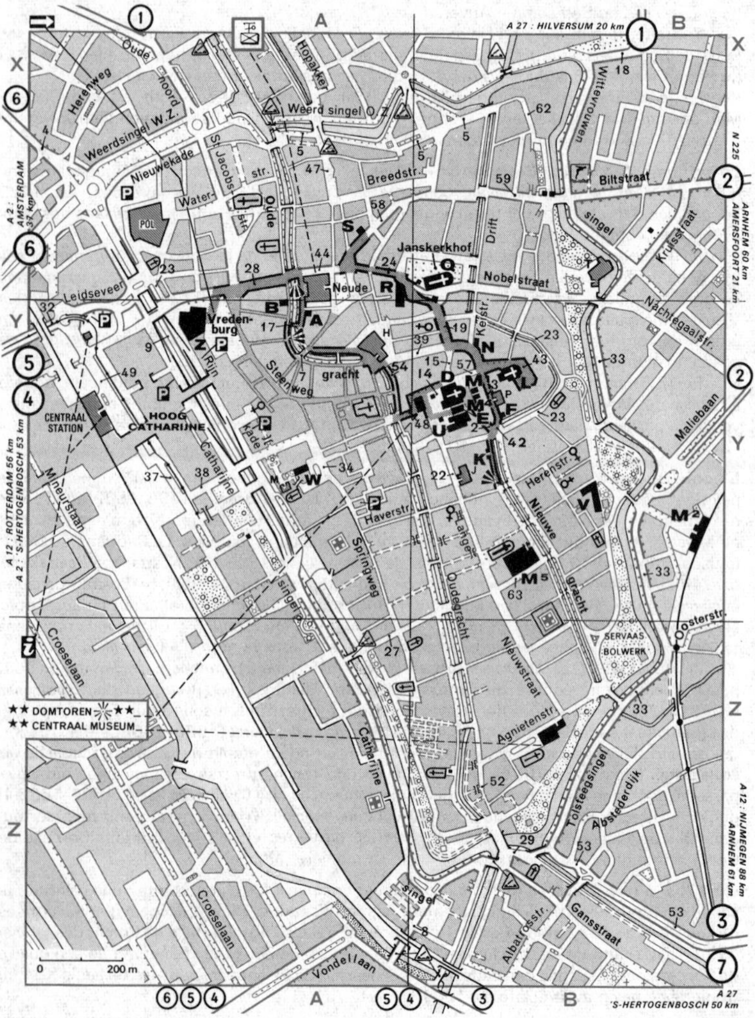

■ LA VIEILLE VILLE** *visite : 1/2 journée*

Très ombragés, les **canaux** du centre d'Utrecht (Oudegracht et Nieuwegracht) ont pour particularité d'être bordés par un quai très inférieur au niveau de la rue où s'ouvrent des caves voûtées.

Vredenburg (AY). – Une grande partie de l'animation d'Utrecht se concentre sur cette vaste place qui fait la liaison entre la vieille ville et les nouveaux quartiers. Là s'élevait l'ancienne forteresse de Charles Quint dont on a retrouvé les fondations à l'occasion de travaux d'aménagements de la place. Un centre musical (AY **Z**) de conception originale s'y élève. Un marché s'y tient le mercredi et le samedi.

A l'Ouest, le nouveau centre commercial **Hoog Catharijne** (AY) s'étend jusqu'à la gare. Ce vaste complexe urbain comprend des galeries commerçantes, climatisées en sous-sol, un grand hôtel et le **Beatrixgebouw,** bâtiment principal du palais des Expositions (Jaarbeurs) où ont lieu les foires internationales et une exposition commerciale permanente.

Du pont sur l'Oudegracht, belle **vue** sur le canal (accès par la Lange Viestraat).

Oudegracht* (Vieux canal) (AXY). – Étroit, enjambé par de multiples ponts, ce canal qui traverse la ville de part en part reliait à l'origine le Rhin et la Vecht. C'est un des centres d'animation de la ville, tant sur ses quais supérieurs que sur ses quais inférieurs, souvent occupés par des magasins ou des restaurants qui, en saison, y installent leur terrasse.

A l'endroit où il forme un coude, on remarque le **Drakenborch** (AY **A**), maison reconstruite en 1968 dans le style ancien. En face, au n° 99, la maison **Het Oudaen** (AY **B**), du 14e s., présente une haute façade surmontée de créneaux.

Franchir le premier pont (Jansbrug). Le quai opposé est réservé aux piétons. On a bientôt une jolie **vue*** sur le haut clocher de la cathédrale (Domtoren).

Regagner l'autre quai. Sur le pont (Bakkerbrug) et le long du vieux canal, se tient le samedi un marché aux fleurs.

Vismarkt (AY **54**). – Sur l'ancien marché aux poissons une statue a été élevée en l'honneur de Katrijn van Leemput, femme héroïque d'Utrecht qui se distingua contre les Espagnols en 1577. Quelques maisons portent des pierres de façade : un faucon doré, trois épées (au n° 9), un bateau (au n° 10).

Domtoren**. – *Visite accompagnée : 1er mai-15 sept. 10 h 30 (11 h sam. et dim.) - 17 h; 1er janv. - 1er mai et 16 sept. - 30 nov., seulement sam. et dim. 11 h 30 - 16 h (sauf fin mars - 10 avril, tous les jours 11 h 30 - 16 h); 1,50 fl.*

Ce campanile était jadis relié par une arche à la nef de la cathédrale, détruite en 1674, peu après la fin d'un office, par un ouragan qui dévasta aussi la ville. Construit de 1321 à 1382, dans le style gothique, restauré au début de ce siècle, il influença beaucoup de clochers du pays dont il est le plus haut. Ses trois étages en retrait, les deux premiers carrés et en brique, le dernier octogonal, en pierre, s'élancent avec élégance à 112 m de haut. Il possède un bon carillon dont la plupart des cloches ont été coulées par les frères Hemony.

De la galerie supérieure (465 marches) on découvre un immense et magnifique **panorama**** sur la ville et la province.

Domplein (BY **14**). – Cette place s'étend entre la Domtoren et les vestiges de la cathédrale. Une ligne de pavés matérialise sur le sol le plan ancien de la nef. Au centre de la place, statue (1887) du comte **Jean de Nassau,** frère de Guillaume le Taciturne, qui présida l'Union d'Utrecht.

Ancienne cathédrale* (Domkerk) (BY **D**). – *En cours de restauration.*

Miraculeusement préservée se dresse la haute silhouette de son transept, derrière laquelle se dissimule le chœur. Gothiques, le chœur et le transept furent construits de 1254 à 1517 à l'emplacement de la cathédrale St-Martin, détruite par un incendie. Le chœur, avec ses cinq chapelles rayonnantes autour d'un déambulatoire, est inspiré de celui de la cathédrale de Tournai, en Belgique.

L'intérieur abrite des **monuments funéraires,** en particulier, dans la deuxième chapelle à droite du déambulatoire, le tombeau en marbre noir de l'évêque Guy d'Avesnes, mort en 1397. L'orgue, construit en 1831, est utilisé pour des concerts.

Le titre de cathédrale est actuellement porté par l'église Catharijnekerk (BY).

Université (Rijksuniversiteit) (BY **U**). – *Visite : 8 h 30 - 17 h; fermé sam., dim. et j. fériés.*

Construite à la fin du 19e s. dans le style néo-Renaissance, elle englobe l'ancienne **salle capitulaire** de la cathédrale (1409), actuel grand amphithéâtre ou **Aula.** Là fut signée l'Union d'Utrecht. Les sept écussons sur les vitraux évoquent les provinces et régions signataires. Au mur, sept tapisseries tissées en 1936 aux emblèmes des différentes facultés.

Cloître (Kloostergang) (BY **E**). – A l'entrée du cloître de la cathédrale a été placée une copie d'une pierre runique de Jelling (Danemark) du 10e s., qui évoque la conversion des Danois au christianisme. Autour du cloître, les gâbles surmontant les remplages flamboyants portent des bas-reliefs illustrant la vie de saint Martin. La vue sur le transept et l'abside de la cathédrale est très belle. On aperçoit aussi au Sud du cloître l'ancienne salle du chapitre où fut conclue l'Union d'Utrecht.

Musée national « de l'horloge musicale à l'orgue de Barbarie »* (Nationaal Museum van Speelklok tot Pierement) (BY **M**[1]). – *Visite accompagnée : 11 h - 17 h (dim. et j. fériés 13 h - 17 h); fermé lundi, 1er janv., Pâques, 30 avril, Pentecôte, 25 déc.; 4 fl.*

Ce musée sonore (le guide fait fonctionner plusieurs instruments au cours de la visite) présente une magnifique collection d'instruments de musique mécanique du 18e au 20e s.

On y voit d'anciennes pendules et boîtes à musique, dont certaines avec automates, des pianos mécaniques et des « orchestrions » (orgue imitant des instruments d'orchestre) comme le violon automatique de Hupfeld, de 1910.

Le musée possède de superbes orgues de Barbarie *(p. 31)*: petites orgues de rue, énormes orgues de foire ou de danse ornant la grande salle des fêtes.

A côté de ce musée, au n° 14, se trouve un petit musée (Hedendaagse Kunst) *(p. 171).* En face, la maison avec tourelle appartient à la salle de l'Union d'Utrecht.

Pausdam (BY 42). – A la jonction de deux canaux plaisants, c'est une place paisible où s'élève la **Paushuize** (BY F). Cette maison destinée au pape (paus) Adrien VI, ne fut terminée qu'en 1523, l'année de sa mort. Sur la face gauche a été placée une statue du Christ.

Nieuwe Gracht (BY). – Semblable à l'Oudegracht, il est bordé de demeures élégantes. On y voit la Hofpoort (BY K), porte baroque du palais de justice, du 17e s. et, aux nos 35 et 37, de jolies maisons anciennes.

Plus loin, au n° 63, se trouve le musée Het Catharijneconvent *(voir ci-dessous).*

Du pont, belle **vue** sur le canal et sur la Domtoren.

Église St-Pierre (Pieterskerk) (BY L). – *S'adresser à Pieterskerkhof 5. Visite : du lundi au vend. 10 h - 16 h; 1 fl.*

Affectée au culte protestant wallon *(p. 108)* depuis 1656, cette intéressante église romane a été construite en 1048. C'est l'une des quatre églises disposées en forme de croix qu'avait voulu construire l'évêque **Bernulphe** autour de la cathédrale. Deux de ces églises ont disparu : l'église abbatiale St-Paul et St.-Mariakerk, dont il ne subsiste que le cloître. Les deux autres, St-Pierre et St-Jean, sont les seuls vestiges de la fameuse Croix de Bernulphe.

Les voûtes du transept sont gothiques, mais la nef, d'un pur style roman, est couverte d'une voûte en berceau de bois soutenue par dix colonnes en grès rouge aux chapiteaux simples. Certaines de ces colonnes, remplacées par des copies, ont été transportées au fond de l'église.

Le chœur surélevé est construit sur une crypte. Dans le mur précédant le chœur sont encastrés quatre **bas-reliefs**★ (vers 1170) retrouvés lors de la restauration de l'église. Ils concernent le jugement du Christ par Pilate, sa mort et sa résurrection.

Les fonts baptismaux romans présentent des angles ornés de têtes.

Dans la chapelle orientée de gauche, voûtée en cul-de-four, on peut voir des restes de fresques romanes : la Vierge sur un croissant de lune.

Des concerts sont donnés sur le nouvel orgue, au fond de l'église.

Crypte★. – Ses voûtes d'arête s'appuient sur d'épaisses colonnes décorées de rainures. Dans l'abside on remarque le sarcophage en grès rouge qui contient la dépouille de l'évêque Bernulphe, fondateur de l'église.

A l'angle de Achter St.-Pieter et de Keistraat, au n° 8, se trouve une jolie maison, **De Krakeling** (BY N), à façade de guirlandes, du 17e s.

Janskerkhof (BX). – Sur cette place s'élève l'**église gothique St.-Jean** (Janskerk), restaurée, (BX Q) et quelques élégantes maisons des 17e et 18e s., notamment celle du n° 13. Un marché aux fleurs s'y tient le samedi.

Un petit édifice blasonné est accolé à l'église. Devant celui-ci, **statue d'Anne Frank,** par Pieter d'Hont, sculpteur né à Utrecht en 1917.

Au Sud de la place, l'Institut d'Anatomie occupe l'ancien **Statenkamer** (AX R), restauré, où se réunissaient les États généraux de la province. C'était à l'origine un cloître franciscain.

Devant, on voit le buste du professeur Donders *(p. 171)* et plus loin, la **statue de saint Willibrord,** par A. Termote, sculpteur néerlandais d'origine belge, né en 1887.

Maison Le Roi du Portugal (Huis De Coninck van Poortugael) (AX S). – De 1619, elle offre une charmante façade Renaissance avec pignon à redans et arbore au-dessus des baies du rez-de-chaussée les armes de Nimègue et du Portugal, de part et d'autre d'un homme brandissant un sceptre, qui serait le roi du Portugal.

■ AUTRES CURIOSITÉS

Musée Central★ **(Centraal Museum).** – *Visite : 10 h - 17 h (dim. et j. fériés 14 h - 17 h); fermé lundi et 1er janv.*

Occupant l'ancien couvent Ste-Agnès, il abrite une riche section de peinture et d'arts décoratifs se rapportant à Utrecht et à ses environs.

Rez-de-chaussée. – Outre une section de costumes (de la 2e moitié du 18e s. jusqu'à nos jours), on admire au rez-de-chaussée des pièces meublées à l'ancienne, du gothique au style Louis XVI, et une intéressante maison de poupée du 17e s. Œuvres d'artistes néerlandais du 20e s. (groupe Cobra).

1er étage et entresol. – Peinture : des primitifs au 20e s. les peintres d'Utrecht sont bien représentés avec Jan van Scorel, Abraham Bloemaert et, parmi les caravagistes, Hendrick Terbrugghen (La Vocation de saint Matthieu) et Gérard van Honthorst. L'entresol est réservé aux objets d'art décoratifs d'origine néerlandaise du 16e s. à nos jours (porcelaine, argenterie, fauteuil de G. Rietveld).

2e étage. – Le grenier présente une partie archéologique comprenant les produits des fouilles concernant les époques romaine, carolingienne et une partie historique ayant trait au passé de la ville médiévale (églises, murailles) ou du Siècle d'Or (entrée solennelle de Maurice de Nassau en 1636). Le Muntenkabinet expose une riche collection de monnaies et de médailles.

Au sous-sol, ne pas manquer d'aller voir le **bateau d'Utrecht** (vers l'an 800), embarcation d'environ 13 tonnes découverte en 1930.

L'église St-Nicolas (Nikolaïkerk), voisine, fait office, l'été, d'annexe du musée.

Faisant partie du musée, la **Fondation van Renswoude,** construite en 1756 pour abriter une école pour orphelins, montre sur l'Agnietenstraat, une imposante façade baroque. En face s'aligne un bel ensemble de maisons basses en brique appartenant à un hospice, **Hofje van Pallaes** (1651). A côté s'élève un autre hospice, **Beyerskameren,** fondé à la fin du 16e s.

Musée (Rijksmuseum) Het Catharijneconvent★★ (BY M5). – *Visite : 10 h - 17 h (sam., dim. et j. fériés 11 h - 17 h); fermé lundi et 1er janv.; 3,50 fl.*

Dans l'ancien couvent de St-Jean-de-Malte sont rassemblées des collections d'art sacré provenant du musée archiépiscopal d'Utrecht, du musée épiscopal de Haarlem et du musée des Vieux-Catholiques. Elles évoquent le christianisme aux Pays-Bas depuis ses débuts jusqu'à nos jours. La section d'**art médiéval** est la plus importante des Pays-Bas.

Les étapes qui ont marqué l'évolution des églises catholique et protestante sont présentées dans leur contexte historique. Divers thèmes sont évoqués : les églises (construction, style, éléments d'ornementation), l'univers religieux et les œuvres d'art qu'il a inspirées, les diverses cérémonies, le rôle de la foi dans la vie quotidienne, les rapports des Eglises et de l'Etat.

Parmi les collections, on admire : des retables, des objets d'orfèvrerie, des vêtements liturgiques (Chape de David de Bourgogne du 15e s.), des sculptures (Christ aux liens de 1500 particulièrement expressif), des manuscrits et des miniatures (l'évangéliaire de saint Lebuin avec ses incrustations d'ivoire et de pierres semi-précieuses), des peintures (l'Homme de douleurs de Gérard de St-Jean), le tryptique de Jan van Scorel, le Portrait de Stenius de Frans Hals).

Musée des Chemins de Fer néerlandais (Nederlands Spoorwegmuseum) (BY M²). – *Visite : 10 h - 17 h (dim. et j. fériés 13 h - 17 h); fermé lundi, 1er janv., Pâques, Pentecôte, 25 déc.; 2,50 fl.*

L'ancienne gare Maliebaan sert de cadre à ce musée. A l'intérieur, des tableaux, documents et des maquettes reconstituent l'histoire des chemins de fer néerlandais. Des maquettes, un film et des signaux mobiles donnent une idée de la circulation des trains à l'heure actuelle. A l'extérieur, sur des voies désaffectées, sont disposées en particulier de reluisantes locomotives à vapeur et des tramways. On peut voir la reproduction de la locomotive « De Arend » (l'aigle) qui tira, en 1839, avec une autre locomotive (De Snelheid), le premier train circulant aux Pays-Bas, entre Amsterdam et Haarlem.

Musée de l'Université (Universiteitsmuseum). – *Biltstraat 166 par ②. Visite : 10 h - 17 h; fermé sam., dim. et j. fériés.*

Il rassemble une intéressante collection d'**instruments anciens** utilisés jadis par les membres de l'Université : astrolabes et cadrans solaires, pompes à air, instruments chirurgicaux, appareils électriques, microscopes, télescopes.

Il évoque également, par des documents, les personnages illustres de l'Université comme le physicien **Frans Cornelis Donders** (1818-1889) et la querelle entre Descartes et **Voetius** (1589-1676), théologien protestant qui était professeur à l'Université.

Maison Fentener van Vlissingen (Fentener van Vlissingenhuis). – *Maliebaan nº 42* (BY). *Mêmes conditions de visite que le musée Central.*

Cette maison abrite la section d'art moderne (après 1850) du musée Central. On y voit également une salle d'Art nouveau. Des expositions y ont lieu.

Musée d'Art contemporain (Hedendaagse Kunst) (BY M⁴). – *Visite 12 h - 17 h; fermé lundi, Pâques, Pentecôte, 25 déc.* Ce musée possède une collection d'œuvres d'art internationales des années 1970, et présente diverses expositions d'art contemporain.

Bruntenhof (BY V). – Pittoresque alignement de maisons basses formant partie d'un **hospice** de 1621. L'entrée principale montre un portail baroque.

Cloître de l'église Ste-Marie (Kloostergang van St.-Marie) (AY W). – Seul le cloître roman en brique subsiste de cette église construite au 11e s., l'une des quatre églises de la Croix de Bernulphe *(p. 170)* qui fut détruite au 19e s.

Maison Schröder (Schröderhuis). – *Prins Hendriklaan 50. à l'Est de Wilhelminapark. On ne visite pas.* Cette demeure construite par Rietveld *(p. 42)* en 1924 illustre les tendances architecturales du mouvement De Stijl.

Musée des Pipes et Cabinet de café et de thé (Pijpenkamer en Koffie- en Theekabinet). – *Keulsekade nº 143. Sortir par ⑥ du plan. Visite sur demande : 9 h - 12 h et 14 h - 17 h; fermé sam., dim. et j. fériés; ☏ (030) 97 91 11.*

Collection ayant trait au commerce et à la consommation du tabac, du café et du thé.

EXCURSIONS

Étangs de Loosdrecht★★ (Loosdrechtse Plassen); Haarzuilens; Zuilen. – *Circuit de 69 km – schéma p. 172. Quitter Utrecht par ① du plan. Sortir vers Bilthoven et tourner vers Westbroek.*

Westbroek. – La route, pittoresque, est bordée de canaux enjambés par de petits ponts dont chacun conduit à une maison entourée d'un jardin coquet.

Enchâssés entre des isthmes de verdure, inondés d'une lumière très douce, les **étangs de Loosdrecht★★** étendent sur près de 2 500 ha leur tranquille et sauvage beauté. Ils occupent d'anciennes tourbières. Particulièrement propices aux sports nautiques, ils sont jalonnés de nombreux ports de plaisance. La route est bordée de villas.

Après **Breukeleveen,** on longe la rive du lac sur lequel s'offre une jolie **vue.**

Nieuw-Loosdrecht. – Le **château Sypesteyn,** reconstruit de 1912 à 1927 sur les plans primitifs, a été transformé en musée (Kasteel-Museum Sypesteyn). *Visite accompagnée : 1er mai – 15 sept. 10 h 15, 11 h 15, 14 h, 15 h, 16 h; fermé lundi et matin des dim. et j. fériés; 4,50 fl.*

Mobilier et objets d'art ancien, en particulier porcelaine de Loosdrecht.

Oud-Loosdrecht. – C'est le principal centre touristique de la région. Il possède un important port de plaisance.

Tourner à droite puis à gauche vers Vreeland. Bientôt la route retrouve le plan d'eau : elle offre de jolies **vues.**

Vreeland. – Un joli **pont** mobile permet de traverser la Vecht, qu'on rejoint ensuite à Loenen aan de Vecht. La **Vecht,** jadis un grand axe de navigation, est doublée depuis 1952 par le canal du Rhin à Amsterdam (Amsterdam-Rijnkanaal).

La route longe cette rivière paisible et sinueuse dont les rives sont peuplées de villas cossues et de gentilhommières, entourées de magnifiques parcs.

Loenen. – 6 966 h. Cette bourgade aux maisons pimpantes et fleuries possède un haut moulin à balustrade nommé De Hoop (l'espoir).

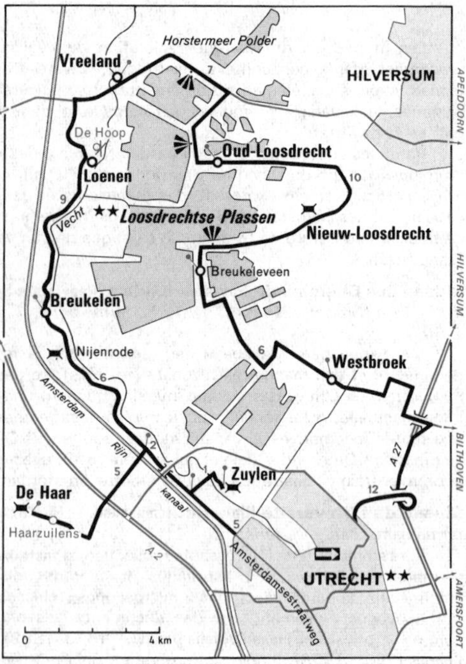

Breukelen. – 10 371 h. La localité a donné son nom au 17e s. à un quartier de New York : Breukelen, prononcé en anglais, est devenu Brooklyn.

Au Sud de Breukelen, le **parcours★**, agréable, offre des vues sur de belles propriétés donnant sur la Vecht.

A droite de la route, le **château de Nijenrode,** du 17e s., a été restauré au début du 20e s. Il a été aménagé en École de hautes études commerciales. *On ne visite pas.*

Château De Haar (Kasteel De Haar). – Il s'élève à l'Ouest de Haarzuilens, au centre d'un grand parc. *Visite accompagnée : 1er mars - 15 août et 15 oct. - 15 nov. 9 h 15 - 11 h 30 et 13 h 30 - 16 h 30 (dim. et j. fériés 13 h 30 - 16 h 30); 4,75 fl.*

Ce château est une énorme construction en brique des 14e et 15e s. Il a été incendié par les troupes de Louis XIV en 1672-1673 puis rebâti à partir de 1892, dans le style d'origine, par Cuypers.

Le bâtiment principal, cantonné de tours à toit en poivrière, est entouré de larges douves et relié à un grand châtelet d'entrée par un pont couvert.

L'intérieur, qui est encore habité l'été, abrite les **collections★** particulières du baron van Zuilen van Nyevelt, comprenant notamment un beau mobilier, des tapisseries (16e-17e s.), des tapis persans, des peintures, de la céramique.

Dans le grand hall, on remarque une Vierge à l'Enfant du 14e s., provenant d'une abbaye du Nord de la France.

Revenir à Haarzuilens, passer sur l'autoroute et sur le canal, puis tourner à droite et à gauche pour gagner Oud-Zuilen.

Château de Zuylen (Slot Zuylen). – Situé près de la Vecht, ce **château** est une solide construction médiévale flanquée de quatre tours octogonales. Au 18e s., il fut agrandi de deux ailes. *Visite accompagnée : 15 mars - 30 sept. 10 h, 11 h, 14 h, 15 h et 16 h; (dim. et j. fériés 14 h, 15 h et 16 h); 1er oct. - 15 nov. seulement sam. et dim. Fermé lundi; 4,50 fl.*

Ici naquit en 1740 Belle van Zuylen, plus connue sous le nom de **Belle de Charrière.** La célèbre femme de lettres d'expression française, amie de Madame de Staël, de Benjamin Constant et du mémorialiste James Boswell, passa sa jeunesse au château. Après son mariage en 1766, elle vécut en Suisse, près de Neuchâtel, où elle mourut en 1805. Le château rassemble de nombreux objets anciens, illustrant la vie quotidienne d'antan, de beaux meubles, et des collections de porcelaine de Chine.

Une salle est ornée d'une grande tapisserie (1643), tissée à Delft et représentant un paysage peuplé d'une multitude d'oiseaux.

Dans les pièces où vécut Belle de Charrière, son portrait par un artiste danois, quelques livres, des estampes évoquent la vie de l'écrivain.

Rentrer à Utrecht par Amsterdamsestraatweg (**AX**).

Zeist. – 62 055 h. *10 km. Sortir d'Utrecht par ② du plan.*

Zeist est une villégiature élégante et agréable, parmi de beaux bois.

Au centre de Zeist, une allée conduit au **château de Zeist** (Het Slot van Zeist) qui, construit en 1677 abrite des expositions temporaires. De part et d'autre de cette allée s'élèvent les bâtiments de la communauté des **Frères moraves,** datant du 18e s.

Cette secte fut restaurée au début du 18e s. par le comte de Zinzendorf. Celui-ci avait recueilli sur ses terres en Allemagne des « frères moraves » (ou frères bohêmes), réfugiés de Bohême ou de Moravie et disciples de Jean Hus, qui avait été brûlé vif en 1415. Les membres de cette secte se vouent à l'adoration mystique de Dieu et du Christ, sont partisans de la fraternité de tous les hommes, et vivent en communauté. Ils sont près de 430 000 dans le monde.

VALKENBURG ★ (FAUQUEMONT) Limburg

Cartes Michelin nos 408 pli 26 et 212 - pli 1 – *Schéma p. 174* – 17 290 h.

Dans la charmante vallée de la Geul formant ici deux bras, Fauquemont, qui appartient à la commune de Valkenburg-Houthem, est une petite ville ancienne, très fréquentée comme station estivale par des vacanciers qu'attirent un paysage doucement vallonné, de beaux parcs comme le **Rotspark** (**Z**) où se trouve un théâtre de verdure, d'importants aménagements touristiques et de nombreuses distractions.

La ville conserve deux portes de son enceinte fortifiée : **Grendelpoort** (**Z A**) (14e s.) et **Berkelpoort** (**Z B**) (15e s.), à passerelle.

VALKENBURG

Berkelstr. . . . . Z 3
Grendelpl. . . . . Z 8
Grotestr. . . . . Z 9
Louis van der
Maessenstr. . . . . Y 20
Muntstr. . . . . Z 21
Plenkertstr. . . . . YZ
Theodoor Dorrenpl. . . . . . Z 35
Wilhelminalaan. . . . . YZ 39

Berkelpl. . . . . Z 2
Burgemeester
Henssingel. . . . . Z 4
Dr. Erensstr. . . . . Z 6
Emmalaan. . . . . Z 7
Halderstr. . . . . Z 10
Hekerbeekstr. . . . . Y 12
Jan Dekkerstr. . . . . Z 13
Kerkstr. . . . . Z 15
Kloosterweg. . . . . Y 16
Koningin Julianalaan. . . . Y 17
Lindelaan. . . . . Y 19
Oranjelaan. . . . . Y 23
Palankastr. . . . . Z 24
Poststr. . . . . Y 25
Prins Bernhardlaan. . . . . . Y 26
Prinses Beatrixsingel. . . . Y 27
Prinses Margrietlaan. . . . Y 28
Reinaldstr. . . . . Y 29
St. Pieterstr. . . . . Z 31
Sittarderweg. . . . . Y 32
Stationstr. . . . . Y 33
Walrampl. . . . . Z 36
Walravenstr. . . . . Z 37
Wehryweg. . . . . Y 38

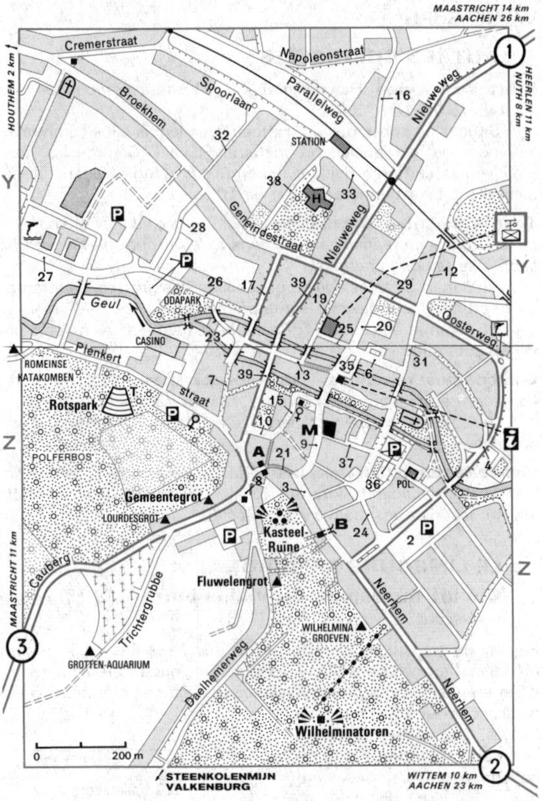

Les grottes. – Les collines autour de la ville sont constituées, comme St.-Pietersberg à Maastricht, d'un sol marneux très apprécié pour la pierre de taille qu'on a exploitée dans de nombreuses carrières.

Actuellement, un certain nombre de galeries ainsi formées sur 70 km peuvent être visitées; elles ont permis l'aménagement de musées souterrains ou d'attractions touristiques diverses.

■ PRINCIPALES CURIOSITÉS *visite : 3 h*

Ruines du château (Kasteel-Ruine) (Z). – *Visite : de Pâques à fin oct. 9 h - 17 h; 1,50 fl. (billet combiné avec grottes Fluwelen p. 175 : 4 fl.).*

Les ruines du château des seigneurs de Fauquemont dominent la cité.

Il ne subsiste que quelques pans de murs et quelques arcs brisés de cette forteresse qui, construite vers 1087 et modifiée à l'époque gothique, a subi une multitude de sièges, notamment par le comte de Louvain (1122).

Louis XIV s'en empara en mai 1672; elle fut reprise en décembre et rasée l'année suivante sur ordre du roi-stathouder Guillaume III.

De nombreuses légendes s'attachent à ses ruines comme celle de Walram et Reginald de Fauquemont qui étaient épris d'Alix, fille du comte de Juliers. Walram réussit à épouser Alix, mais le jeune couple fut assassiné par Reginald.

Du sommet des ruines on découvre un panorama sur la ville et la verdoyante vallée de la Geul.

Musée de la mine* (Steenkolenmijn Valkenburg). – *Accès par Daelhemerweg* (Z). *Visite accompagnée : 10 h - 17 h (en hiver, une seule visite accompagnée par jour); 5,50 fl.*

Dans les galeries d'une ancienne carrière a été reconstituée une mine de charbon dont la visite documente sur les méthodes d'extraction de la houille, telle qu'on la pratiquait dans le Limbourg, avant la fermeture des dernières exploitations.

La projection d'un film tourné en 1966 donne une image vivante d'un charbonnage. Puis on parcourt les galeries où l'on peut voir, en une vingtaine d'étapes, le matériel de transport du personnel ou du charbon, les pompes d'épuisement des eaux, l'emplacement de la taille où est extrait le charbon, avec les étançons soutenant la galerie, l'évacuation du charbon et les différents systèmes de sécurité.

Grottes municipales (Gemeentegrot) (Z). – *Visite accompagnée : de Pâques au 30 sept. 9 h - 17 h; le reste de l'année à 15 h; 3,50 fl.*

Ce sont d'anciennes carrières de marne déjà connues des Romains. Elles servirent de refuge aux prêtres réfractaires pendant la Révolution française et d'abri à la population pendant les guerres, notamment en septembre 1944 au moment de la libération de la ville.

La roche, sédimentaire, contient de nombreux fossiles. La température des grottes se maintient à 14°.

Les parois sont couvertes de dessins au charbon de bois ou de bas-reliefs, les uns représentant des animaux dont on a retrouvé les fossiles, comme le mosasaure *(p. 144)*, d'autres des sujets artistiques (La Joconde) ou religieux.

La pierre étant extraite de plus en plus bas, certains dessins se trouvent placés particulièrement haut.

■ AUTRES CURIOSITÉS

Grottes Fluwelen (Fluwelengrot) (Z). – *Visite accompagnée : de Pâques à fin oct. 11 h - 12 h et 13 h - 15 h; 3 fl.*

Situées en contrebas du château avec lequel elles communiquent, ces grottes tiennent leur nom de leur ancien propriétaire, Fluwijn. Comme les grottes municipales, ce sont d'anciennes carrières qui ont hébergé des réfugiés ayant laissé de nombreux dessins et bas-reliefs. Leur température est de 10°.

Tour Wilhelmine (Wilhelminatoren) (Z). – *Accès en voiture par Daelhemerweg puis à gauche ou par télésiège (kabelbaan) au départ de la route de Wittem (fonctionne de Pâques à fin sept. si le temps le permet).*

Au départ du télésiège on peut visiter des grottes (Panorama-Grot) *(sam. et dim. 13 h - 17 h)* et voir une projection sur la préhistoire.

Du sommet de la tour *(160 marches)*, haute de 30 m, on a une jolie vue sur les environs verdoyants de la ville.

Catacombes romaines (Romeinse Katakomben) (YZ). – *Visite accompagnée : Pâques, Pentecôte et de juin à août : 10 h - 12 h et 13 h - 17 h; 3 fl.*

Dans les anciennes carrières, c'est la reconstitution d'une dizaine de catacombes romaines.

Musée régional (Streekmuseum) (Z M). – *Visite : du 1er avril à fin oct. 14 h - 18 h; 1,50 fl.*

Objets découverts lors des fouilles pratiquées dans le château, peintures de la ville, ateliers reconstitués, souvenirs de sociétés de tir.

LE LIMBOURG MÉRIDIONAL★

Circuit au départ de Valkenburg – *58 km – une 1/2 journée – schéma ci-dessous.*

Région de transition entre la plaine des Pays-Bas et le massif ardennais, le Limbourg méridional forme une avancée entre la Belgique et l'Allemagne.

C'est un pays rural dont la physionomie n'est pas affectée par l'exploitation des gisements houillers voisins. Ses plateaux fertiles, ses vallées humides, ses riants pâturages ombragés de pommiers, ses sommets d'où l'œil découvre de vastes étendues, composent d'agréables paysages où se rencontrent de beaux manoirs et de pittoresques fermes blanches à colombages *(p. 35).*

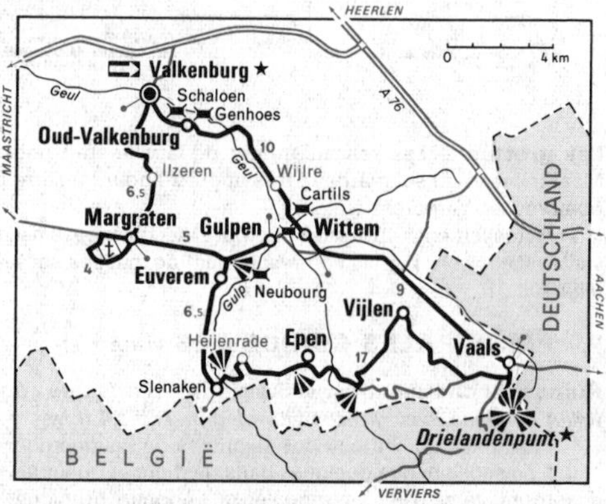

Quitter Valkenburg (p. 172) à l'Est par ② du plan, en direction de Gulpen. La route emprunte la verdoyante vallée creusée par la Geul.

Oud-Valkenburg. – A gauche, on aperçoit le **château de Schaloen** (Kasteel Schaloen), bel édifice du 17e s., restauré au 19e s. par Cuypers, dont le parc est arrosé par un bras de la Geul. Un peu plus loin, derrière une chapelle, se trouve le **château de Genhoes,** des 16e et 18e s. entouré de douves.

Après Wijlre, remarquer sur la gauche le **château** (Kasteel) **Cartils** au centre d'un beau parc.

Wittem. – 7 698 h. A droite, le **château** (Kasteel Wittem) est un édifice du 15e s., rénové au 19e s. dans le style néo-gothique. Il est transformé en hôtel-restaurant.

Une route de plateau mène à Vaals.

Vaals. – 10 496 h. Station dont l'animation est due à la proximité de la frontière allemande et à sa situation près du Drielandenpunt.

Une route sinueuse monte à travers bois au Drielandenpunt. A 500 m avant le terminus de la route s'ouvre à gauche un beau **panorama★** sur Aix-la-Chapelle.

Drielandenpunt★. – C'est un point (punt) de jonction entre les frontières de trois (drie) pays (landen) : Allemagne, Belgique, Pays-Bas. C'est aussi, à 321 m d'altitude, le point culminant des Pays-Bas. Du sommet de la **tour Baudouin** *(2 fl.)*, édifice métallique, on a un **panorama★** sur la région, Aix-la-Chapelle toute proche, les forêts allemandes de l'Eifel; au loin, à l'Ouest, Maastricht.

Revenir sur Vaals et se diriger vers Vijlen.

Vijlen. – Ce village possède encore plusieurs maisons à colombages.

Par une route traversant des bois, on débouche sur la route de Vaals à Epen. Jolie **vue** sur les collines au Sud.

Epen. – Station de villégiature dont quelques maisons conservent des murs à colombages. *Avant l'église, tourner à gauche.* On admire une belle ferme à colombages à la sortie du village.

La montée procure ensuite de belles **vues★** sur les collines frontalières au Sud.

Après Heijenrade, jolie **vue** à droite sur la vallée de la Gulp qu'on traverse à **Slenaken**, petit village frontalier. On suit ensuite la rivière en direction de Gulpen. Le parcours est agréable dans un paysage de prairies humides.

Euverem. – Dans les bassins près de la Gulp sont élevés près de 500 000 truites par an. Une partie est destinée à des étangs voisins aménagés pour la pêche.

Au carrefour de la route de Gulpen à Maastricht, **vue** à droite sur le château de Neubourg (Kasteel Neubourg). Situé au fond de la vallée, c'est un vaste édifice flanqué d'une tour carrée à bulbe. Il a été aménagé en hôtel.

Gulpen. – 6 944 h. Centre de villégiature au confluent de la Gulp et de la Geul.

Margraten. – 3 060 h. A l'Ouest de la localité est situé le **Cimetière militaire américain des Pays-Bas** (Netherlands American Cemetery). Il a été créé en 1944 par la 9ᵉ Armée américaine. A gauche de l'entrée, un petit musée retrace, gravés dans la pierre, des épisodes de la guerre. Sur des murs sont inscrits les noms de 1722 disparus. Dans le cimetière, dominé par une haute tour rectangulaire contenant une chapelle reposent, sous des croix disposées en arc-de-cercle, 8 301 soldats, tombés lors de la percée de la ligne Siegfried.

Par IJzeren et Sibbe, qui jalonnent une route de plateau, on atteint Valkenburg, où l'on pénètre par Daelhemerweg.

VEERE * Zeeland

Cartes Michelin n°s 408 - pli 15 et 212 - Sud du pli 2 – *Schéma p. 76* - 4 641 h – *Plan dans le guide Michelin Benelux.*

Veere est situé sur le **Veerse Meer** (lac de Veere), ancien bras de mer fermé par un barrage *(p. 78)*, qui unit Walcheren à Noord-Beveland.

Sous la protection des seigneurs de Borsele, Veere était un port florissant grâce au commerce des laines d'Écosse, mais elle fut peu à peu ruinée par la guerre d'indépendance.

Le barrage interdisant l'accès de la mer du Nord aux bateaux de pêche, Veere s'est transformée en centre de tourisme nautique, devenant un important port de plaisance.

Avec ses ruelles pavées, ses monuments, ses vieilles maisons de brique, Veere conserve beaucoup de caractère.

■ CURIOSITÉS *visite : 1/2 h*

Tour de Campveer (Campveerse Toren). – Du 15ᵉ s., cette tour est un vestige des fortifications de la ville. En brique, elle est décorée de bandes de pierre blanche et présente un pignon à redans. Elle est aménagée en restaurant.

Maisons écossaises* (Schotse Huizen). – *Aux n°s 25 et 27, sur le quai (Kade). Visite : d'avril à sept. 10 h - 12 h 30 et 13 h 30 - 17 h; fermé lundi et dim.; 1,50 fl.*

Construites au 16ᵉ s., dans le style gothique flamboyant, ces deux maisons servaient de bureau et d'entrepôt aux marchands de laine écossais qui vivaient à Veere. Les tympans des fenêtres et des portes sont richement ornés. Au nº 25, la pierre de façade représente un agneau, symbole du commerce de la laine; au nº 27, c'est une autruche.

A l'intérieur sont exposés des costumes zélandais, des porcelaines ou des meubles dont un « sterrekabinet » incrusté de motifs en étoiles *(voir p. 30)*. Dans une belle salle gothique, statues originales des seigneurs et des dames de Veere, qui ornaient l'hôtel de ville.

Ancien hôtel de ville* (Oude stadhuis). – *Visite accompagnée : 1er juin - 15 sept. à 10 h, 11 h, 12 h, 14 h et 16 h; fermé dim., lundi matin, sam. ap.-midi et j. fériés; 1,50 fl.*

C'est un charmant petit édifice gothique, en grès, à deux étages, commencé en 1474. Les baies du 1er étage sont séparées par des niches surmontées de dais, et qui renferment des statues, refaites en 1934, de quatre seigneurs et de trois dames de Veere. Le toit, flanqué de tourelles octogonales, est dominé par un beffroi de 1591, couronné d'une balustrade à pinacles et colonnettes et d'un clocher à bulbe. A l'intérieur, un carillon de 48 cloches *(jeux toutes les heures et demi-heures, concerts).*

Dans la salle d'audience (Rechtszaal), au rez-de-chaussée, qui compte parmi les plus anciennes des Pays-Bas, on peut voir la coupe de vermeil que l'empereur Charles Quint offrit au comte Maximilien de Buren en 1546.

Grande église ou église Notre-Dame (Grote- of O. L. Vrouwekerk). – *Visite : de début mai à fin sept. 10 h - 17 h (dim. 14 h - 17 h); 2 fl.*

Elle élève sa lourde masse du 14ᵉ s., précédée d'une robuste tour-porche inachevée.

A côté de l'église, la **fontaine municipale** est un ravissant monument gothique de 1551, composée d'une rotonde octogonale, à ogives et colonnettes.

VENLO Limburg

Cartes Michelin n°s 408 - pli 19 et 212 - pli 20 - 62 495 h. – *Plan dans le guide Michelin Benelux.*

Dans la partie Nord de la province du Limbourg, à proximité de la frontière germano-néerlandaise, Venlo est une petite ville industrielle au bord de la Meuse.

UN PEU D'HISTOIRE

Une légende du Moyen Age fait remonter à 90 la fondation de Venlo par Valuas, chef de la tribu germanique des Bructères. Le souvenir du fondateur de la ville se perpétue lors de toutes les fêtes, défilés ou processions; on promène alors dans la ville deux effigies de géants, représentant Valuas et sa femme.

Venlo, prospère au Moyen Age, reçoit ses droits de cité en 1343 et devient en 1364 membre de la ligue hanséatique.

De nos jours, elle dessert une importante région de cultures maraîchères (asperges) et en serre (fleurs, tomates, cornichons) qui s'étend vers le Nord jusqu'aux environs de Grubbenvorst. Les alentours immédiats de la ville sont couverts de serres.

Le carnaval *(p. 11)* est très animé.

Promenades en bateau. – *Sur la Meuse, en juil. et août : s'adresser au VVV. Embarcadère : Maaskade* (**Y**).

VENLO

Gasthuisstr.	Y	12
Grote Kerkstr.	Y	16
Klaastr.	Z	24
Koninginnesingel	Z	27
Lomstr.	Y	33
Parade	Z	
St. Jorisstr.	Y	51
Vleesstr.	Z	
van Cleefstr.	Y	5
Eindhovensestr.	Z	9
Goltziusstr.	Y	13
Grote Beekstr.	Z	14
Havenkade	Z	18
Koninginnepl.	Z	25
Nassaustr.	Z	37
Peperstr.	Y	40
Prinsessesingel	Z	43
Puteaunusstr.	Y	45
Roermondsepoort	Z	46
Roermondsestr.	Z	48

Les numéros de sorties de ville①-②.. sont identiques sur les plans et les cartes Michelin.

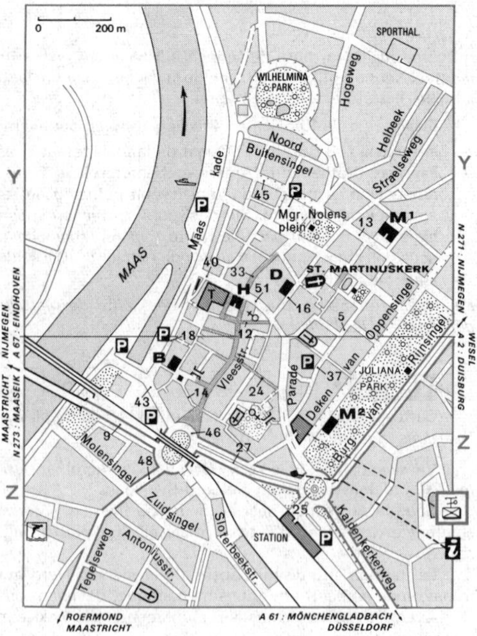

■ CURIOSITÉS *visite : 2 h*

Hôtel de ville (Stadhuis) (Y H). – Au centre de la Grand-Place (Markt), c'est un bel édifice Renaissance en forme de quadrilatère construit vers 1600. Sa façade à double perron est flanquée de tours octogonales à bulbe.

Église St-Martin (St.-Martinuskerk) (Y). – *Visite : 8 h (dim. et j. fériés 10 h) - 18 h.*

Elle date du début du 15e s. Endommagée pendant la dernière guerre, elle a été restaurée et sa tour reconstruite. Celle-ci possède un carillon de 48 cloches.

L'intérieur renferme un **mobilier**★ et des objets d'art intéressants.

Les **stalles,** du 15e s., de style gothique, sont sculptées d'une vingtaine de scènes de l'Ancien et du Nouveau Testament; des sujets variés ornent les miséricordes (têtes, symboles d'évangélistes, fables, feuillages). On remarque, à gauche de l'arc triomphal, une Vierge à l'Enfant du 16e s.; à droite, un Christ du 17e s.; dans la chapelle Notre-Dame, à gauche du chœur, un banc de chêne sculpté du 16e s.; dans la chapelle à droite du chœur, une Pietà en calcaire (15e s.). Dans une chapelle au Sud se trouve un Ecce Homo peint par Jan van Cleef, artiste né à Venlo (1646-1716). La chaire est baroque. De beaux **fonts baptismaux** en cuivre, datés de 1621, sont placés au fond du bas-côté droit.

Dans la rue (Grote Kerkstraat) où se trouve l'église, voir, aux nos 19-21, l'intéressante façade de la **maison Schreurs** (Y D), Renaissance, de 1588, surmontée d'un pignon ondulé; au 1er étage, des arcatures aveugles s'appuient sur deux culs-de-lampe sculptés d'une tête de lion; remarquer également le blason sculpté et les médaillons.

Musée Goltzius (Goltziusmuseum) (Y M1). – *Visite : 10 h - 12 h (sauf dim.) et 14 h - 17 h; fermé sam., Carnaval, Pâques, Pentecôte, 25 déc.; 1 fl.*

Ce musée régional est consacré à l'archéologie, à l'histoire et à l'art.

Au rez-de-chaussée sont évoquées la préhistoire, l'époque de la domination romaine et l'histoire médiévale de la ville; collections de poterie et de porcelaine.

Le premier étage est consacré aux arts décoratifs, chaque pièce étant décorée dans un style particulier : gothique, Renaissance et baroque, Louis XIV, Louis XV, Louis XVI, Empire, Biedermeier (style répandu en Allemagne au 19e s.). On peut y voir aussi des collections d'argenterie, d'étain, de monnaies et des armes. Le musée organise également des expositions temporaires.

Musée Van Bommel-Van Dam (Van Bommel-Van Dammuseum) (Z M2). – *Visite : 10 h - 17 h (14 h - 17 h sam., dim. et j. fériés); fermé 1er janv., carnaval, Pâques, 25 déc.; 1 fl.*

Au bord du parc Juliana, c'est un agréable musée d'art moderne et contemporain néerlandais consacré surtout à des expositions temporaires.

Maison Romer (Romerhuis) (Z B). – 16e s. Pignon à redans et pinacles.

EXCURSION

Tegelen. – 18 061 h. *4 km au Sud-Ouest par Tegelseweg* (Z). C'est une petite ville industrielle célèbre par ses **Jeux de la Passion** (Passiespelen) exécutés tous les cinq ans *(prochaine manifestation en 1985)* avec la participation de la population.

Tegelen possède un **musée** (museum Steyl). *St. Michaelstraat 7. Visite : 10 h - 12 h et 14 h - 18 h (17 h 1er oct.-30 avril); dim. et j. fériés 14 h - 18 h seulement; fermé 1er janv., Vend. saint, 25 déc.; 2 fl.*

Installé dans les bâtiments d'une congrégation missionnaire, il abrite des objets usuels d'Indonésie, de Nouvelle-Guinée, d'Extrême-Orient, d'Afrique, des objets d'art chinois, des papillons, des animaux naturalisés du monde entier.

Non loin du musée *(Maashoek 2 b, Steijl),* se trouve un **jardin botanique** (Jochum-Hof). *Visite : 10 h - 18 h (14 h - 17 h 1er oct.-30 avril); fermé 1er janv., jours de carnaval, 25 déc.; 4 fl.* Il comprend un jardin en plein air où croissent des plantes du Nord du Limbourg et une serre tropicale (cactus, orchidées, bananiers).

VENRAY Limburg

Cartes Michelin n°s 408 - pli 19 et 212 - Sud du pli 10 - 33 605 h.

Sur la Grand-Place (Grote Markt), l'**église Saint-Pierre** (St.-Petruskerk), vaste édifice gothique, renferme un intéressant mobilier. *Ouverte seulement à l'heure des offices.*

Outre une chaire baroque, un beau lutrin en cuivre de la fin du 15e s., l'église abrite une remarquable série de **statues** en bois, à l'exception de celle de saint Paul, en pierre. La plus ancienne est celle de saint Jacques (15e s.). Les apôtres, munis de leurs attributs, sont adossés aux piliers de la nef. Dans les bas-côtés, une série de saints et saintes (belle sainte Lucie) provient d'anciens autels disparus. A l'entrée, statue baroque de saint Pierre, représenté en pape.

EXCURSION

Overloon. – *7 km au Nord.*

En automne 1944, pendant trois semaines, les Anglais et les Américains livrèrent autour de ce village, pour appuyer l'opération « Market-Garden » *(p. 60)*, une des plus grandes batailles de blindés de la guerre, souvent comparée à celle de Caen pour le terrible bombardement d'artillerie et pour le nombre de chars engagés.

Le **musée national de la Guerre et de la Résistance** (Nederlands Nationaal Oorlogs- en Verzetsmuseum) est situé à l'Est d'Overloon dans un bois où se déroulèrent des combats. *Visite : 1er avril - 30 sept. 9 h - 18 h, le reste de l'année 9 h 30 - 17 h; fermé 1er janv., 24, 25, 26 et 31 déc.; 5 fl.*

Un parcours fléché fait découvrir dans cet enclos de 14 ha une importante collection (plus de 70 pièces) de matériel allemand et allié subsistant de la bataille : chars, avions, sous-marin monoplace, un V 1 complet, sous-marin de poche, canons, champ de mines, bombes, torpilles, etc.

On aboutit à un bâtiment abritant une galerie d'armes à feu portatives, et une abondante documentation graphique sur les Pays-Bas pendant la guerre.

VOLENDAM ★ Noord-Holland

Cartes Michelin n°s 408 - pli 11 et 211 - pli 4 - 23 520 h (avec Edam).

Sur une petite mer intérieure nommée Gouwzee, Volendam, qui arme pour la pêche aux anguilles, est l'un des plus connus des ports de l'ancien Zuiderzee. Ses habitants arborent, à la belle saison, un costume traditionnel qui est devenu l'image même des Pays-Bas à l'étranger. Aussi le tourisme constitue-t-il aussi, pour Volendam, une ressource importante.

Le village. – La longue rue qui parcourt le sommet de la haute digue n'est qu'un alignement de boutiques. Par contre, à l'arrière de la digue, en contrebas, de pittoresques ruelles étroites s'insinuent entre les petites maisons de brique à pignon de bois.

Le costume traditionnel★. – Les hommes portent des culottes noires à boutons d'argent, des vestes courtes sur des chemises rayées, des bonnets ronds. Le costume des femmes *(illustration p. 33)* comporte une jupe noire avec un tablier rayé ou une jupe rayée avec un tablier noir, une chemise à plastron fleuri sous une casaque noire à manches courtes, un collier à gros grains de corail et fermoir en or, caché l'hiver par un foulard bleu et blanc. Quand elles ne portent pas leur bonnet noir pointu, elles arborent la coiffe de dentelle des jours de fête, très haute, aux ailes relevées, dont la silhouette est fameuse. Hommes et femmes se chaussent de sabots ou de souliers à boucle.

Il faut assister à la sortie de la messe ou des vêpres, le dimanche ou les jours de fête, quand les couples franchissent le petit pont de bois devant l'église catholique.

WADDEN (Iles des) ★★ (Waddeneilanden)

Cartes Michelin n°s 408 - plis 3, 4, 5, 6 et 210 - plis 3, 4, 5, 6 - *Schéma p. 178.*

Au Nord du pays, entre la mer du Nord et la mer des Wadden s'étendent les îles des Wadden : **Texel** (province de Hollande du Nord), les **îles Frisonnes** dont les principales sont Vlieland, Terschelling, Ameland et Schiermonnikoog, et deux îlots appartenant à la province de Groningue : Rottumeroog et Rottumerplaat qui, avant 1950, était parfois submergé.

La formation des îles et du Waddenzee. – Le sol des îles, formé à l'époque tertiaire, a été légèrement modifié, en particulier, à Texel, par l'action d'un grand glacier scandinave qui couvrait au quaternaire le Nord de l'Europe. Mais les îles des Wadden représentent surtout, avec les îles allemandes et danoises qui les prolongent, les restes d'un ancien cordon littoral de dunes d'origine éolienne qui s'étendait jusqu'au Jutland, au Danemark.

Dès l'époque romaine, la mer avait morcelé le cordon de dunes et envahi l'arrière-pays très plat jusqu'à former la mer des Wadden ou **Waddenzee.** Au 13e s., celle-ci communiqua avec un vaste golfe qui venait de se former, le Zuiderzee *(p. 129)*.

Marées et courants. – Les îles sont encore soumises à la forte action des courants marins. La mer du Nord en effet poursuit son travail de sape à l'Ouest des îles. Des poteaux numérotés, plantés en rang sur les plages, permettent d'estimer les mouvements du sable que des brise-lames, construits perpendiculairement à la côte, tentent de minimiser.

De son côté, le vent accumule le sable en arrière des dunes, ainsi qu'à l'extrémité Sud-Ouest des îles, où il forme d'immenses étendues désertiques.

A l'Est, les courants contribuent à l'ensablement du Waddenzee. A marée basse la mer y laisse à découvert d'immenses surfaces de vase ou de sable, les « wadden ». Très appréciées des oiseaux, celles-ci obligent les bateaux à effectuer de grands détours pour les éviter et emprunter les chenaux balisés.

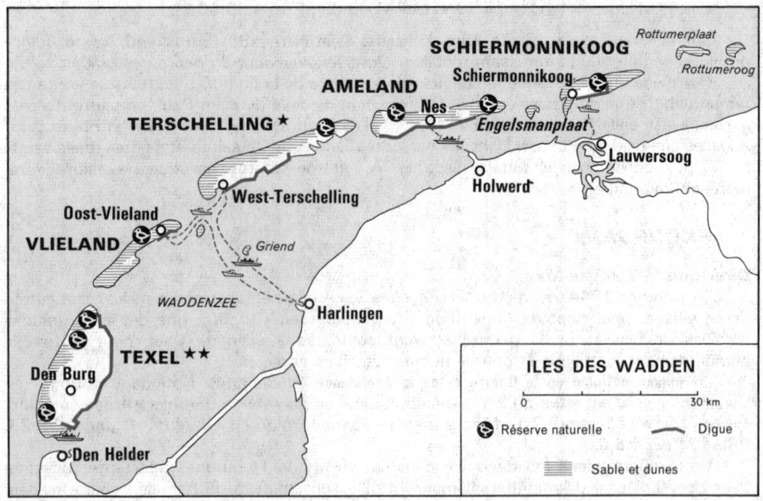

Il est possible de traverser le Waddenzee a gué, sous la conduite d'un guide, de mi-avril à mi-septembre, lorsque le temps s'y prête. S'adresser au Dijkstra's Wadlooptochten, Hoofdstraat 118, Pieterburen, ☏ (05952) 345; de 10 à 27,50 fl.

Tempêtes. – Depuis toujours les tempêtes sont les ennemies du Waddenzee et de ses îles de basse altitude, qui ne sont protégées de la mer que par un cordon de dunes, à l'Ouest, et une digue, à l'Est.

L'îlot de **Griend** entre Vlieland et Harlingen était au 13e s. une île prospère qui, peu à peu rongée par les hautes marées, dut être abandonnée au 18e s. En 1851, une partie de Texel fut envahie par la mer.

Entre Ameland et la côte frisonne, une digue construite en 1871 fut brisée onze ans plus tard par les tempêtes.

Les paysages. – Les îles possèdent au Nord de magnifiques **plages** d'un sable très clair, bordées par des **dunes** où croît une végétation abondante. Elles sont particulièrement hautes et larges à Texel.

Au Sud, la côte très plate est protégée par une digue.

A l'intérieur, se dispersent les villages et les **fermes,** protégés du vent par d'épais rideaux d'arbres. Les fermes des îles Frisonnes présentent les caractéristiques de celles de la Frise tandis que celles de Texel s'apparentent à la ferme pyramidale de Hollande-Septentrionale.

La campagne se subdivise généralement en plusieurs **polders,** séparés par de petites digues. Là paissent de nombreux troupeaux de vaches, ou quelques chevaux. Texel est plutôt spécialisée dans l'élevage du mouton.

Sur le Waddenzee sont parfois établis de petits **ports.** Ils étaient autrefois le point de départ de la pêche et de la chasse à la baleine, qui était jadis la principale activité de l'île d'Ameland.

La faune et la flore. – Toutes ces îles constituent une sorte de réserve naturelle pour les oiseaux de mer. Certains viennent y couver : les mouettes, les goélands, les spatules, les canards pilet.

A l'automne, le Waddenzee riche en nourriture de toute sorte (poissons, coquillages) retient quelque temps sur leur passage une pléthore d'**oiseaux migrateurs,** venus du Nord de l'Europe (Scandinavie, Islande), de Sibérie et en route pour des régions plus chaudes (France, Espagne, Afrique du Nord). Tel est le cas de l'avocette. D'autres choisissent le Waddenzee pour hiverner : il en est ainsi, parmi les échassiers, d'une grande partie des bécasseaux variables ou des huîtriers pie.

Des **réserves** ont été constituées dans chaque île; un certain nombre sont interdites aux visiteurs non accompagnés d'un guide. Les plus importantes appartiennent à la Direction des Forêts (Staatsbosbeheer).

Les phoques, qui venaient nombreux sur les bancs de sable de la côte Nord des îles, sont malheureusement en diminution.

Près des petits étangs nichés dans les dunes, sur les dunes elles-mêmes croît une **végétation** très riche et très particulière. Citons, parmi les espèces les plus courantes, des arbustes comme l'argousier, aux baies orangées et comestibles, la rose des dunes, des herbes comme l'herbe à la cuillère, la parnassie des marais, aux fleurs blanches, des plantes grasses comme le glaux.

Les îles et le tourisme. – S'ils ne s'intéressent pas tous à l'ornithologie ou à la botanique, de nombreux touristes apprécient dans ces îles une nature peu polluée (mer limpide, dunes sauvages, climat sain), la tranquillité (sur deux des îles ne circulent que des véhicules utilitaires), les sentiers balisés pour la promenade (à pied, à vélo, à cheval) dans les bois ou les dunes, les ressources sportives (pêche, nautisme, etc.).

Le revers de la médaille. – Cependant les îles des Wadden excitent la convoitise de certains. L'armée y a implanté plusieurs bases militaires (Texel, Terschelling, Vlieland), qui contribuent, par le bruit de leurs avions, à entraîner la disparition de certains groupes d'oiseaux.

En outre, on a découvert dans le sous-sol du Waddenzee des richesses considérables en gaz naturel : une plate-forme de forage a déjà été installée entre Den Helder et Texel. D'autre part, un plan prévoit de réunir toutes les îles à la terre ferme pour y créer des polders; il rencontre de nombreux opposants.

Quelques conseils pratiques. – Pour circuler sur les îles interdites aux voitures ou à travers les réserves ou dunes disposant de pistes cyclables (Boschplaat à Terschelling, par exemple), une bicyclette est le meilleur moyen. On peut en louer dans chaque île et dans la plupart des villages. Cependant, en saison, il arrive qu'on n'en trouve plus de disponible. Il est vivement recommandé d'embarquer du continent avec sa propre bicyclette, acceptée dans tous les bateaux.

En saison, il est conseillé de réserver sa chambre, par l'intermédiaire d'un office de tourisme situé sur l'île. Les hôtels sont peu nombreux, mais les particuliers hébergent des pensionnaires.

AMELAND Friesland – 3 092 h.

Accès. – *Au départ de Holwerd. Pour passer une voiture, réservation nécessaire : Wagenborg's Passagiersdiensten, Reeweg, 9163 ZL Nes Ameland, ☎ (05191) 6111. Location de vélos dans chaque localité. Accès à la plage principale (Badstrand) par autobus depuis l'embarcadère.*

Cette île allongée, d'environ 5 800 ha, pourvue de grandes étendues de dunes, de belles plages de sable sur la mer du Nord, de bois, est très fréquentée par les touristes. Les Allemands surtout y viennent nombreux en été. Une longue piste cyclable *(20 km)* traverse l'île en parcourant bois et dunes.

Comme toutes les îles des Wadden, Ameland possède des **réserves** peuplées d'oiseaux.

Les habitants d'Ameland avaient jadis pour spécialité la **chasse à la baleine.** Celle-ci ne se pratique plus depuis le milieu du 19e s., mais les maisons des capitaines de bateau (les « commandeurs ») subsistent encore ça et là dans l'île, et par endroits, des ossements de baleine servent encore de clôture.

Les fermes d'Ameland appartiennent au groupe des fermes frisonnes *(p. 34).*

Nes. – Principale localité de l'île, dominée par un **clocher** isolé, à toit en bâtière, daté de 1732. Non loin de celui-ci, dans la Doniastraat, on admire plusieurs maisons anciennes de capitaines, les **Commandeurshuizen,** maisons à étage dotées d'un petit appentis latéral, et dont la porte d'entrée est légèrement décentrée. Des cordons de brique, voire une frise géométrique soulignent les étages. Les ancres de façade révèlent souvent une date ancienne.

A l'Est, route de Buren, au-delà du nouveau cimetière catholique, l'ancien **cimetière,** accessible par une petite route à gauche, conserve des stèles anciennes, certaines ornées d'un saule pleureur. D'autres, très étroites, atteignent près de deux mètres. Quelques tombes d'aviateurs britanniques tombés dans l'île pendant la Deuxième Guerre mondiale sont aussi groupées dans ce cimetière.

Ballum. – La **tour** d'une ancienne église se dresse au centre du village.

Au Sud-Est, sur le Smitteweg, le **cimetière** contient de jolies tombes anciennes gravées de navires ou de saules pleureurs.

Hollum. – Au Sud du bourg, une charmante église typique au clocher à toit en bâtière est entourée d'un **cimetière** dont quelques pierres tombales du 18e s. sont gravées d'un joli navire.

De charmantes maisons de « commandeurs » s'admirent à Hollum. L'une d'entre elles a été transformée en **musée** (Oudheidkamer 't Sorgdragershúske). *Visite : 1er avril - 31 oct., vacances de printemps et de Noël 9 h 30 - 12 h 30 et 14 h - 16 h 30; fermé sam., dim. et j. fériés pendant cette période; le reste de l'année merc. et vend. seulement 14 h - 16 h 30; 2 fl.*

Installé dans une ancienne demeure de capitaine, garnie d'un mobilier régional et tapissée de carreaux de faïence, il contient des collections variées : faïence, poterie, costumes, objets ayant trait à la chasse à la baleine.

Dans Oranjeweg, on aperçoit le hangar abritant le fameux **« redding-boot »,** bateau de sauvetage qu'on tire sur la plage à l'aide de chevaux *(démonstrations 7 à 8 fois par an).*

SCHIERMONNIKOOG Friesland – 896 h.

Accès. – *Au départ de Lauwersoog; 45 mn environ; 9,75 fl. AR. Les autos sont interdites dans l'île. Location de vélos à Schiermonnikoog.*

C'est la plus petite des îles habitées de la mer des Wadden : d'une superficie de 4 000 ha, elle s'étend sur 16 km de long et 4 km de large.

Un seul bourg, Schiermonnikoog, dessert deux plages importantes et un petit lac de plaisance, le Westerplas.

A l'Est s'étend une réserve naturelle de 2 400 ha : **De Oosterkwelder.**

Pour ses paysages sauvages, ses dunes, ses bois, ses plages et sa tranquillité, Schiermonnikoog est l'une des îles les plus agréables de la mer des Wadden.

L'île devint frisonne en 1580. Propriété de différentes familles entre 1639 et 1858, elle appartient à l'État depuis 1945.

Schiermonnikoog. – Parmi les arbres se dispersent les maisons de ce bourg qui s'est développé après l'implantation, vers l'an 1400, de moines cisterciens arrivés de Frise. De là viendrait le nom de l'Île, schier signifiant gris, monnik, moine et oog, île.

Une statue de moine située sur la pelouse centrale du bourg rappelle son passé.

A proximité, une arche formée de deux immenses ossements de baleine rappelle la chasse à la baleine qui était pratiquée autrefois. Aménagé dans une ancienne centrale, un **musée** (Bezoekerscentrum et Natuurhistorisch Museum) rassemble des documents sur l'île. *Visite : 1er avril-30 sept. 14 h - 17 h et lundi, merc., vend. 19 h - 21 h; fermé dim.; 1 fl.*

Dans la rue nommée Middenstreek, qui se dirige vers l'Ouest et dans la rue parallèle, Langestreek, s'alignent d'intéressantes **maisons anciennes** au toit assymétrique.

Het Rif★. – C'est, au-delà de Westerplas, à la pointe Sud-Ouest de l'île, une vaste étendue de sable d'un blanc immaculé, atteignant jusqu'à 1,5 km de large. On en a une **vue★** d'ensemble de Westerburenweg, chemin qui s'achève dans les dunes.

TERSCHELLING★ Friesland – 4 605 h.

Accès. – *Au départ de Harlingen, 2 ou 3 services par jour; 1 h 1/2; 26,20 fl. Pour la voiture, 117,50 fl., réservation nécessaire : Rederij Doeksen, ☎ (05620) 6111. Service entre Vlieland et Terschelling, p. 181. Location de bicyclettes dans la plupart des localités. Location de voiture : s'adresser à Autoverhuur Visser, Westerburen 15, Midsland, ☎ (05620) 89 66.*

Cette île extrêmement allongée (28 km) est, avec ses 10 000 ha, la seconde en superficie des îles des Wadden, après Texel.

Très fréquentée par les estivants qui apprécient ses immenses plages de sable, Terschelling (prononcer Ter-srelling) conserve par endroits un aspect sauvage. Elle est couverte de vastes surfaces de dunes où croît une abondante végétation d'herbes, de mousses et de fleurs. Elle possède aussi plusieurs **réserves naturelles** dont une particulièrement importante, De Boschplaat.

De nombreuses pistes cyclables sillonnent l'île, permettant d'en découvrir les paysages les plus insolites.

Les **fermes**, de type frison *(p. 34)*, ont la particularité de présenter, percé dans la grange, un haut portail par où pénètrent des charrettes et qui forme une sorte de transept.

Le **vin d'airelles** (cranberrywijn) est une spécialité de Terschelling depuis qu'un marin découvrit, échoué dans les dunes, un tonneau contenant cette boisson.

Terschelling est la patrie de **Willem Barents** ou Barentsz (v. 1555-1597), navigateur qui, cherchant à atteindre l'Inde par le Nord de l'Europe, découvrit la Nouvelle-Zemble en 1594 et le Spitzberg en 1596. La partie de l'océan Glacial Arctique qui s'étend entre ces deux archipels porte son nom : mer de Barents. Au cours de sa troisième expédition (1596-1597), son bateau fut pris par les glaces. Il passa l'hiver en Nouvelle-Zemble, dans une hutte construite à l'aide des planches du bateau, puis mourut en tentant de rejoindre des terres habitées. En 1871 on retrouva son journal de bord.

West-Terschelling. – La capitale de l'île est un petit port, bien situé dans une large baie.

Elle est dominée par une haute tour carrée de 54 m, la **Brandaris,** phare construit en 1594 pour remplacer le clocher (servant de phare) de la chapelle St.-Brandarius qui, située au Sud-Ouest de l'île, avait été engloutie par les flots.

Au pied de la tour s'étend un vaste **cimetière** dont les tombes alignées sont très évocatrices du passé maritime des habitants, avec des stèles du 19e s. et du début du 20e s., gravées de navires naïvement dessinés. L'une des stèles, au centre, rappelle l'épisode au cours duquel périrent, le 3 janvier 1880, cinq sauveteurs de l'île qui s'efforçaient de recueillir des rescapés du naufrage du Queen of Mistley.

Musée municipal (Gemeente museum) **'t Behouden Huys.** – *Commandeurstraat, n° 30. Visite : 15 mars-31 déc. 9 h - 17 h; fermé sam. (sauf 15 mai-15 août) et dim.; 2 fl.*

Installé dans deux demeures aux jolis pignons à redans datés de 1668, qui appartenaient à la Compagnie des Indes, c'est un charmant musée régional. Il porte le nom de la hutte dans laquelle hiverna Willem Barents. On remarque à l'entrée, ainsi qu'au n° 14 de la rue, de jolies pierres de trottoir sculptées.

L'intérieur reconstitué, avec son mobilier, ses objets usuels, ses personnages en costume, reflète la vie locale. Le grenier et la maisonnette adjacente sont consacrés à la marine et aux souvenirs de la chasse à la baleine.

Formerum. – Un petit **moulin à vent,** De Koffiemolen (le moulin à café), est à signaler. Couvert de chaume, il date de 1876 et sert à moudre le blé.

Hoorn. – Du 13e s., son église, en brique, de type frison *(p. 135)*, est entourée de tombes. Les plus anciennes, du 19e s., sont surmontées d'un bas-relief représentant un navire.

De Boschplaat★. – *Accès interdit aux voitures mais autorisé aux bicyclettes (pistes cyclables dans la partie Ouest). Pour visiter en chariot (huifkartocht), s'adresser à Hoorn (Douwe Spanjer, Dorpsstraat 20); 15 à 20 fl. Promenade guidée (botanique, ornithologie) : s'adresser au VVV de West-Terschelling.*

Cette réserve de 4 400 ha occupe l'extrémité Est de l'île, inhabitée. Dans les dunes et près des estuaires viennent nicher de nombreux oiseaux. La végétation y est aussi particulièrement remarquable avec des espèces originales de plantes halophytes (qui vivent sur un sol salé).

TEXEL★★ Noord-Holland – 12 582 h.

Accès. – *Au départ de Den Helder, environ 20 mn, sans réservation pour la voiture. Locations de vélos dans la plupart des localités.*

Longue de 24 km et large de 9 km, Texel (prononcer Tessel) est la plus grande des îles des Wadden. La capitale, **Den Burg** (5 000 h) est située au centre. **De Koog** à l'Ouest commande l'accès de la plage principale, **Oudeschild** est un petit port de pêche et de plaisance. **De Cocksdorp** est la localité la plus septentrionale.

Après l'agriculture et le tourisme, la principale ressource de l'île est l'élevage des moutons (environ 25 000 têtes). A Den Burg, sur le Groenmarkt, a lieu le lundi *(de mi-mai à fin juin ainsi que le mardi de Pentecôte)* un marché aux agneaux.

L'île des Oiseaux. – Les oiseaux constituent l'un des plus grands intérêts de Texel. Les espèces les plus diverses y vivent, y déposent leurs œufs et y couvent dans les dunes ou dans les étangs d'eau douce qui s'y trouvent.

Texel compte plusieurs **réserves★**, appartenant à l'État.

Les promeneurs n'ont accès qu'aux sentiers signalisés par des poteaux. Visites accompagnées dans quatre réserves. Slufter : 1er avril - 31 juil. à 8 h; Muy : 1er avril - 15 août, à 10 h et 13 h, 15 août - 1er sept. à 10 h; Westerduinen : 1er mai - 15 juil. à 10 h et 19 h 30; Geul : 1er avril - 15 mai à 10 h et 13 h, 15 mai - 15 août à 10 h et 19 h 30, 15 août - 1er sept. à 10 h. Réservation conseillée au bureau du Staatsbosbeheer, au Natuurrecreatiecentrum, Ruyslaan 93 (p. 181) entre 9 h et 17 h (sauf le dimanche). Bottes et jumelles recommandées.

De Eijerlandse duinen. – Ces dunes appartenaient à une île qui est rattachée à Texel depuis 1629 par une digue de sable. Là font leur nid de fin mars à fin juillet de nombreux oiseaux, en particulier les eiders qui fournissent le duvet connu sous le nom d'édredon.

De Slufter. – C'est un vaste espace entouré de dunes qui communique avec la mer par une brèche. La végétation qui y croît est imprégnée de sel. Une quarantaine d'espèces d'oiseaux viennent y couver.

Du sommet des dunes, au bout du Slufterweg, accessible par un escalier, **vue★** sur cet étonnant paysage sauvage qui se couvre en juillet et en août d'une fleur mauve nommée statice des limons.

De Muy. – Région en partie marécageuse située au creux des dunes. Près de cinquante espèces d'oiseaux y couvent, notamment la spatule blanche au bec à la forme caractéristique, le héron cendré. La flore marécageuse est intéressante (orchidées, pyroles, parnassies des marais).

De Westerduinen. – Dans ces dunes près de la plage nichent en particulier des goëlands argentés.

De Geul. – Étang formé dans les dunes à la fin du siècle dernier. Depuis se sont créés à proximité plusieurs nouveaux étangs. Dans les roseaux on peut voir entre autres la spatule, le héron cendré, le canard pilet à queue pointue.

Alentour on peut observer l'intéressante flore des dunes ou des marécages.

Un beau point de vue sur la réserve s'admire depuis le belvédère aménagé sur le **Mokweg**.

(D'après photo Staatsbosbeheer)

Texel. — Spatule

Natuurrecreatiecentrum. – *Accès par la route de De Koog et le carrefour numéroté 13. Visite : 9 h - 17 h; fermé dim., 1er janv., 25 déc.; 4 fl.*

Dans les dunes au Nord-Ouest de Den Burg, un bâtiment abrite ce centre ainsi qu'un petit **musée d'Histoire naturelle** consacré à l'île de Texel.

Une première section concerne l'évolution de l'île, depuis sa formation géologique à l'époque glaciaire jusqu'à sa transformation en polders et depuis son peuplement préhistorique jusqu'à l'actuelle invasion touristique. Dans l'autre section, on se familiarise avec la flore et la faune des réserves à l'aide de dioramas, de vitrines contenant des oiseaux naturalisés, de photographies de plantes. Des aquariums, des collections de coquillages, des reproductions de fonds sous-marins évoquent le milieu maritime de l'île.

A l'extérieur, des phoques, animaux naguère encore très répandus dans le Waddenzee, s'ébattent dans des bassins d'eau salée *(repas à 15 h 30)*.

Oudheidkamer. – *A Den Burg, dans la Kogerstraat, sur une petite place ombragée nommée Stenenplaats. Visite : 1er avril - 31 oct. 9 h - 12 h; fermé sam. de mai à sept., dim., lundi en avril et oct., j. fériés; 2 fl.*

Installé dans une maison de 1599 au pignon orné de pinacles, ce musée rassemble des peintures et des costumes, qui évoquent la vie locale.

Musée de la Charrette (Wagenmuseum). – *A De Waal, au Nord de Den Burg. Visite : 15 mai - 15 sept. 9 h - 12 h et 14 h - 17 h; fermé dim. et lundi matin; 2,50 fl.*

Collection de charrettes, calèches et véhicules automobiles qui ont été utilisés dans l'île. Quelques traîneaux frisons se remarquent pour leur élégance.

VLIELAND Friesland – 1 059 h.

Accès. – *Au départ de Harlingen : un ou trois services par jour; 1 h 1/2. Au départ de Terschelling : juil., août deux services trois jours par semaine, un jour par semaine le reste de l'année. Les voitures n'ont pas accès à l'île. Location de bicyclettes : Dorpsstraat nos 8 et 113; Havenweg 7.*

Des dunes et des bois composent le paysage de cette île de 5 100 ha, longue de 20 km et d'une largeur maximum de 2,5 km. Une seule localité s'y est établie : Oost-Vlieland. Une unique grand-route la traverse, d'Est en Ouest. Seuls les militaires, à l'extrémité Ouest, et les touristes, en saison, viennent troubler ses étendues sauvages.

Oost-Vlieland. – Dans la rue principale (Dorpsstraat) on remarque quelques maisons anciennes. Sur le côté Sud de la rue, une maison nommée **Tromps' Huys** a été transformée en musée. *Visite : 15 juin - 30 août 10 h - 12 h et 14 h - 17 h; 1er mai - 15 juin et 1er - 15 sept. 14 h - 17 h; fermé sam., dim. et j. fériés; 2 fl.*

C'est une demeure typique de l'île, avec des pièces aux lambris parfois peints en bleu, ornées de beaux meubles et de collections de porcelaine ou de faïence.

Un petit **musée d'Histoire naturelle** (Natuur-Historisch Museum) a été aménagé près de l'église. *Fermé pour restauration.*

Des photos documentent sur la faune et la flore des îles et en particulier sur les principales espèces d'oiseaux qui vivent sur ses rivages.

L'**église** renferme des ossements de baleines. *Pour visiter s'adresser au VVV.*

A côté de l'église, le **cimetière** rassemble d'intéressantes stèles funéraires sculptées, ainsi que des tombes de soldats du Commonwealth tombés pendant la Deuxième Guerre mondiale.

De la colline où se dresse le phare (Vuurtoren; *on ne visite pas*), à l'Ouest du bourg, **vue★** sur l'île, sur Oost-Vlieland, les bois dont la couleur vert sombre contraste avec la pâleur des dunes, et le Waddenzee où apparaissent après chaque reflux d'immenses étendues de vase, peuplées d'une multitude d'oiseaux.

Vlieland. — Stèle Funéraire

WORKUM Friesland

Cartes Michelin nos 408 - pli 4 et 210 - pli 15 – *Schéma p. 164* – 4 472 h.

Cette petite ville (Warkum en frison) était autrefois un port prospère où le commerce des anguilles était florissant. Elle est devenue un important centre de villégiature et de sports nautiques.

Elle est connue pour ses poteries vernissées : de teinte brune, elles sont pour la plupart garnies d'une frise de volutes blanches.

Workum conserve quelques maisons intéressantes, surmontées de pignons à redans ou en forme de cloche.

Grand-Place (Merk). – Elle offre un pittoresque ensemble monumental.

Hôtel de ville. – Il dresse sa haute façade du 18e s. A gauche, l'ancien hôtel de ville, petit édifice Renaissance, est orné d'une pierre sculptée.

Eglise Ste-Gertrude (St.-Gertrudiskerk). – *Visite : de mi-mai à mi-sept. 10 h - 12 h et 13 h - 17 h; fermé dim. et j. fériés; 1 fl.*

Ce vaste édifice gothique construit aux 16e et 17e s. possède un imposant **clocher**, isolé, couronné d'un bulbe minuscule.

L'intérieur de l'église renferme une belle chaire du 18e s. et neuf brancards dont les peintures illustrent les activités des guildes. Ils servaient à transporter jusqu'au cimetière les corps des défunts qui étaient membres de guildes.

Poids public (Waag). – C'est un joli bâtiment du 17e s., surmonté de lucarnes à redans. Il abrite un petit **musée d'Antiquités** (Oudheidkamer). *Visite : de mi-mai à mi-sept. 10 h - 12 h et 13 h - 17 h; fermé lundi matin, dim. et j. fériés; 1,25 fl.*

ZAAN (Région du) ★ (ZAANSTREEK) Noord-Holland

Cartes Michelin nos 408 - plis 10 et 27 (agrandissement) et 211 - pli 3 - *Schéma ci-dessous.*

Cette région que traverse le cours d'eau du Zaan comprend plusieurs localités groupées depuis 1974 dans la commune de **Zaanstad** (127 698 h).

A l'origine, les habitants tiraient leurs ressources de la pêche. En 1592, Cornelis Corneliszoon construisit là le premier moulin à scier le bois. Dès lors les **moulins** industriels se développèrent. Il en exista bientôt, dit-on, plus de 500 dans la région. Ainsi facilité, le travail du bois permit l'essor de la construction navale. Les chantiers navals de la région étaient si réputés que le tsar **Pierre le Grand** vint y faire, en 1697, incognito, un stage chez un constructeur de bateaux.

Les moulins sont encore nombreux. La plupart, installés sur des vastes ateliers, sont très élevés : leurs ailes sont manœuvrées à partir d'une plate-forme *(illustration p. 37).*

Les **maisons** avaient autrefois un style bien particulier qui se répandit dans les environs. De nos jours, la plupart des maisons anciennes qui subsistent ont été rassemblées dans la Redoute zanoise.

■ LA REDOUTE ZANOISE★ (De Zaanse Schans)

Parking payant 8 h - 18 h.

Cet endroit doit son nom à un retranchement construit à la fin du 16e s. pour lutter contre les troupes espagnoles, et disparu de nos jours.

On y a aménagé depuis 1950 un village dont les maisons et bâtiments utilitaires, datant des 17e et 18e s., proviennent de différentes localités, en particulier de Zaandam, et ont été reconstitués sur place et restaurés, formant ainsi une sorte de musée de plein air. Le village est habité et ses moulins sont en activité.

Il est construit en ruban, le long d'une digue, la **Kalverringdijk,** longée par un fossé qu'enjambent de petits ponts en dos d'âne. Quelques maisons bordent des canaux secondaires, suivis par des sentiers comme le Zeilenmakerspad *(p. 183).*

La plupart des maisons sont en bois, avec des pignons de formes variées. Elles sont peintes en vert ou goudronnées en noir et leurs portes, fenêtres, pignons sont cernés de blanc. Au sommet du pignon se dresse un petit ornement en bois, le makelaar.

Plusieurs maisons, boutiques, ou moulins se visitent.

Au Sud du village et du pont, se remarque un moulin à huile nommé **De Ooievaar** (la cigogne).

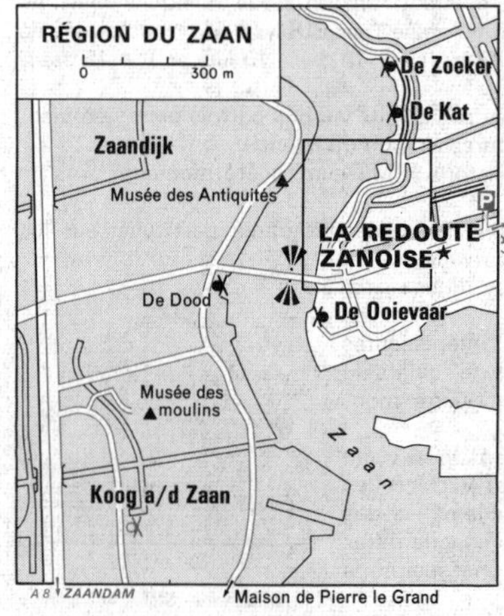

Promenades en bateau. – *Sur le Zaan, 1er mai-30 sept. toutes les heures 10 h - 17 h; 50 mn; 4 fl. Embarcadère sur le plan.*

Zeilenmakerspad. – Sur ce sentier, on remarque un minuscule **wipmolen** (**A**).

Au n° 4, la maison In de Gecroonde Duijvekater (Au petit pain couronné), du 17e s., abrite un **musée de la Boulangerie** (Bakkerijmuseum) (**B**). *Visite : 1er fév. - 31 oct. 10 h - 17 h; le reste de l'année sam., dim. et j. fériés seulement; fermé lundi (sauf juil. et août); 1 fl.*

Fabrique de sabots (**Klompenmakerij**) (**C**). – *Visite : 1er avril - 31 oct. 9 h - 17 h; le reste de l'année 10 h - 16 h.*

Theekoepel (**D**). – C'est un pavillon en forme de rotonde, au fond d'un jardin, où l'on prenait le thé (thee). Il abrite une fonderie d'étain. *Visite : 1er mars - 31 oct. 10 h - 17 h; le reste de l'année sam., dim. et j. fériés seulement; fermé lundi (sauf juil. et août).*

Musée de l'horloge (**Uurwerkenmuseum**) (**E**). – *Visite : 1er mars - 31 oct. 10 h - 12 h 30 et 13 h 30 - 17 h, fermé lundi (sauf juil. et août); le reste de l'année, sam., dim. et j. fériés seulement; 2 fl.* Collection de tous les types d'horloges fabriqués dans le pays.

Épicerie (**Kruidenierswinkel**) **Albert Heijn** (**F**). – *Visite : de mars à oct. 10 h - 13 h et 14 h - 16 h (17 h 1er mai - 30 sept.); fermé dim. et j. fériés; 0,50 fl.* Dans une maison du 19e s., charmante boutique ancienne où l'on débite des produits un peu désuets (sucre candy, etc.).

Het Noorderhuis (**G**). – *Visite : 1er mars - 31 oct. 10 h - 12 h 30 et 14 h - 17 h; le reste de l'année sam., dim. et j. fériés seulement; fermé lundi (sauf juil. et août); 1 fl.*

Dans cette maison du 18e s. à pignon en forme de « cou » *(p. 50)*, on peut visiter le salon d'honneur et une salle où des personnages costumés illustrent la préparation d'un mariage.

De Huisman. – *Illustration p. 37.* Moulin à calotte tournante, du 18e s., utilisé pour fabriquer la moutarde.

De Poelenburg. – *Visite lorsque le moulin fonctionne : 2,50 fl.* Ce moulin à scier le bois datant de 1869, est de type **« Paltrok »** : il est fixé sur un grand atelier qui tourne avec le moulin lorsqu'on oriente ses ailes. Il tient son nom de sa base large et mobile évoquant le Pfalzrock, robe des femmes du Palatinat, réfugiées autrefois aux Pays-Bas.

De Kat (**le chat**). – *Visite : 1er avril - 31 oct. 9 h - 17 h; le reste de l'année sam. et dim. seulement 10 h - 16 h; fermé lundi; 2,50 fl.* C'est un moulin à broyer les couleurs.

De Zoeker (**le chercheur**). – *Visite : 1er avril - 15 oct. seulement lundi 10 h - 16 h 30; 2,50 fl.* Dans ce moulin, on produit de l'huile à salade, en moulant toutes sortes de grains.

■ AUTRES CURIOSITÉS

Zaandijk. – Sur la rive opposée du Zaan , cette agglomération possède le **musée d'Antiquités de la région du Zaan** (Zaanlandse Oudheidkamer). *Visite accompagnée : 10 h - 12 h et 14 h - 16 h; fermé sam., dim. matin, lundi et le deuxième jour des j. fériés doubles; 2,50 fl.*

Occupant la maison de brique du 18e s. d'un riche commerçant, il comprend un salon aux meubles du 19e s., une « chambre de bonne année », pièce ajoutée à la suite d'affaires prospères, une cheminée carrelée.

Au Sud s'élève un moulin à farine nommé **De Dood** (la mort), du 17e s. qui, lorsqu'il fonctionne, peut être visité.

Koog aan de Zaan. – Dans cette petite ville se trouve un **musée des Moulins** (Molenmuseum). *Visite : 10 h - 12 h et 14 h - 17 h 15; fermé lundi et le matin des sam., dim. et j. fériés; 2,50 fl.* Il est installé dans un joli parc et présente différents modèles d'échelles, des outils, des vêtements de meunier, des documents et gravures du 17e au 19e s.

Zaandam. – Cette ville industrielle située sur le Zaan, est desservie depuis 1876 par le canal de la mer du Nord (Noordzeekanaal).

On y voit encore, sur le Krimp (au n° 23) la **maison de Pierre le Grand** (het Czaar-Peterhuisje) où il a vécu en 1697. En bois, elle a été enfermée en 1895 dans une construction de briques, don du tsar Nicolas II.

ZIERIKZEE ★ Zeeland

Cartes Michelin nos 408 - pli 16 et 212 - pli 3 – *Schéma p. 76* – 9 594 h.

Zierikzee, centre principal de l'île de **Schouwen-Duiveland**, était jadis un petit port prospère sur la Gouwe, ancien détroit qui séparait Schouwen de Duiveland. Elle appartenait à la hanse et était aussi la résidence des comtes de Zélande.

Elle reste célèbre par l'héroïsme des Espagnols, commandés par Requesens, qui la prirent en 1576 après avoir traversé en plein hiver le canal de Keeten avec de l'eau jusqu'aux épaules. Son déclin commença dès la fin du 16e s. Elle conserve un cachet ancien avec de nombreuses demeures du 16e s. au 18e s.

Schouwen-Duiveland est reliée à Goeree-Overflakkee par les barrages de Brouwersdam *(p. 78)* et de Grevelingen *(p. 77)* et à Noord-Beveland par le pont de Zélande *(p. 78)*.

Promenades en bateau. – *De mi-avril à fin sept. sur l'Escaut oriental. Renseignements auprès de : Rederij den Breejen, Zandkreekstraat 17, 4301 WJ Zierikzee, ☎ 01110-4995. Embarcadère* (**Z**) *sur le port (haven).*

■ CURIOSITÉS *visite : 1 h 1/2*

Noordhavenpoort★ (**Z B**). – C'est en fait une double porte présentant, face à la ville, un double pignon Renaissance du 16e s. et, vers l'extérieur, un pignon à redans plus ancien. Un petit **musée maritime** (Maritiem museum) y est installé. *Visite : de mi-juin à mi-août 10 h - 17 h; fermé dim. et j. fériés; 1,50 fl.*

La **Zuidhavenpoort** (**Z E**) qui y est reliée par un pont mobile est une haute tour carrée flanquée de quatre tourelles d'angle (14e s.).

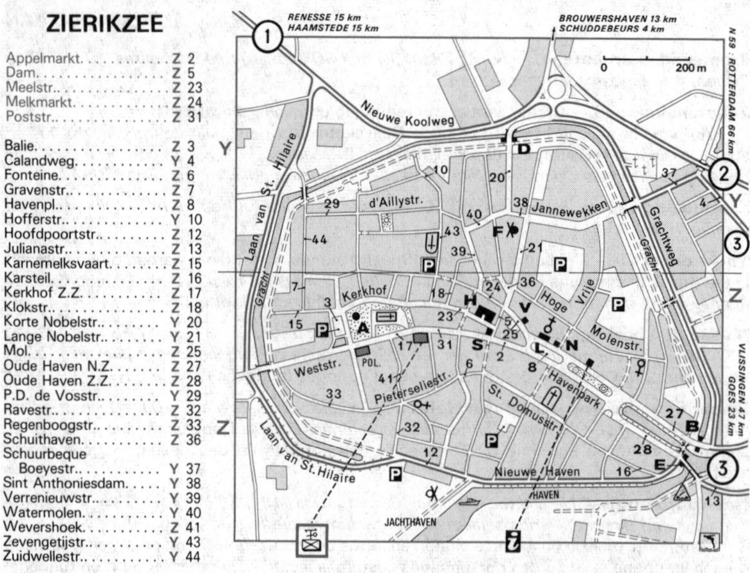

Oude Haven (Z **27, 28**). – D'élégantes maisons des 17e et 18e s. s'élèvent sur les quais de cet ancien port.

Havenplein (Z **8**). – Au Nord, la maison **De Witte Swaen** (le cygne blanc) (Z **N**), de 1658, à pignon baroque, a été reconstruite après la catastrophe de 1953 *(p. 15)*.

Accolé à une église (Gasthuiskerk) se trouve un ancien **marché** de 1651 (Beurs) (Z **L**), formé d'une galerie Renaissance à colonnes toscanes.

's-Gravensteen (Z **V**). – Cette ancienne prison montre une façade à redans de 1524, ornée de belles grilles.

Hôtel de ville (Stadhuis) (Z **H**). – Ancienne halle aux viandes, il conserve de la fin du 14e s. une pittoresque **tour** en bois surmontée d'un bulbe très décoré (1550) et terminée par une statue de Neptune. La tour abrite un carillon *(concerts : jeudi 10 h 30)*.

L'édifice fut modifié à plusieurs reprises et présente un pignon double en encorbellement. Sur la façade, les ancres très décoratives servaient de porte-flambeaux.

L'intérieur abrite un musée, **Gemeentemuseum.** *Visite : 2 mai - 30 sept. 10 h - 12 h et 13 h 30 - 16 h 30; fermé sam., dim. et j. fériés; 1,50 fl.* Consacré à l'histoire de la ville et à ses environs, il occupe notamment la salle des Arquebusiers, couverte d'une belle charpente.

En face de l'hôtel de ville, la maison De Haene (le coq) nommée souvent **maison des Templiers** ou Tempeliershuis (Z **S**), du 14e s., est la plus ancienne de la ville. L'influence du style brugeois (de Bruges, en Belgique) s'y manifeste par la moulure en accolade qui encadre les fenêtres.

Tour St-Liévin (St.-Lievensmonstertoren) (Z **A**). – *Montée à la tour : 1er juin - 30 sept. 11 h - 17 h; fermée dim.; 2 fl.*

C'est le clocher de l'ancienne cathédrale gothique qui fut incendiée et démolie en 1832. Il fut édifié à partir de 1454 par l'un des membres de la famille Keldermans, qui travailla ensuite à l'hôtel de ville de Middelburg. Haut de 56 m, il est resté inachevé.

A côté se dresse une grande église néo-classique de 1848, précédée d'un portique.

Nobelpoort (Y **D**). – Au Nord de la cité, c'est une porte de ville carrée de la fin du 14e s. dont la face extérieure est encadrée de deux tours élancées plus tardives coiffées de toits en poivrière.

A proximité, au Sud, on peut voir un haut **moulin** à balustrade (Y **F**) du 19e s. nommé De Hoop (l'espoir).

ZUTPHEN ★ Gelderland

Cartes Michelin n°s 408 - pli 12 et 210 - Nord du pli 17 – 31 919 h.

Au confluent de l'IJssel, du Berkel et du canal de Twente (Twentekanaal), à proximité de la Veluwe, Zutphen, capitale de la belle région boisée de l'**Achterhoek** *(p. 186)* est une plaisante cité ancienne. C'est un imposant centre commercial dont les rues piétonnes sont très animées les jours de marché.

UN PEU D'HISTOIRE

Zutphen, capitale d'un comté, est rattachée à la Gueldre en 1127. Elle reçoit ses droits de cité en 1190 et, à partir de 1200, revient à l'évêque d'Utrecht. Au 14e s. elle s'affilie à la ligue hanséatique et s'entoure d'une muraille, qui est agrandie au 15e s.

C'est alors un point d'appui militaire important grâce à sa position facilement défendable dans une zone de marais (le nom de Zutphen, écrit parfois aussi Zutfen, dérive de Zuidveen, tourbière du Sud).

Devenue l'une des plus riches cités de Gueldre, Zutphen reçoit au 16e s. une nouvelle enceinte fortifiée dont il reste encore de nombreux vestiges. Cependant, elle est prise par les Espagnols en 1572 et n'est reprise qu'en 1591 par Maurice de Nassau.

Les Français s'en emparent en 1672 et l'occupent pendant deux ans. Ils la reprennent un siècle plus tard, en 1795.

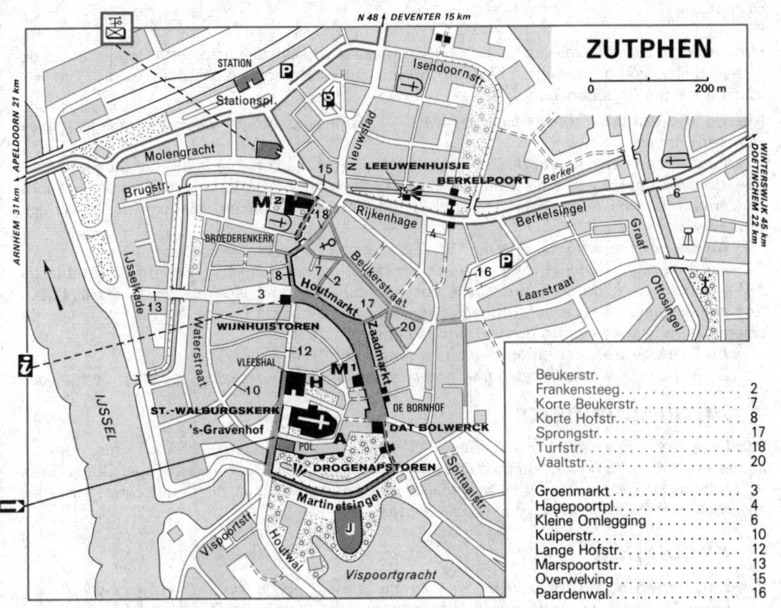

■ LA VIEILLE VILLE★ *visite : 3 h*

's-Gravenhof. – Sur cette place se dressent l'église Ste-Walburge et l'hôtel de ville. On a retrouvé en 1946 des vestiges du château des comtes ('s-Gravenhof) de Zutphen. Des pavés en dessinent les contours.

Église Ste-Walburge (St.-Walburgskerk). – *Entrée portail Nord. En cours de restauration. Visite accompagnée : de mai à sept. 10 h, 11 h, 14 h, 15 h, 16 h; dernière visite à 15 h sam.; fermé dim. et j. fériés; 2,50 fl.*

Construite au début du 13e s. dans le style roman, elle s'est agrandie progressivement jusqu'au 16e s. dans le style gothique. Elle a été endommagée en 1945 et a subi en 1948 un incendie qui lui a fait perdre le couronnement de sa tour. La tour, jadis revêtue de tuf, a été restaurée à l'aide de calcaire.

L'extérieur de l'église offre beaucoup de pittoresque, par la multiplicité de ses toitures et de ses articulations et par la variété des matériaux utilisés.

Au Nord, le petit **portail de la Vierge** (15e s.) a été refait de 1890 à 1925.

A l'**intérieur,** les voûtes portent des fresques des 14e et 15e s. Dans le chœur, est suspendu un beau **lustre★** en fer forgé du 15e s. La chaire, sobre, date du 17e s. Le buffet d'orgues, du 17e s. également, est par contre richement décoré. On remarque d'intéressants **fonts baptismaux** en cuivre. Fondus à Malines (Belgique) en 1527, ils sont ornés de nombreux personnages d'évangélistes et de saints. Au sommet, un pélican.

La **bibliothèque★** (Librije), installée depuis 1564 au Sud du déambulatoire de l'église Ste-Walburge, conserve son aspect ancien, avec des voûtes basses et de nombreuses colonnes. Elle contient en particulier 85 incunables et manuscrits dont une partie est disposée sur des pupitres.

On remarque, à la retombée des arcs, des culs-de-lampe sculptés et sur les colonnes, de nombreuses figurines.

Hôtel de ville (Stadhuis) (**H**). – Ce bâtiment du 15e s., très remanié en 1716 et 1729, est accolé à l'ancienne **halle aux viandes** dont on peut voir la façade du 15e s., sur la Lange Hofstraat. A l'intérieur, la **Burgerzaal,** grande salle de l'ancienne halle, conserve une belle charpente apparente.

Franchir les remparts.

Martinetsingel. – Jolie **vue★** sur les remparts Sud, derrière lesquels se dresse l'église Ste-Walburge avec sa tour, sur la Drogenapstoren et, au pied des murailles, sur les jardins verdoyants arrosés par un canal verdi.

Drogenapstoren★. – C'est une très belle porte du 15e s. Le corps de l'édifice, carré, crénelé, est flanqué d'échauguettes d'angle et surmonté d'une tourelle octogonale.

Dat Bolwerck. – Jolie maison gothique de 1549, surmontée de pinacles, occupée par une bibliothèque publique.

A côté, l'ancien poste de cavalerie ou **Ruiter Kortegaard,** de 1639, montre un pignon à volutes.

Zaadmarkt. – Sur l'ancien marché aux grains, on remarque à droite, au n° 101, le portail d'un ancien **hospice** de 1723.

Musée (Museum) **Henriette Polak** (**M**1). – *Visite : 10 h - 17 h (sam. 10 h 30 - 12 h seulement, dim. et deuxième jour des j. fériés doubles 14 h - 17 h seulement); fermé lundi; 0,75 fl. (gratuit dim.).*

Aménagé dans une grande demeure nommée **De Wildeman,** remaniée au 19e s., il abrite une intéressante collection de peintures, sculptures et œuvres graphiques réalisées par des artistes néerlandais contemporains.

On remarque le portrait de la reine Wilhelmine à dix ans, par Mari Andriessen, un Portrait d'enfant par T. Sondaar-Dobbelmann.

Au 2e étage, dans la chapelle clandestine (1628) où se réfugiaient les catholiques, se trouve une Adoration des Mages, par l'atelier de Jan van Scorel (16e s.).

Houtmarkt. – Ancien marché au bois où se dresse la **Wijnhuistoren,** fine tour Renaissance, du 17ᵉ s., qui possède un carillon restauré dû aux frères Hemony *(concerts : jeudi 11 h).* Un marché s'y tient chaque jeudi.

Musée municipal (Stedelijk Museum) (M²). – *Mêmes conditions de visite que le musée Henriette Polak.*

Installé dans un couvent de Dominicains désaffecté, il est précédé au Sud d'un joli jardin que domine l'ancienne église du couvent. Ce musée possède des collections variées concernant la ville et sa région : mobilier, carreaux de faïences, plaques de cheminée, orfèvrerie.

Au rez-de-chaussée, cuisine du 19ᵉ s., collection de jouets.

Au 1ᵉʳ étage, l'ancien réfectoire est consacré à l'art religieux : peintures, retable du 15ᵉ s. Dans une salle sont présentés des personnages en costumes de 1780 à 1950. Remarquer aussi une vue de Zutphen et de l'IJssel attribuée à Barent Avercamp, neveu du célèbre Hendrick Avercamp dont il imita le style.

Au 2ᵉ étage, reconstitution d'une pharmacie du 19ᵉ s.

Dans les caves, musée lapidaire, poteries, pièces découvertes à l'occasion de fouilles.

■ AUTRE CURIOSITÉ

Berkelpoort. – C'est une porte d'eau du 15ᵉ s. en brique, flanquée d'échauguettes, dont les arches enjambent le Berkel. On en a une bonne **vue** depuis la passerelle située à l'Ouest. Près du pont, la **maison aux lions** (Leeuwenhuisje) présente au-dessus du fleuve, une partie en encorbellement soutenue par des lions sculptés.

EXCURSION

Vorden; Groenlo; Winterswijk. – *44 km au Sud-Est par la route de Winterswijk.*

Entre Zutphen et la frontière s'étend l'ancien comté de Zutphen, nommé aussi **Achterhoek,** région de bois (conifères, chênes, hêtres) et de pâturages, sillonnée de routes tranquilles, de belles allées forestières.

Vorden. – 7 272 h. Petite localité où se dressent deux **moulins à vent,** à balustrade, du 19ᵉ s., Vorden est située au cœur de la **région des huit châteaux** qui se dissimulent dans les bois environnants : Vorden, Hackfort, Kiefskamp, Wildenborch, Bramel, Onstein, Medler, Wiersse. En fait, la région compte une douzaine de ces petits manoirs de brique, anciens mais reconstruits pour la plupart au 18ᵉ s., dans un style assez sobre. Ils témoignent de l'intérêt des grands seigneurs pour ces régions forestières giboyeuses. Beaucoup sont inaccessibles aux voitures mais des chemins pour piétons ou bicyclettes signalés « opengesteld » permettent souvent de s'en approcher.

Le **château de Vorden** (Kasteel Vorden), flanqué d'une tour carrée à redans, forme deux ailes de part et d'autre d'une tour octogonale. Il abrite l'hôtel de ville. Remarquer les fenêtres surmontées de coquillages.

Le plus imposant est **Hackfort,** cantonné de deux épaisses tours cylindriques. A côté, un **moulin à eau** date des environs de 1700.

Groenlo. – 8 836 h. Arrosée par le Slinge, entourée de vestiges de ses remparts, Groenlo est une cité ancienne où se fabrique une bière fameuse. La ville ne se rendit au prince Frédéric-Henri en 1627 qu'après un siège de plus d'un mois.

Elle possède un petit **musée régional** (Grolsch Museum), installé dans une ferme du 17ᵉ s. : costumes régionaux, urnes funéraires, monnaies, etc. *Visite : 14 h - 17 h; fermé sam., dim.; 1 fl.*

Winterswijk. – 27 554 h. Cette ville que traverse le Slinge, dessert des environs boisés paisibles, peuplés de grandes fermes isolées dont le style est apparenté à celui des fermes de Twente *(p. 34).*

ZWOLLE Overijssel Ⓟ

Cartes Michelin nᵒˢ 408 - pli 12 et 210 - pli 7 – 85 135 h. – *Plan d'agglomération dans le guide Michelin Benelux.*

Zwolle a conservé un caractère particulier à l'intérieur de sa ceinture de canaux.

UN PEU D'HISTOIRE

Ville hanséatique au 13ᵉ s. *(p. 129),* reliée au Zuiderzee par le Zwarte Water, elle demeura longtemps l'entrepôt pour le trafic entre les Pays-Bas et l'Allemagne du Nord.

Sa situation stratégique lui valut, après le départ des Espagnols (1572) de voir son enceinte du 15ᵉ s. fortement consolidée. Celle-ci fut détruite en 1674 pendant la guerre de Hollande; il n'en subsiste que quelques vestiges comme la Sassenpoort au Sud ou au Nord, la Rode Toren, qui a été tronquée en 1845. De nos jours, les fossés couronnant encore la ville et d'agréables jardins au Sud et à l'Est marquent l'emplacement des remparts et des bastions.

Zwolle fut de 1810 à 1814 le chef-lieu du département français des Bouches-de-l'Yssel.

Thomas a Kempis (1379/80-1471), élève de l'école des Frères de la Vie commune à Deventer, à qui l'on attribue l'Imitation de Jésus-Christ, vécut dans un couvent au Nord de la ville (à Agnietenberg).

Zwolle vit naître **Gérard Terborch** ou ter Borch (1617-1681). Cet artiste est surtout, à l'égal de son contemporain Gérard Dou *(p. 137)* le peintre digne et méticuleux de scènes d'intérieur raffinées et paisibles où les jeunes femmes portent de miroitantes robes de satin; on lui doit aussi d'excellents portraits ou miniatures de notables.

Zwolle a quelques activités industrielles (industries graphiques, automobile, électro-technique, alimentaire, et sabots).

La ville a pour spécialités les « zwolse balletjes », bonbons en forme de petit coussin, aux parfums les plus divers et les « blauwvingers », sablés en forme de doigt, dont la pointe est en chocolat.

ZWOLLE

Diezerstr. . . . . Y
Grote Kerkpl. . . . . Y 13
Luttekestr. . . . . Y 28
Roggenstr. . . . . Y 41
Sassenstr. . . . . YZ 42

Bagijnesingel. . . . . Y 3
Buitenkant. . . . . Y 4
Burg van Roijensingel. Z 6
Diezerkade. . . . . Y 7
Diezerpoortenplas. . . . Y 8
Dijkstr. . . . . Y 10
Gasthuispl. . . . . Y 12
Grote Markt. . . . . Y 15
Harm Smeengekade. . Y 17
Jufferenwal. . . . . Y 20
Kamperstr. . . . . YZ 21
Katerdijk. . . . . Y 23
Kerkstr. . . . . Y 24
Korte Kamperstr. . . . . Y 25
Nieuwe Haven. . . . . . . Y 29
Nieuwe Markt. . . . . . . Y 30
Oosterlaan. . . . . Z 31
Oude Vismarkt. . . . . . Y 34
Potgietersingel. . . . . . . Z 35
Rodetorenpl. . . . . Y 38
Rhijnvis Feithlaan. . . . . Y 40
Stationsweg. . . . . Z 46
Ter Pelkwijkstr. . . . . . . Y 47
Thomas à Kempisstr. . Y 49
Wilhelminasingel. . . . YZ 53
Willemskade. . . . . Z 54

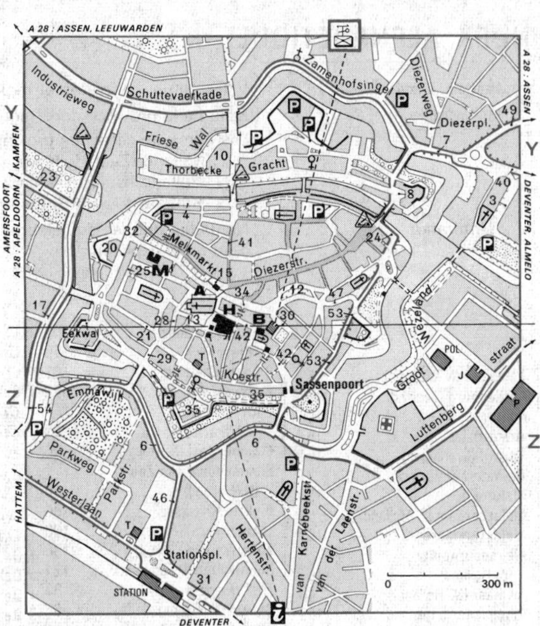

■ CURIOSITÉS *visite : 2 h*

Musée de l'Overijssel* **(Provinciaal Overijssels Museum)** (Y M[1]). – *Visite : 10 h - 17 h (dim. et j. fériés 14 h - 17 h); fermé lundi, Pâques, Pentecôte, 25 déc.; 1 fl.*

Il a été aménagé dans une demeure patricienne du 16e s., dont la toiture se dissimule derrière une balustrade du 18e s., abondamment décorée de blasons et de personnages de style rococo.

Un intérieur raffiné, un mobilier allant du 16e s. au 18e s., des collections agréablement présentées (céramique, etc.) font l'attrait de ce musée qui témoigne de la richesse du passé de la ville. Remarquable collection d'argenterie de la province de l'Overijssel.

Dans l'une des pièces à l'étage sont exposés les produits des fouilles archéologiques pratiquées dans la région : ils s'étalent de l'âge de pierre au 18e s.

Grande église ou église St-Michel (Grote- of St.-Michaëlskerk) (Y A). – *Pour visiter, s'adresser au Kerkvoogdij Hervormde Gemeente, Kamperstraat 10.*

C'est une église-halle, à trois nefs, datant des 14e et 15e s., de culte protestant. Contrairement à l'église Notre-Dame voisine, elle ne possède pas le grand clocher traditionnel. Celui-ci n'a pas résisté à des désastres successifs.

A l'intérieur, on remarque surtout la chaire sculptée au début du 17e s. et le buffet d'orgues, de 1721. Les orgues sont excellentes. Elles sont dues aux frères **Schnitger,** fils d'un célèbre facteur d'orgues allemand, qui s'étaient installés à Groningue; elles possèdent 4 000 tuyaux.

On peut voir aussi dans l'église une petite horloge du 17e s. avec une statue de saint Michel qui se met en mouvement toutes les demi-heures.

Au beau portail Nord (16e s.) est accolé à gauche un petit édifice pittoresque, au fronton décoré : le **Hoofdwacht** ou corps de garde.

Hôtel de ville (Stadhuis) (YZ H). – *Visite : 8 h 30 - 12 h 30 et 13 h 30 - 17 h; fermé sam., dim. et j. fériés.*

A l'édifice ancien (15e s. et 19e s.), devenu trop petit, a été accolé un nouveau bâtiment, conçu par l'architecte J. J. Konijnenburg.

Les façades sont rythmées par des sortes de contreforts de béton au sommet desquels apparaissent une succession de toits rouges pointus. A l'intérieur, le jeu des volumes et des matériaux, la disposition du mobilier ont permis un aménagement de l'espace aussi fonctionnel qu'esthétique.

La partie ancienne, à gauche, couverte d'un crépi jaune moutarde, renferme la **salle des Échevins** (Schepenzaal), de 1448. Cet ancien tribunal, utilisé actuellement comme salle des Mariages, possède un plafond dont les poutres sont soutenues par 14 corbeaux aux **sculptures*** représentant des personnages grotesques. La légende veut que des artistes de Zwolle, ville ennemie de Kampen, aient sculpté ces têtes pour ridiculiser les gouverneurs de Kampen.

On remarque également les lustres en cuivre et les petites armoires à ferrures encastrées dans le mur.

La cheminée, du 16e s. est surmontée par un tableau dont le sujet (le Jugement dernier) rappelle la destination primitive de la salle.

Devant l'hôtel de ville, sur la terrasse, se dresse une statue d'Adam par Rodin.

Maison de Charles Quint (Karel V-huis) (YZ B). – La tête de Charles Quint visible en médaillon sur le pignon a donné son nom à cette maison qui, construite en 1571, s'orne d'une jolie façade Renaissance, à pilastres, à frises sculptées et à pignon à volutes où reposent des dieux allongés.

Sassenpoort (Z). – Construite vers 1406, cette « porte des Saxons » est la seule qui subsiste de l'enceinte de la ville.

En brique rouge, elle est flanquée de quatre tours ou tourelles octogonales à toits pointus et surmontée d'une flèche.

INDEX ALPHABÉTIQUE

Haarlem, Wadden (Iles) . . . Villes, sites, curiosités et régions touristiques.

(Groningen) . . . . Nom de la province dans laquelle se trouve la localité.
Les noms de certaines provinces ont été abrégés :
Z.-Holland (Zuid-Holland)
N.-Holland (Noord-Holland)
N.-Brabant (Noord-Brabant)

Rembrandt . . . . Noms historiques ou célèbres et termes faisant l'objet d'un texte explicatif.

N

O

P - Q

R

S

T

U-V

W

Y-Z

MANUFACTURE FRANÇAISE DES PNEUMATIQUES MICHELIN

Société en commandite par actions au capital de 700 000 000 de francs

Place des Carmes-Déchaux - 63 Clermont-Ferrand (France)

R.C.S. Clermont-Ferrand B 855 200 507

Dépôt légal 7-84 - ISBN 2 06 005 532-6 - ISSN 0293-9436

Printed in France 3-84-30

Photocomposition : Société Nouvelle FIRMIN-DIDOT, Mesnil-sur-l'Estrée - Impression : ISTRA, Strasbourg n° 4/01241 K

LEXIQUE

Le néerlandais *(voir aussi p. 30)* s'apparente à l'anglais et à l'allemand (jour : dag; en anglais : day; en allemand : Tag). Il est dépourvu de déclinaisons, comme l'anglais. On y trouve, comme en allemand, des participes précédant le verbe, le rejet du verbe à la fin de la subordonnée, les verbes à particules séparables, les inversions du sujet et du verbe, la numérotation particulière (zes-en-twintig : 6 et 20, c'est-à-dire : 26).

Voici quelques particularités de prononciation :

ch = r très dur	recht – jacht (chasse) – Utrecht – Maastricht
ee = é	meer – zee – Aalsmeer – Oosterbeek – Waddenzee
ei = eil	reis (voyage) – eiland – Leiden – Eindhoven
g = r dur	berg – groot – gracht – Bergen
g (dans ng) = gu	singel – lang (long) – Groningen
ie = i	vier (quatre) – fiets – Friesland – Tiel – Brielle
ij = eil	abdij – dijk – IJsselmeer – Nijmegen
j = ye	jaar (année) – meisje (jeune fille) – jenever (genièvre) – Joure
oe = ou	boek (livre) – toerist (touriste) – boerderij – Roermond
ou = ao	oud – oudheidkamer – Gouda
sch = sr	schaap (mouton) – Scheveningen – Schoonhoven – Terschelling
sch (fin de mot) = s	toeristisch (touristique) – 's-Hertogenbosch
ui, uy = euil	huis – sluis – zuid – duin – Afsluitdijk – Muiden – Enkhuizen

Lexique. – *Les termes rencontrés sur la route et en ville sont indiqués en bistre. Pour les termes employés à l'hôtel et au restaurant, voir le lexique plus complet du guide Michelin Benelux.*

abdij	abbaye
alstublieft	je vous en prie
begraafplaats	cimetière
berg	montagne, colline
bezienswaardigheid	curiosité
bezoek	visite
boerderij	ferme
boot	bateau
brug	pont
dam	barrage
dank U	merci
dierenpark	jardin zoologique
dijk	digue
doorgaand verkeer	voie de traversée
duin	dune
eiland	île
fiets	bicyclette
fietsers oversteken	traversée de cyclistes
fietspad	piste cyclable
gasthuis	hospice, ancien hôpital
gemeentehuis	hôtel de ville, mairie
gracht	canal (en ville)
groot, grote	grand
grot	grotte
gulden	florin
haven	port
heilige	saint
heuvel	colline
hoeveel?	combien?
hof	cour, palais
hofje	hospice
huis	maison
ingang; toegang	entrée
jachthaven	port de plaisance
kaai, kade	quai
kaas	fromage
kasteel	château
kerk	église
kerkhof	cimetière (près de l'église)
kerkschat	trésor
klooster	couvent
koninklijk	royal
let op!	attention!
links	gauche
markt	marché, grand-place
meer	lac
mevrouw mijnheer	madame monsieur
molen	moulin
museum	musée
natuurreservaat	réserve naturelle
noord	Nord
Onze Lieve Vrouwe	Notre-Dame
oost	Est
open	ouvert
opengesteld	ouvert, accessible
orgel	orgue
oud	vieux
oudheidkamer	musée d'antiquités
paleis	palais, château
plas	étang
plein	place
poort	porte (de ville)
raadhuis	mairie
rechts	droite
rederij	compagnie maritime
Rijks-	de l'État
rondvaart	promenade en bateau
scheepvaart	navigation
parkeerschijf verplicht	disque obligatoire
schilderij	peinture, tableau
schouwburg	théâtre
singel	canal de ceinture
slot	château, forteresse
sluis	écluse
stad	ville
stadhuis	hôtel de ville
state	château (en Frise)
stedelijk	municipal
straat	rue
tegel	carreau de faïence
tentoonstelling	exposition
tuin	jardin
uitgang	sortie
veer	bac
verboden	interdit
vest	rempart
vogel	oiseau
vuurtoren	phare
waag	poids public
wal	rempart
wandeling	promenade à pied
weg	chemin, route
west	Ouest
zee	mer
zuid	Sud

LES VILLES

's-Gravenhage	La Haye
Groningen	Groningue
Den Haag	La Haye
's-Hertogenbosch	Bois-le-Duc
Leiden	Leyde
Nijmegen	Nimègue
Valkenburg	Fauquemont
Vlissingen	Flessingue

LES PROVINCES

Friesland	Frise
Gelderland	Gueldre
Groningen	Groningue
Limburg	Limbourg
Noord-Brabant	Brabant-Septentrional
Noord-Holland	Hollande-Septentrionale
Zeeland	Zélande
Zuid-Holland	Hollande-Méridionale